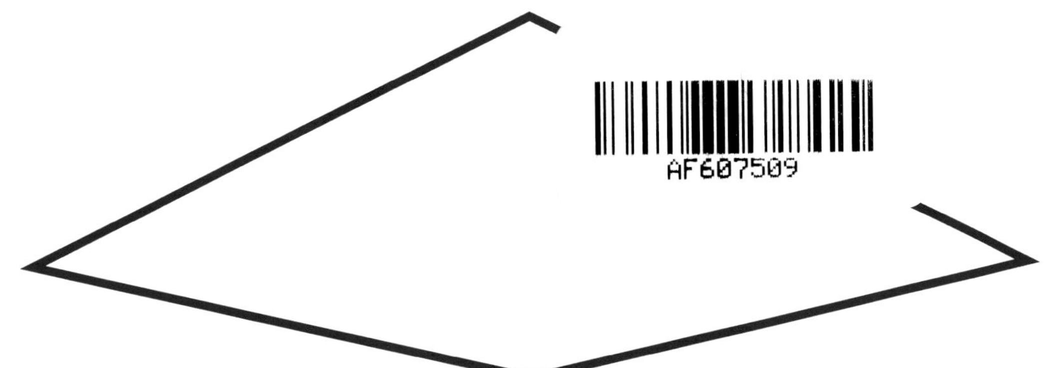

Business Intelligence con Excel y Copilot

De los datos en bruto al análisis estratégico (3.ª edición)

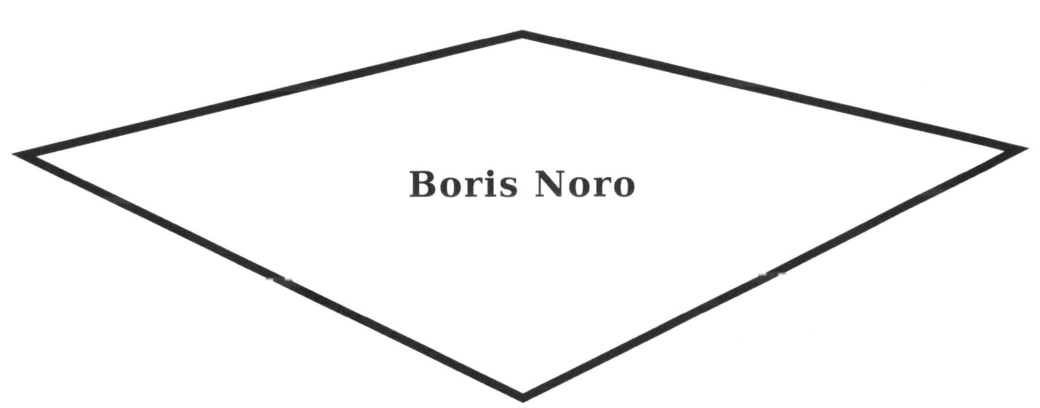

Boris Noro

ISBN: 978-2-409-05026-8
Edición original: 978-2-409-04678-0

Ediciones ENI

P° Ferrocarriles Catalanes, 97-117, 2a pl. of. 18
08940 - Cornellà de Llobregat (Barcelona)

Tel: 934 246 401
Fax: 934 231 576

e-mail: info@ediciones-eni.com
http://www.ediciones-eni.com

Autor: Boris NORO
Edición española: Anna Sánchez Lasierra y Désirée Rivera Toledano
Colección **Objetivo: Soluciones** dirigida por Corinne HERVO

Introducción

Capítulo 1
Utilizar la inteligencia artificial para la business intelligence

Capítulo 2

La preparación de los datos con Power Query

Capítulo 3

La creación de un modelo de datos con Power Pivot

Capítulo 4

El análisis de datos con el lenguaje DAX

Capítulo 5
Añadir mapas con Excel

Introducción

A. ¿A quién se dirige este libro?

Este libro se dirige principalmente a todas las personas que manejan datos con Excel en un entorno profesional: managers, contables, auditores, comerciales, administradores de recursos humanos, etc.

Pero también para todas aquellas que tienen interés en el business intelligence en un sentido amplio: analistas de datos, responsable de documentación, administradores de bases de datos, etc.

Las distintas herramientas de business intelligence de Excel se explican utilizando un lenguaje sencillo y comprensible.

El libro se ha elaborado con la versión de Excel disponible con una suscripción a Microsoft 365, pero no tendrá ningún problema para seguir los contenidos si trabaja con la versión 2019 o 2021 de Excel. La gran mayoría de las funciones descritas en estas páginas también está disponible con la versión 2016.

Los archivos de ejemplo que hemos utilizado pueden descargarse desde la página web dedicada al libro de Ediciones ENI: https://www.ediciones-eni.com/

B. Un aluvión de datos

Las empresas y las organizaciones necesitan recopilar datos con objeto de entender su entorno: clientes, proveedores, empleados, pero también la propia actividad, para poder tomar decisiones basadas en hechos.

No se trata de un fenómeno nuevo; por esta, entre otras razones, se crearon las hojas de cálculo.

VISICALC (1979), el antepasado de Excel

Lo que ha cambiado son las características de estos datos:

<u>Volumen</u>

Según numerosos expertos, el 90% de los datos mundiales se han creado solo en los dos últimos años.

<u>Velocidad</u>

Una gran parte de estos datos están disponibles en tiempo real. En este contexto, ya no cabe la posibilidad de esperar a que se complete un ciclo de actividad contable o de reporting para iniciar un proceso de análisis; el análisis debe estar disponible al instante, bajo demanda.

<u>Variedad</u>

El tipo y las fuentes de datos disponibles han evolucionado: web, redes sociales, monitores y herramientas conectadas, etc.

Ante esta constatación, ¿qué puede hacer un manager, un comercial, un contable o un responsable de recursos humanos?

¿Realmente es necesario aprender SQL, R, Python para «convertirse» en Data Scientist?

¿Debemos considerar que el veterano Excel ha quedado obsoleto?

Mis años en departamentos de administración, ya sea en empresas o como consultor, me han permitido trabajar en contacto con numerosos usuarios avanzados de Excel. La mayoría de ellos terminaba por hacer esta observación: sus necesidades de manejo y análisis de datos se había vuelto demasiado importante para una hoja de cálculo.

Todos se hallaban limitados al menos por uno de los dos problemas típicos de las versiones antiguas de Excel:

La escalabilidad

Excel 2010, por ejemplo, limitaba sus hojas a 1 048 576 filas.

La transparencia de los procesos analíticos

Con mucha frecuencia, las hojas de cálculo complejas solo resultaban comprensibles para sus creadores. Además, anteriormente no era posible crear un modelo de datos claro.

C. Nuevas herramientas

Durante todo este tiempo, Microsoft no ha permanecido inactivo. Esta compañía ha realizado inversiones masivas para ofrecer a los usuarios de Excel auténticas herramientas de business intelligence:

Power Query

Power Query es una herramienta que facilita y automatiza el manejo de datos.

También permite la separación real entre los datos, su tratamiento y su presentación.

Power Pivot

Power Pivot permite crear un modelo de datos estructurados en Excel, mejorar las capacidades analíticas en las tablas dinámicas mediante el lenguaje DAX y aumentar en forma significativa los límites en términos de volumetría de datos de Excel, todo ello de forma simultánea.

Objeto	Límite máximo
Caracteres de una tabla o un nombre de columna	100 caracteres
Número de tablas en un modelo	2,147,483,647
Número de columnas y columnas calculadas en una tabla	2,147,483,647
Solicitudes simultáneas por libro	6
Número de conexiones	5
Número de valores distintos en una columna	1.999.999.997
Número de filas de una tabla	1.999.999.997
Longitud de la cadena	536.870.912 bytes (512 MB), equivalente a 268.435.456 caracteres Unicode (256 caracteres mega)

Los límites del modelo de datos de Excel
(Fuente: support.office.com)

Los mapas coropléticos y los mapas 3D

Hasta no hace mucho, Excel no disponía de herramientas que permitiesen trabajar con datos geoespaciales.

Microsoft ha implementado dos herramientas con objeto de satisfacer esta necesidad: los mapas coropléticos y los mapas 3D.

La inteligencia artificial al servicio de la business intelligence: un nuevo rumbo para el análisis de datos

La inteligencia artificial (IA) y más concretamente los modelos de lenguaje de gran tamaño (LLM), como **Microsoft Copilot**, prometen revolucionar el ámbito de la business intelligence (BI). En efecto, estas potentes herramientas ofrecen capacidades inéditas para gestionar y analizar datos, permiten a las empresas extraer información más valiosa y útil de dichos datos.

En la actualidad, **Copilot** está integrado de forma nativa en Excel y en Power BI, las dos herramientas de BI más populares, para dotarlas de más funcionalidades y mayor simplicidad. Como resultado, los usuarios pueden beneficiarse de la IA sin tener que dominar nuevos lenguajes ni cambiar los procesos actuales.

D. ¿Cómo está estructurado este libro?

Este libro se divide en cinco capítulos:

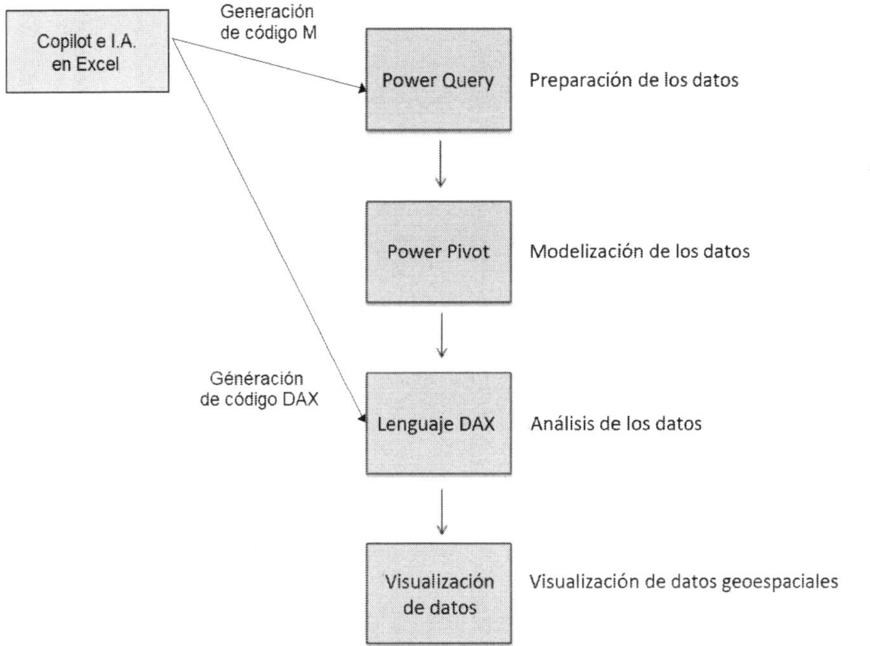

A lo largo de sus páginas se ofrecen ejercicios de dificultad progresiva, así como varios casos prácticos de aplicación (realización de un informe, de un panel de control, etc.).

Capítulo 1
Utilizar la inteligencia artificial para la business intelligence

A. Objetivo del capítulo

Excel es una herramienta en constante mejora, cada vez más eficaz y fácil de usar gracias a la reciente aportación de la inteligencia artificial (IA).

En este capítulo, vamos a explorar las capacidades de la inteligencia artificial integradas en Excel, como el relleno rápido, la herramienta **Desde una imagen** o la funcionalidad **Analizar datos**.

Para complementar estas funciones de inteligencia artificial nativa de Excel, Microsoft ha desarrollado Copilot.

Copilot es un asistente virtual de Microsoft 365 diseñado para realizar tareas, redactar contenido o, incluso, generar ideas. Puede utilizarse como una aplicación independiente cercana al conocido ChatGPT o incluso como un elemento integrado en las aplicaciones ofimáticas de Microsoft 365.

La inteligencia artificial va a revolucionar la forma en la que utilizamos Excel.

B. Las funcionalidades de inteligencia artificial nativas de Excel

1. La herramienta de relleno rápido

La herramienta de relleno rápido de Excel permite rellenar de forma automática las celdas de una tabla en función de los datos introducidos por el usuario Esta herramienta puede hacer ganar tiempo y ayudar a trabajar de manera más eficaz con los datos.

Existen dos formas diferentes de acceder a la herramienta de relleno rápido:

- En el menú **Inicio** de la cinta de opciones, grupo **Edición**, haga clic en **Rellenar** y en **Relleno rápido**.

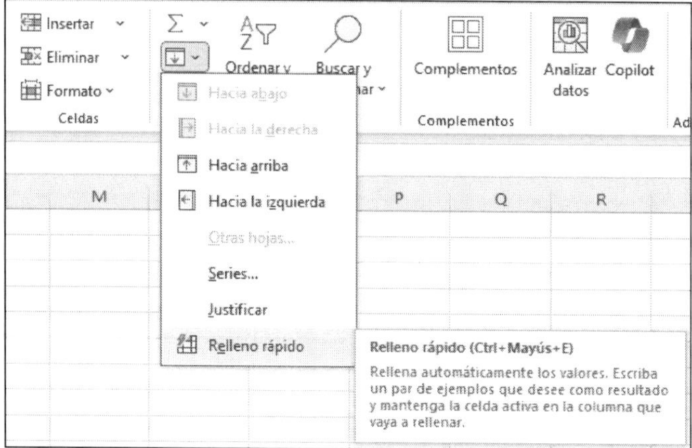

✎ Utilice la combinación de teclas Ctrl E tras haber seleccionado las celdas de la tabla.

Ejemplo 1

En este ejemplo, queremos dividir el apellido y el nombre de cada persona que se encuentra en la columna A y situarlos en la columna B y C. También queremos añadir una mayúscula a la primera letra de cada nombre y apellido.

Encontrará estos datos en la pestaña **Relleno** del archivo **1_herramientas_IA.xlsx**.

	A	B	C
1			
2	**Apellido / Nombre**	**Nombre**	**Apellido**
3	bob paris		
4	jules lefevre		
5	elena fayol		
6	charles cimaron		
7	huggie anatolie		

✎ En la celda **B3**, introduzca el primer nombre de la lista, es decir **Bob**.

✎ Pulse la tecla ↵ para validar la entrada y utilice el método abreviado de teclado Ctrl E para aplicar la herramienta **Relleno rápido**.

Los nombres se han añadido correctamente a la columna B:

	A	B	C
1			
2	**Apellido / Nombre**	**Nombre**	**Apellido**
3	bob paris	Bob	
4	jules lefevre	Jules	
5	elena fayol	Elena	
6	charles cimaron	Charles	
7	huggie anatolie	Huggie	

- Repita el mismo procedimiento para los apellidos. Para ello, empiece por introducir el primer apellido de la lista, es decir, **Paris**, confirme con la tecla ↵ y utilice el método abreviado de teclado Ctrl E.

  Los apellidos se han añadido correctamente a la columna C:

	A	B	C
1			
2	**Apellido / Nombre**	**Nombre**	**Apellido**
3	bob paris	Bob	Paris
4	jules lefevre	Jules	Lefevre
5	elena fayol	Elena	Fayol
6	charles cimaron	Charles	Cimaron
7	huggie anatolie	Huggie	Anatolie

Ejemplo 2

Disponemos del apellido, del nombre y del nombre de dominio de varias direcciones de correo electrónico. A partir de ellos, queremos crear la dirección de e-mail de cada persona.

E	F	G	H
Nombre	**Apellido**	**Dominio**	**E-mail**
Bob	Paris	gmail	
Jules	Lefevre	hotmail	
Elena	Fayol	hotmail	
Charles	Cimaron	gmail	
Huggie	Anatolie	gmail	

Empiece por la primera fila:

- En la celda **H3**, introduzca la primera dirección de e-mail, es decir, **bob.paris@gmail.com**.

E	F	G	H
Nombre	**Apellido**	**Dominio**	**E-mail**
Bob	Paris	gmail	bob.paris@gmail.com
Jules	Lefevre	hotmail	
Elena	Fayol	hotmail	
Charles	Cimaron	gmail	
Huggie	Anatolie	gmail	

- Confirme la entrada con la tecla [Entrar] y después utilice el método abreviado de teclado [Ctrl] E para activar el **Relleno rápido**.

  Los correos electrónicos se han añadido correctamente a la columna H:

E	F	G	H
Nombre	**Apellido**	**Dominio**	**E-mail**
Bob	Paris	gmail	bob.paris@gmail.com
Jules	Lefevre	hotmail	jules.lefevre@hotmail.com
Elena	Fayol	hotmail	elena.fayol@hotmail.com
Charles	Cimaron	gmail	charles.cimaron@gmail.com
Huggie	Anatolie	gmail	huggie.anatolie@gmail.com

2. La herramienta Desde una imagen

Es posible importar una tabla de datos en Excel a partir de una foto o de un documento escaneado, sin necesidad de introducirla manualmente. Esta función utiliza el reconocimiento óptico de caracteres (OCR) para convertir los datos de una imagen en texto.

La precisión del reconocimiento de caracteres depende de la calidad de la fotografía (o del escáner).

Para ilustrar esta funcionalidad, vamos a utilizar una imagen de calidad relativamente mala.

Puntos Alimentos sólidos	Puntos Bebidas	Clasificación Nutri-Score
-15 a 1	Agua	A / Verde oscuro
0 a 2	≤1	B / Verde
3 a 10	2 a 5	C / amarillo
11 a 18	6 a 9	D / Naranja
19 a 40	≥10	E / Naranja oscuro - Rojo

- Para importar los datos a partir de esta imagen, abra Excel y cree un nuevo libro.
- En la pestaña **Datos** de la cinta de opciones, en el grupo **Obtener y transformar datos**, haga clic en **Desde una imagen** y después en **Imagen desde archivo**.

- En la ventana **Insertar imagen**, seleccione la imagen y haga clic en **Abrir**.

Aparece el panel **Datos de imagen**.

Excel realiza un reconocimiento de caracteres y muestra una vista previa del resultado.

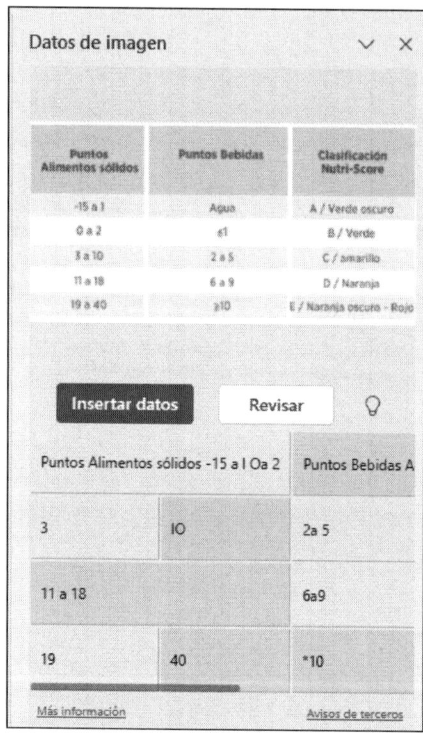

- Haga clic en el botón **Revisar** para revisar la imagen y retranscribir los datos.

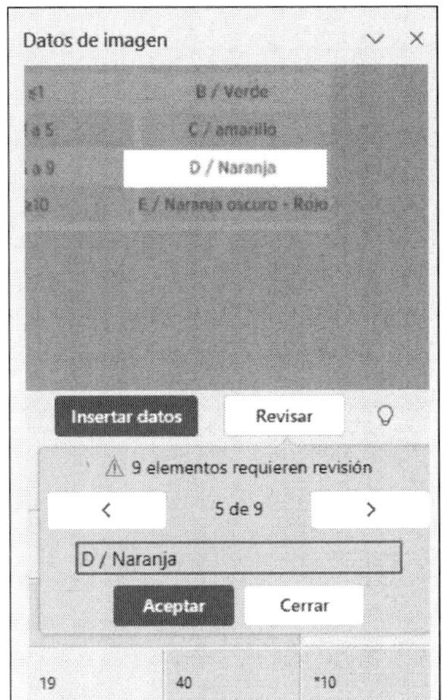

- Realice manualmente las modificaciones necesarias y haga clic en **Aceptar** para examinar la siguiente revisión propuesta.
- Por último, haga clic en **Insertar datos** para importar los datos en el libro Excel.

3. La herramienta Analizar datos

La herramienta de análisis de datos de Excel permite analizar los datos de una tabla de forma automática.

Encontrará estos datos en la pestaña **Análisis** del archivo **1_herramientas_IA.xlsx**.

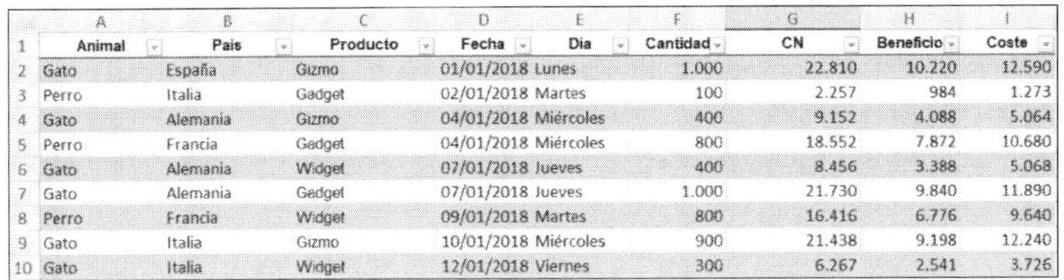

	A	B	C	D	E	F	G	H	I
1	Animal	País	Producto	Fecha	Día	Cantidad	CN	Beneficio	Coste
2	Gato	España	Gizmo	01/01/2018	Lunes	1.000	22.810	10.220	12.590
3	Perro	Italia	Gadget	02/01/2018	Martes	100	2.257	984	1.273
4	Gato	Alemania	Gizmo	04/01/2018	Miércoles	400	9.152	4.088	5.064
5	Perro	Francia	Gadget	04/01/2018	Miércoles	800	18.552	7.872	10.680
6	Gato	Alemania	Widget	07/01/2018	Jueves	400	8.456	3.388	5.068
7	Gato	Alemania	Gadget	07/01/2018	Jueves	1.000	21.730	9.840	11.890
8	Perro	Francia	Widget	09/01/2018	Martes	800	16.416	6.776	9.640
9	Gato	Italia	Gizmo	10/01/2018	Miércoles	900	21.438	9.198	12.240
10	Gato	Italia	Widget	12/01/2018	Viernes	300	6.267	2.541	3.726

Para utilizar la herramienta de análisis de datos, seleccione una celda de una tabla de datos y haga clic en **Analizar datos**, en la pestaña **Inicio** de Excel.

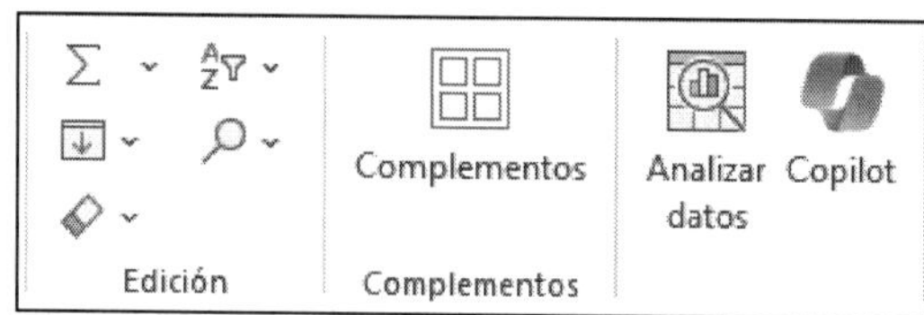

Excel ofrece varios tipos de análisis en el panel **Analizar datos**.

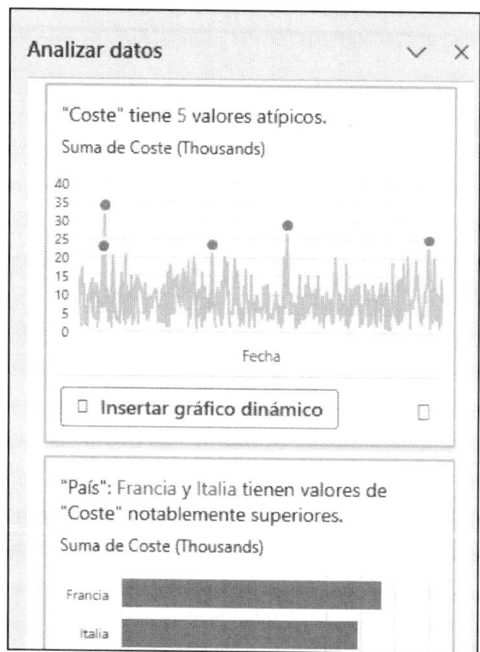

Los análisis propuestos están compuestos por una tabla dinámica, por un gráfico dinámico e incluso por un gráfico.

Recorra los diversos análisis propuestos y seleccione aquellos que le interesen haciendo clic en el botón **Insertar tabla dinámica** o **Insertar gráfico dinámico**, según convenga.

Excel crea una nueva hoja de cálculo compuesta por una tabla dinámica y por un gráfico dinámico.

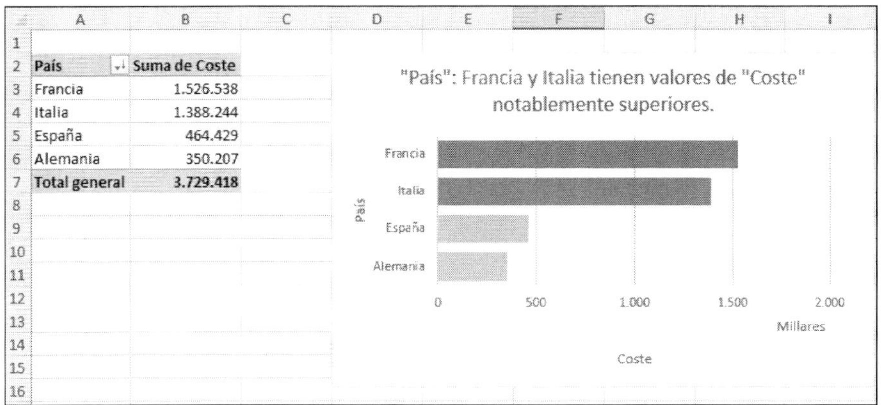

País	Suma de Coste
Francia	1.526.538
Italia	1.388.244
España	464.429
Alemania	350.207
Total general	**3.729.418**

Puede afinar el análisis seleccionando determinados campos. Para ello, haga clic en el botón del panel **Analizar datos**.

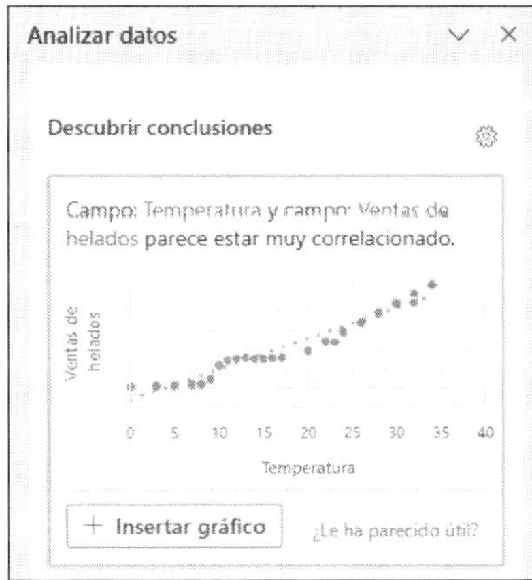

Aparece en la pantalla la lista de campos de la tabla.

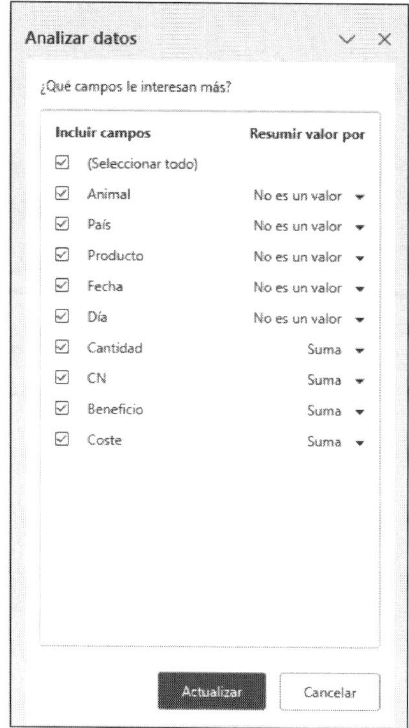

Necesitamos analizar la cantidad media de productos vendidos al año.

- Seleccione los campos **Producto**, **Día** y **Cantidad**.
- Seleccione **Promedio** en el campo **Cantidad**, en la columna **Resumir valor por**.

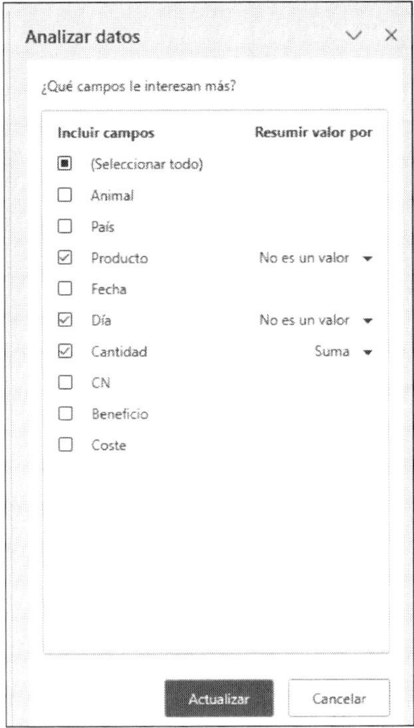

Haga clic en **Actualizar**.

Excel propone varios análisis, incluida una tabla dinámica que muestra las ventas medias por producto por año (por defecto, los días aparecen en orden decreciente de las ventas).

	A	B	C	D	E	F	G	H
1								
2	**Promedio de Cantidad**	**Día**						
3	**Producto**	**Jueves**	**Martes**	**Sábado**	**Lunes**	**Miércoles**	**Viernes**	**Total general**
4	Gizmo	568	610	596	663	552	571	584
5	Widget	710	588	552	518	519	488	553
6	Gadget	658	538	537	507	532	517	540
7	Doodads	367	1.000	800	300		200	486
8	**Total general**	**622**	**576**	**564**	**557**	**534**	**518**	**558**

Analizar una correlación con la herramienta Analizar datos

Un heladero quiere ver y cuantificar la relación existente entre la temperatura exterior y el nivel de ventas de helados de su tienda.

Para ello, algunos días a lo largo del año, registró el nivel de sus ventas y la temperatura exterior y elaboró la siguiente tabla.

	A	B	C
1			
2		temperatura	Ventas de helados
3		0	12
4		3	17
5		5	17
6		7	21
7		8	25
8		9	50
9		10	125
10		11	151
11		12	161
12		13	165
13		14	158
14		15	159

Encontrará estos datos en la pestaña **análisis_datos_heladero** del archivo **1_herramientas_IA.xlsx**.

✎ Seleccione una celda de la tabla; después en la pestaña **Inicio** de la cinta de opciones, haga clic en **Analizar datos**.

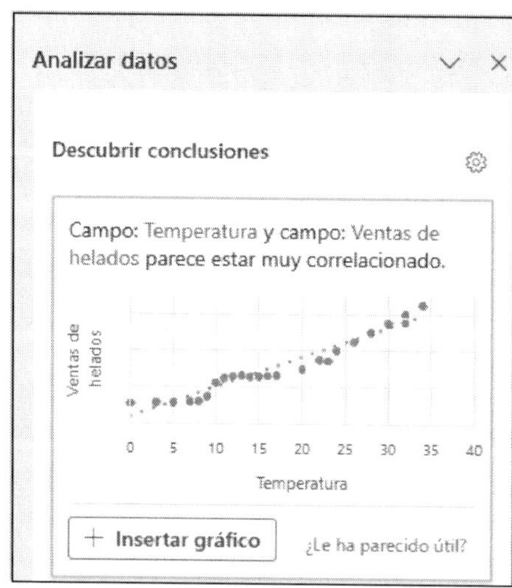

El primer análisis creado es un gráfico de dispersión con una línea de tendencia.

El gráfico propuesto contiene también un comentario: el campo **temperatura** y el campo **Ventas de helados** aparecen muy correlacionados.

✎ Haga clic en el botón **Insertar gráfico**.

A continuación, el gráfico se inserta en la hoja de cálculo.

A primera vista, existe una correlación entre la venta de helados y la temperatura exterior. Sin embargo, para poder cuantificarla, vamos a calcular el coeficiente de determinación y la ecuación de la línea de tendencia.

✎ Seleccione el gráfico y haga clic en el botón **Elementos de gráfico**.

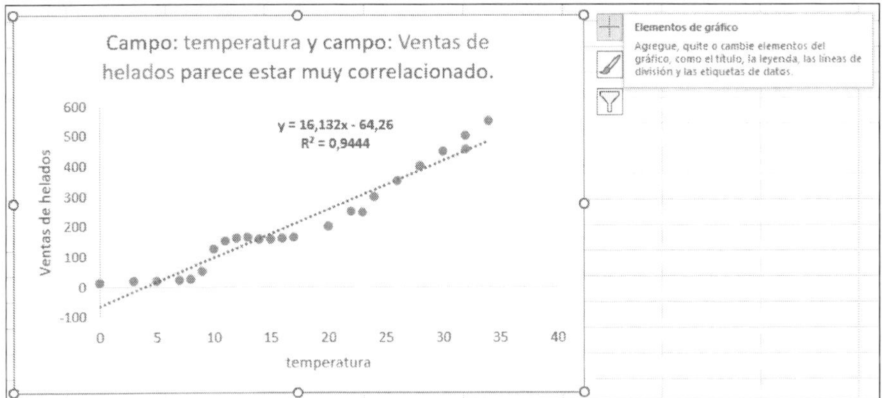

✎ A continuación, haga clic en **Línea de tendencia** y **Más opciones...**

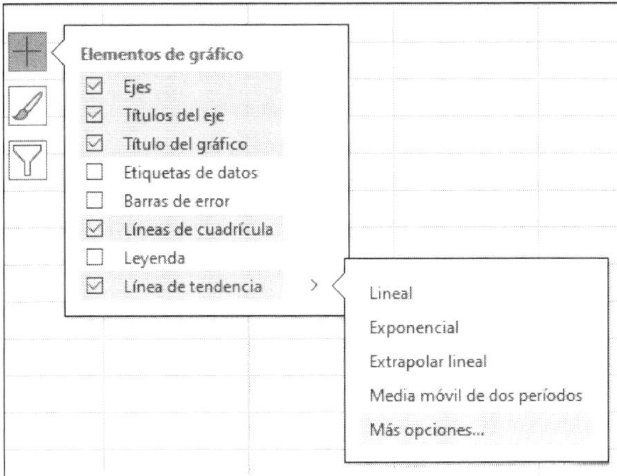

- En el panel Formato de línea de tendencia, seleccione Presentar ecuación en el gráfico y Presentar el valor R cuadrado en el gráfico.

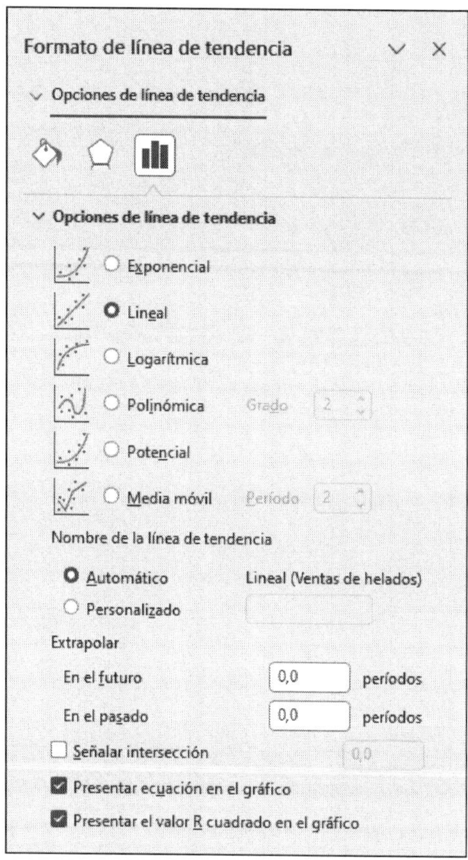

La ecuación y el coeficiente de determinación aparecen en el gráfico:

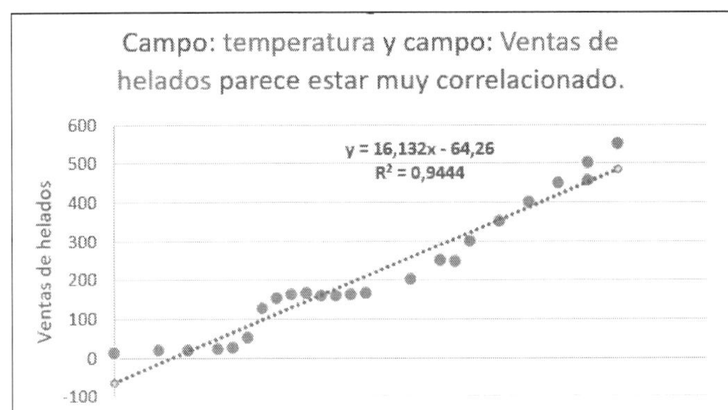

Según los datos de los que dispone el heladero y basándose en este modelo, para una temperatura de 20 grados, la previsión de venta de helados sería:

16,132 x 20 – 64,26 = 258,38

C. Presentación de Copilot y de sus funciones

Microsoft 365 Copilot es un servicio virtual diseñado para ayudar a los usuarios a redactar texto y facilitar el procesamiento de datos. La herramienta se presenta a la vez como una aplicación independiente parecida a ChatGPT y como un elemento integrado en las aplicaciones Microsoft 365 (Word, Excel, Outlook, OneNote, Teams, PowerPoint, etc.).

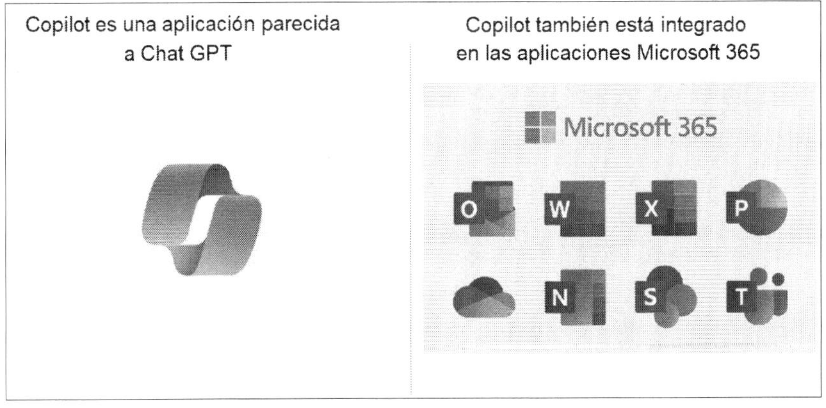

Copilot es una inteligencia artificial generativa. La IA generativa hace referencia a algoritmos de inteligencia artificial capaces de crear contenido. Esto incluye no solo texto, sino también imágenes, música y otro tipo de medios.

Más concretamente, Copilot es un modelo de lenguaje de gran tamaño (o LLM, de *Large Language Models*), es decir, un sistema de inteligencia artificial que ha sido entrenado con grandes conjuntos de datos de texto.

Copilot utiliza modelos de inteligencia artificial para interpretar las necesidades de los usuarios y aportar respuestas adaptadas. Esta herramienta facilita la búsqueda de información sobre un tema, basándose tanto en datos internos de la empresa y como en los datos de internet.

Copilot ofrece igualmente interacciones avanzadas con las aplicaciones de Microsoft 365, lo que permite aprovechar la IA generativa en herramientas de uso habitual. Por ejemplo, Copilot puede redactar informes utilizando datos procedentes de diversas fuentes, como hojas de cálculo de Excel o texto de Word; o, incluso, sintetizar los puntos clave de una reunión de equipo en Teams.

1. Opciones de suscripción para herramientas Copilot de Microsoft 365

Esta sección tiene como objetivo esclarecer las opciones de suscripción para los dos productos Copilot más populares: el asistente de chat de Copilot y el uso de Copilot en aplicaciones ofimáticas como Excel, Outlook, Teams y Microsoft Word.

Comprender estas opciones le permitirá sacar el máximo partido de las herramientas Copilot.

2. La aplicación Copilot

Copilot es un «compañero de trabajo inteligente»: responde a preguntas, escribe un texto, analiza datos o incluso genera código informático. Existen varias versiones gratuitas de este asistente. Copilot está disponible en copilot.microsoft.com.

Uso gratuito. Sin necesidad de conectarse, puede utilizar la aplicación Copilot gratuitamente, pero solo dispondrá de un número limitado de preguntas al día y las respuestas que obtendrá podrían ser más lentas.

Autenticación con una cuenta personal. Tiene la posibilidad de autenticarse con una cuenta personal para beneficiarse de conversaciones más extensas con la aplicación. Copilot podrá también memorizar el historial de sus intercambios. Si dispone de una cuenta personal de Outlook o Xbox, podría utilizarla igualmente.

Acceso con una cuenta profesional o educativa. Si trabaja en una empresa que dispone de una suscripción a Microsoft 365, también puede acceder con una cuenta profesional o educativa y utilizar Copilot. Este tipo de acceso garantiza la seguridad de sus datos gracias a las funcionalidades de protección de Microsoft 365.

3. Copilot en las aplicaciones de Microsoft 365

Para utilizar Copilot en las aplicaciones ofimáticas como Excel, Outlook, Teams o Microsoft Word, es necesario contratar una suscripción de pago.

Copilot para Microsoft 365: para los usuarios profesionales, su empresa puede adquirir licencias de Copilot para Microsoft 365. En este caso, se añade un complemento a la suscripción de Microsoft 365 existente. Esto permite utilizar Copilot en Word, Excel, PowerPoint, OneNote, Outlook y Microsoft Teams.

Copilot Pro: un complemento opcional y de pago disponible para los usuarios personales o familiares. Esta suscripción permite utilizar Copilot en Word, Excel, PowerPoint, OneNote y Outlook.

Estas dos suscripciones activan también el conjunto de funcionalidades de la aplicación Copilot. Principalmente, tendrá acceso a respuestas más rápidas y a modelos de lenguaje más recientes. La suscripción profesional incluye también la posibilidad de trabajar con la información contenida en el conjunto de carpetas disponibles en OneDrive o SharePoint.

4. Algoritmos utilizados por Copilot

Microsoft Copilot utiliza algoritmos de inteligencia artificial avanzados para interpretar las preguntas de los usuarios y aportar respuestas pertinentes.

Aunque Microsoft no ha revelado qué algoritmos utiliza específicamente, sabemos que Copilot utiliza modelos de procesamiento del lenguaje natural muy potentes, como GPT-4, para aportar respuestas de calidad.

Estos modelos tienen en cuenta el contexto y los datos disponibles para evaluar las diferentes respuestas posibles. En función de estas evaluaciones, Copilot selecciona la respuesta que parece ser más apropiada para la situación.

Esto significa que para una misma pregunta, Copilot puede dar respuestas distintas según la forma en la que se ha formulado la pregunta y la información de la que se dispone.

Estos algoritmos mejoran con rapidez y están optimizándose de forma constante, lo que significa que Copilot está en constante evolución para aportar respuestas más pertinentes.

D. La aplicación Copilot

La aplicación Copilot dispone de una función de chat para intercambiar mensajes entre el usuario y Copilot. Esta funcionalidad permite a los usuarios realizar consultas en lenguaje natural y obtener respuestas instantáneas.

La calidad y relevancia de las respuestas de Copilot están influenciadas por la forma en la que escribe el mensaje, llamado «instrucción» o «prompt». Para obtener respuestas exactas y relevantes, es importante redactar instrucciones claras, precisas y bien organizadas. Esto permite a Copilot a comprender mejor lo que se le está pidiendo y proporcionar respuestas que se adapten a sus necesidades.

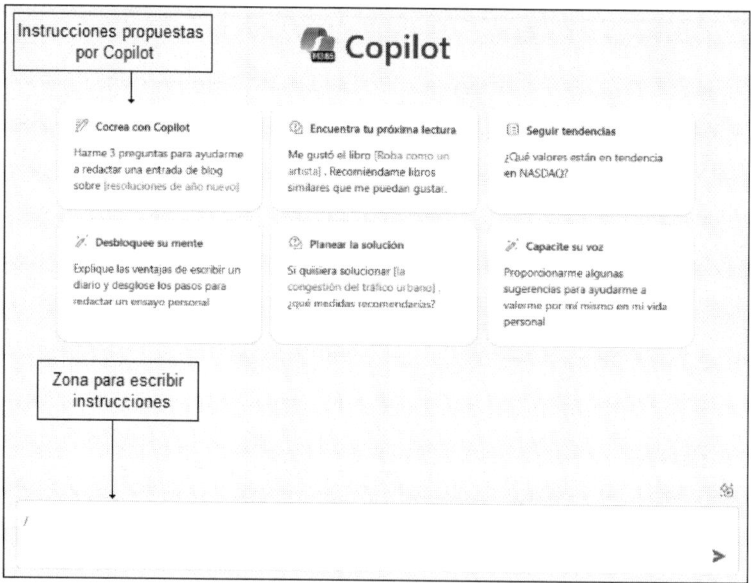

Puede añadir un documento (una nota en Word, una tabla Excel...) a su isntrucción para proporcionar más información sobre el contexto; y ayudar así a Copilot a generar una respuesta adaptada. Esto es particularmente útil si trata temas complejos o tiene exigencias particulares.

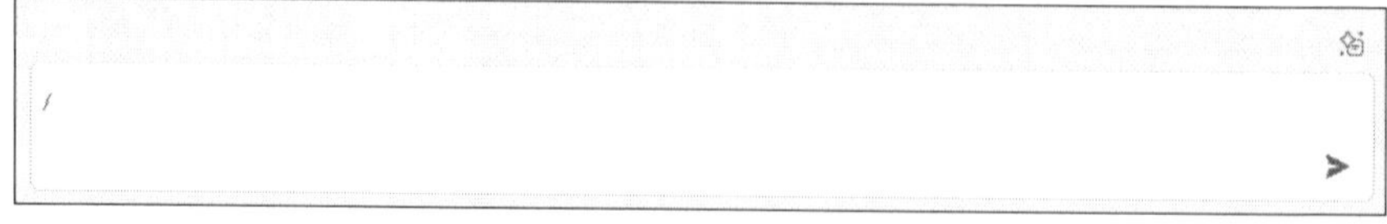

1. Análisis y producción de código con la aplicación Copilot

Copilot es capaz de examinar y generar código en diversos lenguajes de programación como:

- Python
- Java
- C++
- C#
- JavaScript
- R
- SQL
- DAX
- VBA
- M

Este libro dedica secciones específicas a las habilidades de codificación de Copilot para los lenguajes M y DAX.

2. Ejemplos de uso de Copilot para el análisis de datos

Copilot permite generar fácil y rápidamente propuestas de análisis de datos. Un caso de uso de Copilot para el análisis de datos es la elaboración de un informe de ventas de una empresa.

	A	B	C
1	**Mes**	**Región**	**Ventas**
2	Enero	NORTE	200
3	Enero	SUR	150
4	Febrero	NORTE	800
5	Febrero	SUR	225
6	Marzo	NORTE	300
7	Marzo	SUR	275
8	Abril	NORTE	275
9	Abril	SUR	275
10	Mayo	NORTE	300
11	Mayo	SUR	275
12	Junio	NORTE	325
13	Junio	SUR	400
14	Julio	NORTE	300

Encontrará estos datos en la pestaña ventas del archivo **1_análisis_copilot_excel.xlsx**.

a. Referencia al documento

Para hacer referencia a este documento en la aplicación Copilot, haga clic en el icono **Añadir contexto a la pregunta** y seleccione el archivo **1_análisis_copilot_excel.xlsx**.

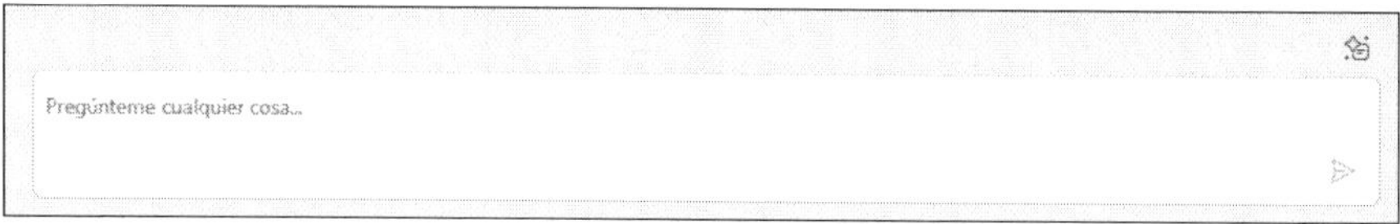

b. Redactar el prompt

Empecemos por un prompt genérico.

Introduzca el siguiente prompt:

Como analista de datos, ¿puedes realizar un análisis detallado de estos datos?

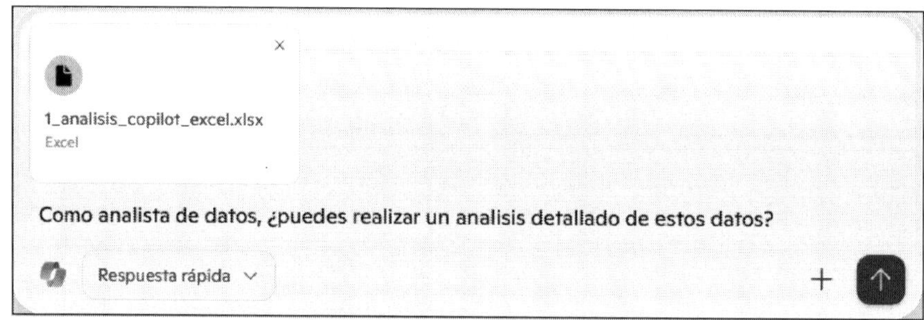

Haga clic en el botón **Enviar mensaje** o en la tecla ⏎.

Respuesta ofrecida por Copilot:

¡Por supuesto, Desiree! He analizado los datos de ventas que me has proporcionado. Aquí tienes un desglose detallado:

Análisis de datos de ventas

1. Ventas totales por región

- **NORTE:** La suma de las ventas del año es **4,265 unidades**.
- **SUR:** La suma de las ventas del año es **4,005 unidades**.

2. Promedio mensual de ventas

- **NORTE:** Promedio de **355.42 unidades** por mes.
- **SUR:** Promedio de **333.75 unidades** por mes.

3. Mes con mayores ventas

- **NORTE:** Febrero (800 unidades).
- **SUR:** Diciembre (425 unidades).

4. Mes con menores ventas

- **NORTE:** Enero (200 unidades).
- **SUR:** Enero (150 unidades).

5. Comparativa entre regiones

- La región **NORTE** tuvo mayores ventas totales que la región SUR, con una diferencia de 260 unidades.

Ahora, una instrucción más precisa.

Como analista de datos, quiero preparar un informe detallado para Don Bon-chef, el director de la empresa, a partir de estos datos. Me gustaría incluir la media, el máximo y el mínimo de las ventas diarias, así como toda información relevante. El informe debe estar redactado en un estilo profesional.

Respuesta de Copilot:

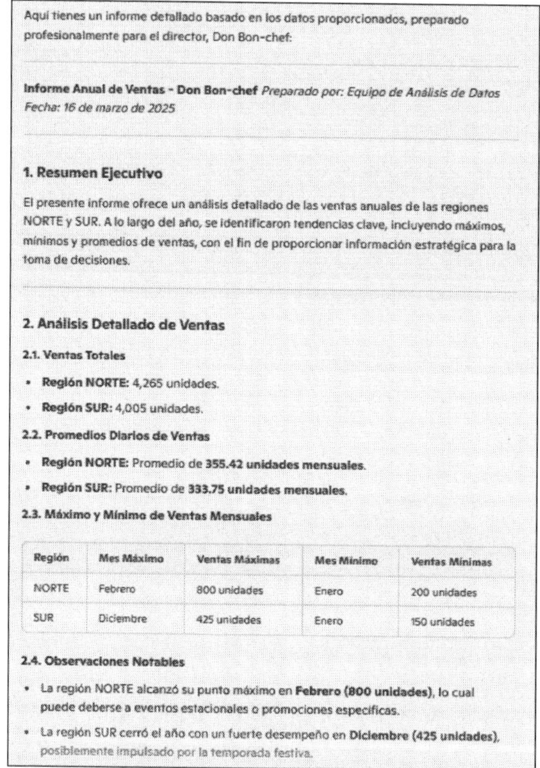

Aquí tienes un informe detallado basado en los datos proporcionados, preparado profesionalmente para el director, Don Bon-chef:

Informe Anual de Ventas - Don Bon-chef *Preparado por: Equipo de Análisis de Datos Fecha: 16 de marzo de 2025*

---

1. Resumen Ejecutivo

El presente informe ofrece un análisis detallado de las ventas anuales de las regiones NORTE y SUR. A lo largo del año, se identificaron tendencias clave, incluyendo máximos, mínimos y promedios de ventas, con el fin de proporcionar información estratégica para la toma de decisiones.

---

2. Análisis Detallado de Ventas

2.1. Ventas Totales

- **Región NORTE:** 4,265 unidades.
- **Región SUR:** 4,005 unidades.

2.2. Promedios Diarios de Ventas

- **Región NORTE:** Promedio de **355.42 unidades mensuales.**
- **Región SUR:** Promedio de **333.75 unidades mensuales.**

2.3. Máximo y Mínimo de Ventas Mensuales

Región	Mes Máximo	Ventas Máximas	Mes Mínimo	Ventas Mínimas
NORTE	Febrero	800 unidades	Enero	200 unidades
SUR	Diciembre	425 unidades	Enero	150 unidades

2.4. Observaciones Notables

- La región NORTE alcanzó su punto máximo en **Febrero (800 unidades)**, lo cual puede deberse a eventos estacionales o promociones específicas.
- La región SUR cerró el año con un fuerte desempeño en **Diciembre (425 unidades)**, posiblemente impulsado por la temporada festiva.

Aquí tienes un informe detallado basado en los datos proporcionados, preparado profesionalmente para el director, Don Bon-chef:

- **Promedios diarios de ventas**: la media calculada sobre el conjunto de los datos es de (\frac{7195}{24}) lo que da aproximadamente 299,79.
- **Ventas máximas diarias**: la venta más elevada se registró el 01/02/2025 en la región NORTE con 800 unidades vendidas.
- **Ventas mínimas diarias**: la venta más baja se registró el 01/01/2025 en la región SUR con 150 unidades vendidas.

Además de esta información, puedes incluir también en tu informe:

- Un **análisis mensual** de las ventas para mostrar las tendencias y las variaciones estacionales.
- Una **comparación del rendimiento** entre las regiones NORTE y SUR para identificar las zonas de alto y bajo rendimiento.

- **Gráficos** para ilustrar visualmente los datos y facilitar la comprensión de las tendencias.

El informe debe presentarse en un estilo profesional, prestando particularmente atención a la claridad y la exactitud de la información. No olvides incluir una ***introducción*** *y una* ***conclusión*** *que resuma los puntos clave y las recomendaciones para la dirección.*

Por favor, házme saber si deseas añadir gráficos, tablas adicionales o más análisis. ¡Estaré encantada de ayudarte!

3. Algunas sugerencias para la redacción de instruccciones

Para utilizar Copilot de forma eficaz, se recomienda plantear las instrucciones de forma clara y precisa, definir el papel que debe desempeñar la IA, el tono de la respuesta, proporcionar información, contexto y ejemplos complementarios.

No existe la instrucción «ideal». Asegúrese de ajustar, iterar y revisar su solicitud en función de la calidad de las respuestas proporcionadas por Copilot.

Las herramientas de inteligencia artificial no son perfectas; pueden dar respuestas incompletas, sesgadas o erróneas. En general, la inteligencia artificial no iguala (aún) el nivel de juicio humano.

Sea claro y preciso.

INSTRUCCIÓN INICIAL

¿Cuál es la fórmula para medir la evolución anual de un indicador?

INSTRUCCIÓN MEJORADA

Explíqueme paso a paso cómo calcular una evolución entre dos años (en porcentaje)

¿Puede facilitarme también una fórmula de Excel para calcular una evolución de un año para otro?

Las celdas C1:Cl3 contienen los datos de este año (N), y las celdas C1 :C13 los del año pasado (N-1).

Proporcionar información del contexto y ejemplos adicionales:

INSTRUCCIÓN INICIAL

Deme una serie de indicadores de rendimiento en el ámbito de la logística.

INSTRUCCIÓN MEJORADA

Soy analista de datos en el sector de la logística en una empresa internacional de distribución. ¿Qué indicadores de rendimiento puedo utilizar?

Facilite una fórmula que muestre cómo se calcula cada criterio de evaluación.

Por ejemplo, calculamos el porcentaje de servicio de la siguiente forma:

(Número de pedidos entregados a tiempo y en total / Número total de pedidos) * 100

Definir las funciones:

INSTRUCCIÓN INICIAL

¿Cuál es la mejor forma de limpiar los datos?

INSTRUCCIÓN MEJORADA

Soy un nuevo empleado en un negocio minorista y me han pedido que limpie y prepare los datos para realizar un análisis de nuestras ventas.

Por favor, desempeñe el papel de un analista de datos y facilíteme un plan que pueda seguir paso a paso.

Su respuesta debe ser fácilmente comprensible para un principiante en el análisis de datos.

E. Técnicas avanzadas de redacción de instrucciones

1. Instrucción con ejemplos (*few-shot prompting*)

La instrucción con ejemplos consiste en entrenar al modelo para que aporte respuestas utilizando tanto sus propios conocimientos como los ejemplos de respuesta proporcionados por el usuario. Esta nueva técnica tiene la ventaja de permitir que el modelo se adapte rápidamente a nuevas tareas.

Esta técnica es particularmente eficaz para tratar los datos textuales no estructurados.

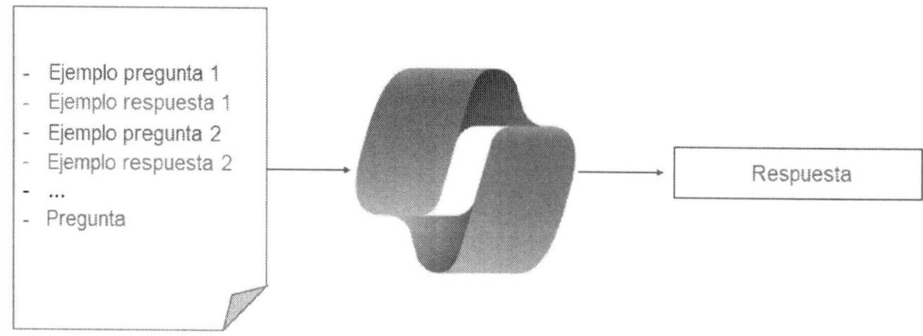

Ejemplo

Tenemos tickets de atención al cliente cuyo texto procede de una aplicación de reservas de viajes.

Estos tickets son datos no estructurados escritos por los clientes. A partir de este texto, queremos obtener el nombre del cliente, el número de la reserva y el teléfono (si lo ha indicado).

Ticket_1 = Hola: me llamo Emma Mulot. Mi reserva es la n.° 1345C. No dude en contactar conmigo si fuera necesario en el +123456.

Salida_1 = Nombre: Emma Mulot | Teléfono: +123456 | Número de reserva: 1345C.

Ticket_2 = Hola, soy Elena Wiliams, me gustaría darle información relacionada con mi reserva: es la número 4786F.

Salida_2 = Nombre: Elena Wiliams | Teléfono: | Número de reserva: 4786F.

Nuestro objetivo es extraer el nombre del cliente, el número de reserva y el teléfono de los tickets 3 y 4 siguientes:

Ticket_3 = Buenas tardes: mi reserva es la 2458D a nombre de Maxime Blanco, mi teléfono es el +256786, gracias.

Tickets_4 = Hola: número 3657F, Marie Blake, he llegado bien.

Instrucción:

La instrucción podría ser:

Voy a darle un texto y su función será extraer la información pertinente, como el nombre, el número de reserva (un número de 4 cifras seguido de una letra) y el teléfono.

Por favor, formatee su respuesta conforme a los ejemplos que aparecen a continuación:

Ticket_1= Hola: me llamo Emma Mulot. Mi reserva es la n° 1345C. No dude en contactar conmigo si fuera necesario en el +123456.

Salida_1= Nombre: Emma Mulot | Teléfono: +123456 | Número de reserva: 1345C.

Ticket_2 = Hola, soy Elena Wiliams, me gustaría darle información relacionada con mi reserva: es la número 4786F.

Salida_2 = Nombre: Elena Wiliams | Teléfono: | Número de reserva: 4786F

A continuación, mi texto:

Ticket_3 = Buenas tardes: mi reserva es la 2458D a nombre de Maxime Blanco, mi teléfono es el +256786, gracias.

Ticket_4= Hola: número 3657F, Marie Blake, he llegado bien.

A continuación la información extraída de su texto:

Salida_3 = Nombre: Maxime Blanco | Teléfono: +256786 | Número de reserva: 2458D

Salida_4 = Nombre: Marie Blake | Teléfono: | Número de reserva: 3657F

Si necesitas algo más, ¡estaré encantada de ayudarte!

Copilot ha logrado extraer la información solicitada y respetar el formato de salida esperado.

a. Instrucciones multietapas (*multi-step prompting*)

Un prompt o instrucción multietapa consiste en descomponer una tarea compleja en etapas más sencillas que el modelo debe seguir para obtener el resultado deseado. El objetivo de esta técnica es ayudar al usuario y al modelo a resolver un problema dividiéndolo en etapas más sencillas para mejorar su comprensión y evitar errores.

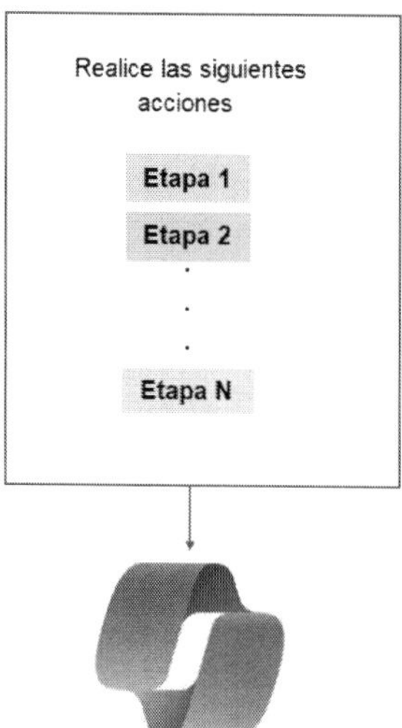

<u>Ejemplo</u>

Usted es un analista de datos, su objetivo es limpiar un conjunto de datos. Para ello, debe seguir las siguientes etapas:

- Comprobar la calidad de los datos: vérificar si todas las columnas contienen datos válidos y si los tipos de datos son correctos.
- Eliminar elementos duplicados: comprobar si hay registros duplicados en los datos y suprimirlos si fuera necesario.

- Corregir errores: comprobar si existen errores en los datos, como valores ausentes o incorrectos y corregirlos en el caso de que fuera necesario.

Instrucción:

Como analista de datos, su objetivo es limpiar un conjunto de datos. Para ello, vamos a seguir las siguientes etapas:

Comprobar la calidad de los datos: verificar si todas las columnas contienen datos válidos y si los tipos de datos son correctos.

Eliminar elementos duplicados: comprobar si hay registros duplicados en los datos y suprimirlos si fuera necesario.

Corregir errores: comprobar si hay errores en los datos, como valores ausentes o incorrectos, y corregirlos en el caso de que fuera necesario.

Mostramos a continuación un conjunto de datos que se analizarán conforme a estas tres etapas:

Fecha	Producto	Cantidad
2024/01/01	Esterilla de yoga	10
01/01/2024	Zafú de meditación	5
02/01/2024	Esterilla de yoga	20
02/01/2024	Zafú de meditación	10
03/01/2024	Esterilla de yoga	30
04/01/2024	Zafú de meditación	15
04/01/2024	Esterilla de yoga	40
05/01/2024	Zafú de meditación	20
05/01/2024	Zafú de meditación	20
05/01/2024	Esterilla de yoga	25

Realice las correcciones necesarias siguiendo las etapas descritas anteriormente.

Encontrará estos datos en la pestaña prompt del archivo **1_prompt.xlsx**.

Respuesta de Copilot:

Basándome en las etapas que has mencionado para limpiar los datos, he aquí las correcciones que he realizado en el conjunto de datos proporcionado:

- Comprobar la calidad de los datos: he comprobado las columnas y los tipos de datos y he encontrado un problema con el formato de fecha. La primera fecha aparece en formato "AAAA/MM/DD" mientras que las otras fechas aparecen en formato "DD/MM/AAAA". He decidido modificar todas las fechas para que aparezcan en formato "DD/MM/AAAA" para obtener datos coherentes.
- Eliminar elementos duplicados: he encontrado un registro duplicado correspondiente al producto "Zafú de meditación" el "05/01/2024" con una cantidad de 20. He eliminado este registro duplicado.
- Corregir errores: he comprobado los datos y no he encontrado ningún error más.

A continuación, se muestra el conjunto de datos que se han limpiado:

Fecha	Producto	Cantidad
01/01/2024	Esterilla de yoga	10
01/01/2024	Zafú de meditación	5
02/01/2024	Esterilla de yoga	20
02/01/2024	Zafú de meditación	10
03/01/2024	Esterilla de yoga	30
04/01/2024	Zafú de meditación	15
04/01/2024	Esterilla de yoga	40
05/01/2024	Zafú de meditación	20
05/01/2024	Esterilla de yoga	25

Espero que esto te sea útil. Si necesitas algo más, ¡estaré encantada de ayudarte!

b. Las cadenas de pensamientos (*chains of thoughts*)

Una cadena de pensamiento es un enfoque en el que el propio modelo lingüístico descompone un problema en etapas intermedias.

Este método permite comprender la lógica seguida por el modelo.

Esta técnica es diferente de los prompts multietapas, ya que en estos últimos, es el usuario que define previamente las etapas que el modelo debe seguir.

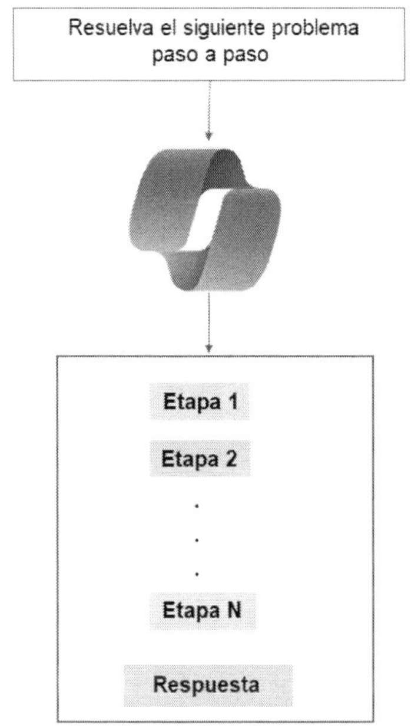

Instrucción:

¿Puede analizar estos datos?

Fecha	Producto	Cantidad
2024/01/01	Esterilla de yoga	10
2024/01/01	Zafú de meditación	5
2024/01/02	Esterilla de yoga	20
2024/01/02	Zafú de meditación	10
2024/01/03	Esterilla de yoga	30
2024/01/03	Zafú de meditación	15
2024/01/04	Esterilla de yoga	40
2024/01/04	Zafú de meditación	20

Explique su razonamiento paso a paso.

Respuesta de Copilot:

Para analizar estos datos, vamos a seguir estas etapas:

- **Agrupación de datos**: vamos a agrupar los datos por producto para comprender mejor las cantidades vendidas al día.
- **Cálculo de totales**: vamos a calcular la cantidad total vendida por cada producto en el período dado.
- **Análisis de las tendencias**: vamos a observar cómo cambian las cantidades vendidas a lo largo del tiempo para identificar tendencias.
- **Interpretación**: vamos a interpretar los resultados para sacar conclusiones sobre el rendimiento de las ventas.

A continuación, el análisis detallado:

Esterilla de yoga

- El 2024/01/01 se vendieron 10 unidades.
- El 2024/01/02 se vendieron 20 unidades, lo que muestra un aumento del 100 % respecto al día anterior.
- El 2024/01/03 se vendieron 30 unidades, lo que muestra un aumento del 50 % respecto al día anterior.
- El 2024/01/04, se vendieron 40 unidades, lo que muestra un aumento del 33.33 % respecto al día anterior.
- **Total vendido**: 100 unidades en 4 días.

Zafú de meditación:

- El 2024/01/01 se vendieron 5 unidades.
- El 2024/01/02 se vendieron 10 unidades, lo que muestra un aumento del 100 % respecto al día anterior.
- El 2024/01/03 se vendieron 15 unidades, lo que muestra un aumento del 50 % respecto al día anterior.
- El 2024/01/04 se vendieron 20 unidades, lo que muestra un aumento del 33.33 % respecto al día anterior.
- **Total vendido**: 50 unidades en 4 días.

Conclusión: podemos ver una tendencia al alza para ambos productos, con un aumento constante de las cantidades vendidas cada día. Esto podría indicar una creciente demanda de estos productos. Sin embargo, es importante tener en cuenta otros factores, como las promociones, la temporalidad o los eventos especiales, que podrían influir en esas cifras.

c. Generación de código o de fórmula

El desarrollo asistido por Copilot abre nuevas perspectivas en programación. Resulta relativamente fácil transformar los problemas complejos en código operativo. No obstante, es necesario comprender el código generado para utilizarlo de forma eficaz y segura.

Cuando se utilizan modelos lingüísticos para producir código, es esencial dar información precisa.

Su solicitud debe incluir la definición del problema, el lenguaje de programación deseado y la estructura del código esperada, ya sea un script o una fórmula Excel.

Ejemplo de generación de una fórmula Excel

Instrucción:

¿Cómo puedo utilizar la función SUMAR.SI en Excel para calcular la suma de las cantidades vendidas para cada producto específico en mis datos?

Los productos figuran en la columna B (B1:B9), y las cantidades correspondientes, en la columna C (C1:C9).

A continuación, los datos:

Fecha	Producto	Cantidad
2024/01/01	Esterilla de yoga	10
2024/01/01	Zafú de meditación	5
2024/01/02	Esterilla de yoga	20
2024/01/02	Zafú de meditación	10
2024/01/03	Esterilla de yoga	30
2024/01/03	Zafú de meditación	15
2024/01/04	Esterilla de yoga	40
2024/01/04	Zafú de meditación	20

Respuesta de Copilot:

Puedes utilizar la función SUMAR.SI en Excel para calcular la suma de las cantidades vendidas de un producto específico. Para ello, puedes seguir las etapas siguientes:

- Selecciona la celda donde quieres mostrar el resultado de la suma.
- Introduce la fórmula =SUMAR.SI(B:B, "Esterilla de yoga", C:C) si quieres calcular la suma de las cantidades del producto "Esterilla de yoga".
- Remplaza "Esterilla de yoga" por el nombre del producto específico cuya suma quieres calcular.

- Haz clic en la tecla ⏎ para obtener el resultado.
- En tu caso, si quieres calcular la suma de las cantidades vendidas de "Esterilla de yoga", la fórmula será =SUMAR.SI(B:B, "Esterilla de yoga", C:C) y obtendrás el total de cantidades para este producto específico utilizando los datos de la columna B para los productos y de la columna C para las cantidades.

Si necesitas ayuda adicional o tienes otras preguntas sobre Excel, ¡estaré encantada de ayudarte!

Ejemplo de generación del código VBA:

En el archivo **1_prompt.xlsx**, con un script VBA, queremos añadir una nueva columna llamada **Comentario** que mostrará **big sales** si el valor de la columna **Cantidad** es superior a 10. En caso contrario, la nueva columna permanecerá vacía.

El resultado esperado es el siguiente:

	A	B	C	D
1	Fecha	Producto	cantidad	Comentario
2	01/01/2024	Esterilla de yoga	10	
3	01/01/2024	Zafú de meditación	5	
4	02/01/2024	Esterilla de yoga	20	big sales
5	02/01/2024	Zafú de meditación	10	
6	03/01/2024	Esterilla de yoga	30	big sales
7	04/01/2024	Zafú de meditación	15	big sales
8	04/01/2024	Esterilla de yoga	40	big sales
9	05/01/2024	Zafú de meditación	20	big sales
10	05/01/2024	Zafú de meditación	20	big sales
11	05/01/2024	Esterilla de yoga	25	big sales

Instrucción:

Haga referencia al archivo **1_prompt.xlsx** en su pregunta.

La solicitud realizada a Copilot podría ser:

Quiero añadir una columna "Comentario" a mi archivo `Excel 1_prompt.xlsx`.

Esta columna debe mostrar "big sales" si el valor de la columna "Cantidad" es superior a 10; en caso contrario, esta permanecerá vacía.

¿Podría proporcionarme un script VBA que realice esta función?

Anote el código para que sea comprensible para un no informático.

Dígame también cómo añadir el código en mi archivo de Excel.

Respuesta de Copilot:

A continuación, encontrarás un script VBA para añadir una columna llamada "Comentario" a tu archivo "1_prompt.xlsx". En esta columna aparecerá "big sales" si el valor en la columna "Cantidad" es superior a 10. En caso contrario, la celda permanecerá vacía. También he incluido anotaciones para facilitar la comprensión del código para un no informático.

```
Sub AñadirColumnaComentario()
    ' Declaración de variables
    Dim ws As Worksheet
    Dim lastRow As Long
    Dim i As Long

    ' Referencia a la hoja de cálculo activa
    Set ws = ActiveSheet

    ' Buscar la última fila con los datos en la columna Cantidad
    lastRow = ws.Cells(ws.Rows.Count, "C").End(xlUp).Row

    ' Añadir una nueva columna con el título "Comentario"
    ws.Cells(1, ws.Columns.Count).End(xlToLeft).Offset(0, 1).Value =
"Comentario"

    ' Bucle para recorrer las filas y añadir "big sales"
si la cantidad > 10
    For i = 2 To lastRow
        If ws.Cells(i, "C").Value > 10 Then
            ws.Cells(i, ws.Columns.Count).End(xlToLeft).Offset(0, 1).
Value = "big sales"
        End If
    Next i
End Sub
```

Para añadir este código a tu archivo de Excel, sigue estas etapas:

- Abre el archivo de Excel **1_prom.xlsx.**
- Selecciona ALT + F11 para abrir el editor VBA.
- En el editor VBA, haz clic derecho en "VBAProject (1_prompt.xlsx)", en "Insertar", y después en "Módulo".
- Copia y pega el script VBA anterior en la ventana del módulo.
- Cierra el editor VBA y vuelve a Excel.
- Pulsa ALT + F11, selecciona "AñadirColumnaComentario" y haz clic en "Ejecutar".

Siguiendo estas etapas, se añadirá la columna "Comentario" como lo has solicitado. No dudes en preguntar si necesitas más ayuda.

F. Uso de Copilot en Excel

En esta sección, vamos a observar las diferentes etapas para utilizar Copilot en Excel y abordar sus funcionalidades.

Para ilustrar las funcionalidades de Copilot, vamos a utilizar el archivo 1_análisis_copilot_excel.xlsx.

1. Configuración de Copilot

- Para utilizar Copilot en Excel, es necesario guardar el archivo en OneDrive, servicio de almacenamiento en línea de Microsoft. Esto permitirá a Copilot acceder a sus datos y analizarlos en tiempo real.
- Para guardar el archivo en OneDrive, haga clic en **Guardar como** y seleccione **OneDrive**.
- Compruebe que el autoguardado está activado en el libro.

El botón **Autoguardado** se encuentra en la parte superior izquierda de la cinta de opciones:

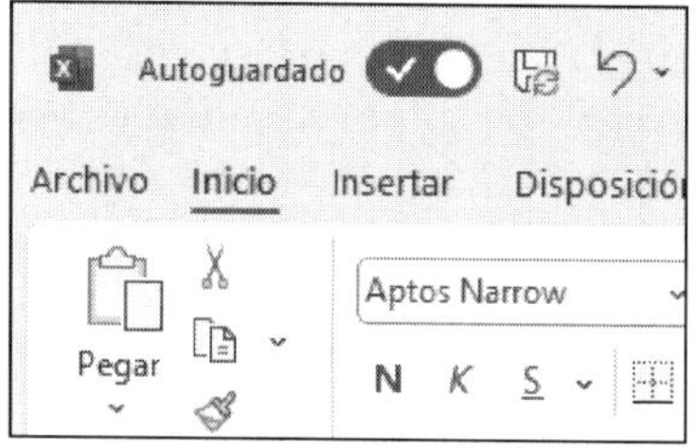

Es necesario que los datos estén almacenados en forma de tabla de datos. Esto permite a Copilot comprender la estructura de los datos y analizarlos con facilidad.

Para mostrar sus datos en forma de tabla de datos, seleccione el rango de celdas que contienen sus datos.

- En la pestaña **Inicio** de la cinta, grupo **Estilos**, haga clic en **Dar formato como tabla** y seleccione uno de los estilos de tabla propuestos.

Una vez completadas estas etapas, puede utilizar Copilot en Excel.

- Seleccione una celda de la tabla y, en la pestaña **Inicio**, haga clic en el botón **Copilot** que se encuentra a la izquierda de la cinta de opciones.

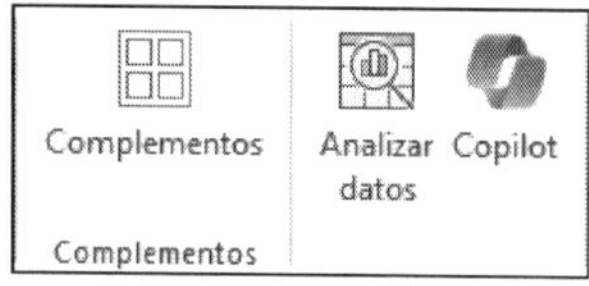

El panel **Copilot** aparece a la derecha de la pantalla.

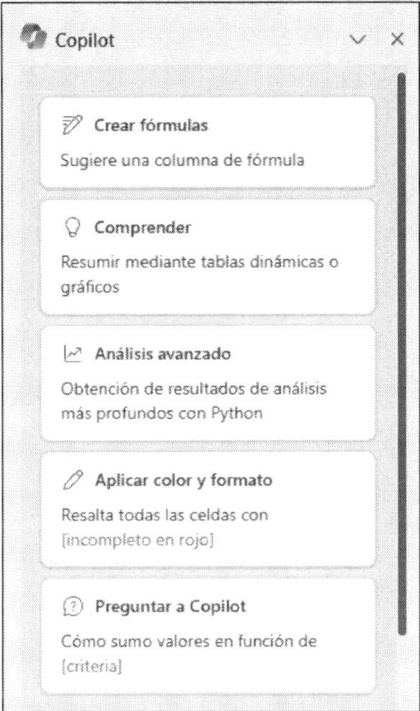

Copilot organiza las funcionalidades en cinco secciones principales: **Crear fórmulas**, **Comprender**, **Análisis avanzado**, **Aplicar color y formato**, **Preguntar a Copilot**

Por defecto, Copilot también sugiere instrucciones:

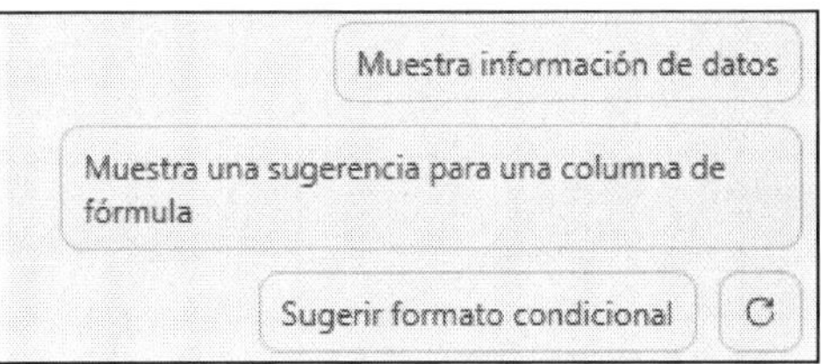

Estas sugerencias varían en función de sus datos. Para los datos de nuestro ejemplo, se trata de mostrar información de datos, una sugerencia para una columna de fórmula o para usar un formato condicional.

Seleccione la primera opción: **Muestra información de datos**.

Por defecto, Copilot genera un gráfico dinámico que representa la venta por región, así como un breve comentario.

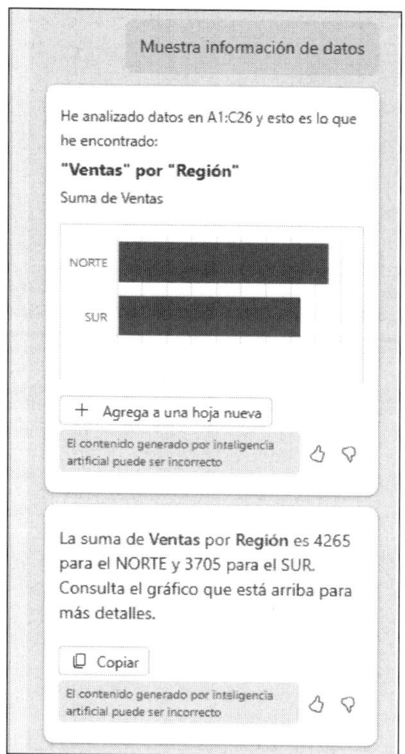

Haga clic en el botón **Agregar a una hoja nueva.**

Se genera una nueva hoja de cálculo. Esta contiene una tabla dinámica y un gráfico dinámico.

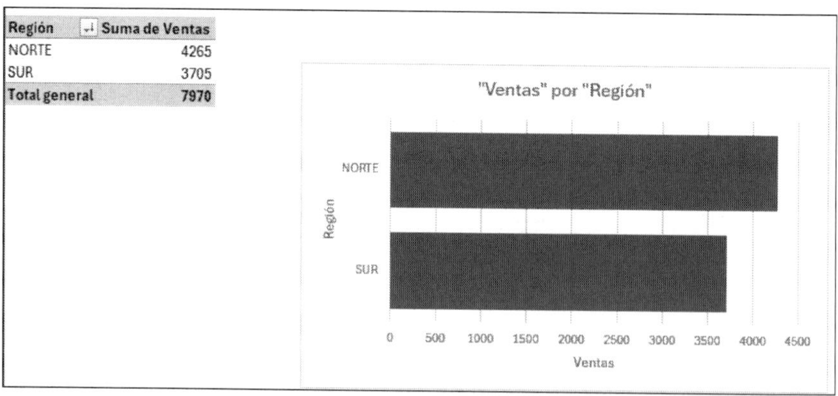

Región	Suma de Ventas
NORTE	4265
SUR	3705
Total general	7970

Copilot propone nuevas instrucciones, como sugerencias de columnas de fórmulas, crear formatos condicionales o filtrar y ordenar datos.

Por ejemplo, haga clic en el botón **Sugerir formato condicional**.

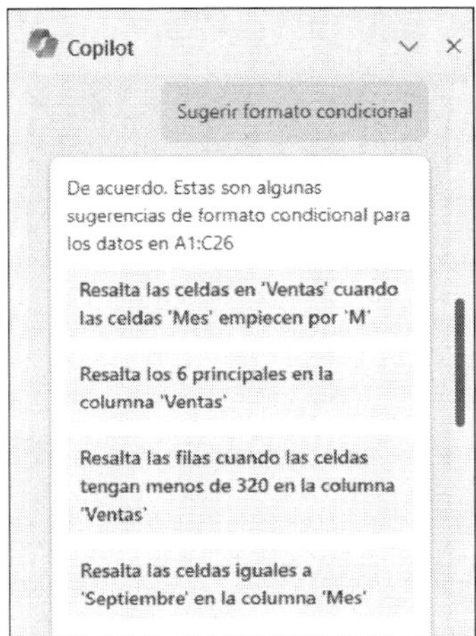

Copilot inicia una conversación y realiza nuevas sugerencias.

Haga clic en **Sugerir formato condicional los valores más altos en Ventas**.

Si la instrucción ***Sugerir formato condicional los valores más altos*** *no aparece, introduzca manualmente: «sugiera en valor condicional el top 10 de la columna de Ventas»*

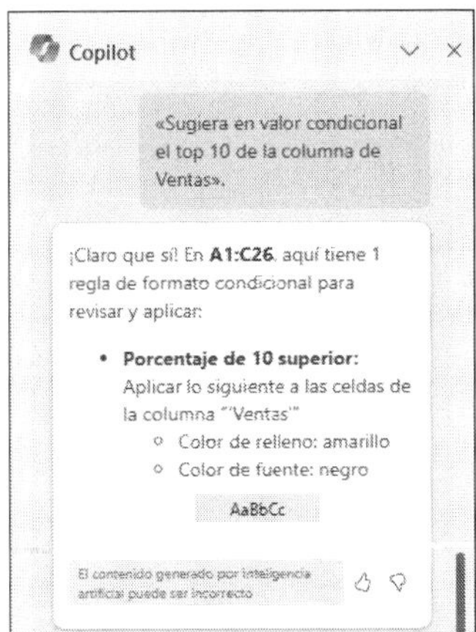

Copilot ha configurado el formato condicional para resaltar el 10 % de los valores más altos de la tabla con un color amarillo.

17	Agosto	SUR	300
18	Septiembre	NORTE	320
19	Septiembre	SUR	350
20	Octubre	NORTE	370
21	Octubre	SUR	350
22	Noviembre	NORTE	350

Si por ejemplo, prefiere aplicar un formato condicional rojo al 20 % de los valores más bajos, solo tiene que enviar una nueva instrucción.

Añadir un total

- Para añadir un total en la parte inferior de la tabla, escriba, por ejemplo, la instrucción **Añade un total en la parte inferior de la tabla.**
- Introduzca una fila de total. Para ello, haga clic en el botón **Insertar la fila** propuesto por Copilot.

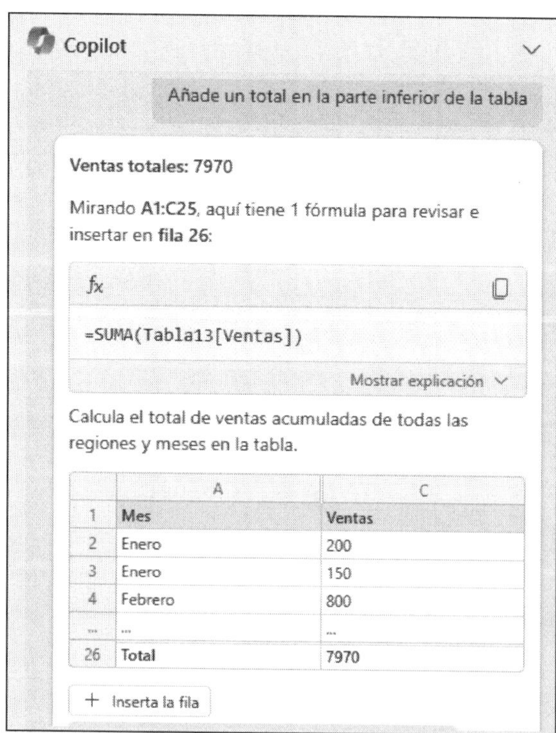

Copilot inicia una conversación y crea una fila de total en la parte inferior de la tabla de datos.

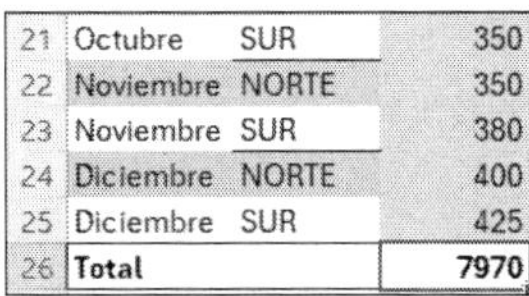

21	Octubre	SUR	350
22	Noviembre	NORTE	350
23	Noviembre	SUR	380
24	Diciembre	NORTE	400
25	Diciembre	SUR	425
26	**Total**		**7970**

Para los usuarios avanzados de Excel, estas operaciones pueden parecer básicas. Sin embargo, el punto positivo de Copilot es la capacidad de comprender y ejecutar una orden; incluso, de sugerirla. El objetivo es simplificar el volumen de trabajo, introduciendo simplemente sus requisitos y estableciendo un diálogo con la IA. Copilot está en constante evolución y el diálogo entre la IA y el usuario será cada vez más fluido.

2. Crear una fórmula de cálculo con Copilot en Excel

Las fórmulas y las funciones son el corazón de Excel. Si pensaba que la IA le ahorraría tener que escribirlas, permítame que le diga que aún no es el caso. Por el momento, Copilot puede sugerirle fórmulas sencillas, funciones o, incluso, tablas dinámicas.

Empecemos por pedir a Copilot que cambie el uso de mayúsculas y minúsculas para adaptarlo a nuestras necesidades.

- En el prompt, introduzca: **Añade una columna para convertir la columna Región en minúscula.**

Copilot sugiere utilizar la función MINÚSC:

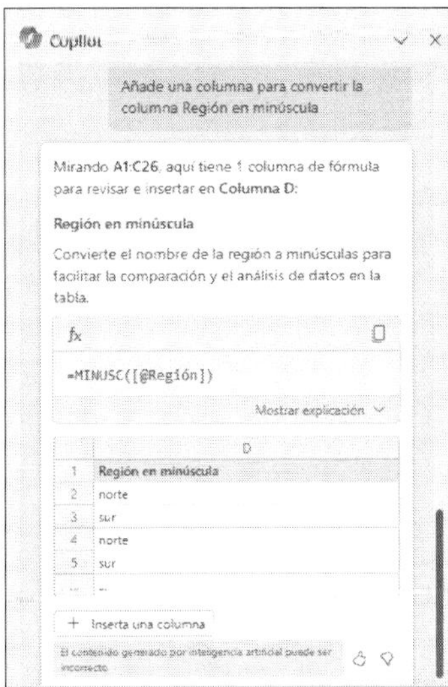

Es posible obtener una explicación de esta fórmula haciendo clic en **Mostrar explicación**.

✎ La fórmula parece correcta; haga clic en el botón **Inserta una columna**.

	A	B	C	D
1	**Mes**	**Región**	**Ventas**	**región en minúscula**
2	Enero	NORTE	200	norte
3	Enero	SUR	150	sur
4	Febrero	NORTE	800	norte
5	Febrero	SUR	225	sur
6	Marzo	NORTE	300	norte
7	Marzo	SUR	275	sur
8	Abril	NORTE	275	norte
9	Abril	SUR	275	sur
10	Mayo	NORTE	300	norte
11	Mayo	SUR	275	sur
12	Junio	NORTE	325	norte
13	Junio	SUR	400	sur
14	Julio	NORTE	300	norte
15	Julio	SUR	300	sur
16	Agosto	NORTE	325	norte
17	Agosto	SUR	300	sur
18	Septiembre	NORTE	320	norte
19	Septiembre	SUR	350	sur
20	Octubre	NORTE	370	norte
21	Octubre	SUR	350	sur
22	Noviembre	NORTE	350	norte
23	Noviembre	SUR	380	sur
24	Diciembre	NORTE	400	norte
25	Diciembre	SUR	425	sur
26	**Total**		**7970**	

Copilot ha añadido una nueva columna llamada **región en minúscula**. Esta columna contiene la fórmula: =MINUSC([@Región])

Insertar una función condicional

Es posible generar una función condicional, por ejemplo, creando una nueva columna que contendrá el término «good sales» si las ventas son superiores a 300; y el valor «big sales» si es superior a 400.

✎ En la zona del mensaje, escriba el siguiente prompt: **Quiero crear una nueva columna que contenga el término "good sales" si las ventas son superiores a 300 y el término "big sales" si las ventas son superiores a 400.**

Copilot propone la siguiente fórmula:

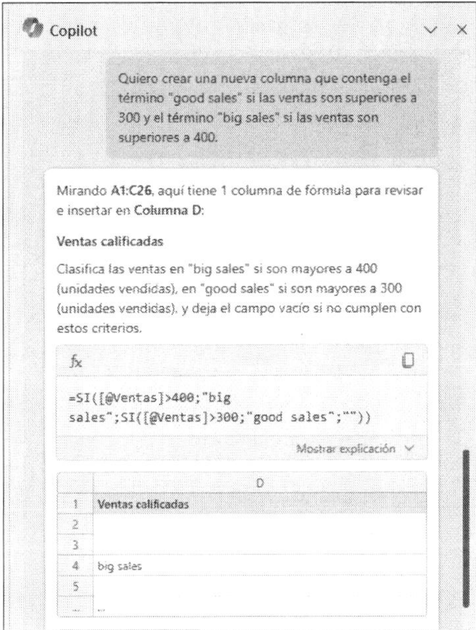

De nuevo, si desea obtener una explicación de esta fórmula, haga clic en **Mostrar explicación**.

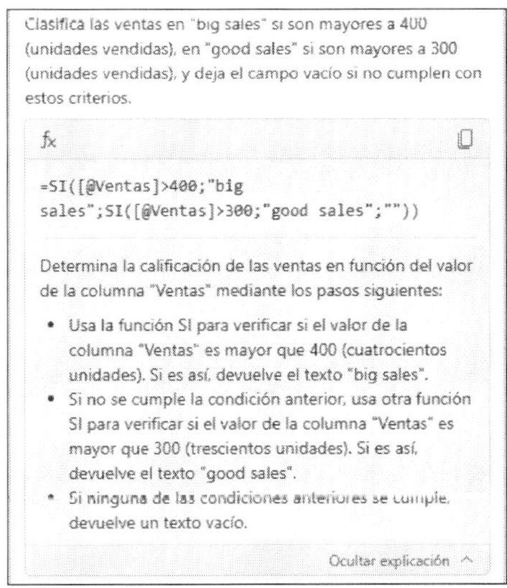

✎ Haga clic en **Inserta una columna**.

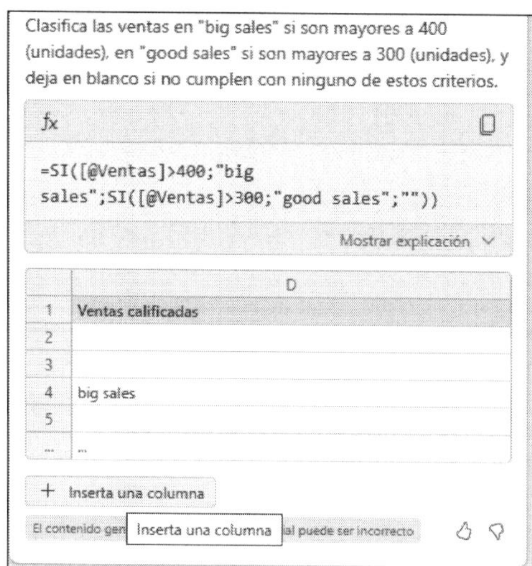

Copilot ha añadido correctamente una nueva columna llamada **Ventas calificadas**. Esta columna contiene la fórmula:

=SI([@Ventas] > 400; "big sales"; SI([@Ventas] > 300; "good sales"; ""))

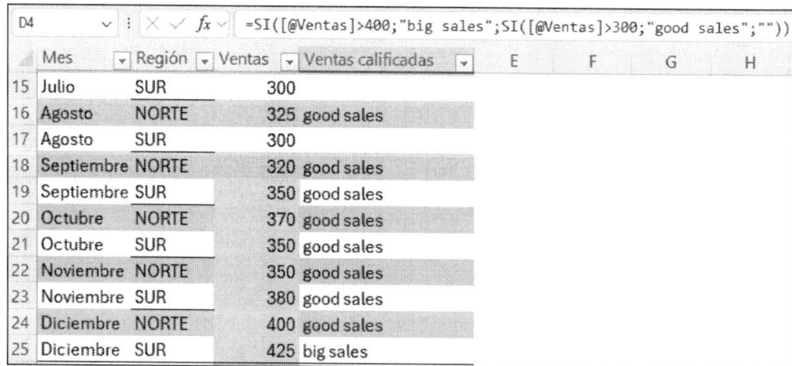

D4 =SI([@Ventas]>400;"big sales";SI([@Ventas]>300;"good sales";""))

	Mes	Región	Ventas	Ventas calificadas	E	F	G	H
15	Julio	SUR	300					
16	Agosto	NORTE	325	good sales				
17	Agosto	SUR	300					
18	Septiembre	NORTE	320	good sales				
19	Septiembre	SUR	350	good sales				
20	Octubre	NORTE	370	good sales				
21	Octubre	SUR	350	good sales				
22	Noviembre	NORTE	350	good sales				
23	Noviembre	SUR	380	good sales				
24	Diciembre	NORTE	400	good sales				
25	Diciembre	SUR	425	big sales				

3. Realizar cálculos estadísticos

Copilot es capaz de responder a preguntas sobre cálculos estadísticos básicos.

Queremos calcular el promedio, el mínimo y el máximo de las ventas diarias.

✎ En la zona del prompt, escriba: **¿Cuál es el importe medio, el mínimo y el máximo de las ventas?**

Copilot generará una tabla dinámica con la información solicitada:

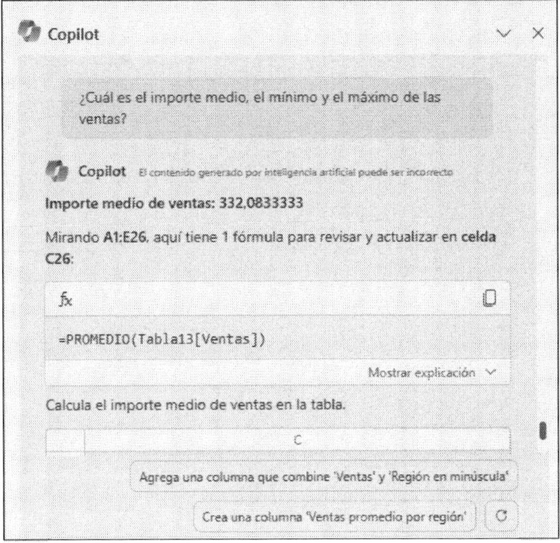

Prosigamos:

¿Cuál es el importe medio, mínimo y máximo de las ventas por región?

De nuevo, Copilot genera una tabla dinámica y un breve comentario con la información solicitada:

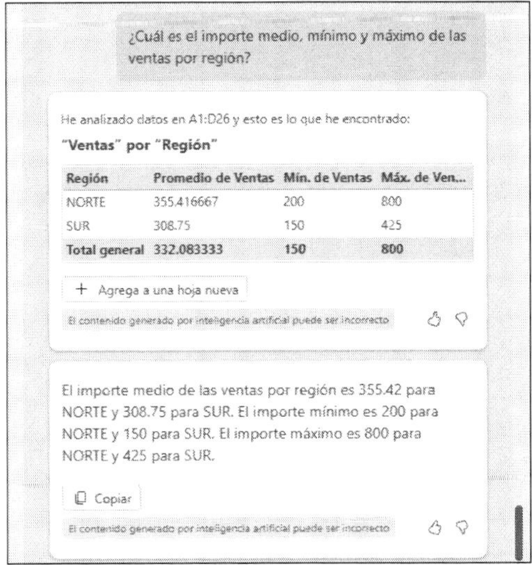

4. Visualizar y analizar datos con Copilot en Excel

Visualización de datos

Es posible utilizar una instrucción en lenguaje natural para crear un gráfico.

✎ Por ejemplo, para visualizar la evolución de las ventas por producto con ayuda de un gráfico de curvas, puede escribir el mensaje siguiente:

Cree un gráfico de curvas para visualizar la evolución de las ventas por región.

Copilot le propone el siguiente gráfico:

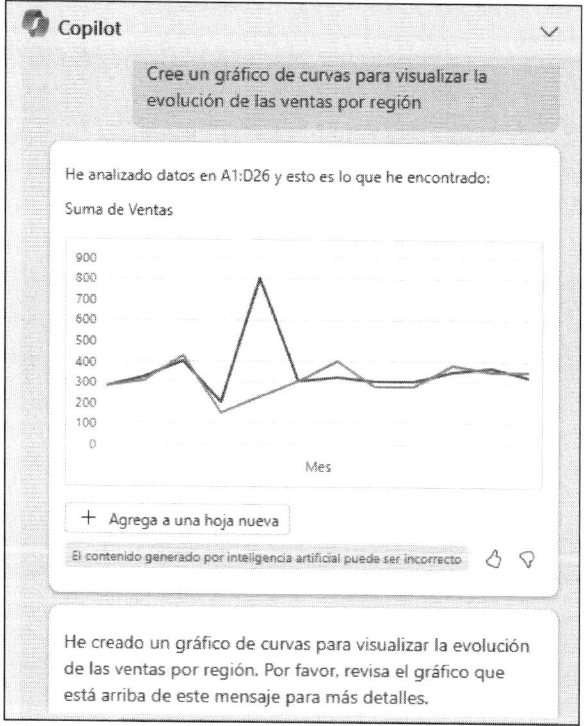

✎ Haga clic en el botón **Agregar a una hoja nueva**.

Se genera una nueva hoja de cálculo. Esta está compuesta por una tabla dinámica y un gráfico dinámico.

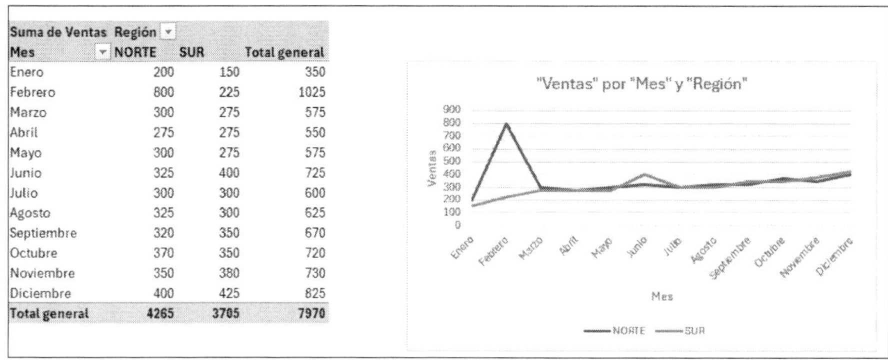

Suma de Ventas	Región		
Mes	NORTE	SUR	Total general
Enero	200	150	350
Febrero	800	225	1025
Marzo	300	275	575
Abril	275	275	550
Mayo	300	275	575
Junio	325	400	725
Julio	300	300	600
Agosto	325	300	625
Septiembre	320	350	670
Octubre	370	350	720
Noviembre	350	380	730
Diciembre	400	425	825
Total general	**4265**	**3705**	**7970**

Comprobar si hay valores atípicos

A priori, según el gráfico anterior, los datos contienen valores atípicos.

Estas observaciones se desvían significativamente de las demás y esto puede deberse a errores de medición, errores en la introducción de datos o sucesos poco frecuentes.

Estos pueden detectarse en el gráfico o por cálculo. En general, se considera que un valor está fuera de la norma si este se sitúa a más de dos o tres desviaciones estándar de la media, aunque esta regla pueda variar según el contexto y los datos.

Pidamos a Copilot que investigue por nosotros:

Preguntemos a Copilot: **¿Hay valores atípicos en mis datos?**

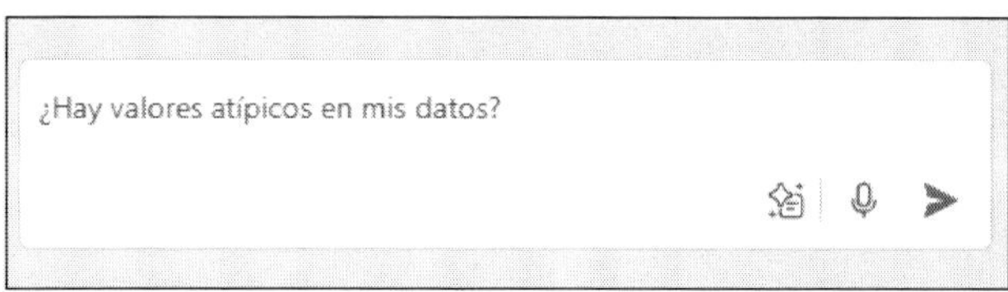

Si esta pregunta no aparece, escríbala.

Copilot resalta el valor fuera de rango en nuestros datos mediante un gráfico.

G. Conclusión

Microsoft 365 Copilot supone un gran avance en el ámbito de la business intelligence. Al usar la inteligencia artificial y el procesamiento del lenguaje natural, Copilot está cambiando la forma en la que los profesionales trabajan con los datos. Esta herramienta innovadora mejora no solamente la productividad individual, sino también la toma de decisiones estratégicas en una empresa, al facilitar el análisis de datos.

Capítulo 2

La preparación de los datos con Power Query

A. Objetivo

Este segundo capítulo va a permitirle familiarizarse y adquirir conocimientos concretos en el manejo de datos con Power Query.

A lo largo del capítulo se ofrecerán ejemplos de aplicaciones sencillas para ilustrar los conceptos abordados.

Al final se propondrá un caso práctico de aplicación inspirado en la experiencia profesional real.

Los archivos necesarios para la realización de los ejemplos y el caso práctico están disponibles para su descarga desde el sitio del editor.

B. Power Query, una herramienta para limpiar y manejar datos

Power Query es una herramienta de Microsoft especializada en el manejo y la transformación de datos.

Para el analista, esta etapa es probablemente más importante, ya que, sin datos estructurados, no hay nada que hacer.

Esta herramienta está disponible en Excel desde la versión 2010, pero también en Power BI Desktop, Microsoft Flow, Common Data Service y Analysis Service.

Cuando Microsoft comenzó a integrar herramientas de business intelligence en Excel, los usuarios no hicieron demasiado caso a Power Query, ya que preferían la mayor parte del tiempo las espectaculares posibilidades de cálculo del lenguaje DAX o bien las nuevas funciones gráficas.

En mi opinión, esto fue un error: Power Query es probablemente la herramienta más útil desde la llegada de las tablas dinámicas en 1993.

Power Query es lo que llamamos un **ETL** (*Extract*, *Transform*, *Load*).

- **Extraer**: conectarse a una o varias fuentes para extraer los datos deseados.
- **Transformar**: limpiar, formatear, agregar los datos.
- **Cargar**: importar los datos, transformados o no en una ubicación específica para analizarlos.

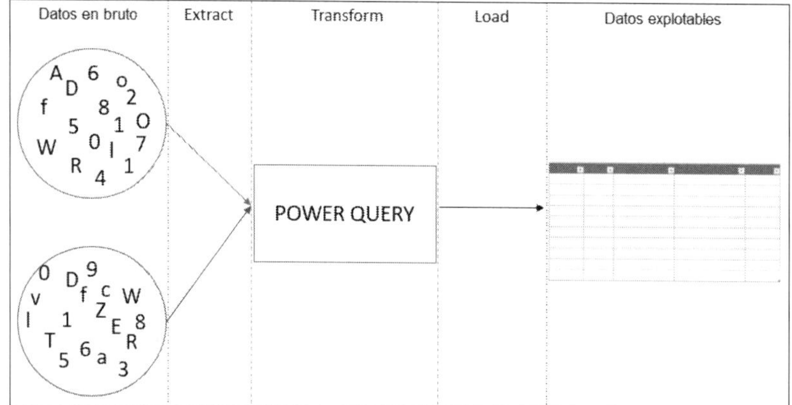

De hecho, durante décadas, los usuarios de Excel han manejado los datos como si trabajasen con un ETL, solo que, hasta entonces, estas tareas se llevaban a cabo:

- manualmente, con la consiguiente pérdida de tiempo, además del riesgo de error,
- usando las fórmulas de Excel o el código VBA. Excel es una herramienta potente que ofrece una gran libertad al usuario. Sin embargo, esta libertad también puede ser una trampa. Las fórmulas complejas y el código requieren una cierta experiencia que habitualmente no se puede improvisar.

Power Query ofrece a la vez la simplificación y la automatización en la importación y el manejo de los datos.

En concreto, Power Query permite:

- conectarse a un gran número de fuentes de datos,
- filtrar, adaptar y transformar los datos en bruto para permitir un análisis y modelización avanzados (conjuntamente con Power Pivot, que se estudiará en el capítulo siguiente),
- crear procedimientos almacenados para automatizar la preparación de los datos.

C. Primeros pasos

El objetivo de esta sección es el de proporcionar una visión de conjunto del funcionamiento de Power Query usando un ejemplo simple. El conjunto de las funciones se estudiará con más detalle en las secciones siguientes.

Presentación de los datos

Un refugio para animales dispone de una pequeña tabla de datos en la que se recoge el nombre, la especie, la fecha de acogida y la edad de diversos animales.

Los datos se presentan con esta forma:

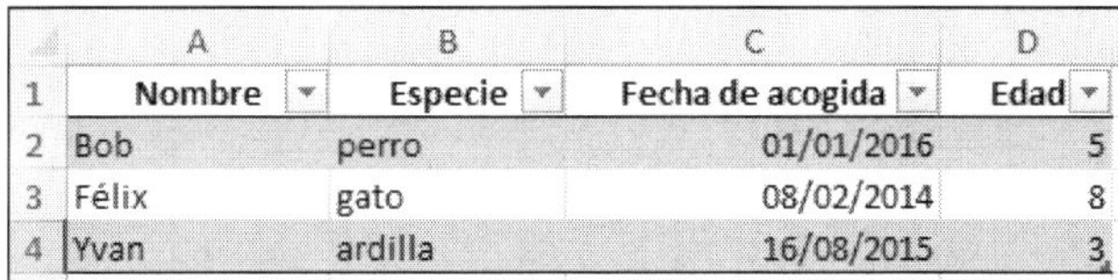

	A	B	C	D
1	Nombre	Especie	Fecha de acogida	Edad
2	Bob	perro	01/01/2016	5
3	Félix	gato	08/02/2014	8
4	Yvan	ardilla	16/08/2015	3

Puede obtener los datos de este ejemplo en el archivo **1_animales.xlsx**.

1. Importar los datos en Power Query

- Abra el archivo **1_animales.xlsx**.
- Seleccione una celda incluida en la tabla de datos; por ejemplo, la celda A2.
- En la pestaña **Datos** de la cinta de opciones, grupo **Obtener y transformar datos**, haga clic en el botón **De una tabla o rango**.

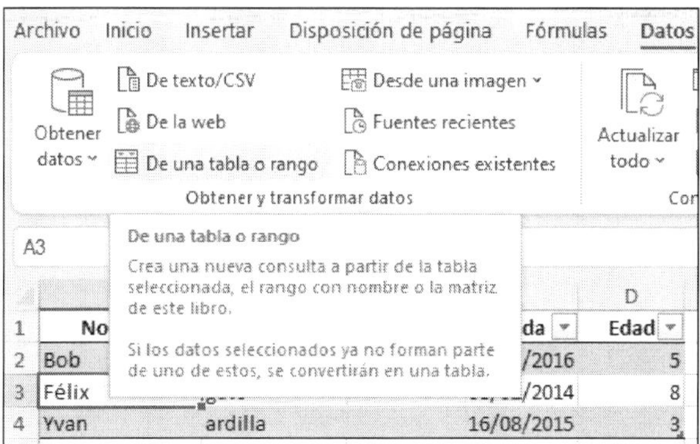

Se abre una nueva ventana: se trata del editor de Power Query.

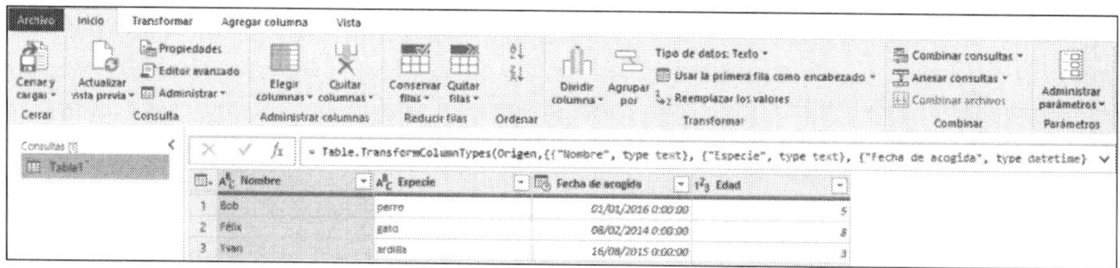

2. Presentación de la interfaz

a. Vista inicial del editor de Power Query

El editor de consultas se presenta de la siguiente manera:

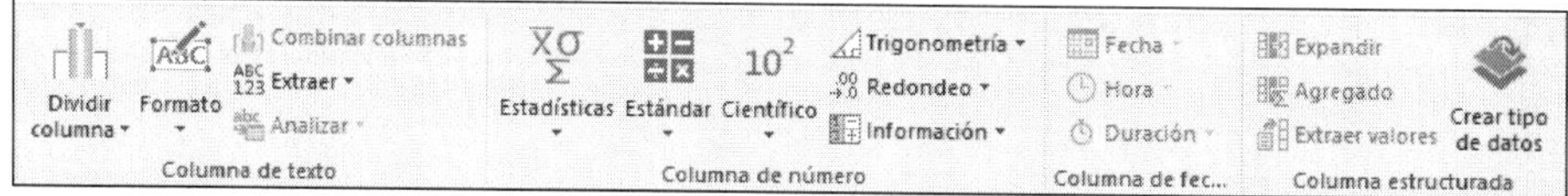

La cinta de opciones

La cinta de opciones se ubica en la parte superior de la pantalla y guarda cierto parecido con la de Excel. Se compone de cinco pestañas:

Inicio

Esta pestaña contiene las herramientas de transformación más habituales.

Aquí se puede quitar columnas o filas, ordenar, agrupar, combinar datos, dividir columnas, entre otras acciones.

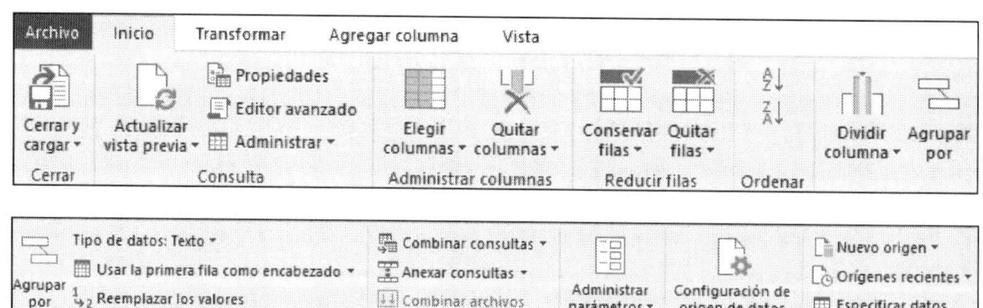

Transformar

Esta pestaña incluye herramientas para modificar las columnas existentes.

Asimismo, desde aquí es posible dividir o agrupar columnas, transponer texto, utilizar las funciones de cálculo o trabajar con fechas y horas.

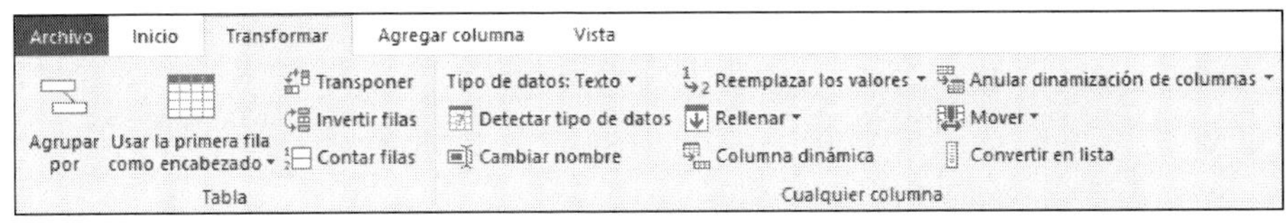

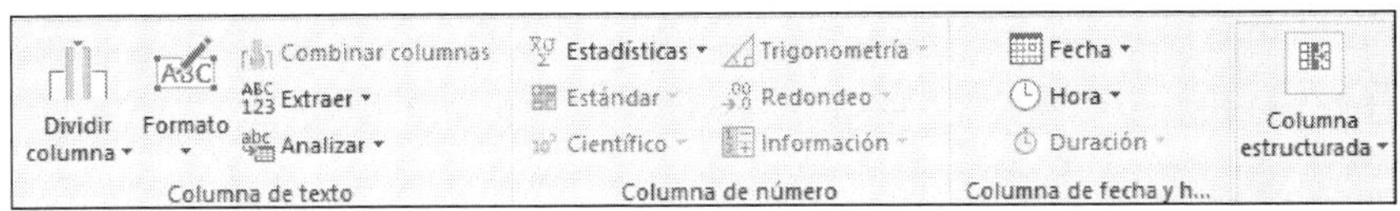

Agregar columna

Esta pestaña contiene herramientas para agregar diversos tipos de columnas: columnas condicionales, duplicadas, de fecha y hora, etc.

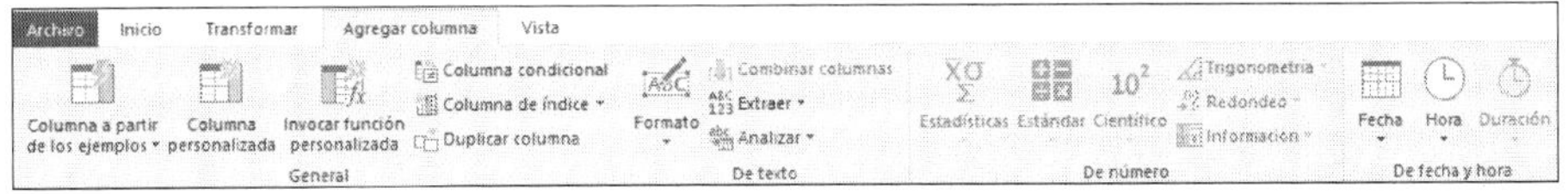

Algunas herramientas son comunes a las pestañas **Transformar** y **Agregar columna**, como por ejemplo las funciones de cálculo o de manejo de fechas y horas.

La barra de fórmulas

La barra de fórmula contiene código **M**.

Si no se muestra la barra de fórmulas, vaya a la pestaña **Vista**, grupo **Diseño**, y marque **Barra de fórmulas**.

M es un lenguaje de programación desarrollado por Microsoft y concebido especialmente para el trabajo y la modelización de datos.

Una vez importada la tabla de datos en el editor de Power Query, la barra de fórmulas contiene el código siguiente:

```
= Table.TransformColumnTypes(Origen,{{"Nombre", type text},
{"Especie", type text}, {"Fecha de acogida", type datetime},
{"Edad", Int64.Type}})
```

Observe que esta línea de código se ha creado automáticamente, de una forma más o menos parecida a la de la grabadora de macros VBA de Excel.

Power Query traduce automáticamente cada acción que lleva a cabo en una tabla a código M.

Vista previia de los datos

Los datos se muestran de forma tabular en el centro de la interfaz, de modo similar a como lo hace Excel:

	Nombre	Especie	Fecha de acogida	Edad
1	Bob	perro	01/01/2016 0:00:00	5
2	Félix	gato	08/02/2014 0:00:00	8
3	Yvan	ardilla	16/08/2015 0:00:00	3

A la izquierda del título de cada una de las columnas se muestra un símbolo que informa sobre el tipo de datos identificado y utilizado por Power Query.

Así, las columnas **Nombre** y **Especie** se han definido con formato **Texto**, la columna **Fecha de acogida** se ha definido con formato **Fecha/Hora** y la columna **Edad**, con formato **Número decimal**.

Esta configuración puede observarse en código M en la barra de fórmulas:

```
= Table.TransformColumnTypes(Origen,{{"Nombre", type text}, {"Especie", type text}, {"Fecha de acogida", type datetime}, {"Edad", Int64.Type}}).
```

Es posible modificar el formato dado por Power Query a los datos de la columna.

En el título de la columna **Nombre**, haga clic en el símbolo ABC.

Aparecen diversas opciones:

- Haga clic a continuación en el botón ▾, en la parte derecha de cada una de las columnas. Desde aquí puede aplicar un **Orden** y **Filtros**, tal y como lo haría con las tablas de Excel:

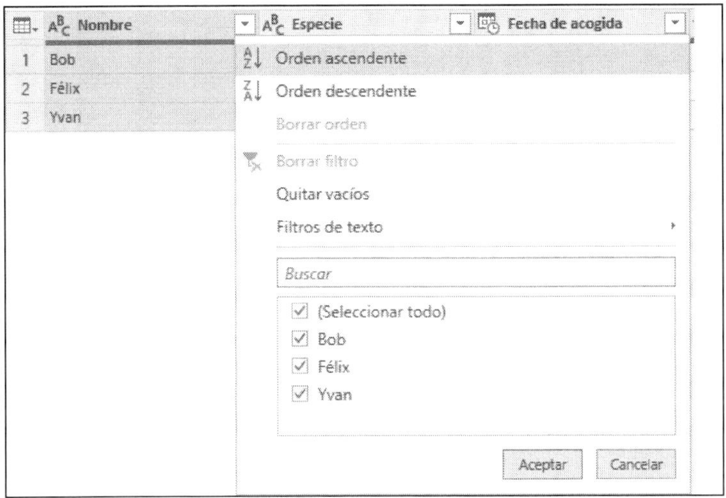

b. El panel Configuración de la consulta

El panel **Configuración de la consulta** se sitúa en la parte derecha del editor de Power Query.

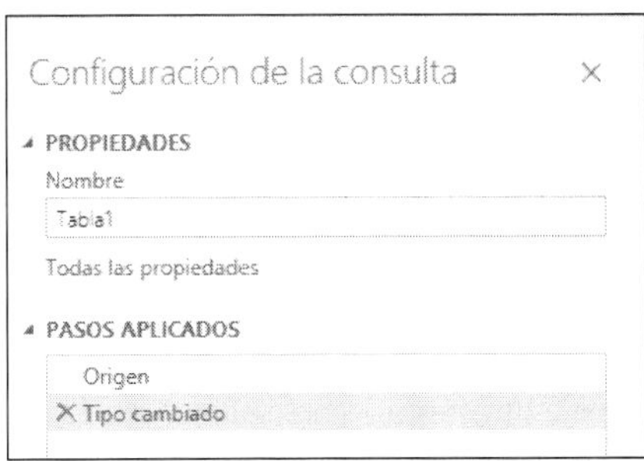

Este panel se compone de dos secciones:

Propiedades

Esta sección sirve para dar nombre a una consulta en Power Query, algo que resulta particularmente útil cuando se importan varias consultas.

- En la zona **Nombre** de la sección **PROPIEDADES**, dé al rango de datos el nombre **animales**.
- Pulse la tecla ↵ para aceptar el cambio.

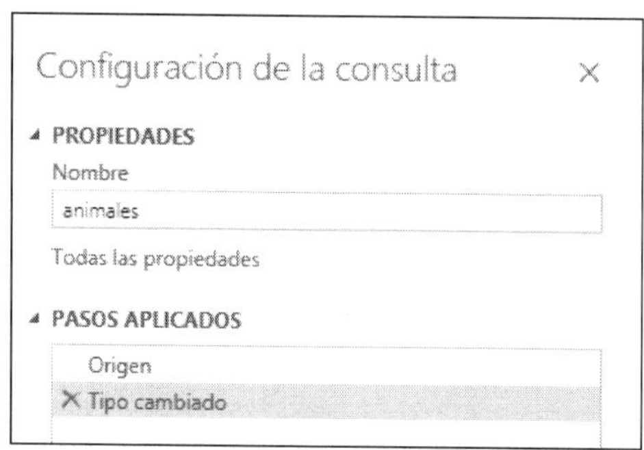

Pasos aplicados

Las diferentes etapas de importación, así como las modificaciones aplicadas en Power Query se graban en esta sección.

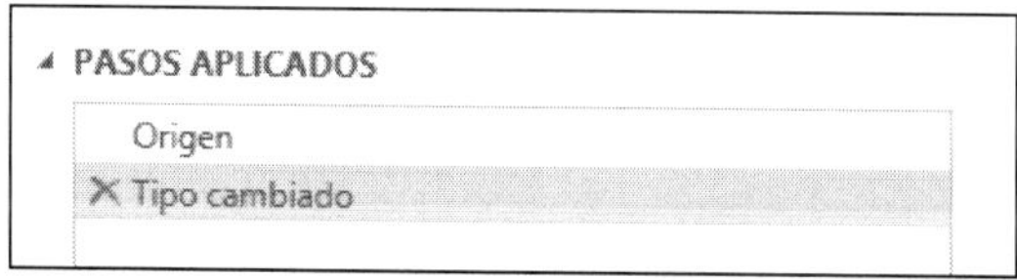

También es posible volver sobre las transformaciones aplicadas o eliminar las que no interesen.

De momento, como no se ha realizado ninguna transformación en la tabla, la sección **PASOS APLICADOS** contiene únicamente un paso llamado **Origen** y un paso llamado **Tipo cambiado**.

La columna **Fecha de acogida** se ha configurado con el formato **Fecha/Hora**.

✎ Para configurar la columna **Fecha de acogida** con el formato **Fecha**, haga clic en el icono y seleccione **Fecha**.

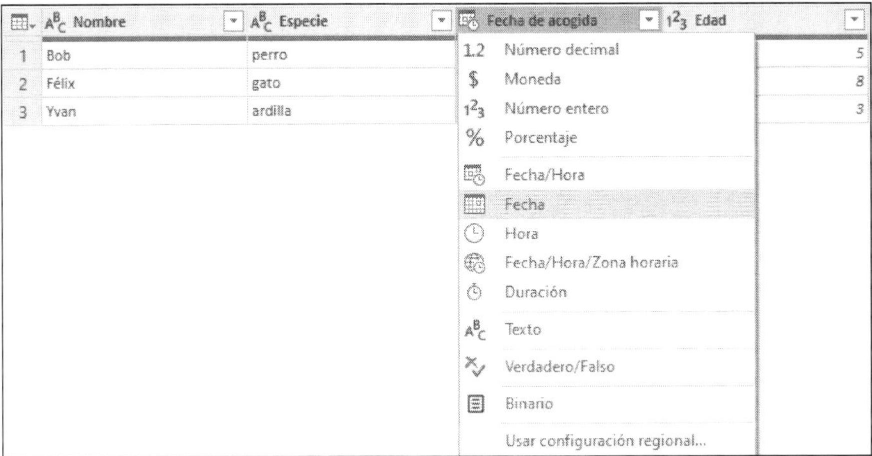

Aparece en pantalla el cuadro de diálogo **Cambiar tipo de columna**.

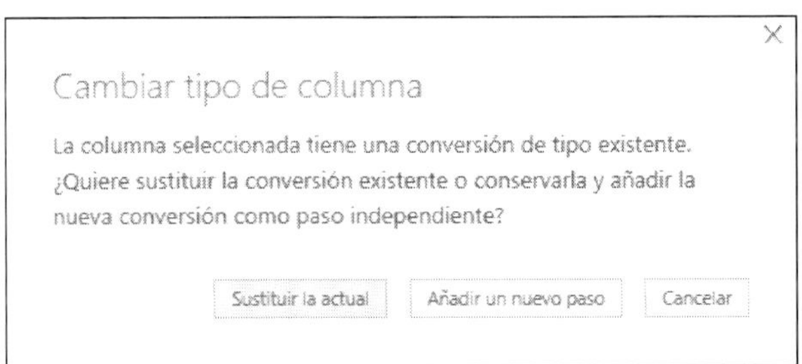

✎ Haga clic en **Añadir un nuevo paso**.

Ahora, los datos contenidos en la columna **Fecha de acogida** aparecen en formato **Fecha**.

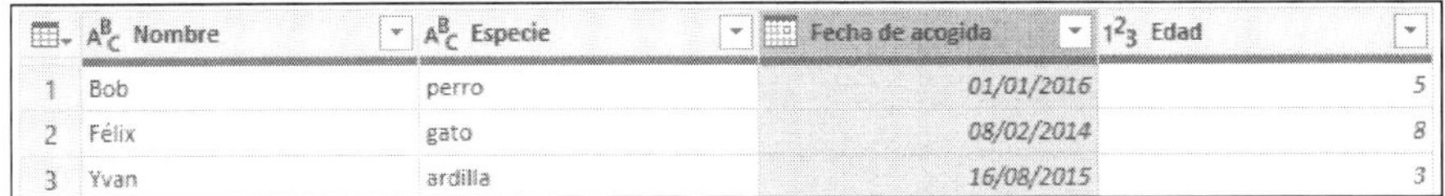

En la sección PASOS APLICADOS, aparece una nueva etapa con el nombre **Tipo cambiado1**:

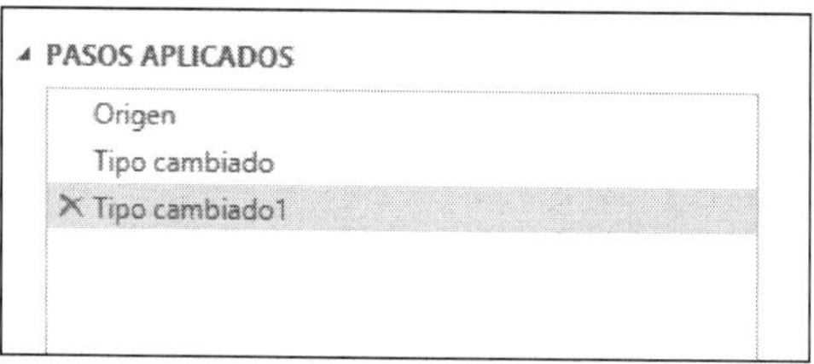

La denominación de los pasos aplicados

Cuando se han aplicado decenas de pasos a los datos, puede ser necesario atribuirles un nombre más significativo que el que genera automáticamente Power Query.

- En la sección PASOS APLICADOS, haga un clic derecho en el paso **Tipo cambiado1** y escoja **Cambiar nombre**.

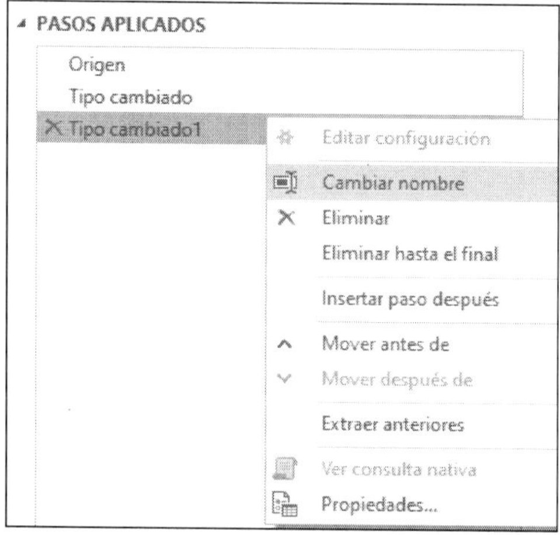

- Cambie el nombre del paso aplicado; por ejemplo: **formato fecha aplicado a la columna Fecha de acogida**.

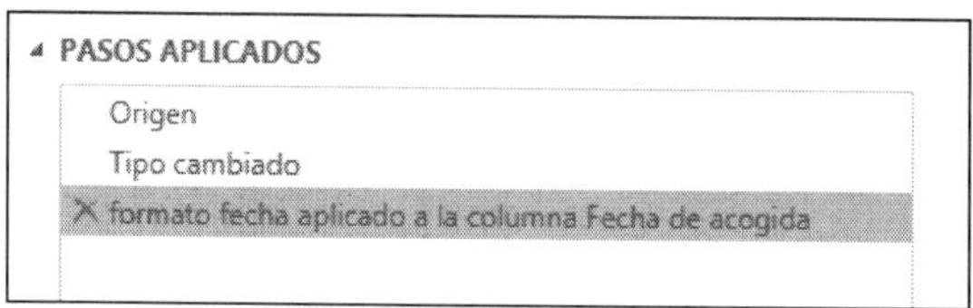

Suprimir un paso aplicado

✎ Para suprimir un paso aplicado, haga clic en la cruz situada a la izquierda de dicho paso.

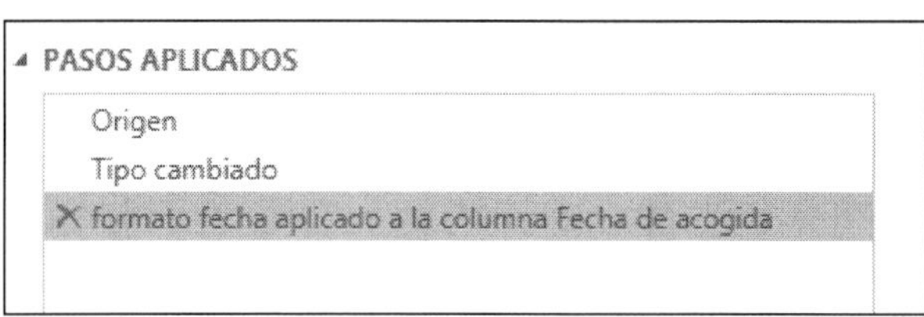

El paso **formato fecha aplicado a la columna Fecha de acogida** se ha suprimido.

c. El panel Consultas

Podrá acceder a las consultas importadas al editor de Power Query en el panel **Consultas** situado en la parte izquierda de la pantalla.

✎ En la parte izquierda de la pantalla, haga clic en el panel **Consultas**.

Desde este panel, puede acceder a las consultas importadas a Power Query.

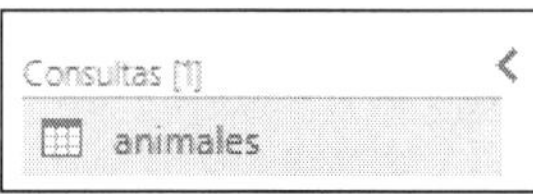

3. Las opciones para cargar datos

Una vez importados los datos a Power Query y efectuadas las posibles modificaciones, dispone de diversos métodos para cargar los datos en Excel.

✎ En la pestaña **Inicio**, haga clic en la lista desplegable del botón **Cerrar y cargar**.

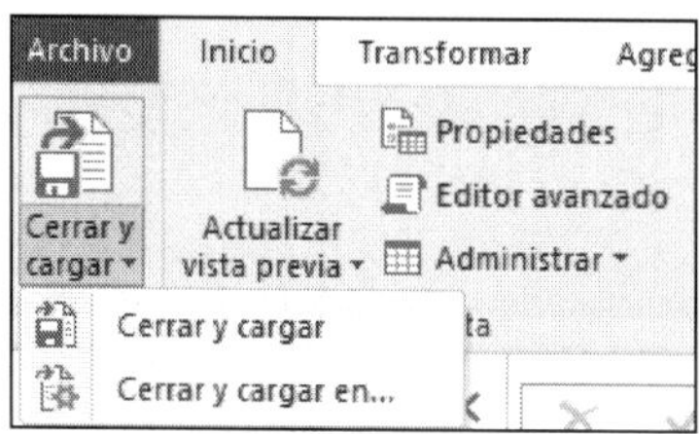

Hay dos opciones disponibles:

- **Cerrar y cargar**: esta opción carga los datos en forma de una tabla de datos clásica de Excel:

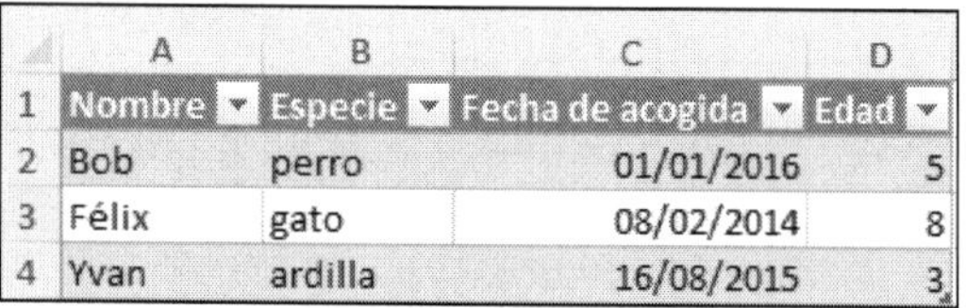

	A	B	C	D
1	Nombre	Especie	Fecha de acogida	Edad
2	Bob	perro	01/01/2016	5
3	Félix	gato	08/02/2014	8
4	Yvan	ardilla	16/08/2015	3

- **Cerrar y cargar en**: si la opción **Cerrar y cargar en** está seleccionada, aparece el cuadro de diálogo **Importar datos**, con más posibilidades disponibles:

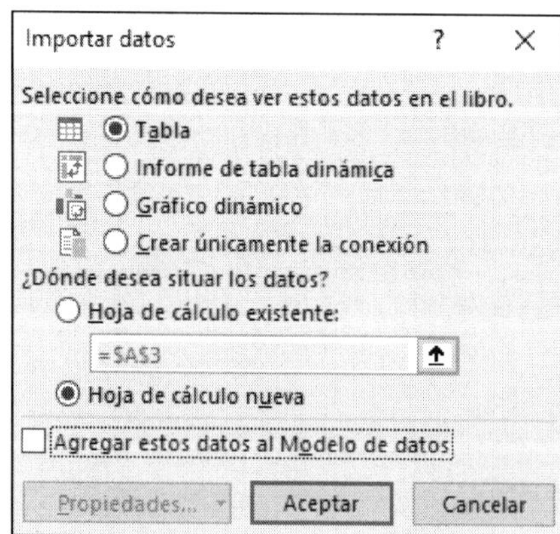

Tabla

Esta opción importa los datos a una nueva hoja de cálculo de Excel o bien a una hoja que ya existe. Esta solución no es posible si está manejando una cantidad elevada de datos (a día de hoy, Excel 365 está limitado a 1 048 576 filas y 16 384 columnas por pestaña).

Informe de tabla dinámica

Esta opción permite importar los datos directamente en forma de tabla dinámica.

Crear solo conexión

Esta opción guarda los parámetros de conducción de datos y los pasos aplicados; sin embargo, los datos no se cargan directamente en una hoja de cálculo de Excel.

Se trata de una opción particularmente útil para conectar Excel a archivos o bases de datos grandes.

Agregar estos datos al Modelo de datos

Esta opción comprime y carga los datos en el modelo de datos de Excel. Sirve para que **Power Pivot** pueda utilizar los datos para su análisis posterior.

Esta posibilidad se estudiará con más detalle en el capítulo La creación de un modelo de datos con Power Pivot, dedicado a la modelización de datos, y en el capítulo El análisis de datos con el lenguaje DAX, dedicado a la herramienta **Power Pivot**.

Esta opción también es interesante con la conexión a archivos grandes.

✎ Para nuestro ejemplo, haga clic en **Cerrar y cargar**.

El panel Consultas y conexiones

Una vez que se han cargado o conectado los datos a Excel, aparece en la parte derecha de la pantalla el panel **Consultas y conexiones**:

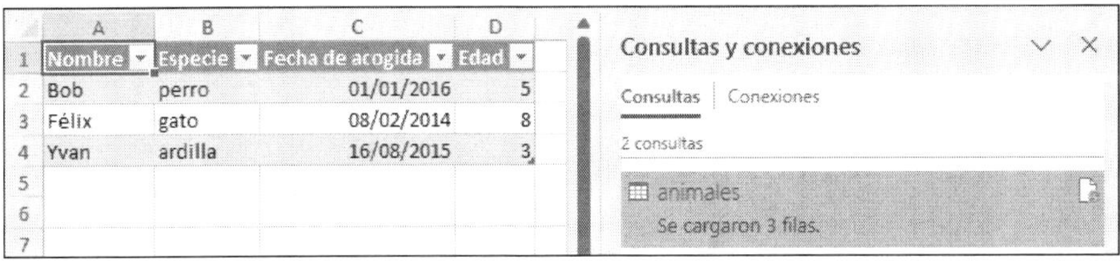

✎ Haga un clic derecho en una consulta y aparecerá el menú contextual siguiente:

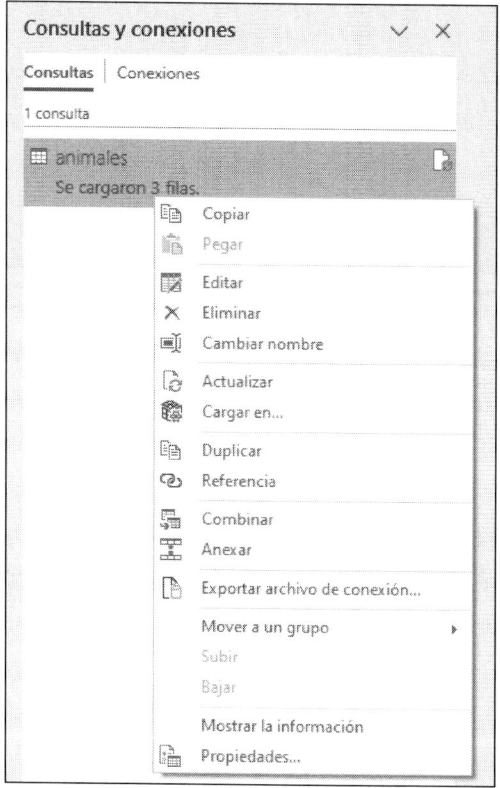

Cabe destacar que, desde este menú, puede volver al editor de Power Query haciendo clic en Editar.

D. La conexión a los datos

Power Query permite conectar Excel a una amplia gama de fuentes para filtrar, agregar y transformar los datos en bruto.

En **Excel 2019, 2021** y **Excel Microsoft 365**, la herramienta de importación de datos **Obtener datos** se encuentra en la pestaña **Datos** de la cinta de opciones, en el grupo **Obtener y transformar datos**.

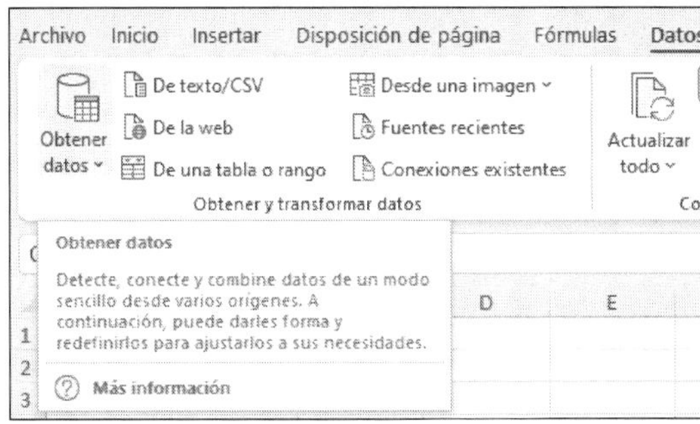

En esta sección vamos a ver como conectarse usando Power Query a algunas de las fuentes de datos más habituales.

1. Conexión a un archivo de Excel

- Cree un nuevo libro de Excel.
- En la pestaña **Datos** de la cinta de opciones, grupo **Obtener y transformar datos**, haga clic en el botón **Obtener datos - De un archivo - Desde un libro de Excel**.

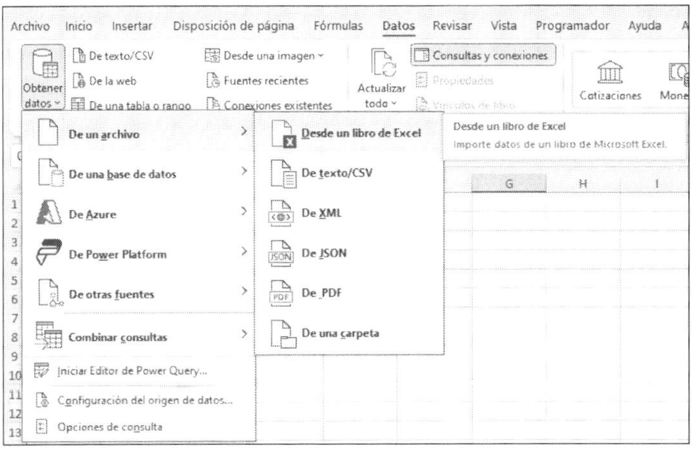

Aparece en pantalla el cuadro de diálogo **Importar datos**.

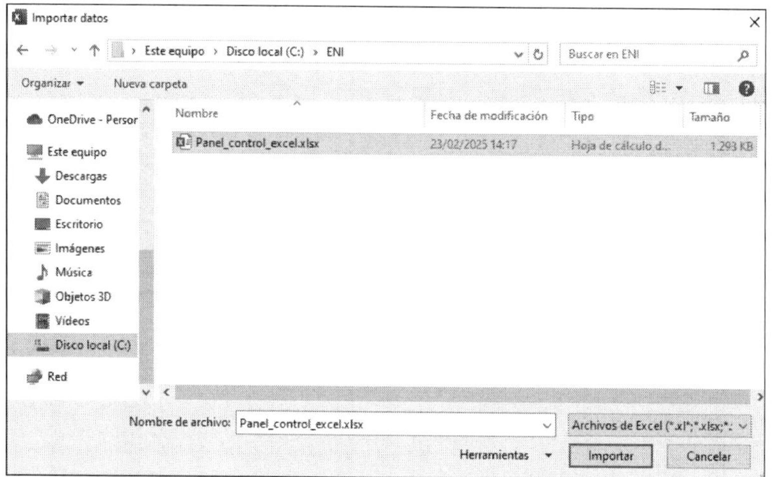

Seleccione el archivo de Excel que desee y haga clic en el botón **Importar**.

Aparece un cuadro de diálogo llamado **Navegador**.

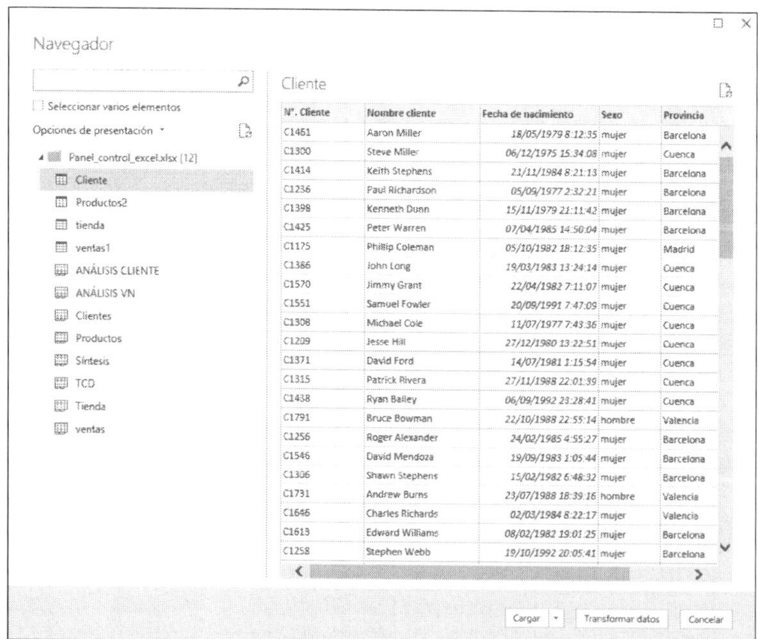

N°. Cliente	Nombre cliente	Fecha de nacimiento	Sexo	Provincia
C1461	Aaron Miller	18/05/1979 8:12:35	mujer	Barcelona
C1300	Steve Miller	06/12/1975 15:34:08	mujer	Cuenca
C1414	Keith Stephens	21/11/1984 8:21:13	mujer	Barcelona
C1236	Paul Richardson	05/09/1977 2:32:21	mujer	Barcelona
C1398	Kenneth Dunn	15/11/1979 21:11:42	mujer	Barcelona
C1425	Peter Warren	07/04/1985 14:50:04	mujer	Barcelona
C1175	Phillip Coleman	05/10/1982 18:12:35	mujer	Madrid
C1366	John Long	19/03/1983 13:24:14	mujer	Cuenca
C1570	Jimmy Grant	22/04/1982 7:11:07	mujer	Cuenca
C1551	Samuel Fowler	20/09/1991 7:47:09	mujer	Cuenca
C1308	Michael Cole	11/07/1977 7:43:36	mujer	Cuenca
C1209	Jesse Hill	27/12/1980 13:22:51	mujer	Cuenca
C1371	David Ford	14/07/1981 1:15:54	mujer	Cuenca
C1315	Patrick Rivera	27/11/1988 22:01:39	mujer	Cuenca
C1438	Ryan Bailey	06/09/1992 23:28:41	mujer	Cuenca
C1791	Bruce Bowman	22/10/1988 22:55:14	hombre	Valencia
C1256	Roger Alexander	24/02/1985 4:55:27	mujer	Barcelona
C1546	David Mendoza	19/09/1983 1:05:44	mujer	Barcelona
C1306	Shawn Stephens	15/02/1982 6:48:32	mujer	Barcelona
C1731	Andrew Burns	23/07/1988 18:39:16	hombre	Valencia
C1646	Charles Richards	02/03/1984 8:22:17	mujer	Valencia
C1613	Edward Williams	08/02/1982 19:01:25	mujer	Barcelona
C1258	Stephen Webb	19/10/1992 20:05:41	mujer	Barcelona

El botón **Transformar datos** permite seleccionar uno o varios elementos, hojas, tablas o rangos con nombre incluidos en el archivo de Excel.

- Haga clic en uno de los elementos del archivo. Se muestra una vista previa en el lado derecho del cuadro de diálogo.

Es posible importar tablas y rangos con nombre al editor de Power Query; en cambio, no se pueden importar gráficos, tablas dinámicas, objetos o código VBA.

Desde el cuadro de diálogo **Navegador**, tiene dos opciones:

<u>Cargar directamente los datos sin efectuar modificaciones</u>

- Haga clic en el botón **Cargar** para cargar los datos directamente en forma de tabla de datos.

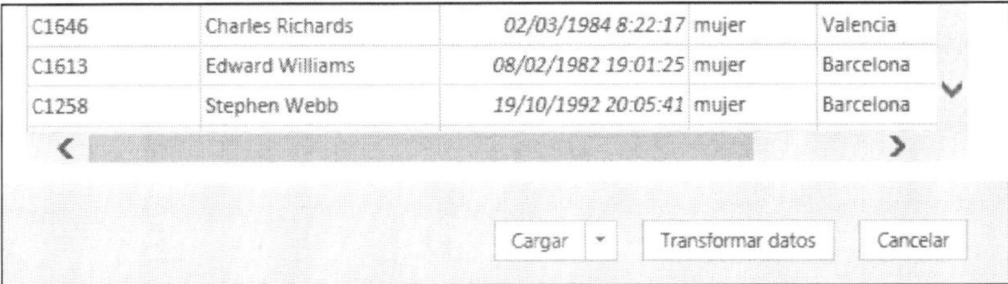

Los datos se importan en forma de tabla al archivo de Excel activo.

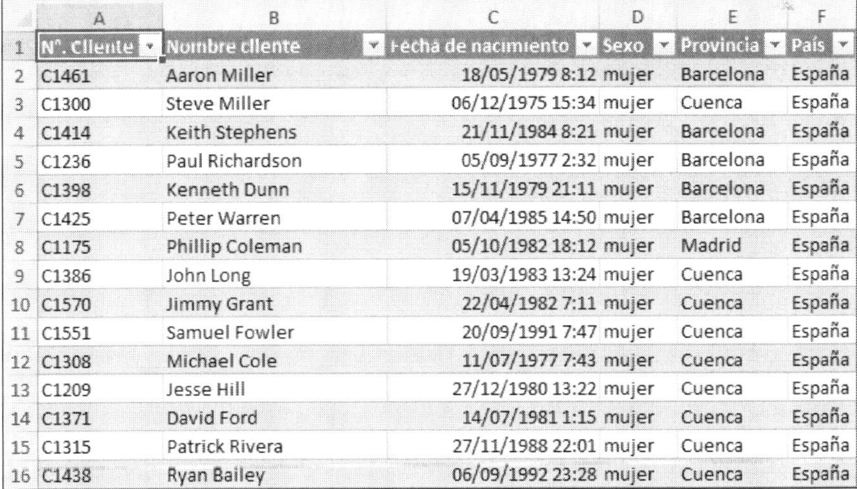

	A	B	C	D	E	F
1	Nº. Cliente	Nombre cliente	Fecha de nacimiento	Sexo	Provincia	País
2	C1461	Aaron Miller	18/05/1979 8:12	mujer	Barcelona	España
3	C1300	Steve Miller	06/12/1975 15:34	mujer	Cuenca	España
4	C1414	Keith Stephens	21/11/1984 8:21	mujer	Barcelona	España
5	C1236	Paul Richardson	05/09/1977 2:32	mujer	Barcelona	España
6	C1398	Kenneth Dunn	15/11/1979 21:11	mujer	Barcelona	España
7	C1425	Peter Warren	07/04/1985 14:50	mujer	Barcelona	España
8	C1175	Phillip Coleman	05/10/1982 18:12	mujer	Madrid	España
9	C1386	John Long	19/03/1983 13:24	mujer	Cuenca	España
10	C1570	Jimmy Grant	22/04/1982 7:11	mujer	Cuenca	España
11	C1551	Samuel Fowler	20/09/1991 7:47	mujer	Cuenca	España
12	C1308	Michael Cole	11/07/1977 7:43	mujer	Cuenca	España
13	C1209	Jesse Hill	27/12/1980 13:22	mujer	Cuenca	España
14	C1371	David Ford	14/07/1981 1:15	mujer	Cuenca	España
15	C1315	Patrick Rivera	27/11/1988 22:01	mujer	Cuenca	España
16	C1438	Ryan Bailey	06/09/1992 23:28	mujer	Cuenca	España

En la parte derecha de la pantalla, el panel **Consultas y conexiones** indica que se ha colocado una consulta.

✎ Para obtener otros métodos de visualización de los datos, haga clic en la flecha situada a la derecha del botón **Cargar** y escoja **Cargar en**.

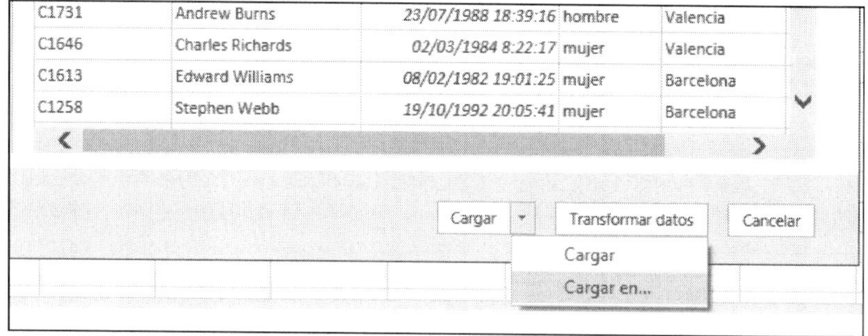

Aparece en pantalla el cuadro de diálogo **Importar datos**.

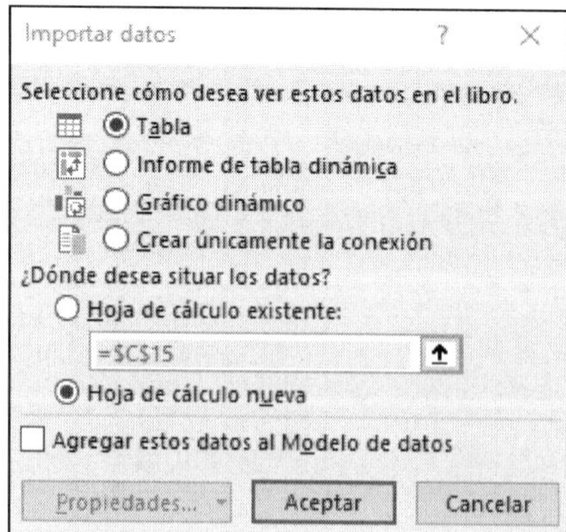

Realizar transformaciones de datos

✎ Desde el cuadro de diálogo **Navegador**, haga clic en el botón **Transformar datos**. Se abre el editor de Power Query:

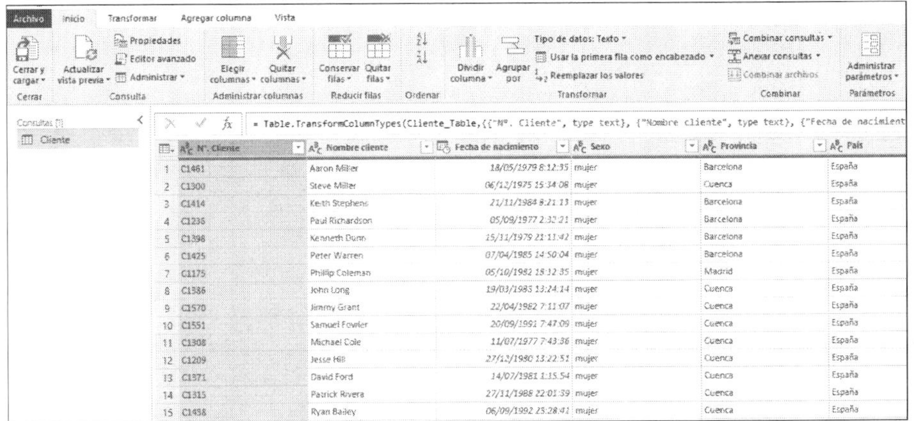

Entonces podrá efectuar cambios en la tabla antes de importarla a Excel.

2. Conexión a una base de datos relacional: ejemplo con Access

✎ En la pestaña **Datos** de la cinta de opciones, grupo **Obtener y transformar datos**, haga clic en el botón **Obtener datos - De una base de datos - De una base de datos de Access**.

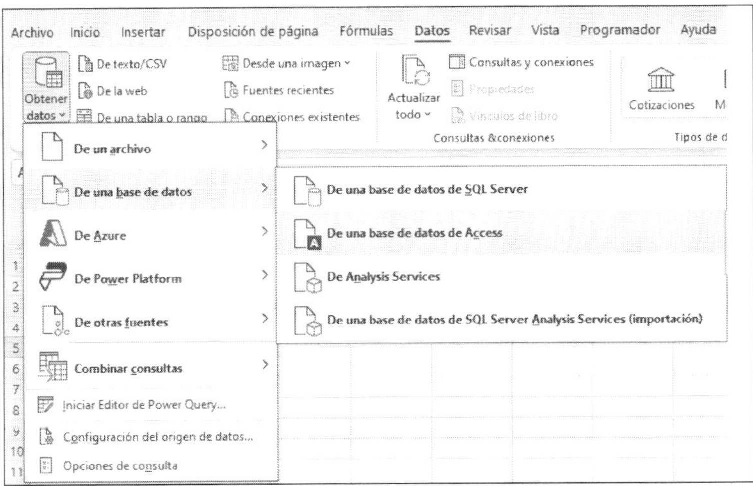

Aparece en pantalla el cuadro de diálogo **Importar datos**.

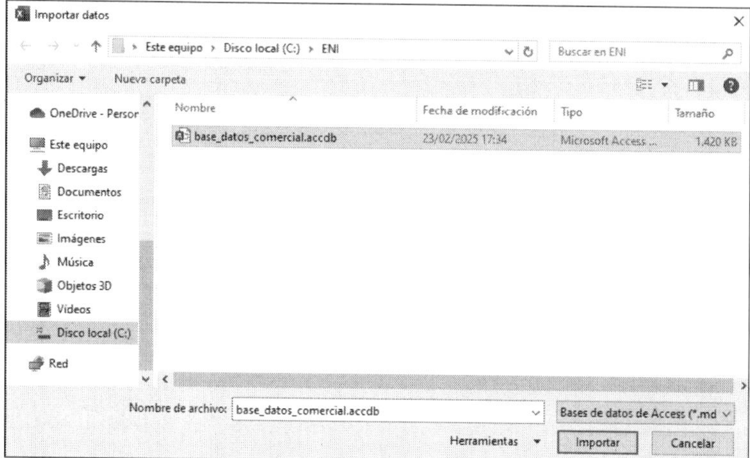

Seleccione el archivo de **Access** que desee y haga clic en el botón **Importar**.

La base de datos **base_datos_comercial.accdb** está disponible en los archivos que puede descargarse.

Aparece el cuadro de diálogo **Navegador**.

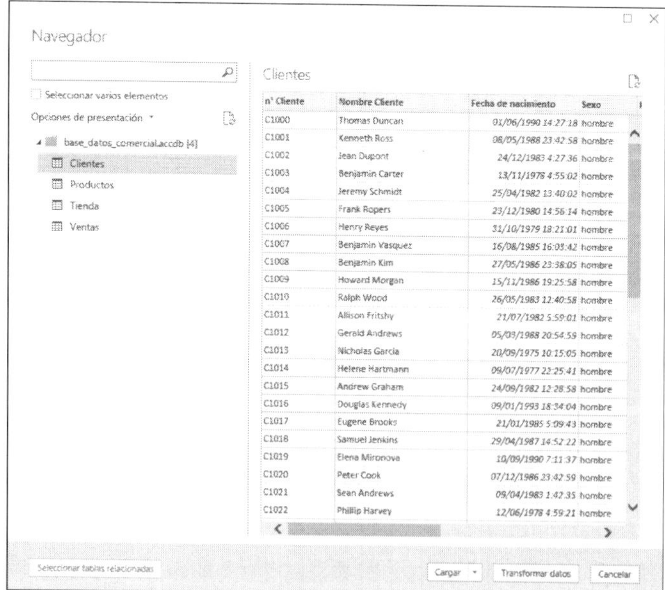

En este cuadro de diálogo puede seleccionar una o varias de las tablas incluidas en la base de datos de Access.

Al seleccionar una de las tablas, aparece una vista previa de los datos en el lado derecho del cuadro de diálogo.

Como en el caso del ejemplo anterior, es posible cargar directamente la tabla o las tablas seleccionadas haciendo clic en el botón **Cargar**, o bien modificar los datos antes de importarlos haciendo clic en el botón **Transformar datos**.

3. Conexión a una carpeta

Power Query permite importar una lista completa de archivos incluidos en una carpeta.

Esto resulta particularmente útil cuando se trata de sintetizar en un documento único un conjunto de informes divididos en varios archivos.

Preste atención, no obstante, si utiliza un ***formato de tabla****; las diferentes tablas deben tener nombres idénticos.*

Por ejemplo: el departamento comercial completa una tabla mensual que rastrea las ventas de una empresa.

En tanto que el responsable de *reporting*, desea obtener una tabla de datos que retome el conjunto de las ventas de un trimestre.

Los datos mensuales se organizan de la siguiente manera (ejemplo para el mes de enero):

	A	B
1	fecha	ventas
2	01/01/2023	45.149
3	02/01/2023	59.075
4	03/01/2023	83.439
5	04/01/2023	64.249
6	05/01/2023	58.567
7	06/01/2023	83.099
8	07/01/2023	99.848
9	08/01/2023	66.661
10	09/01/2023	86.907
11	10/01/2023	44.931

Puede acceder a los archivos **informe_enero.xlsx**, **informe_febrero.xlsx**, **informe_-marzo.xlsx** en la carpeta **informe mensual**, que puede descargar desde el sitio del editor.

a. Importar los archivos incluidos en la carpeta

- Descargue la carpeta **informe mensual** a su ordenador y abra un documento de Excel en blanco.
- En la pestaña **Datos** de la cinta de opciones, grupo **Obtener y transformar datos**, haga clic en el botón **Obtener datos**, seleccione **De un archivo - De una carpeta**.

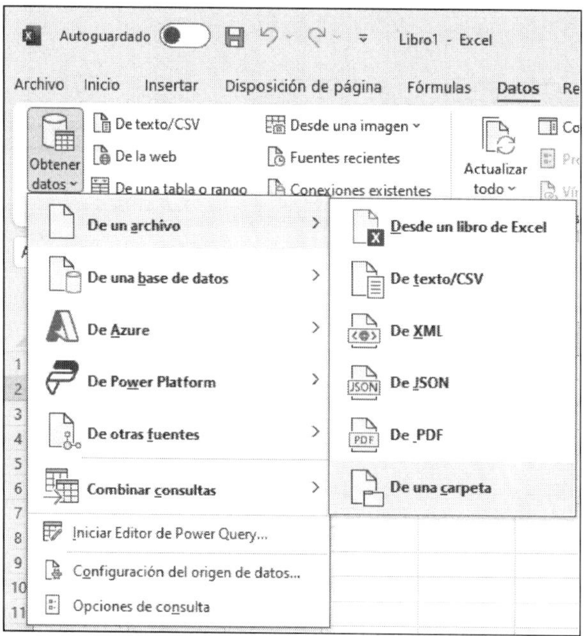

Aparece en pantalla el cuadro de diálogo **Examinar**.

- Seleccione la carpeta **informe mensual**.

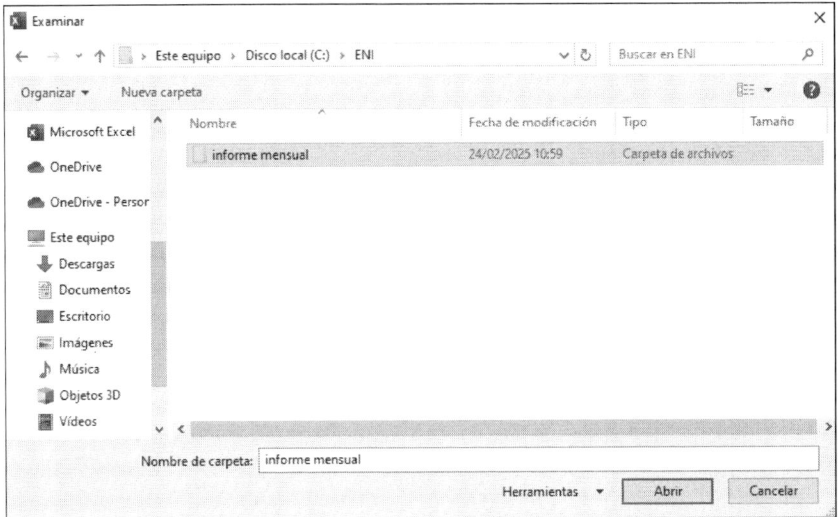

Haga clic en el botón **Abrir**.

Se muestra en pantalla un nuevo cuadro de diálogo:

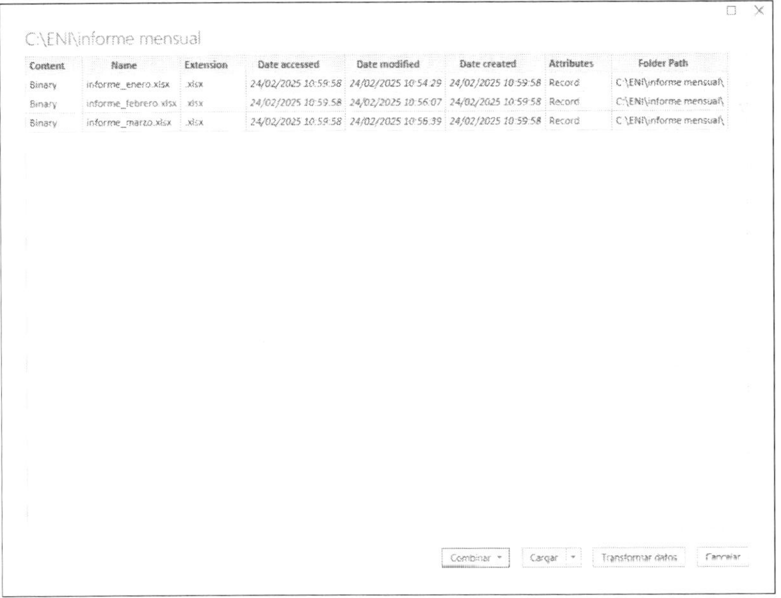

Contiene información relacionada con el conjunto de los archivos incluidos en la carpeta.

b. Combinar los archivos

Para combinar los tres archivos de Excel incluidos en la carpeta, haga clic en el botón **Combinar**.

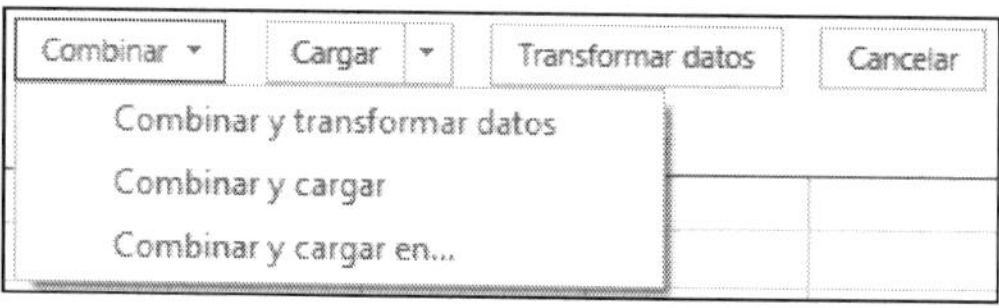

Hay tres opciones disponibles:

Combinar y transformar datos

✎ Haga clic en la opción **Combinar y transformar datos**.

Se muestra en pantalla el cuadro de diálogo **Combinar archivos**.

✎ Seleccione la tabla denominada **datos**.

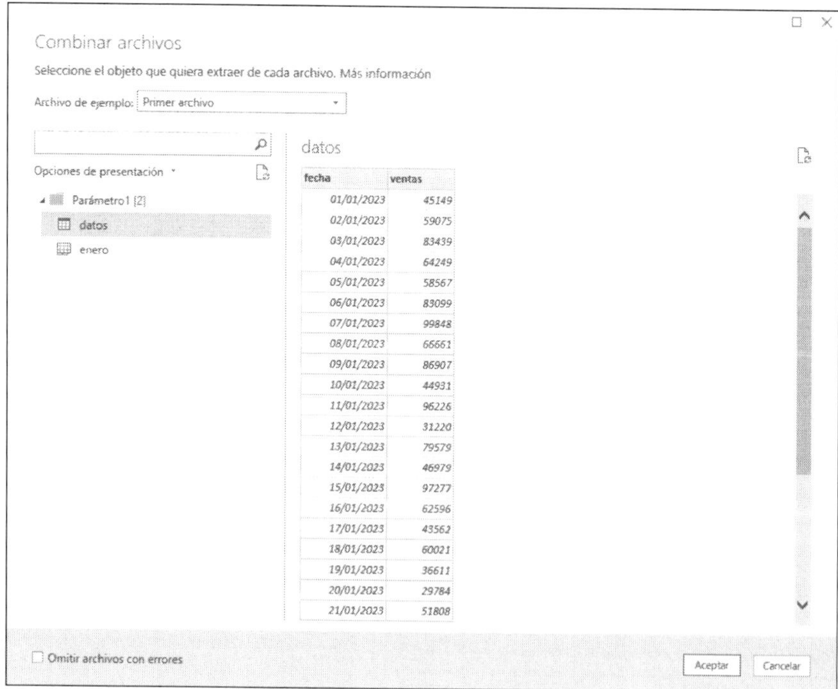

Aparece en pantalla una vista previa de la tabla. Es posible obtener una vista previa de las tablas de los demás archivos a partir de la lista desplegable ***Archivo de ejemplo****.*

✎ Haga clic en el botón **Aceptar**.

Se abre el editor de Power Query: contiene los datos del conjunto de los tres archivos de Excel incluidos en la carpeta.

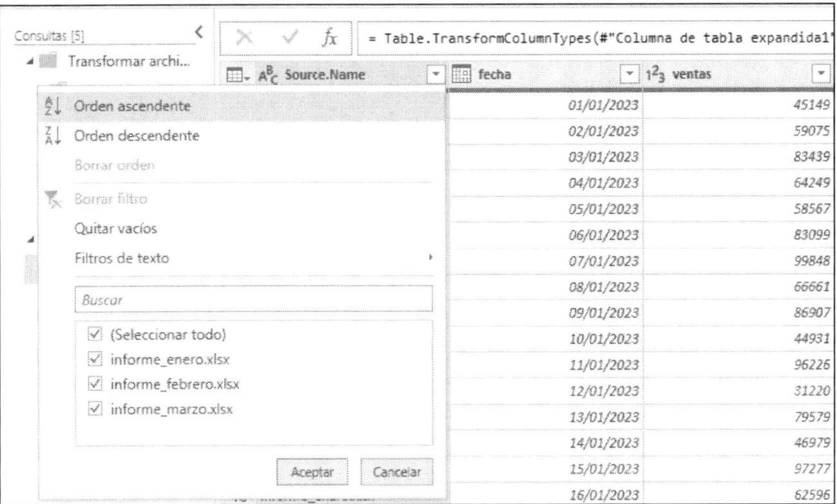

Power Query ha añadido automáticamente la columna **Source.Name**: incluye, para cada una de las filas, el nombre del archivo de origen de los datos.

En este punto, es posible transformar los datos antes de importarlos en Excel.

Combinar y cargar

✎ Haga clic en la opción **Combinar y cargar**.

Se muestra en pantalla el cuadro de diálogo **Combinar archivos**.

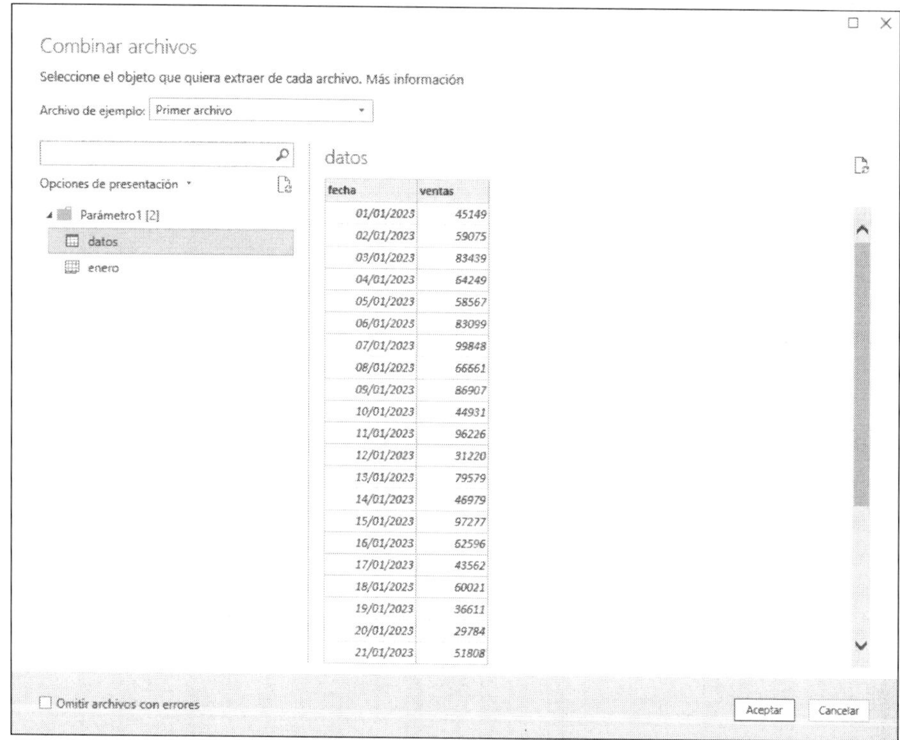

✎ Haga clic en el botón **Aceptar**.

Los datos se combinan y se cargan directamente en forma de tabla clásica en Excel.

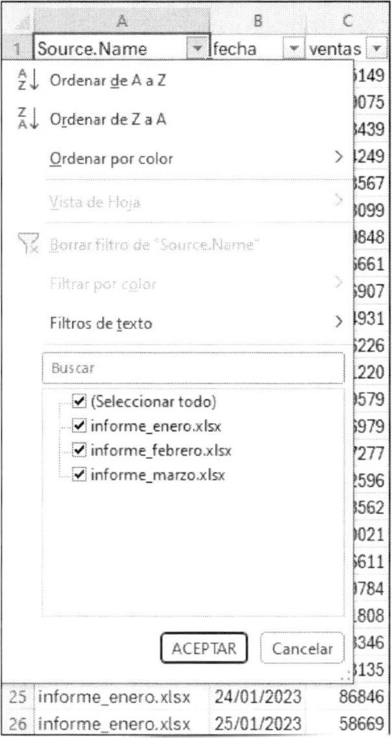

Combinar y cargar en

✎ Seleccione la opción **Combinar y cargar en**.

Se muestra en pantalla el cuadro de diálogo **Combinar archivos**.

✎ Seleccione la tabla **datos**.

✎ Haga clic en el botón **Aceptar**.

Se muestra en pantalla el cuadro de diálogo **Importar datos**:

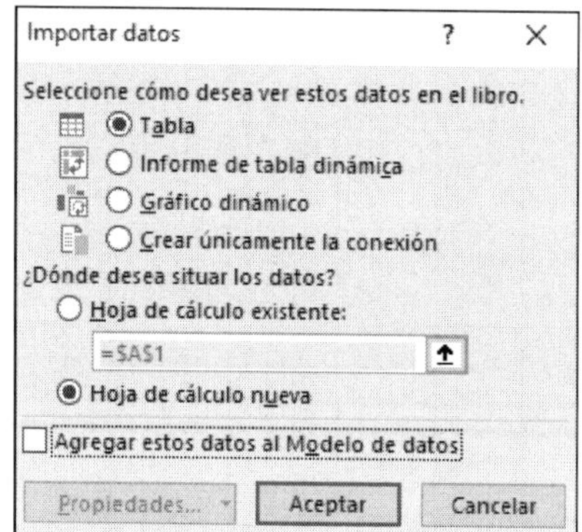

Con esta opción, puede cargar los datos en Excel en forma de tabla, de informe de tabla dinámica, de gráfico dinámico; también puede simplemente crear una colección a los datos o añadir los datos al modelo de datos de Excel.

4. Conexión a una tabla de datos de la Web

Uno de los usos más interesantes de Power Query es la posibilidad de conectarse a datos provenientes de Internet.

Por ejemplo: la plataforma de información financiera Investing.com incluye una tabla con los tipos de cambio de las principales divisas mundiales.

Investing.com
Buscar en esta web...
Oferta -45%
Iniciar
Añadir a su sitio

Par	USD	EUR	GBP	JPY	CHF	CAD	AUD	NZD
USD	1	0,9552	0,7914	149,64	0,8994	1,4213	1,5713	1,7415
EUR	1,0469	1	0,8286	156,66	0,9415	1,4878	1,6449	1,8231
GBP	1,2635	1,2069	1	189,07	1,1364	1,7958	1,9853	2,2004
JPY	0,668350	0,63840	0,528900	1	0,6010	0,94985	1,05030	0,01164
CHF	1,1120	1,0621	0,8802	166,39	1	1,5807	1,7473	1,9367
CAD	0,7035	0,6720	0,5568	105,29	0,6328	1	1,1055	1,2252
AUD	0,6364	0,6079	0,5037	95,24	0,5724	0,9045	1	1,1084
NZD	0,5742	0,5485	0,4545	85,93	0,5164	0,8161	0,9023	1

Dirección: https://es.investing.com/currencies/exchange-rates-table

El objetivo de este ejemplo es utilizar Power Query para importar la tabla de datos que incluye las diferentes tasas de cambio directamente desde el sitio de Investing.com. De este modo, una vez establecida la conexión, bastará con refrescar los datos en Excel para obtener las últimas tasas vigentes.

- Cree un nuevo libro de Excel.
- En la pestaña **Datos** - grupo **Obtener y transformar datos**, haga clic en **Desde la web**.

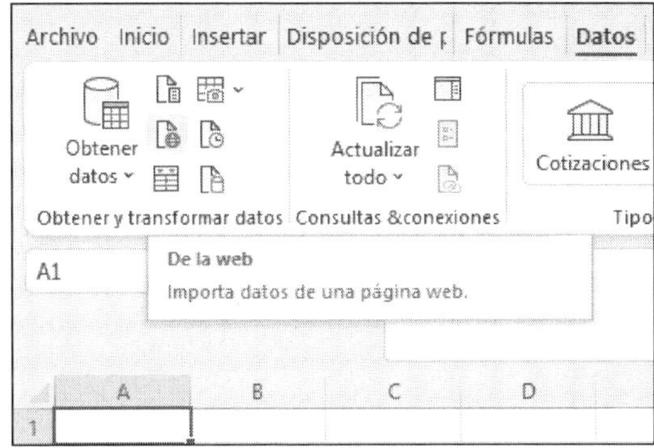

Aparece en pantalla el cuadro de diálogo **De web**.

- En el cuadro de escritura **Dirección URL**, pegue la dirección de la página web.

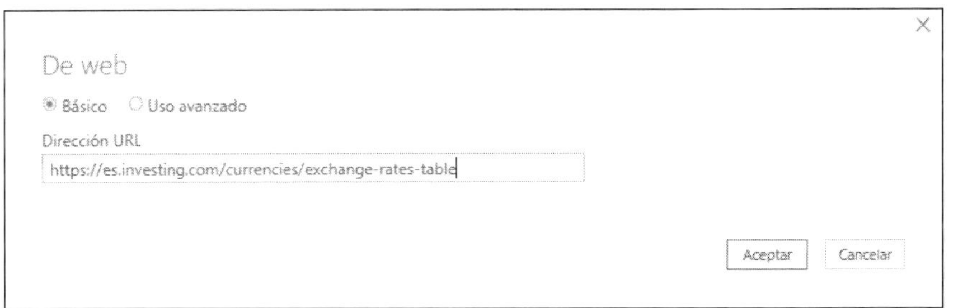

- Haga clic en el botón **Aceptar**.

Power Query buscará las tablas de datos que existan en la página web.

Una vez realizada la búsqueda, aparecerá en pantalla el cuadro de diálogo **Navegador**.

En las **Opciones de presentación**, Power Query ha reconocido varias tablas HTML, una de ellas denominada **Tabla 1**.

- Haga clic en la tabla **Tabla 1**. Se presenta en la parte derecha del cuadro de diálogo una vista previa de los datos.

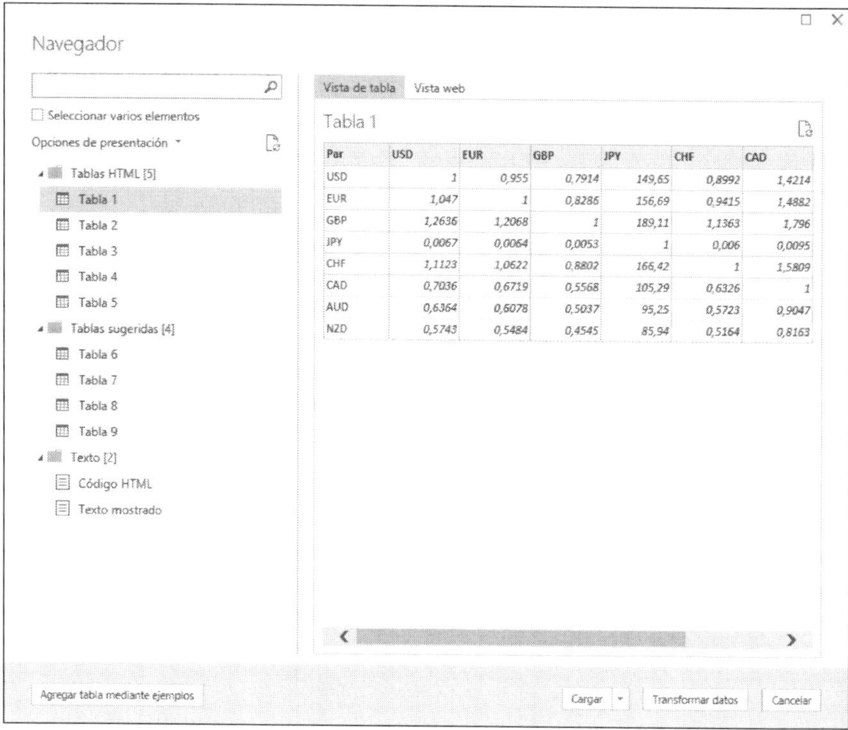

Como acabamos de ver, tiene dos opciones:

- Cargar directamente los datos haciendo clic en el botón **Cargar**.
- **Transformar datos** en el editor de consultas de Power Query.

5. Actualización de los datos

Una vez efectuada la conexión a los datos, ¿qué sucede si el archivo de origen se modifica?

Por ejemplo: la pestaña origen del archivo **3_personal.xlsx** contiene una pequeña tabla que registra el nombre, la edad y la población de varias personas.

	A	B	C
1	Nombre	Edad	Ciudad
2	Bob	39	Barcelona
3	Allison	26	Albacete
4	Nicolas	50	Madrid
5	Eric	39	Málaga
6	Annick	50	Sevilla
7	Eléna	39	Madrid
8	Steve	38	Bilbao
9	Nath	42	Madrid

*Puede acceder al archivo **3_personal.xlsx** descargándolo desde el sitio del editor.*

- Abra el archivo **3_personal.xlsx**.

Primera etapa: importar los datos en Power Query

- Seleccione una celda incluida en la tabla de datos; por ejemplo, la celda **A2**.
- En la pestaña **Datos** de la cinta de opciones, grupo **Obtener y transformar datos**, haga clic en el botón **De una tabla o rango**.

Se abre el editor de consultas de **Power Query**.

Segunda etapa: cargar los datos en Excel

- En la pestaña **Inicio** de la cinta de opciones del editor de Power Query, grupo **Cerrar**, haga clic en el botón **Cerrar y cargar**.

Los datos se han cargado en Excel en forma de tabla:

	A	B	C
1	Nombre	Edad	Ciudad
2	Bob	39	Barcelona
3	Allison	26	Albacete
4	Nicolas	50	Madrid
5	Eric	39	Málaga
6	Annick	50	Sevilla
7	Eléna	39	Madrid
8	Steve	38	Bilbao
9	Nath	42	Madrid

En este momento, el archivo incluye dos pestañas:

- La pestaña **origen** contiene la fuente de los datos.
- La pestaña **Personal** contiene la consulta basada en la tabla de datos de la pestaña **origen**.

✎ Ahora, añada una fila en la tabla de datos de la pestaña **origen**.

	Nombre	Edad	Ciudad
2	Bob	39	Barcelona
3	Allison	26	Albacete
4	Nicolas	50	Madrid
5	Eric	39	Málaga
6	Annick	50	Sevilla
7	Eléna	39	Madrid
8	Steve	38	Bilbao
9	Nath	42	Madrid
10	Ofelia	17	Cáceres

La fila 10 se ha añadido a la tabla de origen

✎ En la pestaña **Datos**, haga clic en el botón **Actualizar todo** del grupo **Consultas y conexiones** para actualizar todas las consultas.

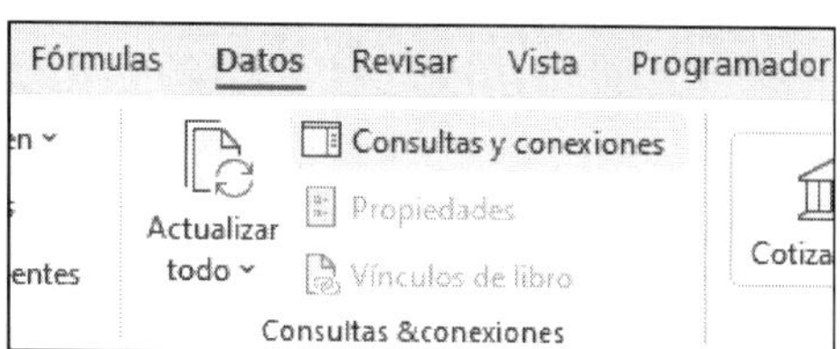

Observe que, en la pestaña **Personal**, la tabla de datos se ha actualizado.

	Nombre	Edad	Ciudad
2	Bob	39	Barcelona
3	Allison	26	Albacete
4	Nicolas	50	Madrid
5	Eric	39	Málaga
6	Annick	50	Sevilla
7	Eléna	39	Madrid
8	Steve	38	Bilbao
9	Nath	42	Madrid
10	Ofelia	17	Cáceres

Igualmente, en el panel **Consultas y conexiones**, a la derecha de la pantalla, la consulta **Personal** indica **Se cargaron 9 filas**.

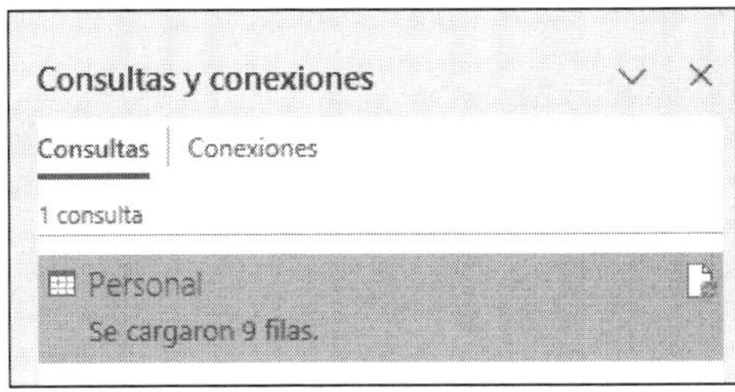

✎ En el panel **Consultas y conexiones**, haga un clic derecho en la consulta **Personal**, y seleccione **EDITAR** para abrir el editor de **Power Query**.

	Nombre	Edad	Ciudad
1	Bob	39	Barcelona
2	Allison	26	Albacete
3	Nicolas	50	Madrid
4	Eric	39	Málaga
5	Annick	50	Sevilla
6	Eléna	39	Madrid
7	Steve	38	Bilbao
8	Nath	42	Madrid
9	Ofelia	17	Cáceres

La última fila también aparece en el editor.

Cuando se actualiza una consulta, las modificaciones en el origen de datos también se actualizan, así como las etapas aplicadas, efectuadas en el editor de Power Query.

E. Trabajo básico con los datos

Para familiarizarse con los diferentes comandos básicos del editor de consultas de Power Query, vamos a realizar algunas acciones concretas usando una tabla de datos incluida en un archivo de Excel.

Puede acceder a los datos de este ejemplo en el archivo **4_trabajo_base.xlsx**.

Un formador recoge en una tabla los participantes inscritos a sus cursos.

Los datos se presentan de la siguiente forma:

	A	B	C	D	E
1					
2		Lista de matriculados en el curso		Centro de formación de Madrid y Barcelona	
3		**Lugar**	**Nombre del curso**	**Nombre del alumno**	**Edad**
4		**Madrid**	Diseño Gráfico 1	Lo Han	30
5				Daniel Righi	19
6				Viola Violette	20
7				Melanie Hanz	31
8				Lloyd Hoffman	25
9				Eli Quen	17
10		**Barcelona**	Diseño Gráfico 2	Gabriel Fancello	75
11				Zoe Shep	45
12				Eli Quen	18
13				Nalani Mironova	19
14				Jess Sutter	22
15				Randy Couture	29

El objetivo de este ejercicio es transformar la estructura de la tabla con objeto de crear una tabla de datos estructurada, fácilmente analizable mediante una tabla dinámica:

- en relación con los encabezados, única y exclusivamente los títulos de columnas,
- sin filas, columnas ni celdas vacías.

Por otra parte, en aras de la claridad y para facilitar posibles búsquedas futuras, vamos a dividir la columna **Nombre alumno** en dos, a fin de que consten por separado el nombre y el apellido de los estudiantes.

El resultado final será el siguiente:

	A	B	C	D	E
1	Lugar	Nombre del curso	Nombre	Apellido	Edad
2	Madrid	Diseño Gráfico 1	Lo	HAN	30
3	Madrid	Diseño Gráfico 1	Daniel	RIGHI	19
4	Madrid	Diseño Gráfico 1	Viola	VIOLETTE	20
5	Madrid	Diseño Gráfico 1	Melanie	HANZ	31
6	Madrid	Diseño Gráfico 1	Lloyd	HOFFMAN	25
7	Madrid	Diseño Gráfico 1	Eli	QUEN	17
8	Barcelona	Diseño Gráfico 2	Gabriel	FANCELLO	75
9	Barcelona	Diseño Gráfico 2	Zoe	SHEP	45
10	Barcelona	Diseño Gráfico 2	Eli	QUEN	18
11	Barcelona	Diseño Gráfico 2	Nalani	MIRONOVA	19
12	Barcelona	Diseño Gráfico 2	Jess	SUTTER	22
13	Barcelona	Diseño Gráfico 2	Randy	COUTURE	29

Importar datos en Power Query

- Abra el archivo **4_trabajo_base.xlsx**
- Seleccione una celda contenida en la tabla de datos. Por ejemplo, la **B3**.
- En la pestaña **Datos** - grupo **Obtener y transformar datos**, haga clic en el botón **De una tabla o rango**.

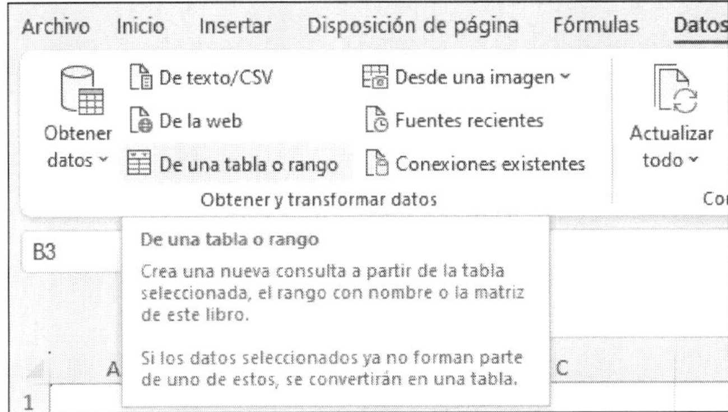

Aparece en pantalla el cuadro de diálogo **Crear tabla**:

Lista de matriculados en el curso		Centro de formación de Madrid y Barcelona	
Lugar	**Nombre del curso**	**Nombre del alumno**	**Edad**
Madrid	Diseño Gráfico 1	Lo Han	30
		Daniel Righi	19
		Viola Violette	20
		Melanie Hanz	31
		Lloyd Hoffman	25
		Eli Quen	17
Barcelona	Diseño Gráfico 2	Gabriel Fancello	75
		Zoe Shep	45
		Eli Quen	18
		Nalani Mironova	19
		Jess Sutter	22
		Randy Couture	29

- Asegúrese de que los datos seleccionados por Excel se corresponden exactamente al rango de celdas deseado.
- Desmarque la casilla **La tabla tiene encabezados**. En efecto: la primera fila de la tabla seleccionada no corresponde a los encabezados de las columnas.
- Haga clic en el botón **Aceptar**.

Se abre el editor de Power Query:

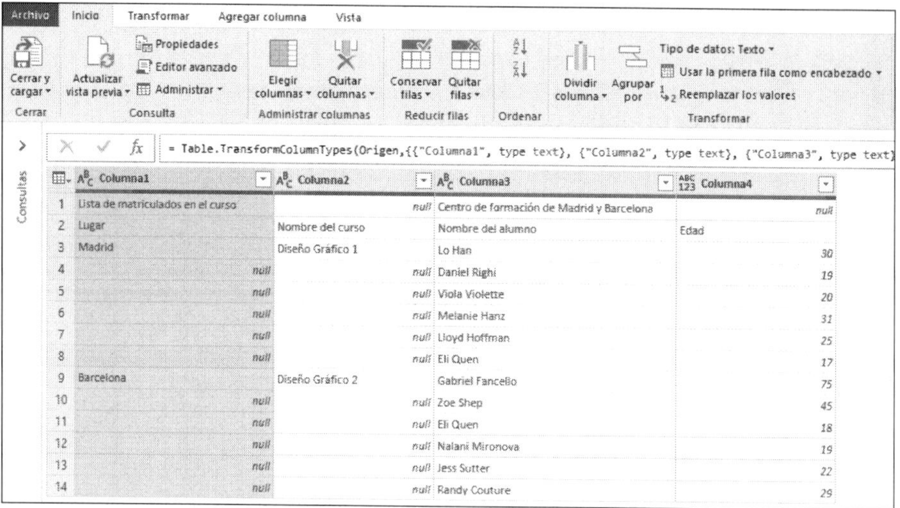

Desde aquí, ya podemos transformar los datos.

Dar un nombre a la tabla

✎ En el panel **Configuración de la consulta**, en el cuadro de escritura **Nombre**, dé a la tabla el nombre **Curso_diseño**.

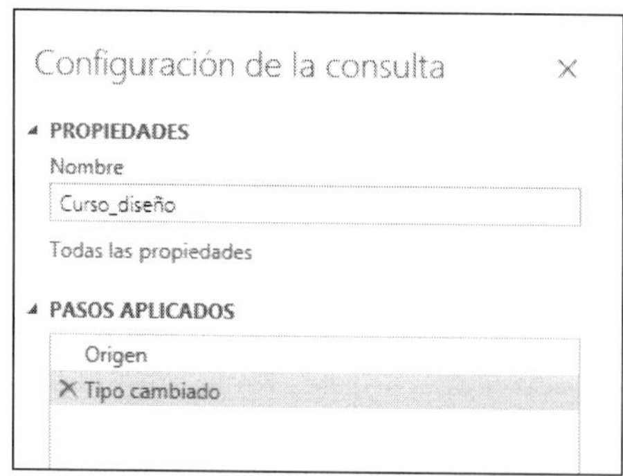

A partir de ahora, la consulta se identificará con este nombre.

1. Eliminar las filas superfluas

La primera fila no se corresponde con el título de las columnas de la tabla; se trata más bien de una especie de título de la tabla.

✎ En la pestaña **Inicio** - grupo **Reducir filas**, haga clic en el botón **Quitar filas** - **Quitar filas superiores**.

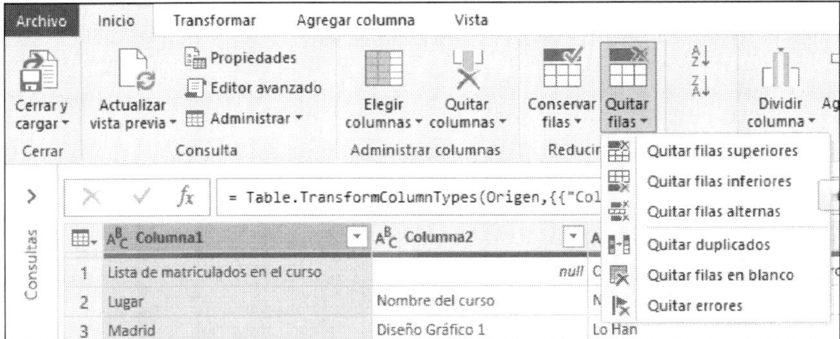

Aparece en pantalla el cuadro de diálogo **Quitar filas superiores**.

✎ Dado que deseamos eliminar la primera fila, introduzca la cifra **1**.

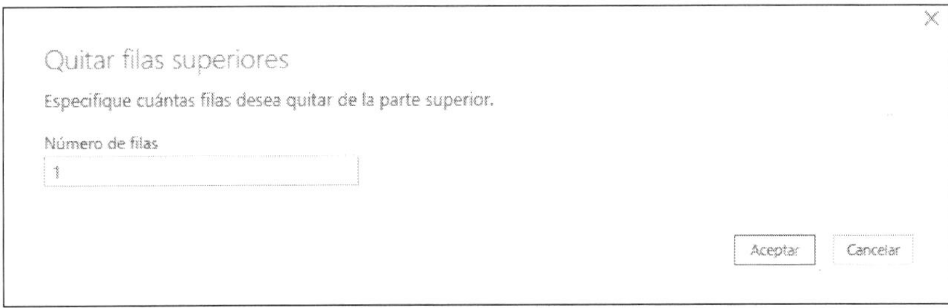

✎ Haga clic en el botón **Aceptar**.

Se ha eliminado la primera fila.

En el panel **Configuración de la consulta**, se ha añadido la etapa aplicada **Filas superiores quitadas**.

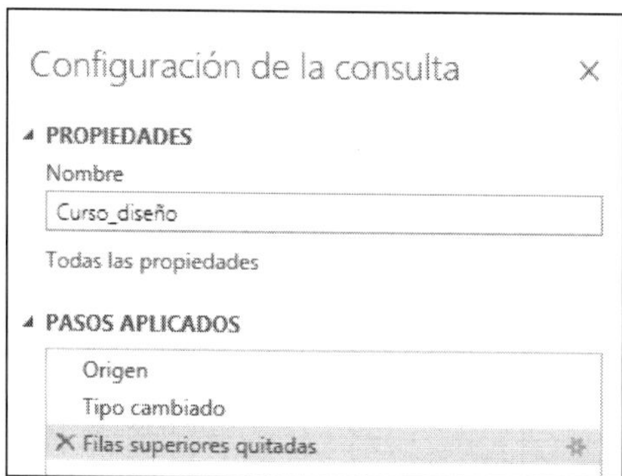

2. Utilizar la primera fila como encabezado

Los títulos de las columnas se encuentran ahora en la primera fila de la tabla.

Para promover la primera fila de la tabla a encabezado de columna, en la pestaña, **Inicio** - grupo **Transformar**, haga clic en el botón **Usar la primera fila como encabezado**.

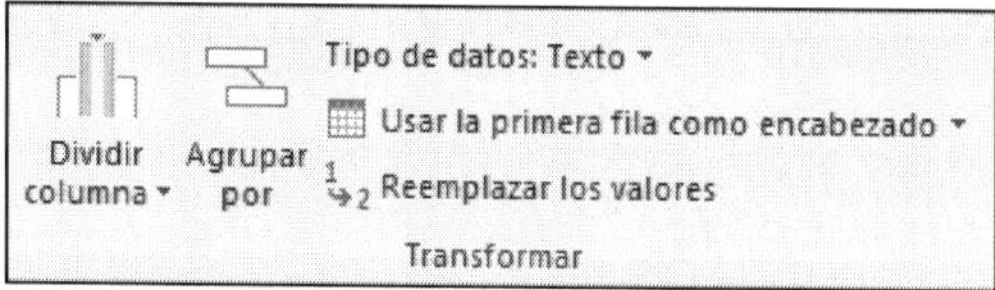

Ahora los encabezados de las columnas son correctos.

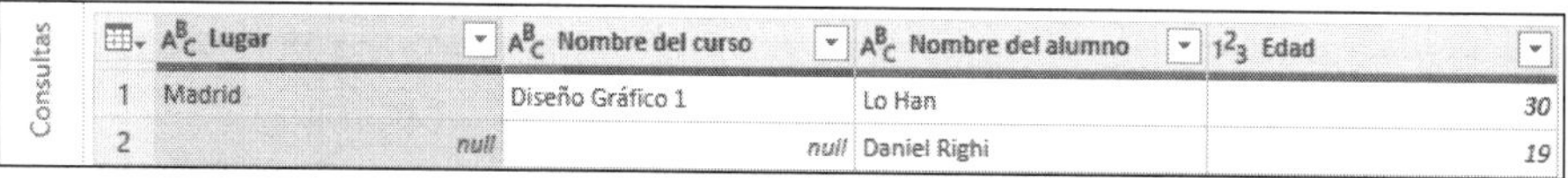

	Lugar	Nombre del curso	Nombre del alumno	Edad
1	Madrid	Diseño Gráfico 1	Lo Han	30
2	null	null	Daniel Righi	19

Ahora los encabezados de las columnas son correctos.

3. Rellenar hacia abajo

En la tabla inicial, en las columnas **Lugar** y **Nombre del Curso**, solo se indica la primera línea del curso **Diseño Gráfico 1** que tiene lugar en Madrid; lo mismo se aplica para el curso **Diseño Gráfico 2**, que tiene lugar en Barcelona.

Implícitamente, para el creador de esta tabla, las 6 primeras filas se refieren al curso de Madrid, llamado Diseño Gráfico 1, y las 6 últimas filas se refieren al curso de Barcelona, llamado Diseño Gráfico 2.

Para poder sintetizar estos datos con una tabla dinámica, es obligatorio completar cada una de las filas.

Sin usar Power Query, tendría que copiar el valor de la celda B4 a B9, C4 a C9, B10 a B15, C10 a C15. Esto sería arriesgado si la tabla incluyera miles de filas y cientos de cursos diferentes.

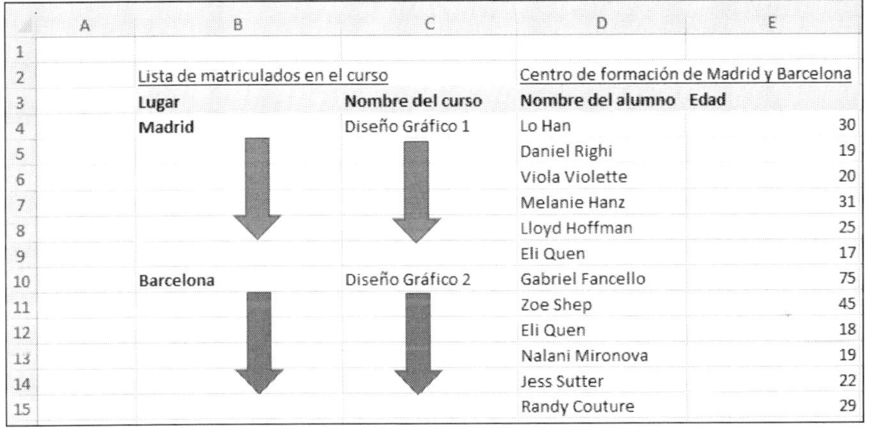

	A	B	C	D	E
1					
2		Lista de matriculados en el curso		Centro de formación de Madrid y Barcelona	
3		**Lugar**	**Nombre del curso**	**Nombre del alumno**	**Edad**
4		**Madrid**	Diseño Gráfico 1	Lo Han	30
5				Daniel Righi	19
6				Viola Violette	20
7				Melanie Hanz	31
8				Lloyd Hoffman	25
9				Eli Quen	17
10		**Barcelona**	Diseño Gráfico 2	Gabriel Fancello	75
11				Zoe Shep	45
12				Eli Quen	18
13				Nalani Mironova	19
14				Jess Sutter	22
15				Randy Couture	29

Power Query dispone de una herramienta para efectuar esta tarea automáticamente.

- Seleccione la columna **Lugar**, pulse la tecla Ctrl y a continuación seleccione la columna **Nombre del curso**.
- En la pestaña **Transformar** - grupo **Cualquier columna**, haga clic en el botón **Rellenar** y escoja la opción **Abajo**.

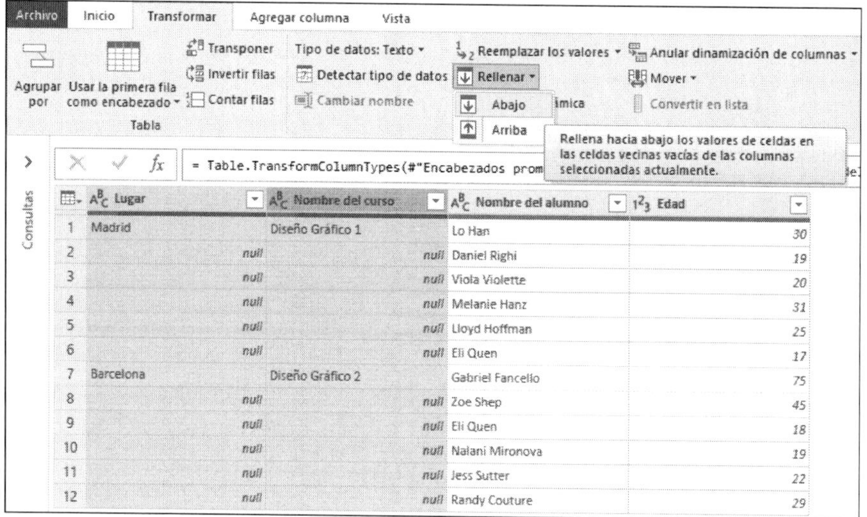

Los datos se han rellenado correctamente.

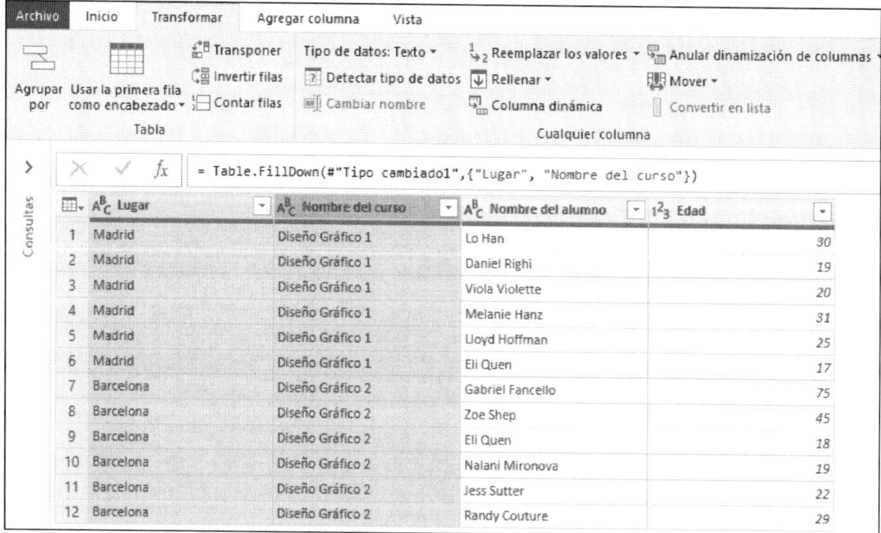

4. Herramientas específicas para el manejo de texto

Dividir una columna

La columna **Nombre del alumno** contiene en realidad el nombre y el apellido de los alumnos.

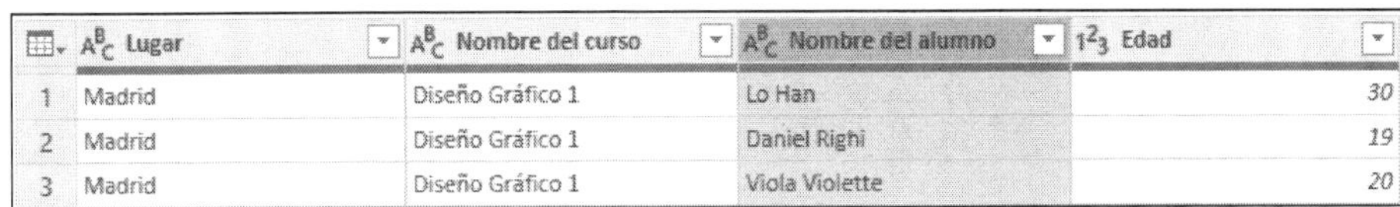

	Lugar	Nombre del curso	Nombre del alumno	Edad
1	Madrid	Diseño Gráfico 1	Lo Han	30
2	Madrid	Diseño Gráfico 1	Daniel Righi	19
3	Madrid	Diseño Gráfico 1	Viola Violette	20

Vamos a dividir la a fin de obtener dos columnas: una para los apellidos y otra para los nombres.

- Seleccione la columna **Nombre alumno**.
- En la pestaña **Transformar** - grupo **Columna de texto**, haga clic en el botón **Dividir columna**.

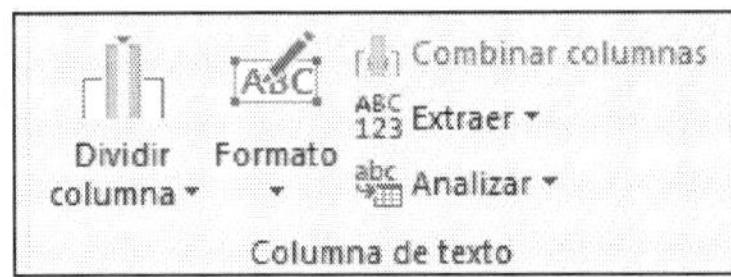

- Seleccione la opción **Por delimitador**.

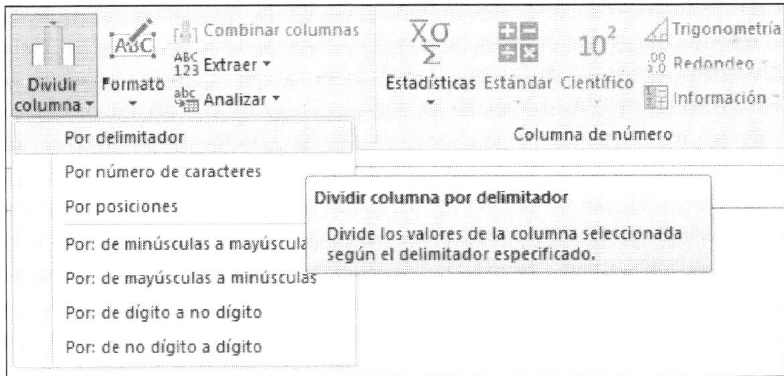

Aparece en pantalla el cuadro de diálogo **Dividir columna por delimitador**.

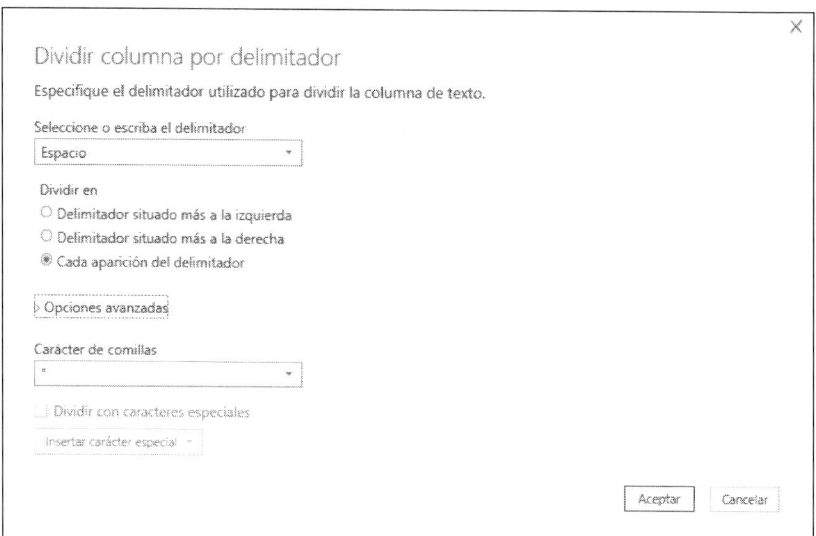

✎ Deje marcadas las opciones seleccionadas.

El delimitador es **Espacio**; la columna se va a dividir con **Cada aparición del delimitador**.

✎ Haga clic en el botón **Aceptar**.

La columna se ha dividido en dos. Ahora, la columna **Nombre alumno.1** contiene el nombre de los alumnos, y la columna **Nombre alumno.2** contiene los apellidos.

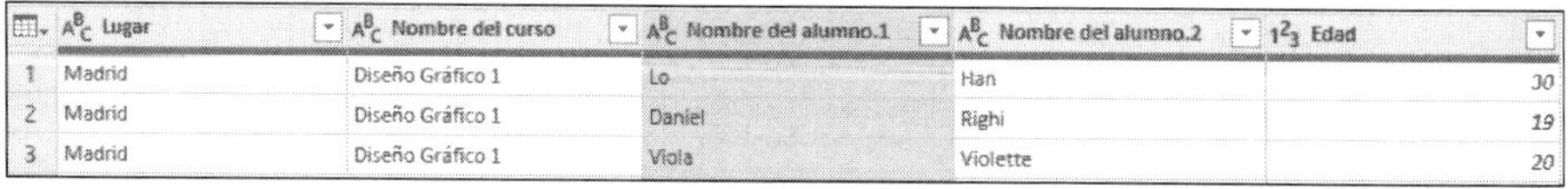

	Lugar	Nombre del curso	Nombre del alumno.1	Nombre del alumno.2	Edad
1	Madrid	Diseño Gráfico 1	Lo	Han	30
2	Madrid	Diseño Gráfico 1	Daniel	Righi	19
3	Madrid	Diseño Gráfico 1	Viola	Violette	20

✎ Haga doble clic en la columna **Nombre alumno.1** y llámela **Nombre**.

✎ Haga doble clic en la columna **Nombre alumno.2** y llámela **Apellido**.

La herramienta Formato

Power Query dispone de diversas opciones para dar formato al texto.

En este ejemplo, deseamos que los apellidos de los alumnos aparezcan en mayúsculas.

✎ Seleccione la columna **Apellido**.

✎ En la pestaña **Transformar** - grupo **Columna de texto**, haga clic en **Formato** y seleccione **MAYÚSCULAS**.

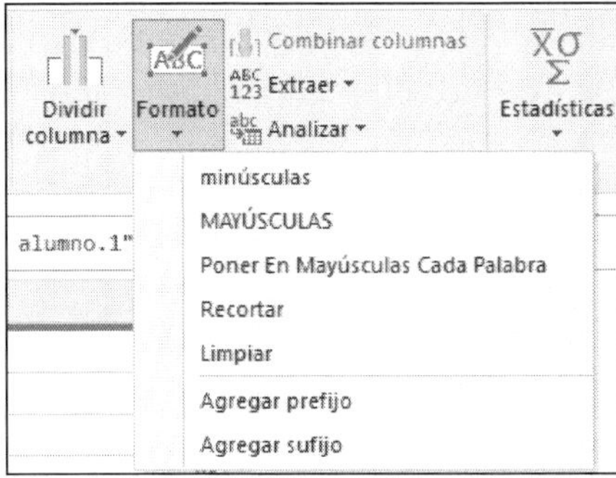

Los datos de la columna **Apellido** se han formateado correctamente.

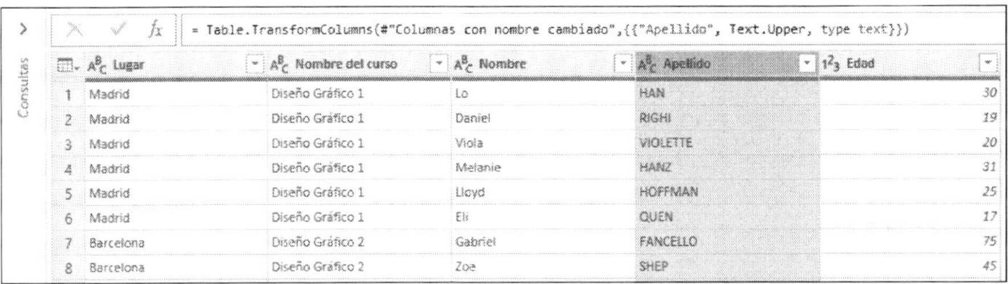

```
= Table.TransformColumns(#"Columnas con nombre cambiado",{{"Apellido", Text.Upper, type text}})
```

	Lugar	Nombre del curso	Nombre	Apellido	Edad
1	Madrid	Diseño Gráfico 1	Lo	HAN	30
2	Madrid	Diseño Gráfico 1	Daniel	RIGHI	19
3	Madrid	Diseño Gráfico 1	Viola	VIOLETTE	20
4	Madrid	Diseño Gráfico 1	Melanie	HANZ	31
5	Madrid	Diseño Gráfico 1	Lloyd	HOFFMAN	25
6	Madrid	Diseño Gráfico 1	Eli	QUEN	17
7	Barcelona	Diseño Gráfico 2	Gabriel	FANCELLO	75
8	Barcelona	Diseño Gráfico 2	Zoe	SHEP	45

En este momento los datos están estructurados y pueden explotarse con una tabla dinámica.

✎ En la pestaña **Inicio**, haga clic en el botón **Cerrar y cargar**.

La tabla que obtenemos es la siguiente:

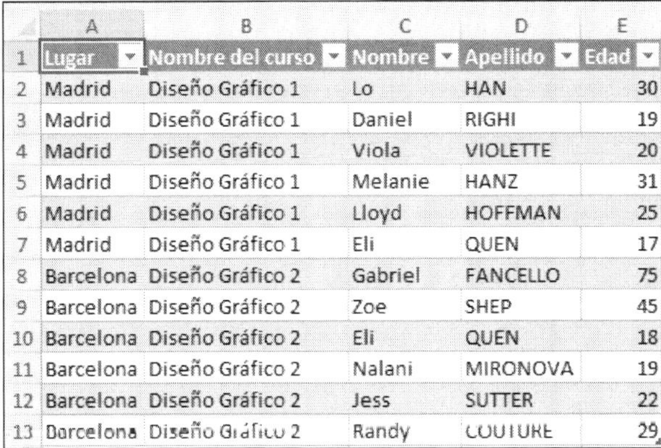

	A	B	C	D	E
1	Lugar	Nombre del curso	Nombre	Apellido	Edad
2	Madrid	Diseño Gráfico 1	Lo	HAN	30
3	Madrid	Diseño Gráfico 1	Daniel	RIGHI	19
4	Madrid	Diseño Gráfico 1	Viola	VIOLETTE	20
5	Madrid	Diseño Gráfico 1	Melanie	HANZ	31
6	Madrid	Diseño Gráfico 1	Lloyd	HOFFMAN	25
7	Madrid	Diseño Gráfico 1	Eli	QUEN	17
8	Barcelona	Diseño Gráfico 2	Gabriel	FANCELLO	75
9	Barcelona	Diseño Gráfico 2	Zoe	SHEP	45
10	Barcelona	Diseño Gráfico 2	Eli	QUEN	18
11	Barcelona	Diseño Gráfico 2	Nalani	MIRONOVA	19
12	Barcelona	Diseño Gráfico 2	Jess	SUTTER	22
13	Barcelona	Diseño Gráfico 2	Randy	COUTURE	29

Combinar columnas

✎ Para volver al editor de Power Query, en el panel **Consultas y conexiones**, en la parte derecha de la pantalla. Sitúe el cursor en la consulta llamada **Curso_diseño** y haga clic en EDITAR.

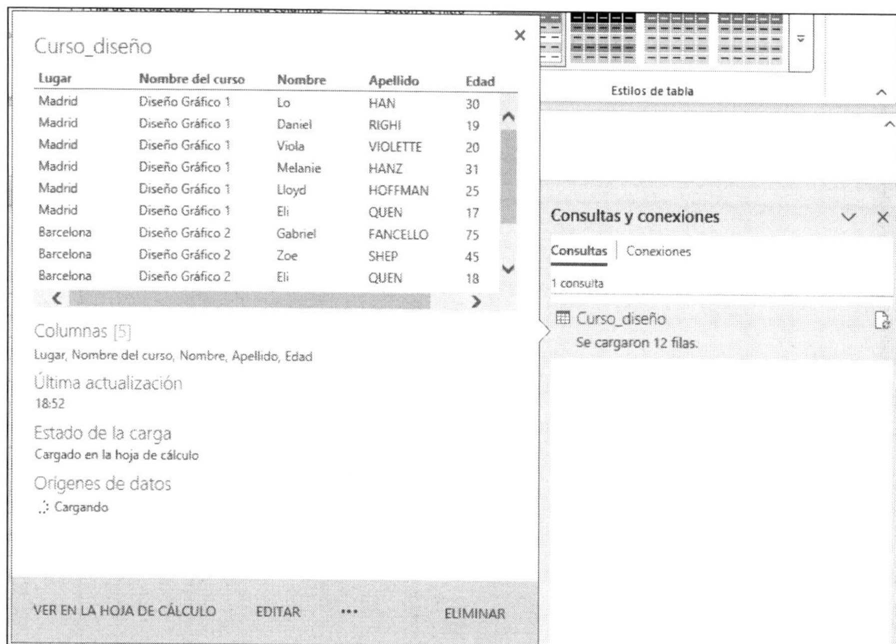

Vamos a crear una nueva columna que retomará los datos de la columna **Lugar** y **Nombre del curso**.

✎ Seleccione la columna **Lugar**, pulse la tecla Ctrl y, sin soltarla, seleccione la columna **Nombre del curso**.

- En la pestaña **Agregar columna** de la cinta de opciones, en el grupo **De texto**, haga clic en **Combinar columnas**.

Aparece en pantalla el cuadro de diálogo **Combinar columnas**.

- En la lista desplegable **Separador**, elija **Espacio**.
- En el cuadro **Nuevo nombre de columna (opcional)**, introduzca por ejemplo **Lugar + Nombre del curso**.

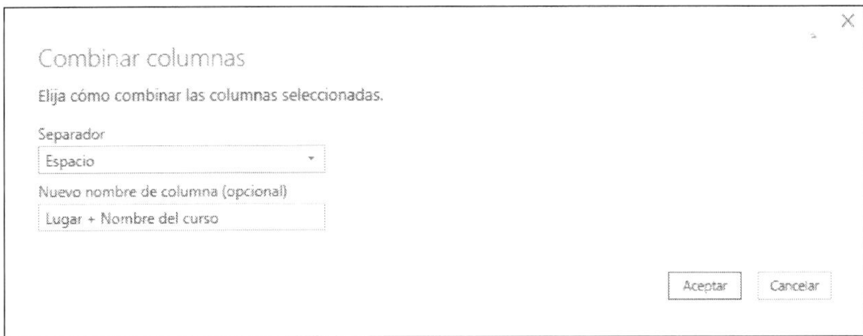

- Haga clic en el botón **Aceptar**.

Aparece una nueva columna denominada **Lugar + Nombre del curso**:

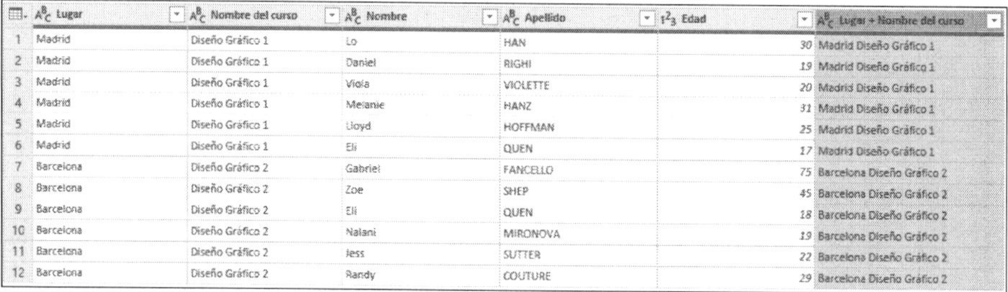

	Lugar	Nombre del curso	Nombre	Apellido	Edad	Lugar + Nombre del curso
1	Madrid	Diseño Gráfico 1	Lo	HAN	30	Madrid Diseño Gráfico 1
2	Madrid	Diseño Gráfico 1	Daniel	RIGHI	19	Madrid Diseño Gráfico 1
3	Madrid	Diseño Gráfico 1	Viola	VIOLETTE	20	Madrid Diseño Gráfico 1
4	Madrid	Diseño Gráfico 1	Melanie	HANZ	31	Madrid Diseño Gráfico 1
5	Madrid	Diseño Gráfico 1	Lloyd	HOFFMAN	25	Madrid Diseño Gráfico 1
6	Madrid	Diseño Gráfico 1	Eli	QUEN	17	Madrid Diseño Gráfico 1
7	Barcelona	Diseño Gráfico 2	Gabriel	FANCELLO	75	Barcelona Diseño Gráfico 2
8	Barcelona	Diseño Gráfico 2	Zoe	SHEP	45	Barcelona Diseño Gráfico 2
9	Barcelona	Diseño Gráfico 2	Eli	QUEN	18	Barcelona Diseño Gráfico 2
10	Barcelona	Diseño Gráfico 2	Nalani	MIRONOVA	19	Barcelona Diseño Gráfico 2
11	Barcelona	Diseño Gráfico 2	Jess	SUTTER	22	Barcelona Diseño Gráfico 2
12	Barcelona	Diseño Gráfico 2	Randy	COUTURE	29	Barcelona Diseño Gráfico 2

Extraer caracteres de una columna

Esta herramienta ofrece diversos métodos para extraer uno o varios elementos de texto de una columna.

Por ejemplo: extraer la inicial del nombre de los alumnos.

- Seleccione la columna **Apellido**.
- En la pestaña **Agregar columna** - grupo **De texto**, haga clic en **Extraer** - **Primeros caracteres**.

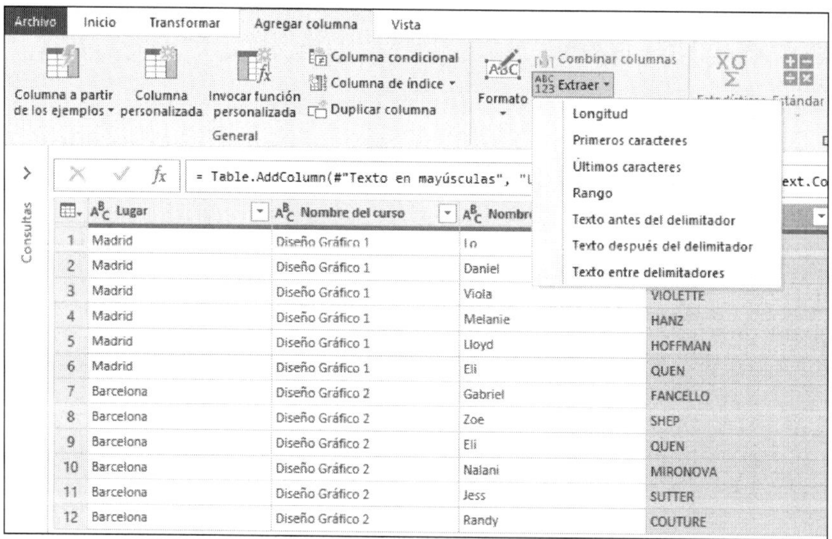

	Lugar	Nombre del curso	Nombre	
1	Madrid	Diseño Gráfico 1	Lo	
2	Madrid	Diseño Gráfico 1	Daniel	
3	Madrid	Diseño Gráfico 1	Viola	VIOLETTE
4	Madrid	Diseño Gráfico 1	Melanie	HANZ
5	Madrid	Diseño Gráfico 1	Lloyd	HOFFMAN
6	Madrid	Diseño Gráfico 1	Eli	QUEN
7	Barcelona	Diseño Gráfico 2	Gabriel	FANCELLO
8	Barcelona	Diseño Gráfico 2	Zoe	SHEP
9	Barcelona	Diseño Gráfico 2	Eli	QUEN
10	Barcelona	Diseño Gráfico 2	Nalani	MIRONOVA
11	Barcelona	Diseño Gráfico 2	Jess	SUTTER
12	Barcelona	Diseño Gráfico 2	Randy	COUTURE

Aparece en pantalla el cuadro de diálogo **Insertar primeros caracteres**.

✎ Como sólo deseamos extraer la inicial de los apellidos, introduzca **1**.

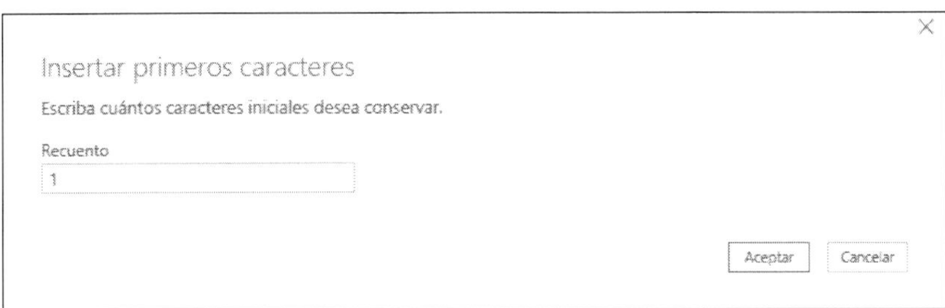

✎ Haga clic en el botón **Aceptar**.

Aparece una nueva columna denominada **Primeros caracteres**:

```
= Table.AddColumn(#"Columna combinada insertada", "Primeros caracteres", each Text.Start([Apellido], 1), type text)
```

	Lugar	Nombre del curso	Nombre	Apellido	Edad	Lugar + Nombre del curso	Primeros caracteres
1	Madrid	Diseño Gráfico 1	Lo	HAN	30	Madrid Diseño Gráfico 1	H
2	Madrid	Diseño Gráfico 1	Daniel	RIGHI	19	Madrid Diseño Gráfico 1	R
3	Madrid	Diseño Gráfico 1	Viola	VIOLETTE	20	Madrid Diseño Gráfico 1	V
4	Madrid	Diseño Gráfico 1	Melanie	HANZ	31	Madrid Diseño Gráfico 1	H
5	Madrid	Diseño Gráfico 1	Lloyd	HOFFMAN	25	Madrid Diseño Gráfico 1	H
6	Madrid	Diseño Gráfico 1	Eli	QUEN	17	Madrid Diseño Gráfico 1	Q
7	Barcelona	Diseño Gráfico 2	Gabriel	FANCELLO	75	Barcelona Diseño Gráfico 2	F
8	Barcelona	Diseño Gráfico 2	Zoe	SHEP	45	Barcelona Diseño Gráfico 2	S
9	Barcelona	Diseño Gráfico 2	Eli	QUEN	28	Barcelona Diseño Gráfico 2	Q
10	Barcelona	Diseño Gráfico 2	Nalani	MIRONOVA	19	Barcelona Diseño Gráfico 2	M
11	Barcelona	Diseño Gráfico 2	Jess	SUTTER	22	Barcelona Diseño Gráfico 2	S
12	Barcelona	Diseño Gráfico 2	Randy	COUTURE	29	Barcelona Diseño Gráfico 2	C

5. Las herramientas de cálculo

Power Query ofrece varias herramientas para realizar cálculos en una o varias columnas de una tabla o para llevar a cabo una agregación de datos mediante un cálculo estadístico (promedio, mediana, etc.).

Estas herramientas se encuentran tanto en la pestaña **Transformar** como en la pestaña **Agregar columna**.

En la pestaña **Transformar**, aparece en el grupo **Columna de número**:

Las herramientas incluidas en la pestaña **Transformar** realizan las operaciones directamente en la columna seleccionada.

En la pestaña **Agregar columna**, aparecen en el grupo **De número**:

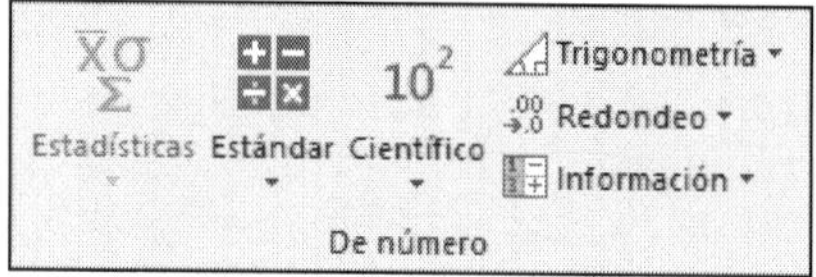

Son posibles cuatro tipos de cálculo:

Estadísticas: suma, mínimo, máximo, mediana, promedio, desviación estándar, recuento en valores, contaron valores DISTINCT.

Estándar: agregar, multiplicar, restar, dividir, división de entero, módulo, porcentaje, porcentaje de.

Científico: valor absoluto, potenciar, raíz cuadrada, exponente, logaritmo, factorial.

Información: es par, es impar, signo (devuelve el signo de un valor).

Le aconsejamos que utilice las herramientas numéricas de Power Query únicamente para efectuar cálculos básicos. El lenguaje DAX, que veremos más adelante, ofrece a la vez más posibilidades y mejor legibilidad en las fórmulas de cálculo.

Para ilustrar las diferentes herramientas numéricas del editor de consultas de Power Query, vamos a realizar algunas acciones usando un archivo de Excel.

Puede disponer de los datos de este ejemplo en el archivo **5_productos.xlsx**.

Un tendero dispone de un archivo que contiene información sobre los productos en stock. Le gustaría saber el precio promedio de sus productos y cuántas marcas de diferentes productos tiene en stock. El tendero también desea calcular un precio con descuento y, finalmente, el margen bruto de cada uno de sus productos.

Los datos se presentan de la siguiente manera:

	A	B	C	D	E	F	G	H
1	identificador	marca	producto	precio de venta	coste	peso	reciclable	bio
2	1	Super jus	zumo de fresa	2,85	0,94	8,39		
3	2	Super jus	zumo de manzana	0,74	0,26	7,42		1
4	3	Super jus	zumo de frambuesa	0,83	0,4	13,1	1	1
5	4	Super jus	zumo de plátano	3,64	1,64	10,6	1	
6	5	Super jus	coca diet	2,19	0,77	6,66	1	
7	6	Super jus	Cola café	1,15	0,37	15,8		
8	7	Super jus	Cola limón	2,61	0,91	18	1	
9	8	Super jus	zumo de naranja	2,59	0,8	8,97	1	
10	9	Super jus	Cranberry	2,42	0,77	7,14		
11	12	Jeffers	Pop Cron	1,54	0,69	8,9	1	1
12	13	Jeffers	Maíz Jeffers	2,65	1,27	10,4		
13	14	Jeffers	Avena Jeffers	1,93	0,71	21,6	1	1
14	15	Jeffers	Sémola Jeffers	2,29	1,08	21,3		1
15	19	Blue Soupe	Sopa de pollo	3,19	1,47	15,2	1	1
16	20	Blue Soupe	Fideos chinos	2,78	0,92	21,3		1
17	21	Blue Soupe	Sopa de verduras	2,33	0,89	19,7		1
18	22	Blue Soupe	Sopa de tomate	2,29	0,98	15		
19	24	Blue Soupe	Ramen	1,73	0,52	12,8		1

Importar datos en el editor de Power Query

- Abra el archivo 5_productos.xlsx
- Seleccione una celda incluida en la tabla de datos; por ejemplo, la celda A2.
- En la pestaña **Datos** de la cinta de opciones, grupo **Obtener y transformar datos**, haga clic en el botón **De una tabla o rango**.

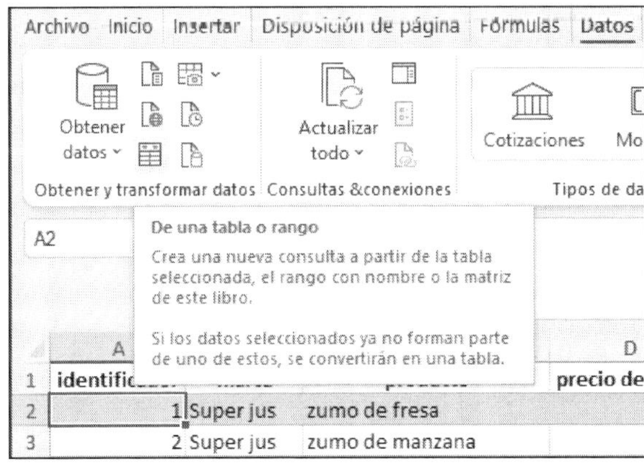

Se abre el editor de Power Query

Primer cálculo: ¿cuál es el precio medio de los productos de la tabla?

- Seleccione la columna **precio de venta**: en la pestaña **Transformar** - grupo **Columna de número**, haga clic en el botón **Estadísticas** y seleccione **Promedio**.

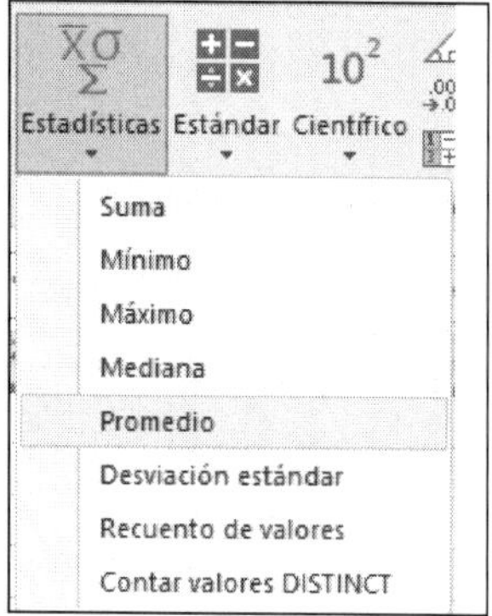

El resultado es 2,2083333333333335.

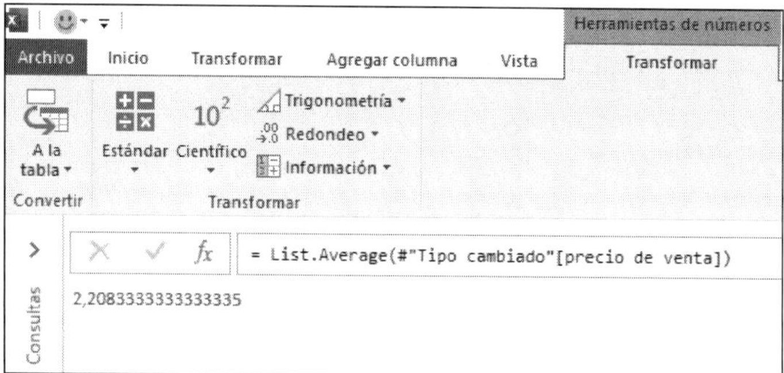

- Es posible redondear este resultado a dos decimales: en la pestaña **Herramientas de números - Transformar**, haga clic en **Redondeo** y, a continuación, en **Redondear**.

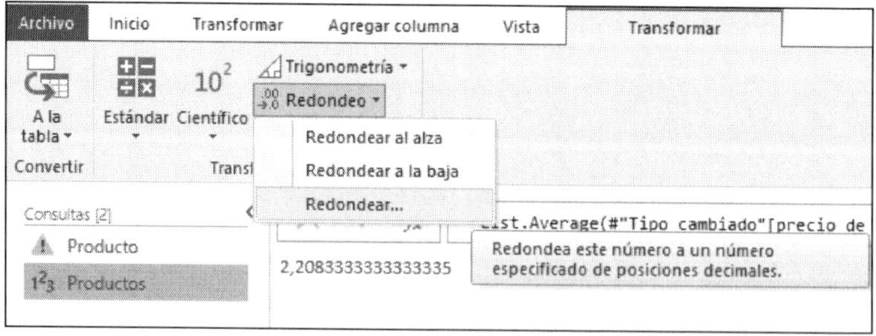

Aparece en pantalla el cuadro de diálogo **Redondear**.

✎ Introduzca el número **2** para redondear a dos decimales.

✎ Haga clic en el botón **Aceptar**.

Se ha aplicado el redondeo.

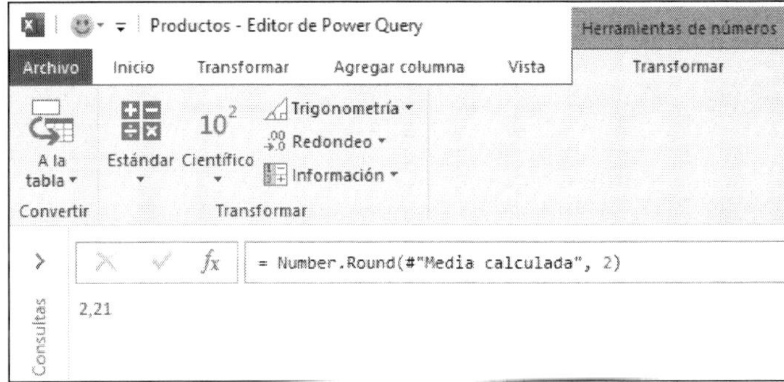

✎ En el panel **Configuración de la consulta**, elimine las dos últimas etapas aplicadas, **Media calculada** y **Redondeado**, para volver a la tabla de datos inicial.

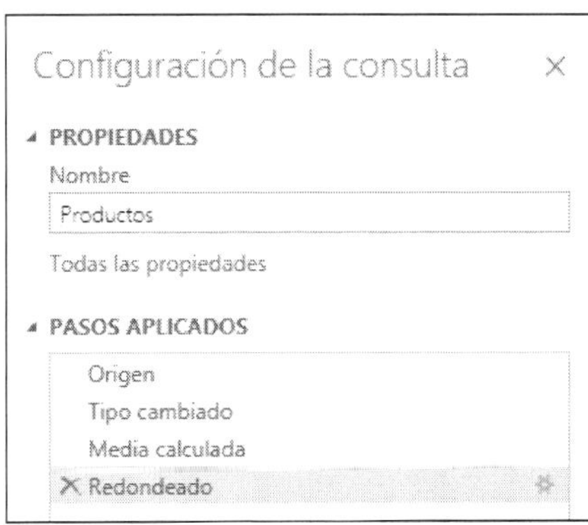

¿Cuántas marcas aparecen en esta tabla?

- Seleccione la columna **marca**.
- En la pestaña **Transformar** - grupo **Columna de número**, haga clic en **Estadísticas** - **Contar valores DISTINCT**.

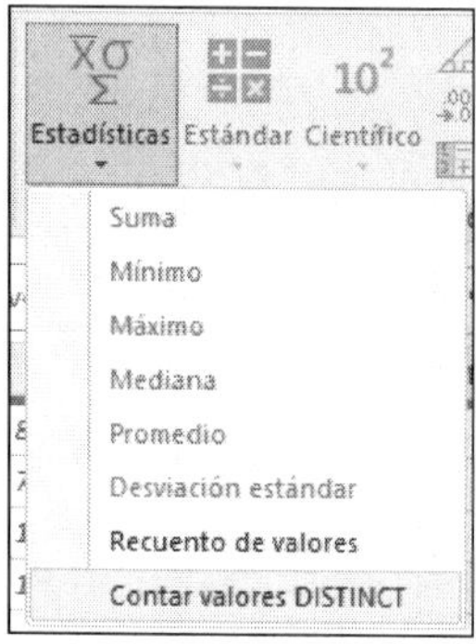

El resultado es **3**.

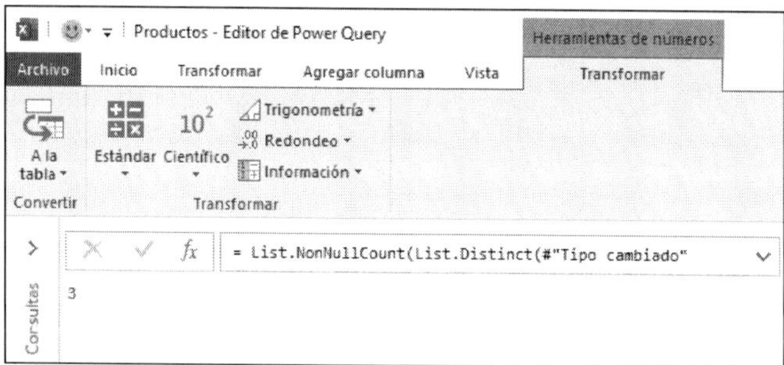

- En el panel **Configuración de la consulta**, elimine la última etapa aplicada, **Recuento distinto calculado**, para volver a la tabla de datos inicial.

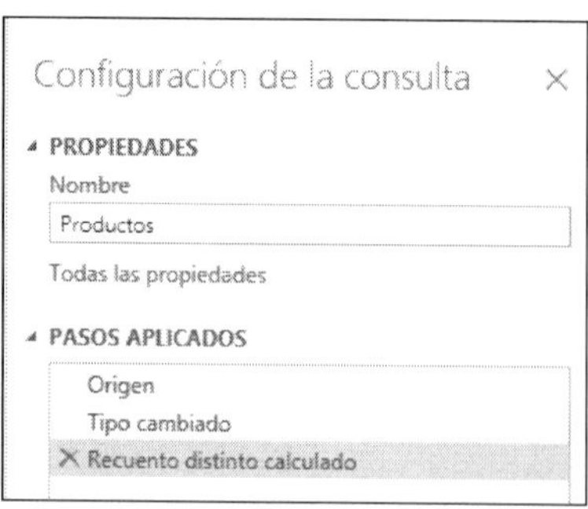

Agregar columna de precio rebajado

El tendero desea agregar una columna de precio rebajado. El descuento aplicado será del 10 %.

El cálculo que debe efectuarse es, por lo tanto: Precio rebajado = Precio de venta x 0,9

- Seleccione la columna **precio de venta**.
- En la pestaña **Agregar columna** - grupo **De número**, haga clic en **Estándar** y a continuación seleccione **Multiplicar**.

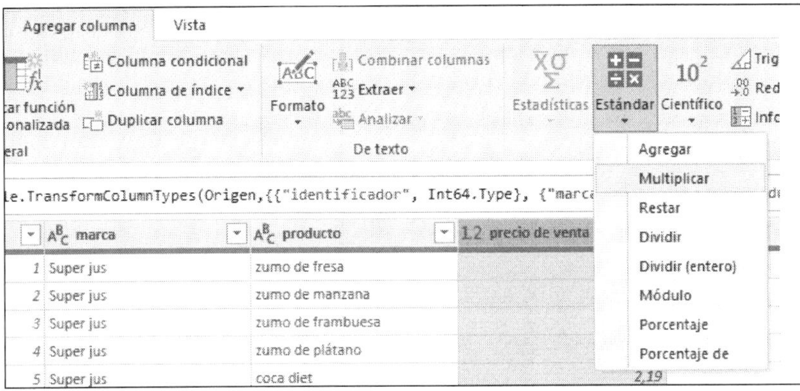

Aparece en pantalla el cuadro de diálogo **Multiplicar**.

- En el cuadro de escritura **Valor**, introduzca 0,9.

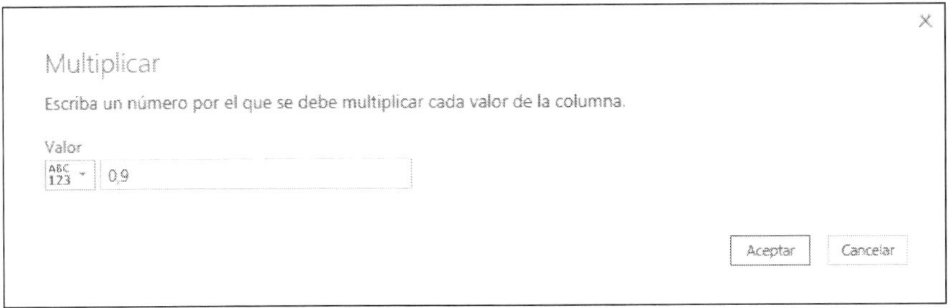

- Haga clic en el botón **Aceptar**.

Se añade a la tabla una nueva columna denominada **Multiplicación**.

1.2 precio de venta	1.2 coste	1.2 peso	123 reciclable	123 bio	1.2 Multiplicación
2,85	0,94	8,39	null	null	2,565
0,74	0,26	7,42	null	1	0,666
0,83	0,4	13,1	1	1	0,747
3,64	1,64	10,6	1	null	3,276
2,19	0,77	6,66	1	null	1,971
1,15	0,37	15,8	null	null	1,035
2,61	0,91	18	1	null	2,349
2,59	0,8	8,97	1	null	2,331
2,42	0,77	7,14	null	null	2,178
1,54	0,69	8,9	1	1	1,386
2,65	1,27	10,4	null	null	2,385
1,93	0,71	21,6	1	1	1,737
2,29	1,08	21,3	null	1	2,061
3,19	1,47	15,2	1	1	2,871
2,78	0,92	21,3	null	1	2,502
2,33	0,89	19,7	null	1	2,097
2,29	0,98	15	null	null	2,061
1,73	0,52	12,8	null	1	1,557

- Cambie el nombre de esta columna a **precio con descuento**.
- Si es preciso, vaya a la pestaña **Transformar** - grupo **Columna de número** y utilice la herramienta **Redondeo** para formatear los valores a dos decimales.

Agregar una columna de cálculo de margen

El cálculo del margen bruto es: **Margen = Precio de venta – coste**

Esta vez, el cálculo requiere la intervención de dos columnas.

- Seleccione la columna **precio de venta**; en la pestaña **Agregar columna** - grupo **De número**, haga clic en **Estándar** y luego en **Restar**.

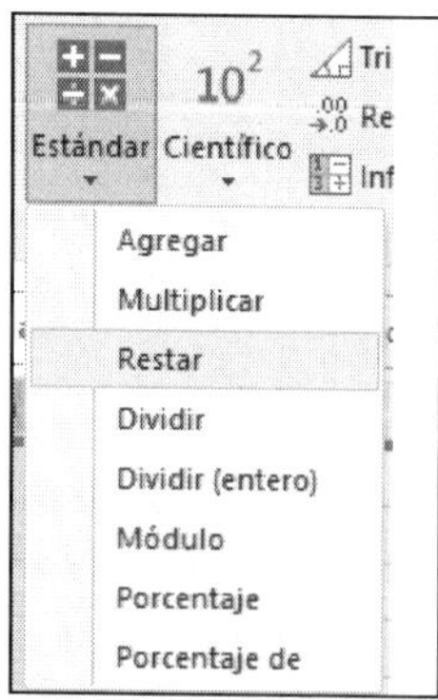

Aparece en pantalla el cuadro de diálogo **Restar**.

✎ Haga clic en la lista desplegable **Valor** y seleccione **Usar valores en una columna**.

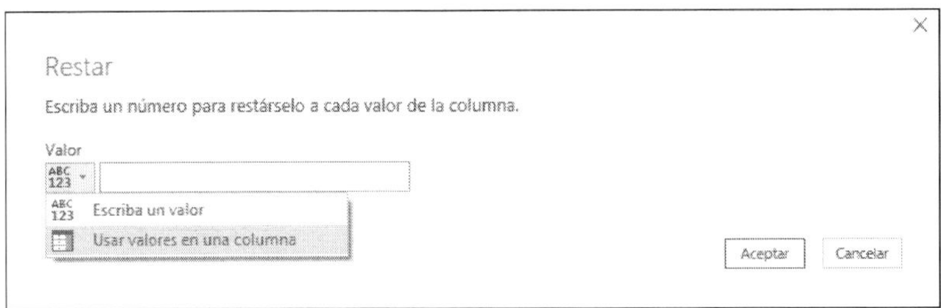

El cuadro de escritura **Valor** se transforma en una lista desplegable que contiene los títulos de las columnas de la tabla de datos.

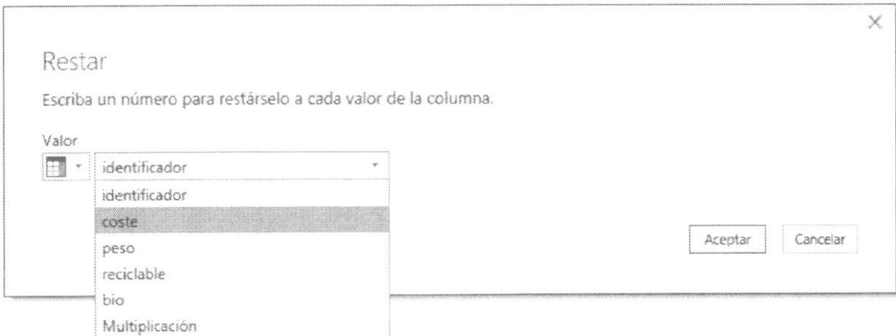

✎ Seleccione la columna **coste** y haga clic en el botón **Aceptar**.

Se añade a la tabla una nueva columna denominada **Resta**.

1.2 precio de venta	1.2 coste	1.2 peso	123 reciclable	123 bio	1.2 Multiplicación	1.2 Resta
2,85	0,94	8,39	null	null	2,565	1,91
0,74	0,26	7,42	null	1	0,686	0,48
0,83	0,4	13,1	1	1	0,747	0,43
3,64	1,64	10,6	1	null	3,276	2
2,19	0,77	6,66	1	null	1,971	1,42
1,15	0,37	15,8	null	null	1,035	0,78
2,61	0,91	18	1	null	2,349	1,7
2,59	0,8	8,97	1	null	2,331	1,79
2,42	0,77	7,14	null	null	2,178	1,65
1,54	0,69	8,9	1	1	1,386	0,85
2,65	1,27	10,4	null	null	2,385	1,38
1,93	0,71	21,6	1	1	1,737	1,22
2,29	1,08	21,3	null	1	2,061	1,21
3,19	1,47	15,2	1	1	2,871	1,72
2,78	0,92	21,3	null	1	2,502	1,86
2,33	0,89	19,7	null	1	2,097	1,44
2,29	0,98	15	null	null	2,061	1,31
1,73	0,52	12,8	null	1	1,557	1,21

Contiene, para cada producto, el margen calculado, es decir: **precio de venta - coste**.

✎ Cambie el nombre de la columna a **margen**.

F. Las herramientas de fechas y horas

1. Presentación de las herramientas

Power Query dispone de varias herramientas interesantes para trabajar con fechas y horas.

Estas herramientas se encuentran:

- En la pestaña **Transformar** de la cinta de opciones, grupo **Columna de fecha y hora**.

- En la pestaña **Agregar columna** de la cinta de opciones, grupo **De fecha y hora**.

*La mayoría de las veces, las operaciones con fechas y horas se realizan desde el menú **Agregar columna** porque así se crean nuevos campos, en vez de transformar una columna individual.*

2. Aplicación

Disponemos de una pequeña tabla de Excel con las fechas de nacimiento de varias personas.

	A	B
1	**Nombre**	**Fecha de nacimiento**
2	Nath	25/04/1978
3	Bob	02/10/1980
4	Elèna	26/05/1980
5	Allison	15/06/1985
6	Nicolas	03/03/1970
7	Eric	14/04/1979

Podrá acceder a los datos de este ejemplo en el archivo **6_fecha.xlsx**.

El objetivo de este ejercicio es utilizar Power Query para extraer el año de nacimiento de la columna **Fecha de nacimiento** y, a continuación, calcular la edad de cada una de las personas.

Importar datos en Power Query

- Abra el archivo **6_fecha.xlsx**
- Seleccione una celda incluida en la tabla de datos. Por ejemplo, la celda **A2**.
- En la pestaña **Datos** - grupo **Obtener y transformar datos**, haga clic en el botón **De una tabla o rango**.

Se abre el editor de Power Query.

a. Extraer los años de nacimiento

- Seleccione la columna **Fecha de nacimiento**.
- En la cinta de opciones, seleccione la pestaña **Agregar columna**; en el grupo **De fecha y hora**, haga clic en el botón **Fecha**, en la opción **Año** y luego en **Año**.

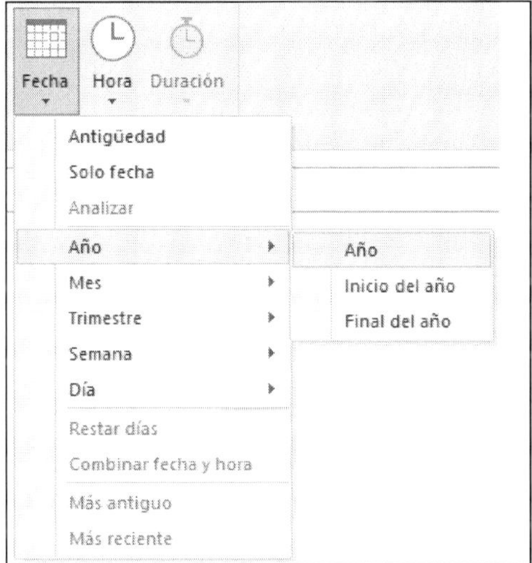

Aparece una nueva columna llamada **Año**:

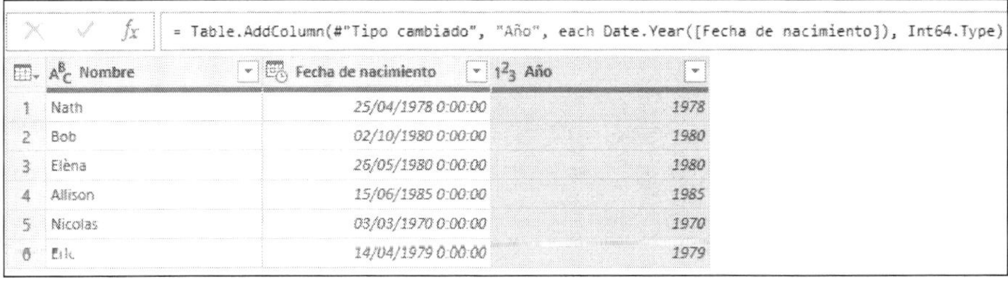

	Nombre	Fecha de nacimiento	Año
1	Nath	25/04/1978 0:00:00	1978
2	Bob	02/10/1980 0:00:00	1980
3	Elèna	26/05/1980 0:00:00	1980
4	Allison	15/06/1985 0:00:00	1985
5	Nicolas	03/03/1970 0:00:00	1970
6	Eric	14/04/1979 0:00:00	1979

b. Hallar la edad de una persona

- Seleccione de nuevo la columna **Fecha de nacimiento**.
- En la cinta de opciones, seleccione la pestaña **Agregar columna**; en el grupo **De fecha y hora**, haga clic en el botón **Fecha** y escoja **Antigüedad**.

Aparece una nueva columna denominada **Antigüedad**:

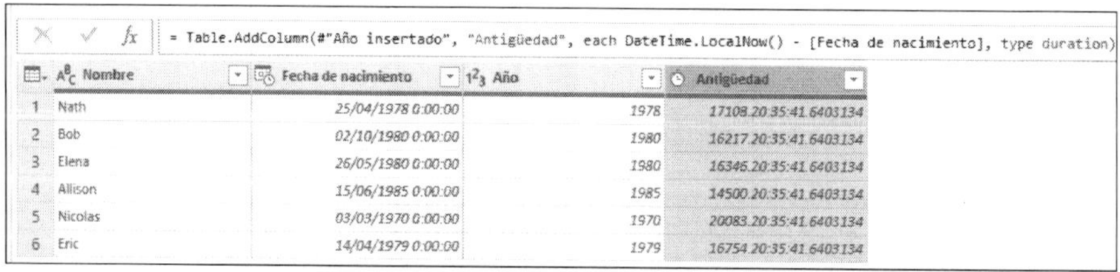

= Table.AddColumn(#"Año insertado", "Antigüedad", each DateTime.LocalNow() - [Fecha de nacimiento], type duration)

	Nombre	Fecha de nacimiento	Año	Antigüedad
1	Nath	25/04/1978 0:00:00	1978	17108.20:35:41.6403134
2	Bob	02/10/1980 0:00:00	1980	16217.20:35:41.6403134
3	Elena	26/05/1980 0:00:00	1980	16346.20:35:41.6403134
4	Allison	15/06/1985 0:00:00	1985	14500.20:35:41.6403134
5	Nicolas	03/03/1970 0:00:00	1970	20083.20:35:41.6403134
6	Eric	14/04/1979 0:00:00	1979	16754.20:35:41.6403134

Esta columna calcula, efectivamente, la edad de las personas; sin embargo, el resultado se muestra en número de días, horas, minutos, segundos, etc.

- Para calcular la edad en número de años, seleccione la pestaña **Transformar** de la cinta de opciones; en el grupo **Columna de fecha y hora**, haga clic en el botón **Duración** y escoja **Total de años**.

La columna **Antigüedad** muestra ahora el número de años en formato decimal.

```
= Table.TransformColumns(#"Antigüedad insertada",{{"Antigüedad", each Duration.TotalDays(_) / 365, type number}})
```

	Nombre	Fecha de nacimiento	Año	Antigüedad
1	Nath	25/04/1978 0:00:00	1978	46,8735889
2	Bob	02/10/1980 0:00:00	1980	44,43249301
3	Elena	26/05/1980 0:00:00	1980	44,78591766
4	Allison	15/06/1985 0:00:00	1985	39,72838342
5	Nicolas	03/03/1970 0:00:00	1970	55,02427383
6	Eric	14/04/1979 0:00:00	1979	45,90372588

Para mostrar la edad en años enteros, en la columna **Antigüedad**, haga clic en el símbolo 1.2 y seleccione **Número entero**.

Cambie el título de columna **Antigüedad** por **Edad**.

G. Perfilado de datos

El perfilado de datos es una herramienta de Power Query que permite a los analistas obtener una visión rápida de los datos.

Vamos a partir de estos datos y a importarlos en Power Query:

	A	B	C
1	**Producto**	**Volumen de negocio**	**Beneficio**
2	Apps	162.643	9.359
3	WenCaL	14.432	240
4	Blend	17.990	1.166
5	Voltage	15.117	1.613
6	Inkly	11.154	731
7	Sleops	11.022	550
8	Kind Ape	8.905	469
9	Pet Feed	16.735	800
10	Right App	3.635	96
11	Mirrrr	15.627	1.996
12	Halotot	150	15
13	Flowrrr	5.955	260
14	Silvrr	7.666	274
15	Dasring	10.857	281
16	Rehire		
17	Didactic	6.405	363
18	WenCaL	14.432	240
19	Apps	129.383	4.989
20	WenCaL	102.818	49.361

Puede encontrar los datos de este ejemplo en el archivo **perfilado.xlsx**.

- Abra el archivo **perfilado.xlsx**.
- Seleccione una celda incluida en la tabla de datos.
- En la pestaña **Datos** - grupo **Obtener y transformar datos**, haga clic en el botón **De una tabla o rango**.

- En la cinta de opciones de Power Query, seleccione la pestaña **Vista**.
- En el grupo **Vista previa de datos**, marque las casillas **Calidad de columnas**, **Distribución de columnas** y **Perfil de columna**.

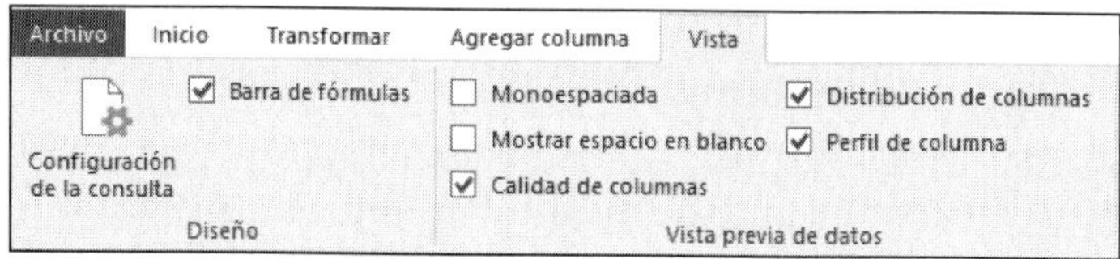

- Ahora seleccione, por ejemplo, la columna **Volumen de negocio**.

El resultado es el siguiente:

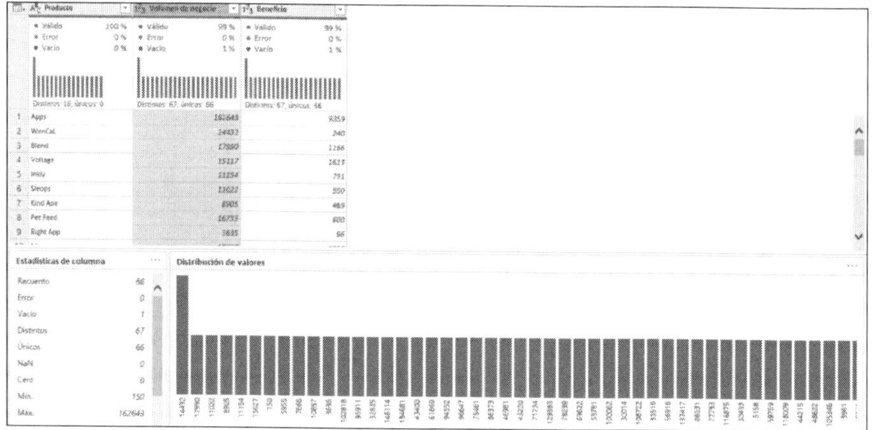

Justo debajo del encabezado de la columna, encontramos el número de errores, el número de valores vacíos y la distribución de los valores.

Más abajo, en el lado izquierdo, hallamos diferentes **Estadísticas de columna**: **Recuento**, **Error**, **Vacío**, **Mín.**, **Máx.**, **Promedio**, etc.

Finalmente, en el lado derecho, encontramos otra **Distribución de valores** más detallada.

Según esta información, parece que en la columna **Volumen de negocio** hay un valor vacío y un valor duplicado.

- Pase el cursor sobre la distribución y aparecerá un nuevo cuadro de diálogo.
- Haga clic en el botón ... situado en la parte inferior derecha de este nuevo cuadro de diálogo.

Aparecerá un nuevo menú que le permitirá, por ejemplo, eliminar duplicados o elementos vacíos.

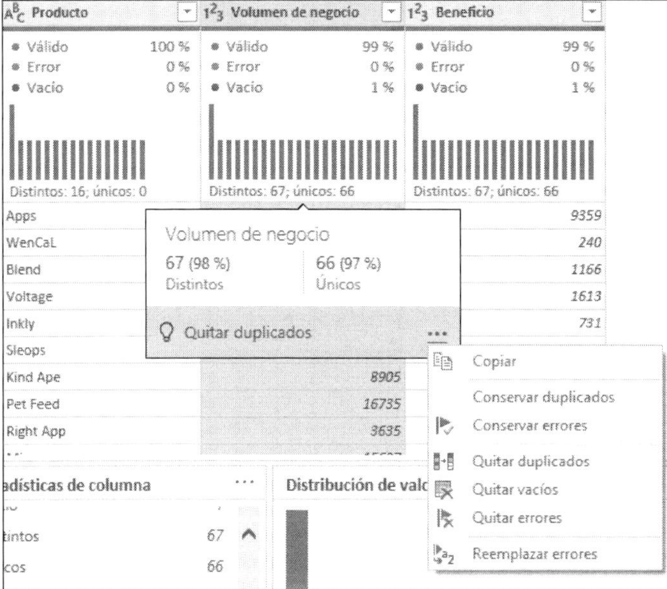

H. Acciones avanzadas

1. Las columnas condicionales

Las columnas condicionales permiten definir nuevos campos en función de reglas y de condiciones lógicas, de la misma forma que las funciones **Si** y **CAMBIAR** de Excel.

La herramienta **Columna condicional** se encuentra en la pestaña **Agregar columna**, grupo **General**.

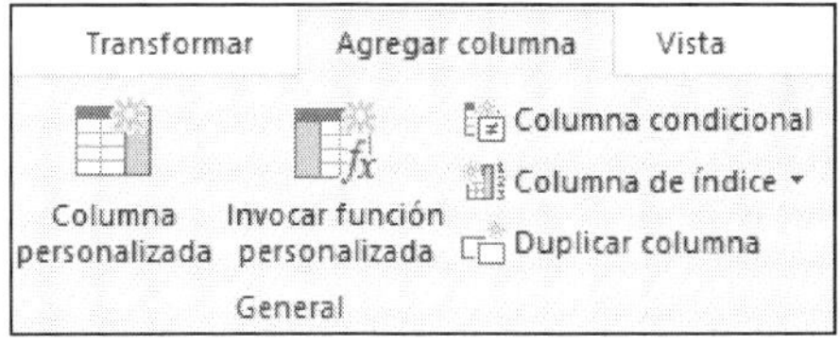

Aplicación: establecer categorías de animales en función de su peso

Un veterinario ha creado una tabla de Excel que incluye información diversa sobre los animales de compañía de sus clientes.

Los datos se presentan de la siguiente forma:

	A	B	C	D	E
1	Nombre	Especie	Propietario	Sexo	Peso (kg)
2	Bob	Perro	JEAN WHITE	M	35
3	Félix	Gato	ELÉNA MIRONOVA	M	5
4	Yvan	Ardilla	ALAIN DELALANDE	M	0,5
5	Skunk	Gato	BOB MORANE	M	8
6	Dea	Perro	CHRISTIANE NORD	F	25
7	Garfield	Gato	ELOIDE IDOUX	M	7
8	Pink	Gato	BÉATRICE BÉA	F	4
9	Hermoine	Tortuga	ERIC BURGER	F	4
10	Zora	Perro	CHRISTELLE BRITCHU	F	7
11	Lola	Caballo	EDI NORD	F	250
12	Hermes	Perro	BOB MORANE	M	15
13	Zeus	Gato	EMME FROST	M	6

Podrá acceder a los datos de este ejemplo en el archivo **7_veterinario.xlsx**.

En este ejemplo, el objetivo es crear una nueva columna denominada **Clase** que dependerá de las condiciones siguientes:

- **Si** el peso del animal es superior a 10 kg, entonces su clase es **pesado**.
- **Si** el peso del animal es superior o igual a 5 kg e inferior o igual a 10 kg, entonces su clase es **intermedio**.
- **Si** el peso es inferior a 5 kg, entonces su clase es **ligero**.

Importar los datos en Power Query

- Abra el archivo **7_veterinario.xlsx**
- Seleccione una celda incluida en la tabla de datos; por ejemplo, la celda **A2**.
- En la pestaña **Datos** - grupo **Obtener y transformar datos**, haga clic en el botón **Desde una tabla o rango**.

Aparece en pantalla el editor de consultas.

Colocación de la columna condicional

- En la pestaña **Agregar columna**, grupo **General**, haga clic en el botón **Columna condicional**.

Aparece en pantalla el cuadro de diálogo **Agregar una columna condicional**.

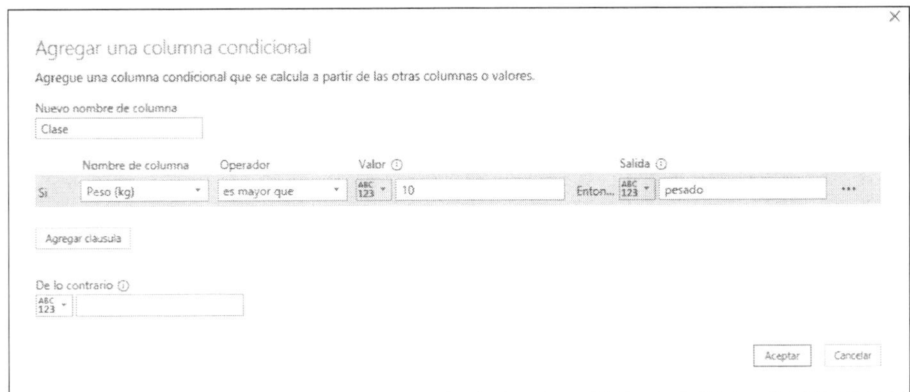

- En el cuadro **Nuevo nombre de columna**, introduzca **Clase**.

Primera condición

- En la lista desplegable **Nombre de columna**, escoja la columna **Peso (kg)**.
- En **Operador**, escoja es **mayor que**.
- En **Valor**, introduzca 10.
- En **Salida**, introduzca **pesado**.
- Haga clic en el botón **Agregar cláusula**.

Segunda condición

- En la lista desplegable **Nombre de columna**, escoja el campo **Peso (kg)**.
- En **Operador**, escoja es **mayor o igual que**.
- En **Valor**, introduzca 5.
- En **Salida**, introduzca **intermedio**.
- Haga clic en **Agregar cláusula**.

Tercera condición

- En la lista desplegable **Nombre de columna**, escoja el campo **Peso (kg)**.
- En **Operador**, escoja es **menor que**.
- En **Valor**, introduzca 5.

- En **Salida**, introduzca **ligero**.
- En el cuadro de escritura **De lo contrario**, en la parte inferior del cuadro de diálogo, introduzca **desconocido**.

Se trata del valor que se mostrará en todos los demás casos; por ejemplo, si el peso del animal no se encuentra registrado en la columna **Peso (kg)**.

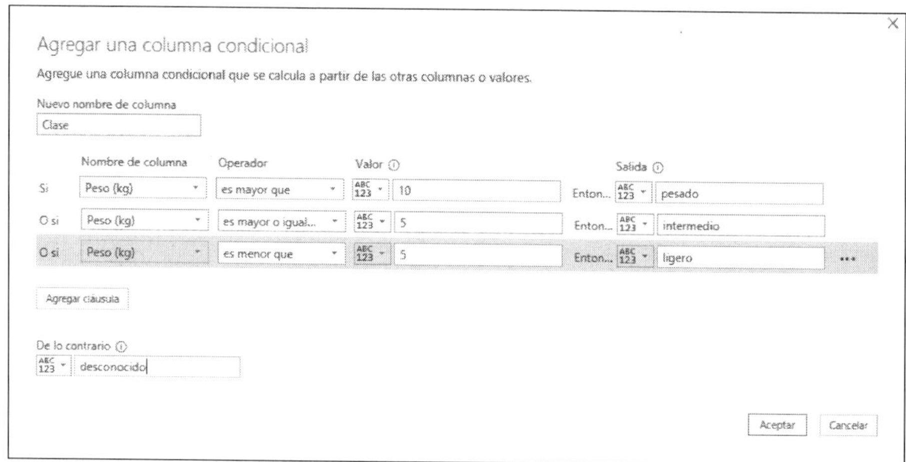

- Haga clic en el botón **Aceptar** para confirmar.

Los animales se han clasificado correctamente según las reglas definidas:

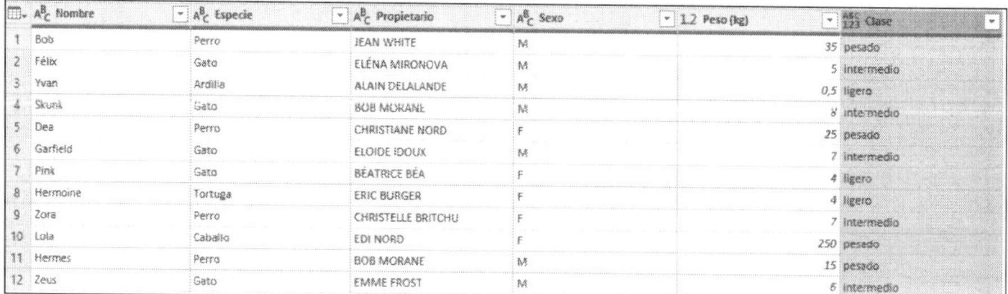

	Nombre	Especie	Propietario	Sexo	Peso (kg)	Clase
1	Bob	Perro	JEAN WHITE	M	35	pesado
2	Félix	Gato	ELÉNA MIRONOVA	M	5	intermedio
3	Yvan	Ardilla	ALAIN DELALANDE	M	0,5	ligero
4	Skunk	Gato	BOB MORANE	M	8	intermedio
5	Dea	Perro	CHRISTIANE NORD	F	25	pesado
6	Garfield	Gato	ELOIDE IDOUX	M	7	intermedio
7	Pink	Gato	BEATRICE BÉA	F	4	ligero
8	Hermoine	Tortuga	ERIC BURGER	F	4	ligero
9	Zora	Perro	CHRISTELLE BRITCHU	F	7	intermedio
10	Lola	Caballo	EDI NORD	F	250	pesado
11	Hermes	Perro	BOB MORANE	M	15	pesado
12	Zeus	Gato	EMME FROST	M	6	intermedio

2. Reagrupar los datos

La herramienta **Agrupar por** permite agregar los datos a un nivel diferente; por ejemplo, transformar datos diarios en datos mensuales.

Se encuentra en la pestaña **Inicio** de la cinta de opciones, en el grupo **Transformar**.

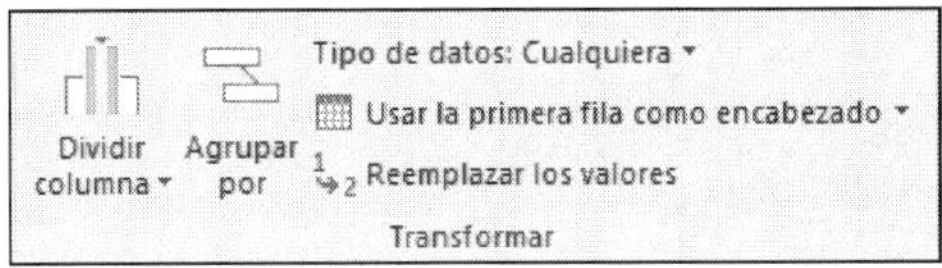

*La herramienta **Agrupar por** también se encuentra en la pestaña **Transformar** de la cinta de opciones, en el grupo **Tabla**.*

Veremos el funcionamiento de esta herramienta con dos ejemplos que realizaremos con el archivo 7_veterinario.xlsx.

Ejemplo 1: agrupar los animales por especie

- En la pestaña **Inicio** - grupo **Transformar**, haga clic en el botón **Agrupar por**.

Aparece en pantalla el cuadro de diálogo **Agrupar por**:

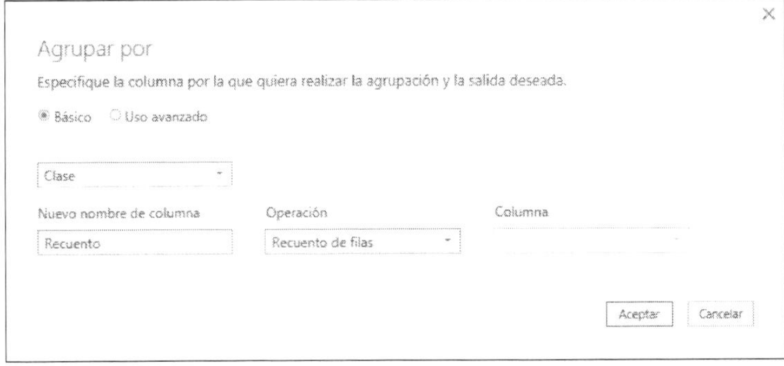

- En la primera lista desplegable, seleccione la columna **Especie**.
- En el cuadro de escritura **Nuevo nombre de columna**, introduzca **Número de animales**.
- En la lista desplegable **Operación** escoja **Recuento de filas**.

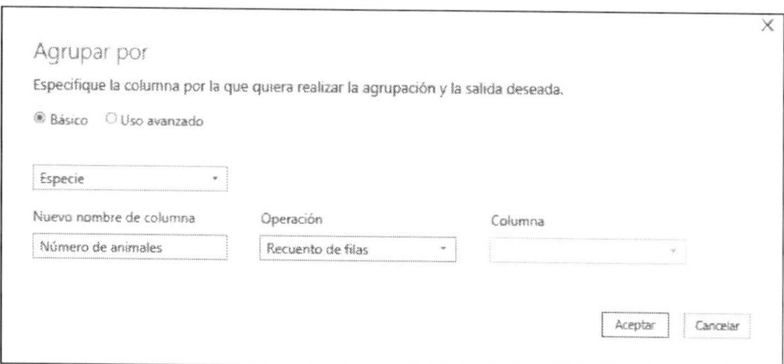

- Haga clic en el botón **Aceptar**.

El resultado es el siguiente:

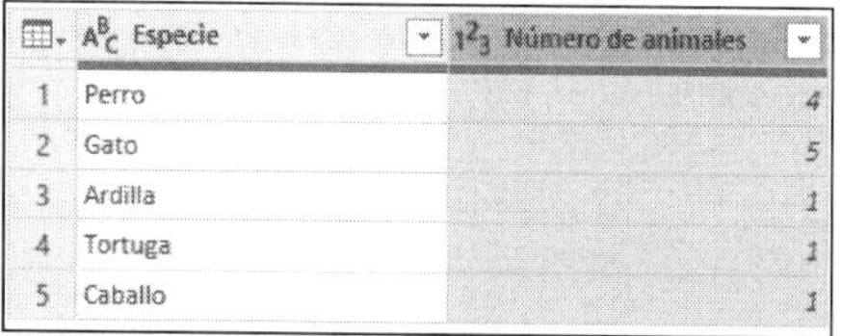

	Especie	Número de animales
1	Perro	4
2	Gato	5
3	Ardilla	1
4	Tortuga	1
5	Caballo	1

Para volver a la tabla de datos original, en el panel de **Configuración de la consulta**, en PASOS APLICADOS, elimine la etapa **Filas agrupadas**.

<u>Ejemplo 2: calcular el peso medio para cada especie</u>

- En la pestaña **Inicio** - grupo **Transformar**, haga clic en el botón **Agrupar por**.
- En la lista desplegable **Agrupar por**, seleccione la columna **Especie**.
- En el cuadro de escritura **Nuevo nombre de columna**, introduzca **Peso medio**.
- En la lista desplegable **Operación**, escoja **Promedio**.
- En la lista desplegable **Columna**, escoja el campo **Peso (kg)**.

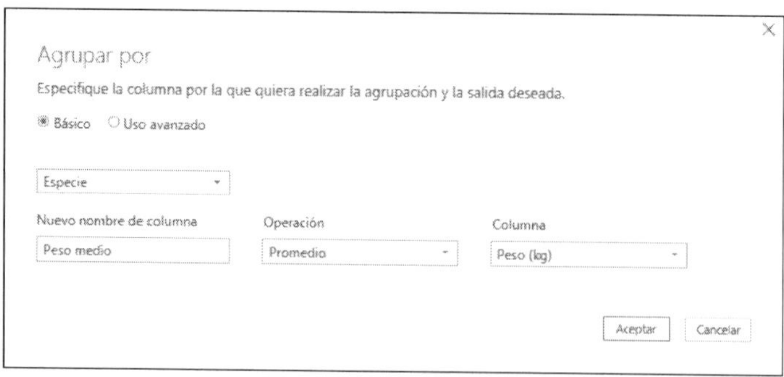

✎ Haga clic en el botón **Aceptar**.

El resultado es el siguiente:

	Especie	1.2 Peso medio
1	Perro	20,5
2	Gato	6
3	Ardilla	0,5
4	Tortuga	4
5	Caballo	250

3. Transformar filas en columnas y viceversa (pivotar/despivotar o columna dinámica/anular dinamización de columnas)

En el contexto de Excel, «pivotar» consiste en agrupar filas para sintetizarlas creando columnas, y «despivotar» consiste en realizar la operación inversa. Power Query utiliza la expresión «dinamizar» para lo primero y «anular dinamización» para lo segundo.

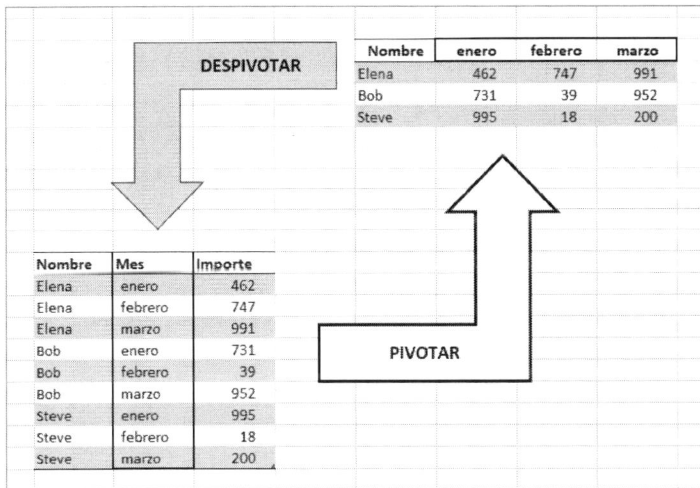

Nombre	enero	febrero	marzo
Elena	462	747	991
Bob	731	39	952
Steve	995	18	200

Nombre	Mes	Importe
Elena	enero	462
Elena	febrero	747
Elena	marzo	991
Bob	enero	731
Bob	febrero	39
Bob	marzo	952
Steve	enero	995
Steve	febrero	18
Steve	marzo	200

Encontramos de nuevo el término pivotar en la designación anglosajona de las tablas dinámicas: pivot tabla.

a. ¿Por qué es importante esta herramienta?

En la práctica, con frecuencia los informes se presentan de la siguiente forma (tipo de presentación n.° 1):

Nombre	enero	febrero	marzo
Elena	462	747	991
Bob	731	39	952
Steve	995	18	200

Sin embargo, para poder analizar los datos a partir de una tabla dinámica, dichos datos deben presentarse de la siguiente manera (tipo de presentación n.° 2):

Nombre	Mes	Importe
Elena	enero	462
Elena	febrero	747
Elena	marzo	991
Bob	enero	731
Bob	febrero	39
Bob	marzo	952
Steve	enero	995
Steve	febrero	18
Steve	marzo	200

En este tipo de presentación, un campo o columna corresponde a un tipo de datos de naturaleza idéntica, que caracteriza su registro. Por ejemplo: mes, importe, cuenta contable, población.

Una fila corresponde a un registro; cada registro está caracterizado por un conjunto de campos.

La herramienta **columna dinámica/anular dinamización** permite pasar del tipo de presentación n.° 1 a tipo de presentación n.° 2 (anular dinamización de columnas) y del tipo de presentación n.° 2 al tipo de presentación n.° 1 (columna dinámica).

b. Aplicación

Los datos de este ejemplo se encuentran en el archivo **8_informe.xlsx**.

Cada semestre, el responsable comercial envía una tabla en la que se reflejan las ventas por mes:

Artículo	enero	febrero	marzo	abril	mayo	junio	Total
gafas	467	1.697	661	1.409	1.446	1.818	7.498
aletas	1.943	1.338	720	1.002	1.293	1.053	7.349
tubo de buceo	695	1.274	428	1.865	1.674	1.168	7.104
Total	3.105	4.309	1.809	4.276	4.413	4.039	21.951

El objetivo de este ejercicio es utilizar Power Query para transformar esta tabla de forma que pueda explotarse a través de una tabla dinámica.

Importar los datos en Power Query

- Abra el archivo **8_informe.xlsx**
- Seleccione una celda incluida en la tabla de datos; por ejemplo, la celda **B4**.
- En la pestaña **Datos** - grupo **Obtener y transformar datos**, haga clic en el botón **De una tabla o rango**.

Aparece en pantalla el editor de consultas.

Preparar los datos

Quitar la columna Total

- Seleccione la columna **Total**, haga un clic derecho y escoja **Quitar**.

Resultará sencillo volver a crear automáticamente esta columna más adelante, usando una tabla dinámica.

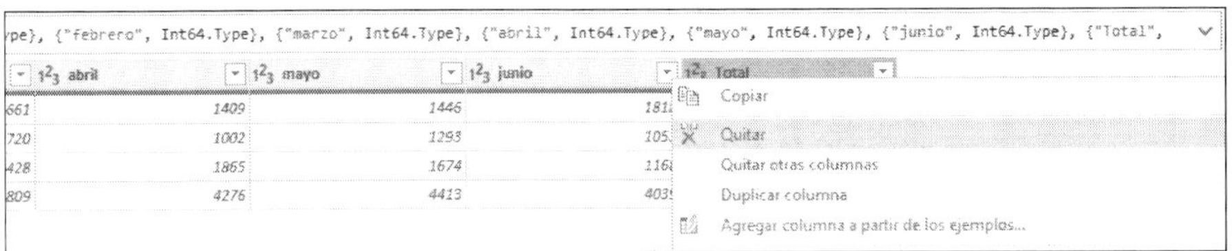

Quitar la fila Total

- En la cinta de opciones, en la pestaña **Inicio** - grupo **Reducir filas**, haga clic en el botón **Quitar filas**, y a continuación en la opción **Quitar filas inferiores**.

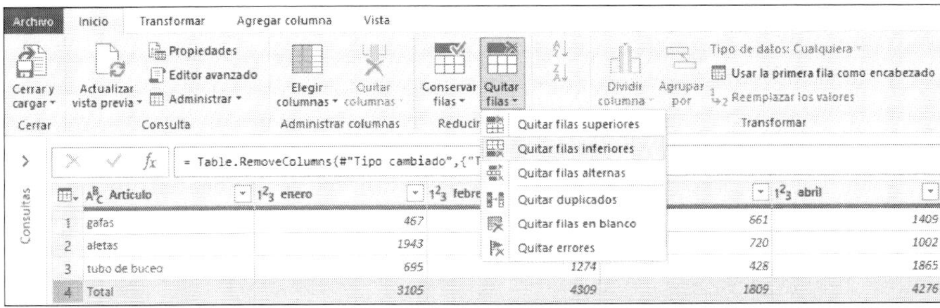

Aparece en pantalla el cuadro de diálogo **Quitar filas inferiores**.

- En el cuadro de escritura **Número de filas**, introduzca el número **1** para quitar la última fila de la tabla.

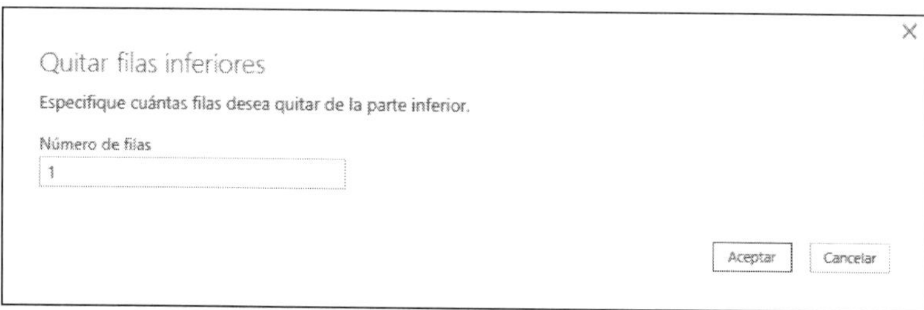

- Haga clic en el botón **Aceptar**.

Anular la dinamización de las columnas

Deseamos anular la dinamización de las columnas correspondientes a los meses de enero a junio (despivotarlas).

Primer método

- Seleccione la columna **enero**, pulse la tecla Mayús y, sin soltarla, seleccione la columna **junio**.
- En la pestaña **Transformar** - grupo **Cualquier columna**, haga clic en el botón **Anular dinamización de columnas**.

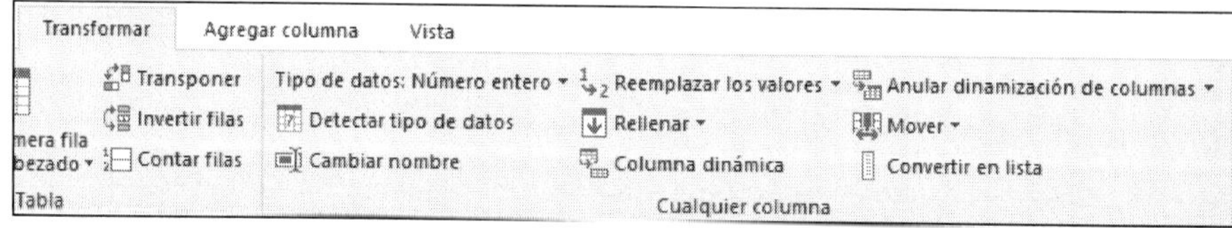

Obtendrá el siguiente resultado:

	Artículo	Atributo	Valor
1	gafas	enero	467
2	gafas	febrero	1697
3	gafas	marzo	661
4	gafas	abril	1409
5	gafas	mayo	1446
6	gafas	junio	1818
7	aletas	enero	1943
8	aletas	febrero	1338
9	aletas	marzo	720
10	aletas	abril	1002
11	aletas	mayo	1293
12	aletas	junio	1053
13	tubo de buceo	enero	695
14	tubo de buceo	febrero	1274
15	tubo de buceo	marzo	428
16	tubo de buceo	abril	1865
17	tubo de buceo	mayo	1674
18	tubo de buceo	junio	1168

Segundo método

- Otro método, este más rápido, consiste en seleccionar la columna **Artículo**, abrir el menú desplegable del botón **Anular dinamización de columnas** de la pestaña **Transformar** - grupo **Cualquier columna** y utilizar el comando **Anulación de dinamización de otras columnas**.

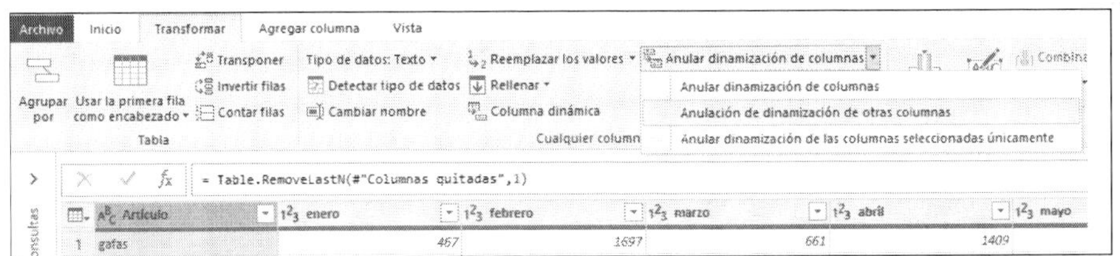

El resultado es idéntico al que hemos obtenido con el primer método.

Observe que la columna que contiene los meses se denomina **Atributo** y los valores numéricos reciben el nombre **Valor**.

- Cambie el nombre de la columna **Atributo** a **Mes**, y el de la columna **Valor** a **CN**.

Cargar los datos en Excel

En la pestaña **Inicio**, haga clic en el menú desplegable del botón **Cerrar y cargar**, y a continuación en la opción **Cerrar y cargar en**.

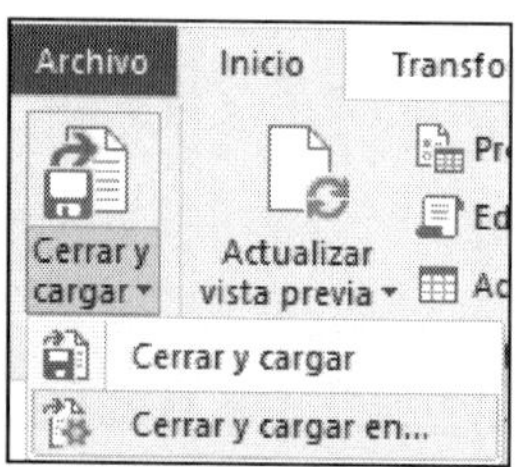

Aparece en pantalla el cuadro de diálogo **Importar datos**.

- En el área de metodología para ver los datos, seleccione **Informe de tabla dinámica**.
- En el área de inserción de datos, marque la casilla **Hoja de cálculo nueva**.

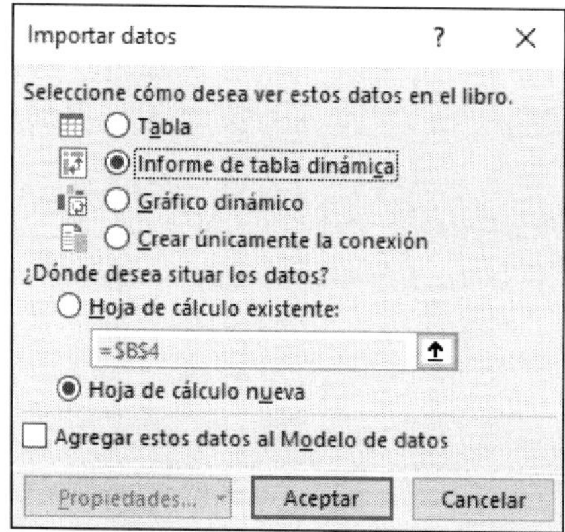

- Haga clic en el botón **Aceptar**.

Aparece un informe de tabla dinámica en blanco.

Ahora es posible sintetizar o modificar la estructura de la tabla original.

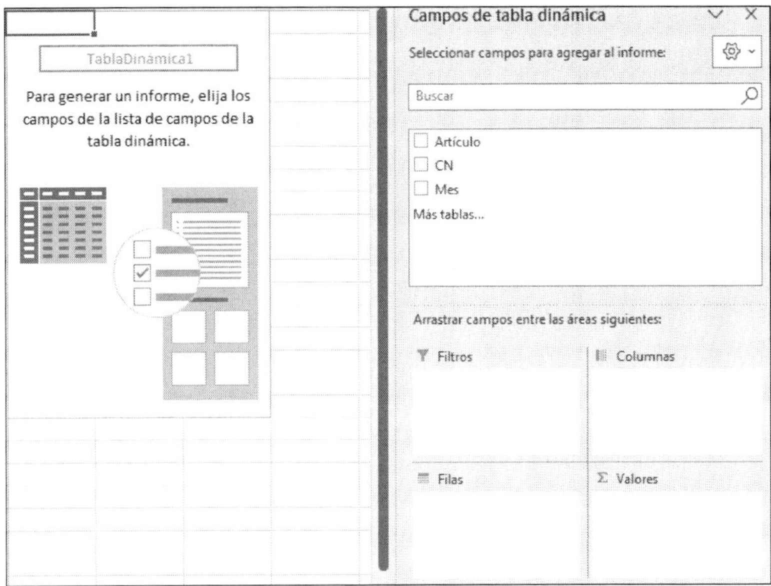

- Coloque los campos **Artículo** y **Mes** en la zona **Filas**.
- Coloque el campo **CN** en la zona **Valores**.

Se obtiene el siguiente informe:

Etiquetas de fila	Suma de CN
aletas	**7349**
enero	1943
febrero	1338
marzo	720
abril	1002
mayo	1293
junio	1053
gafas	**7498**
enero	467
febrero	1697
marzo	661
abril	1409
mayo	1446
junio	1818
tubo de buceo	**7104**
enero	695
febrero	1274
marzo	428
abril	1865
mayo	1674
junio	1168
Total general	**21951**

c. ¿Qué sucede cuando la tabla inicial evoluciona?

Imaginemos que la empresa comercializa un nuevo producto durante el mes de julio; por ejemplo, relojes sumergibles.

A finales de julio, el informe incluirá una nueva fila (el nuevo producto) y una nueva columna (julio).

- En la pestaña informe, haga un clic derecho en la columna I y escoja Insertar.

Excel llama automáticamente a la nueva columna «julio».

- Seleccione la fila 7, haga un clic derecho y a continuación escoja Insertar.
- En la celda B7, introduzca **reloj sumergible**.
- En la columna Julio, introduzca por ejemplo una cifra de negocios de 1980 € para las gafas, 1256 € para las aletas, 1475 € para los tubos de buceo y 562 para los relojes sumergibles.
- Modifique la fórmula situada en la celda J4 a =SUMA(C4:I4) y cópiela hacia abajo.
- Modifique la fórmula situada en la celda C8 a =SUMA(C4:C7) y cópiela hacia la derecha.

Se habrán añadido una fila y una columna la tabla, que ahora presentará este aspecto:

Artículo	enero	febrero	marzo	abril	mayo	junio	julio	Total
gafas	467	1.697	661	1.409	1.446	1.818	1.980	9.478
aletas	1.943	1.338	720	1.002	1.293	1.053	1.256	8.605
tubo de buceo	695	1.274	428	1.865	1.674	1.168	1.475	8.579
reloj sumergible							562	562
Total	3.105	4.309	1.809	4.276	4.413	4.039	5.273	27.224

- En el menú Datos de la cinta de opciones de Excel, pulse el botón Actualizar todo.

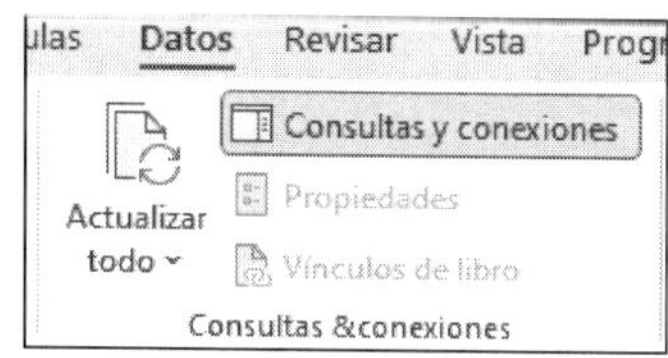

El informe de la tabla dinámica se ha actualizado:

3	Etiquetas de fila	Suma de CN
4	⊟aletas	8605
5	enero	1943
6	febrero	1338
7	marzo	720
8	abril	1002
9	mayo	1293
10	junio	1053
11	julio	1256
12	⊟gafas	9478
13	enero	467
14	febrero	1697
15	marzo	661
16	abril	1409
17	mayo	1446
18	junio	1818
19	julio	1980
20	⊟tubo de buceo	8579
21	enero	695
22	febrero	1274
23	marzo	428
24	abril	1865
25	mayo	1674
26	junio	1168
27	julio	1475
28	⊟reloj sumergible	562
29	julio	562
30	Total general	27224

d. El método del módulo

En este apartado, vamos a presentar la técnica conocida como del «módulo», una técnica útil cuando los datos aparecen en forma de lista simple y hay que distribuirlos en una tabla estructurada con encabezamientos de columna.

Un **módulo** es una operación matemática que da el resto de una división.

Por ejemplo, si divide **10 entre 3**, el resultado es 3 con un resto de 1. En este caso, 1 es el módulo de 10 dividido entre 3; es decir **10 módulo 3 es igual a 1**.

Otro ejemplo sería dividir **15 entre 4**: el resultado es 3 con un resto de 3, por lo que **15 módulo 4 es igual a 3**.

En programación y en análisis de datos, el módulo se utiliza a menudo para determinar si un número es par o impar, o para distribuir elementos en grupos de forma equitativa.

Etapa 1: Analizar los datos

La primera etapa consiste en analizar la estructura de los datos. Detectar el elemento que se repite. En este ejemplo, tenemos un elemento en 4 filas:

- Nombre
- Cargo
- Empresa
- Línea vacía

Nombre	Juan
Cargo	Contable
Empresa	Media +
Línea vacía	
Nombre	Francisco
Cargo	Informático
Empresa	D system
Línea vacía	
Nombre	Estefanía
Cargo	Directora
Empresa	Image 5
Línea vacía	

Estos datos están disponibles en el archivo 9_módulo.xlsx.

Etapa 2: Crear las columnas índice y módulo

<u>Importe los datos en Power Query</u>

- Seleccione los datos.
- Haga clic derecho y seleccione Obtener datos de Tabla/Rango...

El cuadro de diálogo **Crear tabla** aparece en la pantalla.

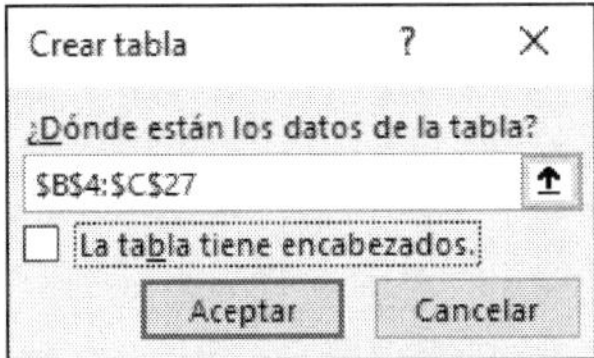

✎ Desmarque la casilla **La tabla tiene encabezados** y haga clic en **Aceptar**.

Cree una columna de índice desde cero

En el editor Power Query, en la pestaña **Agregar columna** - grupo **General**, haga clic en el menú desplegable del botón **Columna de índice** y seleccione **Desde 0**.

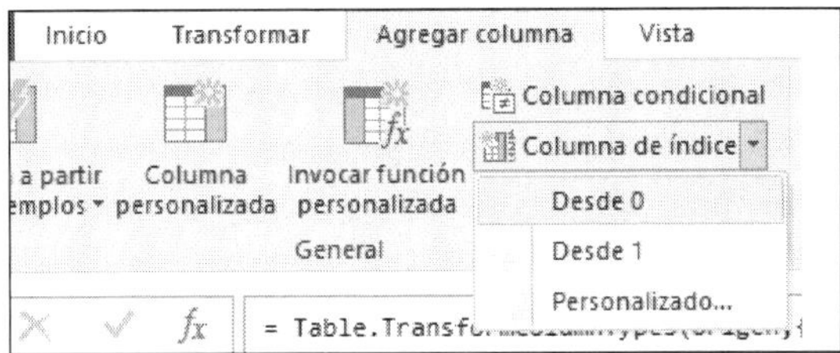

Se ha añadido a los datos una columna **Índice**.

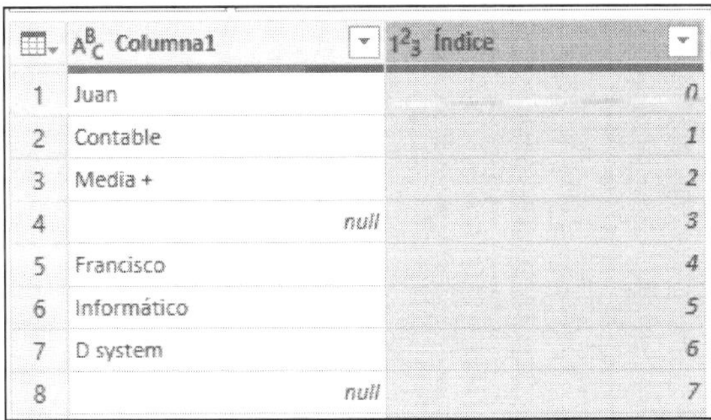

	Columna1	Índice
1	Juan	0
2	Contable	1
3	Media +	2
4	null	3
5	Francisco	4
6	Informático	5
7	D system	6
8	null	7

Etapa 3: Dividir el índice por el número de filas en el motivo (4 en este ejemplo).

Vamos a realizar una operación matemática en esta columna de índice.

✎ Seleccione la colunna **Índice**; en la pestaña **Agregar columna** - grupo **De número**, haga clic en **Estándar** y en **Dividir (entero)**.

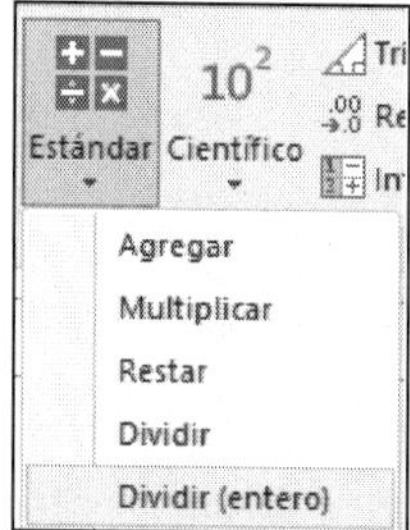

El cuadro de diálogo **División de entero** aparece en la pantalla.

Vamos a dividir el número de índice entre 4, ya que es a partir de este número de filas cuando se produce un cambio de nombre.

✎ Introduzca **4** en el campo **Valor**.

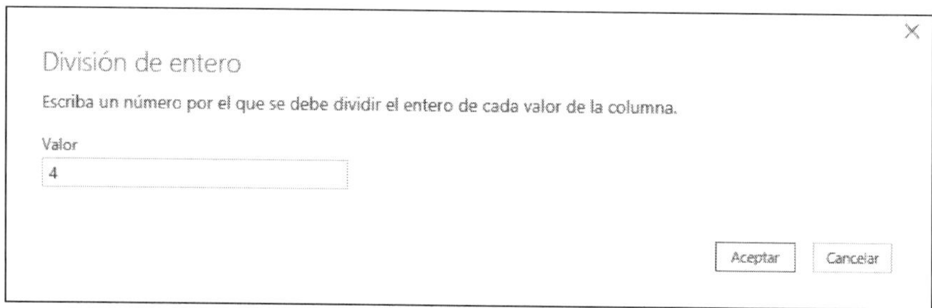

✎ Haga clic en el botón **Aceptar**.

	Columna1	Índice	División entera
1	Juan	0	0
2	Contable	1	0
3	Media +	2	0
4	null	3	0
5	Francisco	4	1
6	Informático	5	1
7	D system	6	1
8	null	7	1

Aparece una nueva columna llamada **División entera**.

En la columna **División entera** tenemos el valor 0 para la información relacionada con **Juan**; el valor **1** para la información de **Francisco**, etc.

Etapa 4: Calcular el módulo del índice por el mismo número

✎ Seleccione la columna **Índice** en la cinta de opciones de Power Query; en la pestaña **Agregar columna** - grupo **De número**, haga clic en el botón **Estándar** y seleccione **Módulo**.

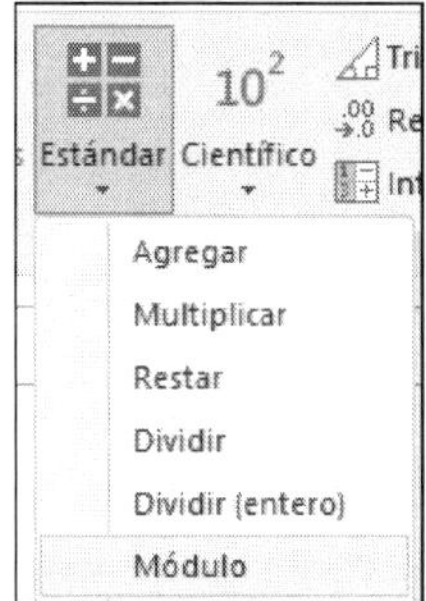

El cuadro de diálogo **Módulo** aparece en la pantalla.

Queremos el módulo de nuestro índice, por 4.

✎ Introduzca 4 en el campo **Valor**.

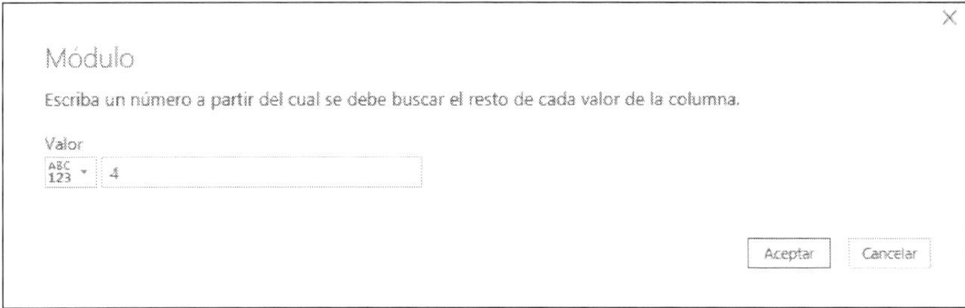

✎ Haga clic en el botón **Aceptar**.

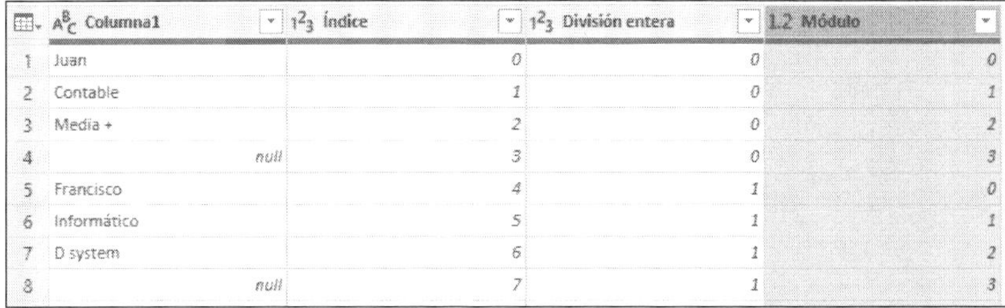

	Columna1	Índice	División entera	Módulo
1	Juan	0	0	0
2	Contable	1	0	1
3	Media +	2	0	2
4	null	3	0	3
5	Francisco	4	1	0
6	Informático	5	1	1
7	D system	6	1	2
8	null	7	1	3

Tenemos el valor 0 para cada uno de los nombres, el valor 1 para los cargos, el valor 2 para el nombre de la empresa y el valor 3 para la fila vacía.

✎ Ahora borre la columna **Índice**, dado que no es necesaria.

Etapa 5: Columna dinámica

✎ Seleccione la columna **Módulo**.

✎ En la pestaña **Transformar** - grupo **Cualquier columna**, haga clic en el botón **Columna dinámica**.

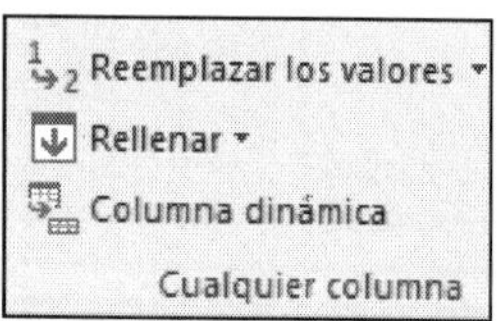

Aparece en la pantalla el cuadro de diálogo **Columna dinámica**.

✎ En la lista desplegable **Columna de valores**, seleccione la **Columna 1**.

✎ En la sección **Opciones avanzadas** de la lista desplegable **Función de valor agregado**, seleccione **No agregar**.

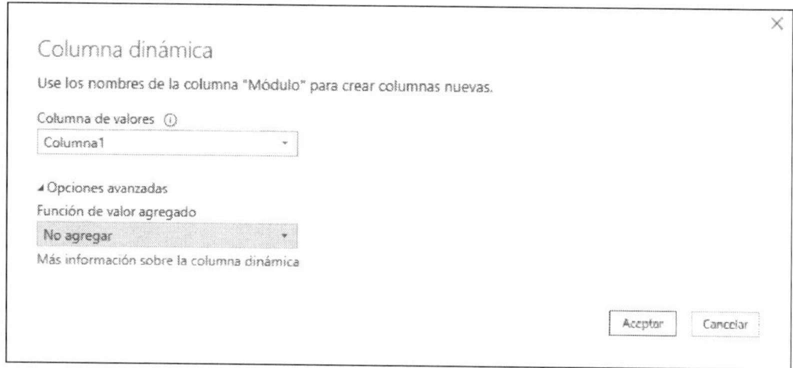

✎ Haga clic en el botón **Aceptar**.

Los datos incluidos en los módulos se han modificado.

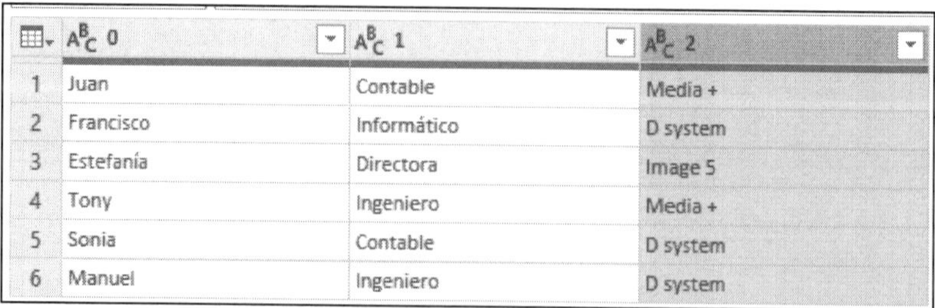

	0	1	2
1	Juan	Contable	Media +
2	Francisco	Informático	D system
3	Estefanía	Directora	Image 5
4	Tony	Ingeniero	Media +
5	Sonia	Contable	D system
6	Manuel	Ingeniero	D system

- Borre la columna **División entera** y la columna que contiene filas vacías.
- Modifique el nombre de las columnas restantes según sea necesario.

	A	B	C
1	Nombre	Cargo	Empresa
2	Juan	Contable	Media +
3	Francisco	Informático	D system
4	Estefanía	Directora	Image 5
5	Tony	Ingeniero	Media +
6	Sonia	Contable	D system
7	Manuel	Ingeniero	D system

Etapa 6: Cargar los datos transformados

- En la pestaña **Inicio**, haga clic en el botón **Cerrar y cargar**.

Los datos aparecen organizados en varias columnas separadas.

4. Combinar consultas

Combinar consultas permite unir tablas que tienen una columna común.

Antes de la aparición de Power Query, los usuarios de Excel utilizaban diversas funciones, especialmente **CONSULTAV** para agregar una o más columnas provenientes de otra tabla.

Power Query hace que esta tarea resulte más simple y estable a la vez que permite diversas opciones para la combinación.

a. Ejemplo de combinación: combinación interna

El archivo **9_curso.xlsx** contiene dos listas de alumnos inscritos a un curso de natación y a un curso de yoga:

	A	B	C	D	E	F	G	H
1								
2		natación				yoga		
3								
4		n.° alumno	Nombre	Curso		n.° alumno	Nombre	Curso
5		6	Mariona	natación		12	Olivier	yoga
6		13	Nicolás	natación		8	Steve	yoga
7		14	Nicolás	natación		13	Nicolás	yoga
8		15	Nicolás	natación		3	Alicia	yoga
9		12	Olivier	natación		9	Nath	yoga
10		1	Elena	natación		6	Mariona	yoga
11		7	Elisa	natación		7	Elisa	yoga
12		16	Dorotea	natación				
13		17	Annick	natación				

Cada alumno posee un número de alumnos único; algunos alumnos están inscritos a la vez en el curso de natación y en el de yoga.

El objetivo de este ejercicio es crear una tabla en la que se recojan únicamente los alumnos inscritos a la vez a ambos cursos.

Para realizar esta operación desde Power Query, es necesaria una combinación interna.

Una combinación de este tipo devolverá, a partir de la columna **n.° alumno**, los datos que constan a la vez en la tabla **Natación** y en la tabla **Yoga**.

Importar las tablas en Power Query

Importar la tabla natación

- Abra el archivo 9_curso.xlsx
- Seleccione una celda de la tabla que corresponde a los inscritos al curso de natación; por ejemplo, la celda B5.
- En la cinta de opciones, en la pestaña **Datos** - grupo **Obtener y transformar datos**, haga clic en el botón **De una tabla o rango**.

Se muestra en pantalla el editor de consultas.

	n.° alumno	Nombre	Curso
1	6	Mariona	natación
2	13	Nicolás	natación
3	14	Nicolás	natación
4	15	Nicolás	natación
5	12	Olivier	natación
6	1	Elena	natación
7	7	Elisa	natación
8	16	Dorotea	natación
9	17	Annick	natación

Crear la conexión

- En la cinta de opciones del editor de consultas, haga clic en el menú desplegable del botón **Cerrar y cargar**, y luego en la opción **Cerrar y cargar en**.

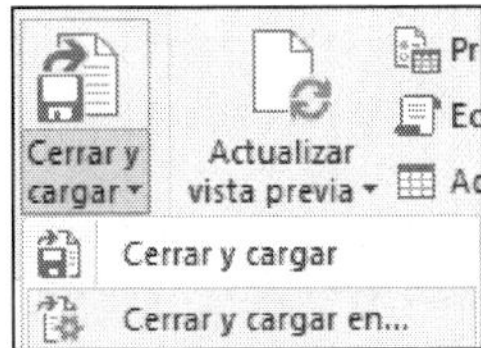

Aparece en pantalla el cuadro de diálogo **Importar datos**.

- Seleccione **Crear únicamente la conexión**.

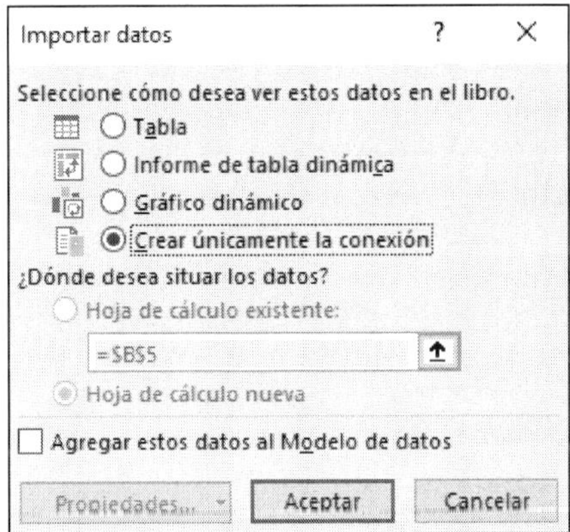

- Haga clic en el botón **Aceptar**.

  El panel **Consultas y conexiones** aparece en la parte derecha de la ventana de Excel. En él consta la tabla **natación**:

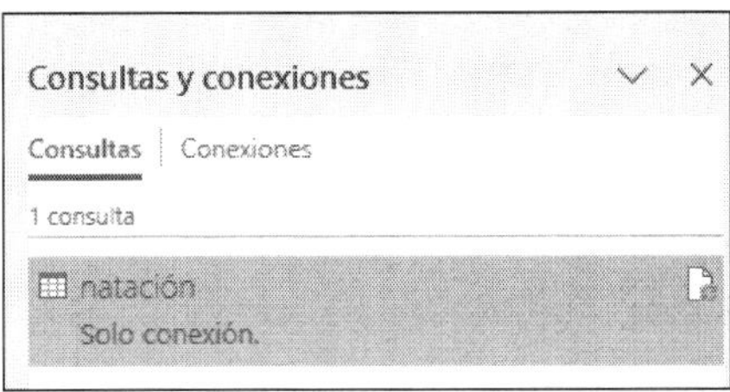

Importar la tabla yoga

- Seleccione una celda en la tabla correspondiente a los inscritos al curso de yoga; por ejemplo, la celda **F5**.
- En la cinta de opciones, en la pestaña **Datos** - grupo **Obtener y transformar datos**, haga clic en el botón **De una tabla o rango**.

Se muestra en pantalla el editor de consultas:

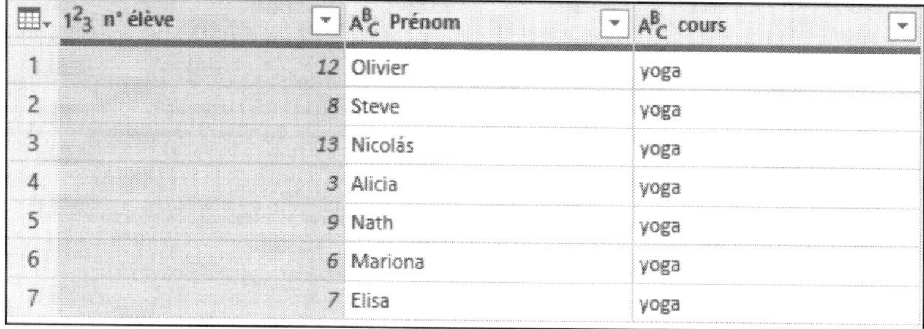

	n° élève	Prénom	cours
1	12	Olivier	yoga
2	8	Steve	yoga
3	13	Nicolás	yoga
4	3	Alicia	yoga
5	9	Nath	yoga
6	6	Mariona	yoga
7	7	Elisa	yoga

Combinar las consultas

- En la pestaña **Inicio** del editor de consultas, grupo **Combinar**, haga clic en el menú desplegable del botón **Combinar consultas** y a continuación en **Combinar consultas para crear una nueva**.

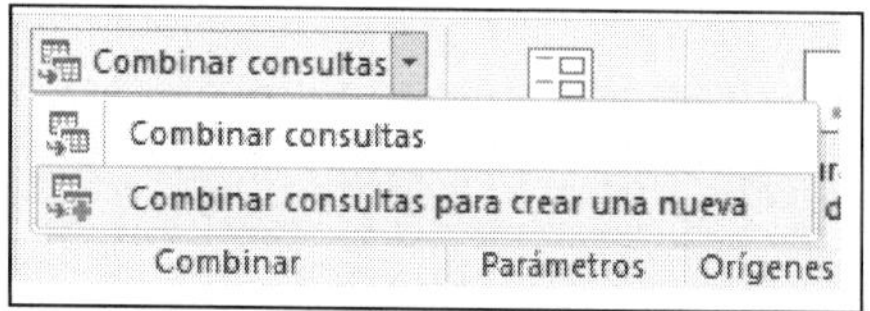

El botón **Combinar consultas** fusiona la tabla activa con otra tabla; el botón **Combinar consultas para crear una nueva** crea una nueva tabla con las tablas combinadas.

Aparece en pantalla el cuadro de diálogo **Combinar**.

- Seleccione la primera tabla: **natación**.
- Seleccione la **clave primaria** de la tabla, es decir, la columna **n.° alumno**.
- Seleccione la segunda tabla: **yoga**.
- Seleccione la **clave primaria** de la tabla, es decir, la columna **n.° alumno**.

En el tipo de combinación, seleccione **Interna (todas las filas coincidentes)**.

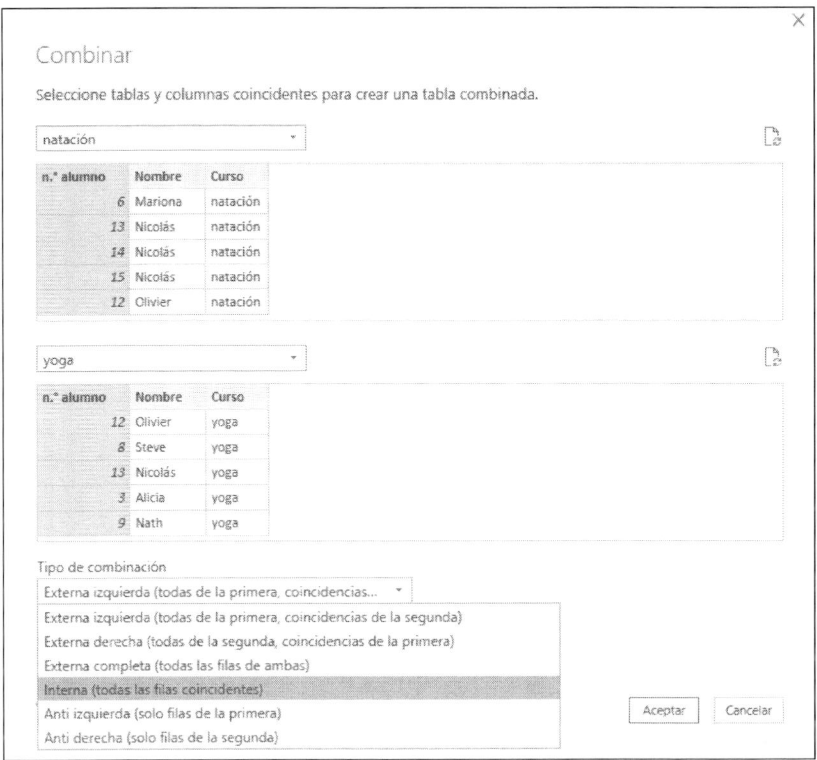

✎ Haga clic en el botón **Aceptar**.

La combinación **Interna** buscará los datos que figuran a la vez en la tabla **natación** y en la tabla **yoga** a partir del campo **n.° alumno**.

El resultado es el siguiente:

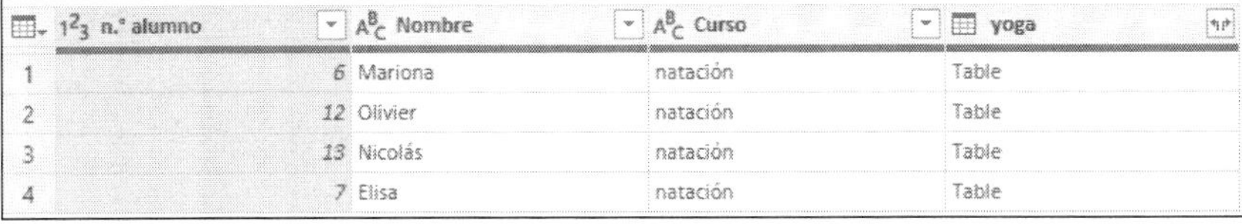

	n.° alumno	Nombre	Curso	yoga
1	6	Mariona	natación	Table
2	12	Olivier	natación	Table
3	13	Nicolás	natación	Table
4	7	Elisa	natación	Table

En las filas, la tabla contiene los datos correspondientes a los alumnos que participan en las dos actividades.

En cuanto a las columnas, la tabla contiene las columnas que aparecen en la tabla **natación** y se añade una nueva columna denominada **yoga**.

Esta columna se refiere a los campos de la tabla **yoga** propiamente dicha.

Se puede desarrollar la tabla yoga haciendo clic en el icono [icono] para seleccionar los campos deseados.

- Haga clic en el icono [icono] en la columna **yoga**.
- Seleccione la columna **curso**.

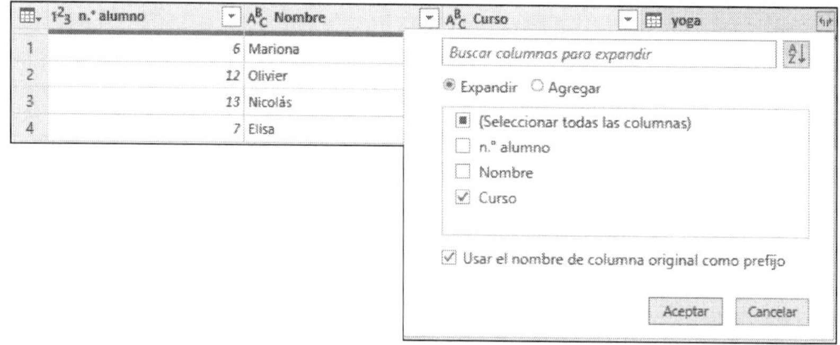

- Haga clic en el botón **Aceptar**.

El resultado es el siguiente:

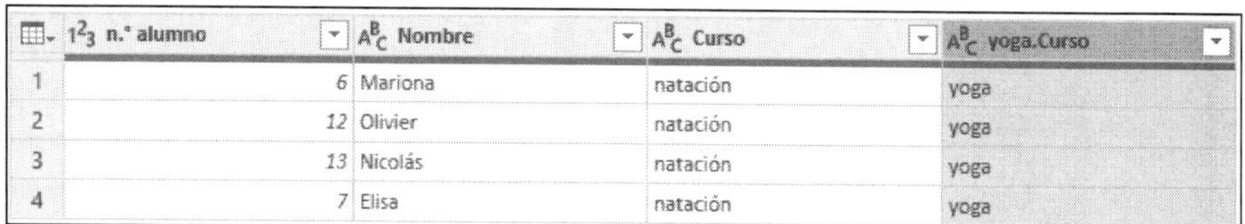

	n.° alumno	Nombre	Curso	yoga.Curso
1	6	Mariona	natación	yoga
2	12	Olivier	natación	yoga
3	13	Nicolás	natación	yoga
4	7	Elisa	natación	yoga

b. Otras opciones habituales de combinación de consultas

Power Query ofrece diversas opciones de combinación:

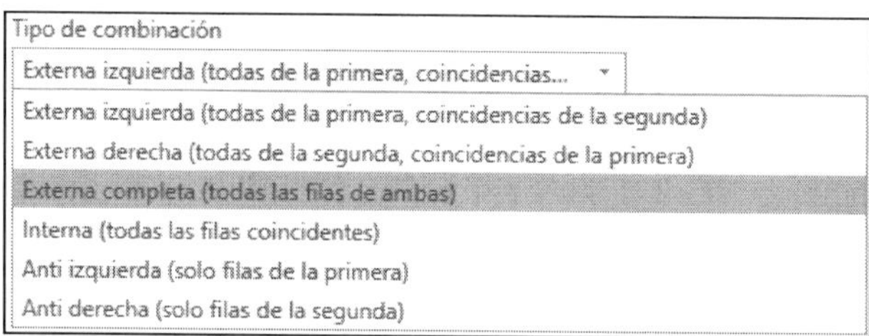

Las combinaciones externa izquierda y externa derecha son, junto con la combinación interna que acabamos de ver, los tipos de combinaciones más utilizados.

La combinación externa izquierda

Esta combinación toma en cuenta, a partir de la **clave primaria**, todas las filas de la primera tabla y las filas correspondientes de la segunda tabla.

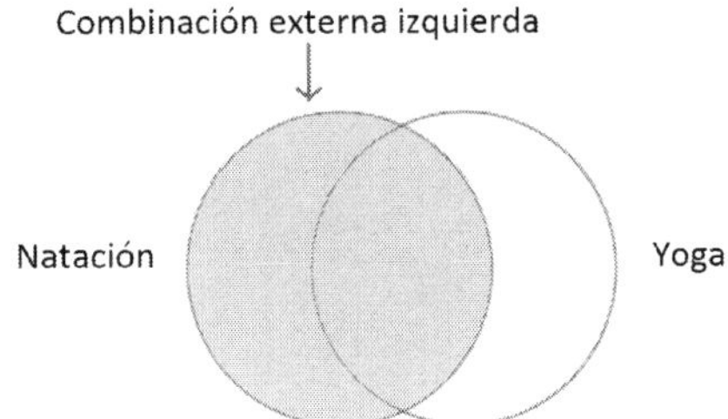

Al desarrollar la tabla, haciendo clic en el icono de la columna **yoga** y seleccionando todos los campos, la tabla que se obtiene es la siguiente:

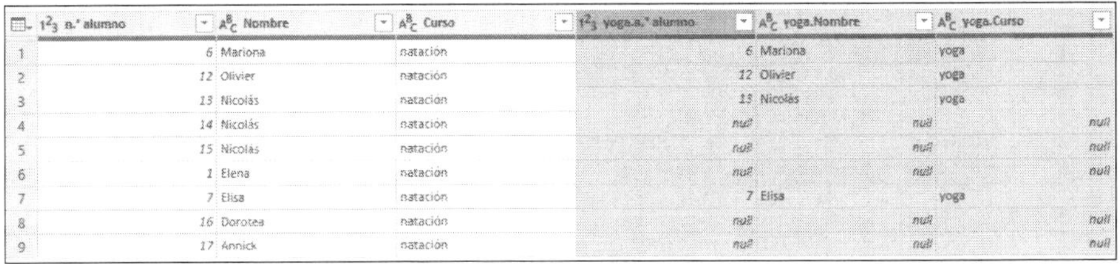

	n.° alumno	Nombre	Curso	yoga.n.° alumno	yoga.Nombre	yoga.Curso
1	6	Mariona	natación	6	Mariona	yoga
2	12	Olivier	natación	12	Olivier	yoga
3	13	Nicolás	natación	13	Nicolás	yoga
4	14	Nicolás	natación	null	null	null
5	15	Nicolás	natación	null	null	null
6	1	Elena	natación	null	null	null
7	7	Elisa	natación	7	Elisa	yoga
8	16	Dorotea	natación	null	null	null
9	17	Annick	natación	null	null	null

La combinación externa derecha

Esta combinación toma en cuenta, a partir de la **clave primaria**, todas las filas de la segunda tabla y las filas correspondientes de la primera tabla.

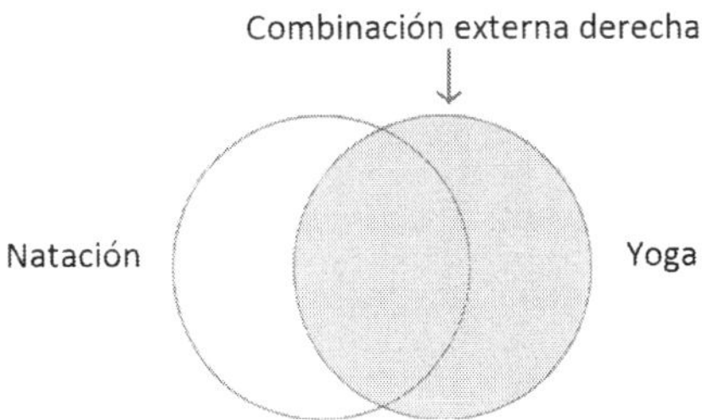

Al desarrollar la tabla, haciendo clic en el icono de la columna **yoga** y seleccionando todos los campos, la tabla que se obtiene es la siguiente:

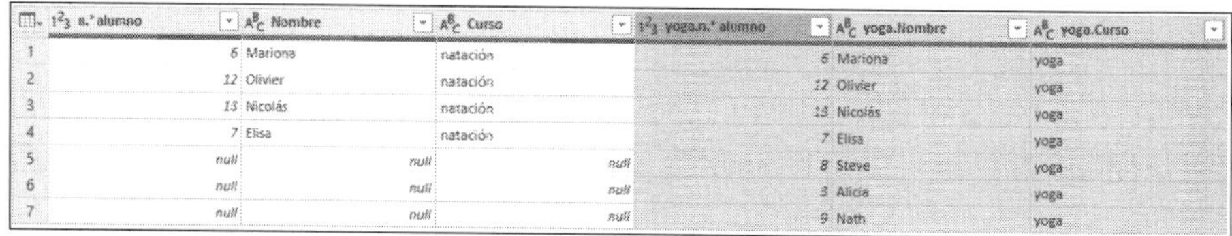

	n.° alumno	Nombre	Curso	yoga.n.° alumno	yoga.Nombre	yoga.Curso
1	6	Mariona	natación	6	Mariona	yoga
2	12	Olivier	natación	12	Olivier	yoga
3	13	Nicolás	natación	13	Nicolás	yoga
4	7	Elisa	natación	7	Elisa	yoga
5	null	null	null	8	Steve	yoga
6	null	null	null	3	Alicia	yoga
7	null	null	null	9	Nath	yoga

c. La combinación aproximada

La herramienta de combinación aproximada permite combinar dos tablas incluso cuando la columna de unión no es completamente idéntica.

En este ejemplo, tenemos dos tablas que representan las calificaciones en castellano y matemáticas de los estudiantes.

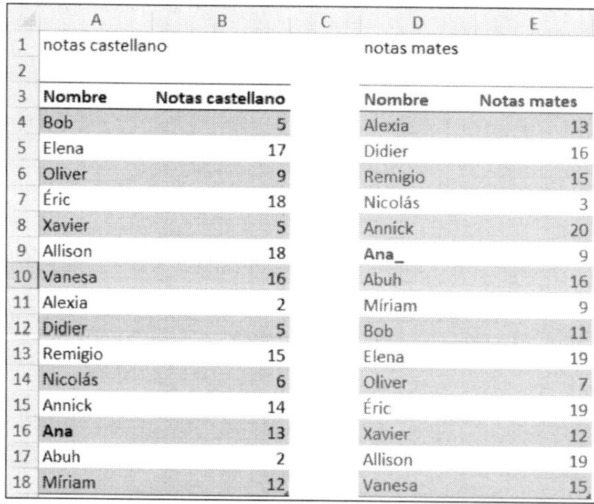

	A	B	C	D	E
1	notas castellano			notas mates	
2					
3	**Nombre**	**Notas castellano**		**Nombre**	**Notas mates**
4	Bob	5		Alexia	13
5	Elena	17		Didier	16
6	Oliver	9		Remigio	15
7	Éric	18		Nicolás	3
8	Xavier	5		Annick	20
9	Allison	18		**Ana_**	9
10	Vanesa	16		Abuh	16
11	Alexia	2		Míriam	9
12	Didier	5		Bob	11
13	Remigio	15		Elena	19
14	Nicolás	6		Oliver	7
15	Annick	14		Éric	19
16	**Ana**	13		Xavier	12
17	Abuh	2		Allison	19
18	Míriam	12		Vanesa	15

Encontrará el archivo **combinación_aproximada.xlsx** en los archivos para descargar.

La tabla con las notas de castellano se llama **notas_castellano** y la tabla con las notas en matemáticas se llama **notas_mates**.

Supongamos que deseamos crear una tabla a partir de estas dos. La columna **Nombre** puede servir de columna de unión.

No obstante, en la tabla con las notas de castellano, fila 16, encontramos a la alumna **Ana**, mientras que en la tabla con las notas de mates, fila 9, se ha producido un error al teclear el nombre: la alumna se ha registrado como **Ana_**.

Veamos qué sucede si intentamos combinar ambas tablas.

Importe las dos tablas a Power Query:

- Seleccione una celda en la tabla con las notas de castellano.
- En la cinta de opciones, pestaña **Datos** - grupo **Obtener y transformar datos**, haga clic en el botón **De una tabla o rango**.
- En la cinta de opciones del editor de consultas, haga clic en el menú desplegable del botón **Cerrar y cargar** y, a continuación, en **Cerrar y cargar en**.
- Seleccione **Crear únicamente la conexión** y haga clic en **Aceptar**.
- A continuación, seleccione una celda de la tabla con las notas de matemáticas.
- En la cinta de opciones, pestaña **Datos** - grupo **Obtener y transformar datos**, haga clic en el botón **De una tabla o rango**.
- En el editor de Power Query, pestaña **Inicio** - grupo **Combinar**, haga clic en el menú desplegable del botón **Combinar consultas - Combinar consultas para crear una nueva**.

Aparece en pantalla el cuadro de diálogo **Combinar**.

- En la primera lista desplegable, seleccione la tabla **notas_castellano**.
- En la segunda lista desplegable, seleccione la tabla **notas_mates**.

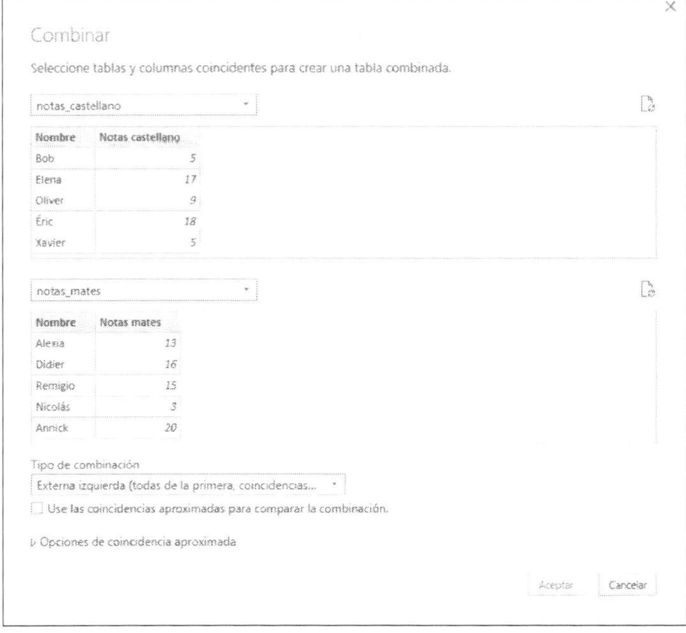

La columna de unión es el **Nombre**.

- Seleccione la columna **Nombre** de las tablas **notas_castellano** y **notas_mates**.
- En **Tipo de combinación**, seleccione la combinación **Interna (solo las filas coincidentes)**.

El resultado es el siguiente:

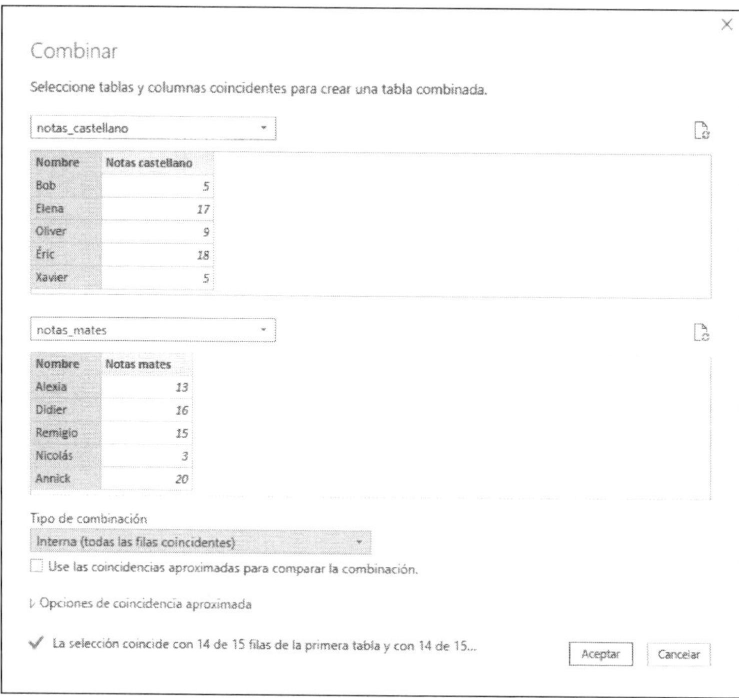

Power Query informa de que las tablas coinciden en 14 de las 15 filas.

✓ La selección coincide con 14 de 15 filas de la primera tabla y con 14 de 15...

Ello se debe a que el nombre de la alumna Ana se ha escrito Ana_ en la tabla **notas_-mates**.

Para resolver este problema, podemos usar la opción de combinación aproximada.

- Marque la casilla **Use las coincidencias aproximadas para comparar la combinación**.

A priori, ahora hay coincidencia completa entre las dos tablas.

✓ La selección coincide con 15 de 15 filas de la primera tabla y con 15 de 15...

✎ Haga clic en el botón **Aceptar**.

En el editor de Power Query, aparece una nueva tabla llamada **Combinar1**.

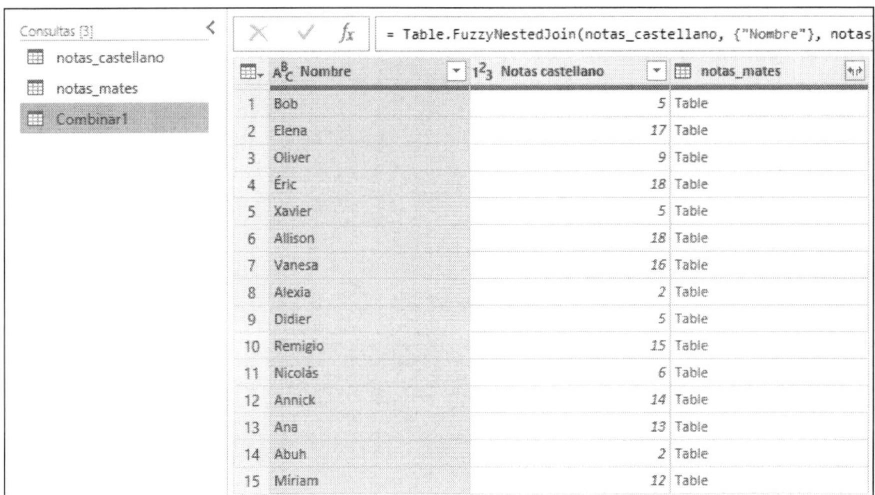

✎ En la pestaña **Configuración de la consulta**, cambie el nombre a la tabla **Combinar1** por **Nota_global**.

La columna **notas_mates** se refiere a la tabla del mismo nombre.

✎ Haga clic en el icono **Expandir la tabla** en la esquina derecha de la columna **notas_mates** para mostrar los datos que contiene.

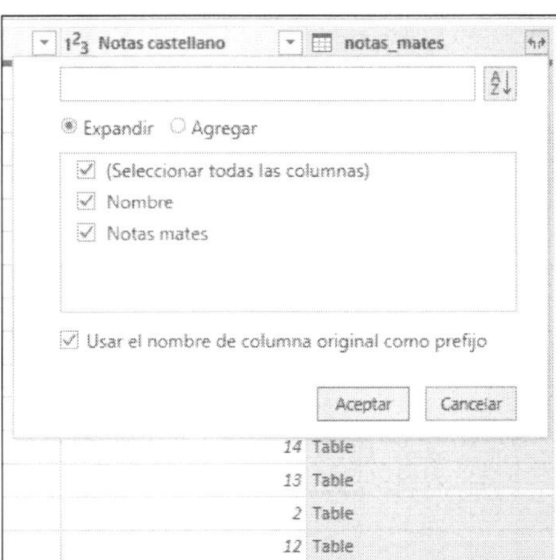

✎ Haga clic en el botón **Aceptar**.

El resultado es el siguiente:

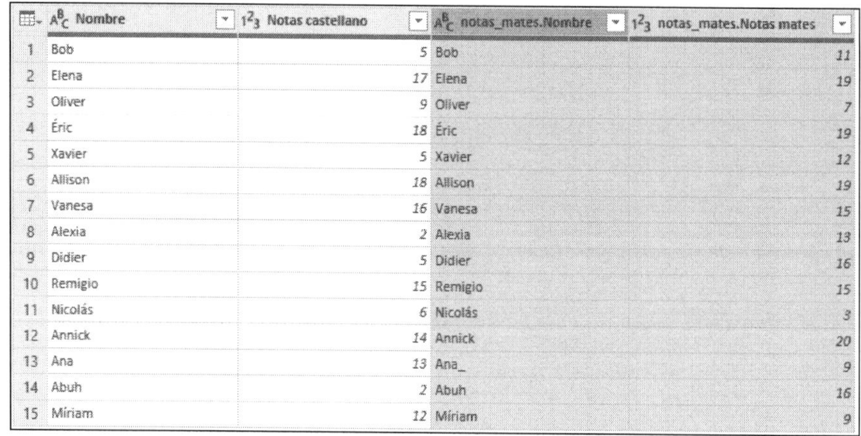

	Nombre	Notas castellano	notas_mates.Nombre	notas_mates.Notas mates
1	Bob	5	Bob	11
2	Elena	17	Elena	19
3	Oliver	9	Oliver	7
4	Éric	18	Éric	19
5	Xavier	5	Xavier	12
6	Allison	18	Allison	19
7	Vanesa	16	Vanesa	15
8	Alexia	2	Alexia	13
9	Didier	5	Didier	16
10	Remigio	15	Remigio	15
11	Nicolás	6	Nicolás	3
12	Annick	14	Annick	20
13	Ana	13	Ana_	9
14	Abuh	2	Abuh	16
15	Míriam	12	Míriam	9

Obtenemos una tabla que agrupa las notas de todos los alumnos en castellano y matemáticas.

✎ Si es necesario, elimine la columna **notas_mates.Nombre** y cambie el nombre de la columna **notas_mates.Nota mates** a **Nota mates**.

El resultado será el siguiente:

	Nombre	Notas castellano	Notas mates
1	Bob	5	11
2	Elena	17	19
3	Oliver	9	7
4	Éric	18	19
5	Xavier	5	12
6	Allison	18	19
7	Vanesa	16	15
8	Alexia	2	13
9	Didier	5	16
10	Remigio	15	15
11	Nicolás	6	3
12	Annick	14	20
13	Ana	13	9
14	Abuh	2	16
15	Míriam	12	9

5. Anexar consultas

La anexión de consultas permite combinar tablas que comparten una estructura idéntica.

Probaremos esta herramienta usando el archivo **ventas_trimestrales.xlsx**.

El archivo se compone de tres tablas distribuidas en tres pestañas: la tabla **enero**, la tabla **febrero** y la tabla **marzo**.

La estructura de cada una de las tablas es idéntica.

	A	B	C	D	E	F
1	Fecha	referencia	concepto	cantidad	importe	total
2	01/02/2023	1a	palas de natación	2	15	30
3	02/02/2023	2a	bañador hombre	3	10	30
4	03/02/2023	3a	tubo de buceo	11	20	220
5	04/02/2023	2a	bañador hombre	3	10	30
6	05/02/2023	2a	bañador hombre	5	10	50
7	06/02/2023	1a	palas de natación	1	15	15
8	07/02/2023	2b	bañador mujer	7	10	70
9	08/02/2023	2b	bañador mujer	6	10	60
10	09/02/2023	2a	bañador hombre	9	10	90
11	10/02/2023	2a	bañador hombre	6	10	60
12	11/02/2023	3b	gafas	14	5	70
13	12/02/2023	2a	bañador hombre	14	10	140
14	13/02/2023	1a	palas de natación	2	15	30

El responsable comercial desea crear una tabla única que refleje las ventas trimestrales.

Importar tablas en Power Query

- Descargue el archivo **ventas_trimestrales.xlsx**.
- Abra un libro de Excel en blanco.
- En el menú **Datos** - grupo **Obtener y transformar datos**, haga clic en **Obtener datos - De un archivo - Desde un libro de Excel**.

Aparece en pantalla el cuadro de diálogo **Importar datos**.

- Busque en su disco duro el archivo **ventas_trimestrales.xlsx** y haga doble clic en él.

Aparece en pantalla el cuadro de diálogo **Navegador**.

- Marque la casilla **Seleccionar varios elementos**.
- Seleccione las tablas **enero3**, **febrero2** y **marzo1**.

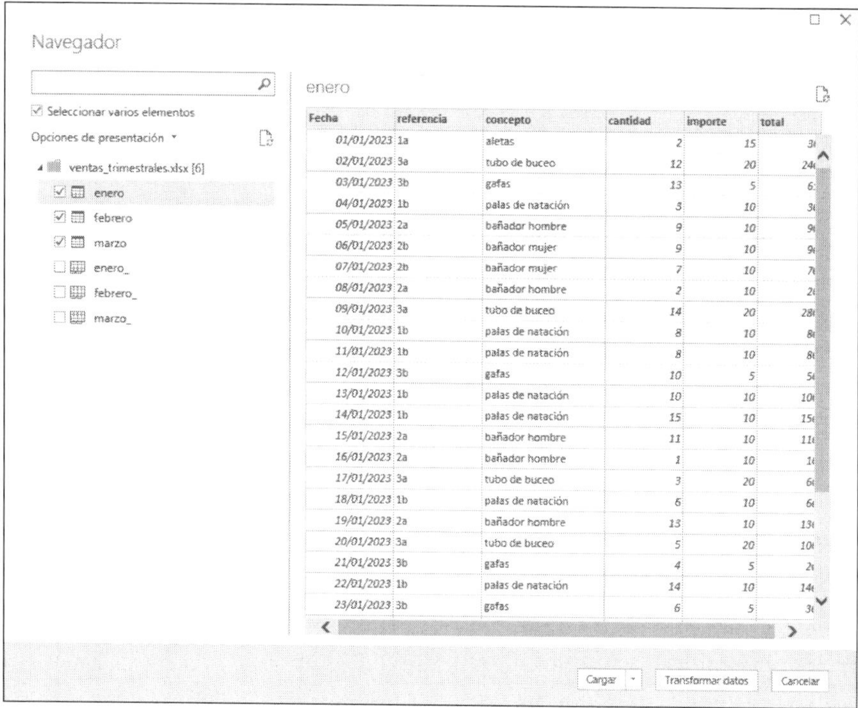

✎ Haga clic en el botón **Transformar datos**.

Las tablas seleccionadas en el paso anterior se cargan en el editor de Power Query.

✎ En el menú **Inicio** - grupo **Combinar**, haga clic en el menú desplegable del botón **Anexar consultas** y a continuación en **Anexar consultas para crear una nueva**.

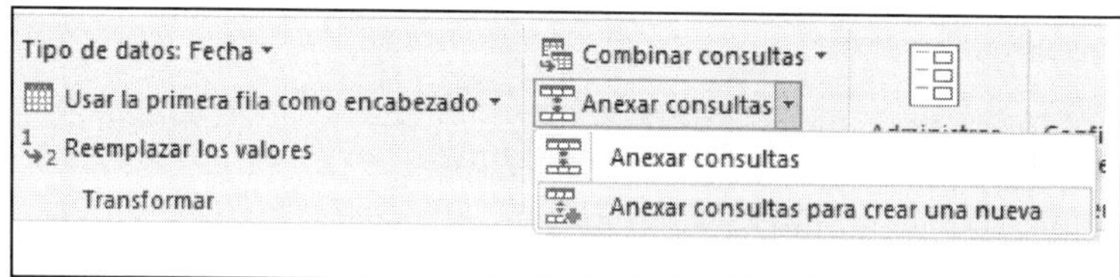

Anexar consultas permite agregar consultas a la consulta seleccionada.

Anexar consultas para crear una nueva permite combinar las consultas para crear una nueva consulta.

Deseamos crear una nueva tabla que recoja las ventas del mes de enero a marzo; la opción más apropiada es, por lo tanto, **Anexar consultas para crear una nueva**.

Aparece en pantalla el cuadro de diálogo **Anexar**.

✎ Marque la casilla **Tres o más tablas**.

Ya aparece una primera tabla en el cuadro **Tablas para anexar**.

✎ Seleccione las otras dos tablas, usando la tecla Ctrl, en el cuadro **Tablas disponibles**.

✎ Haga clic en el botón **Agregar**.

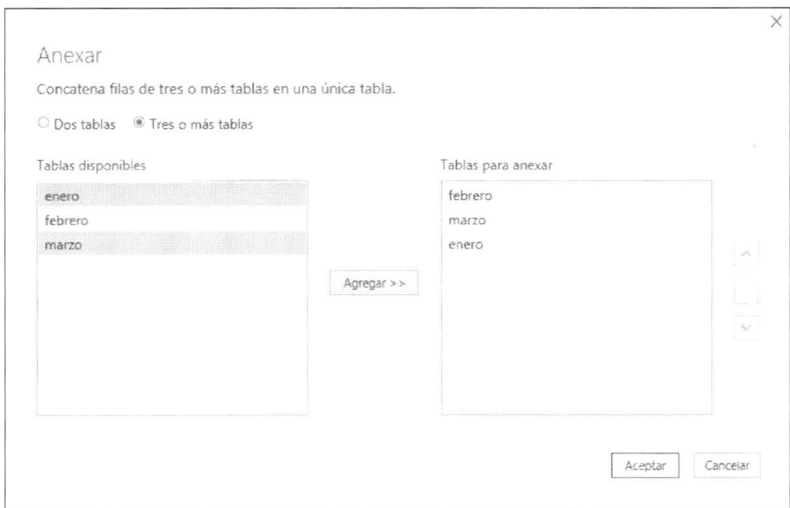

✎ Haga clic en el botón **Aceptar**.

Aparece una nueva tabla, denominada **Anexar1**. Contiene los datos de las tablas **enero**, **febrero** y **marzo**.

6. Copiar una consulta existente en otro libro

Para compartir una consulta Power Query con otra persona que podrá adaptarla a sus necesidades, basta con copiarla de un archivo Excel a otro.

Probemos este procedimiento con el archivo **VN_informática.xlsx**.

- Abra el archivo.
- En la pestaña **Datos**, haga clic en **Consultas y conexiones**.

El panel **Consultas y conexiones** aparece en la parte derecha de la pantalla.

El panel indica que existe una consulta Power Query llamada **ventas_informática** en este archivo.

- Haga doble clic en la consulta **ventas_informática**.

  Se abre el editor Power Query.

En la parte derecha de la interfaz, en el panel **PASOS APLICADOS**, podemos ver que se han aplicado varios cambios en el origen de los datos.

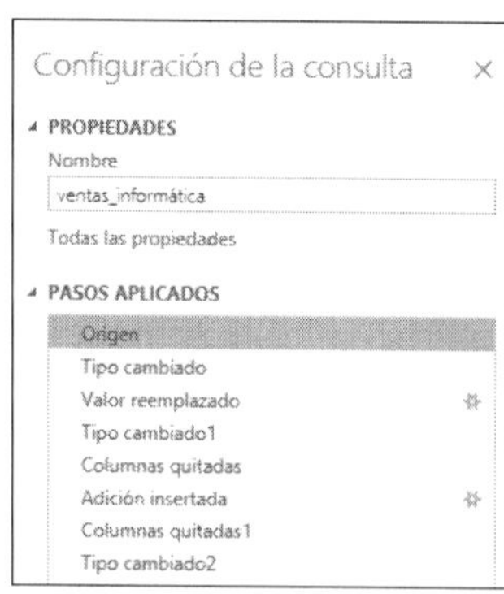

- Cierre el editor Power Query.

Copiar consulta

- En Excel, en el panel **Consultas y conexiones**, haga clic derecho sobre la consulta **ventas_informática**, y después en **Copiar**.

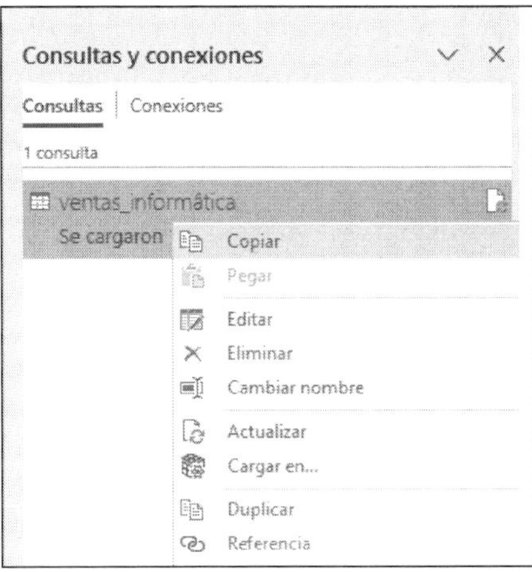

- Abra un nuevo archivo de Excel.
- En la pestaña **Datos**, haga clic en el botón **Consultas y conexiones**.
- En el panel **Consultas y conexiones**, haga clic derecho y después seleccione **Pegar**.

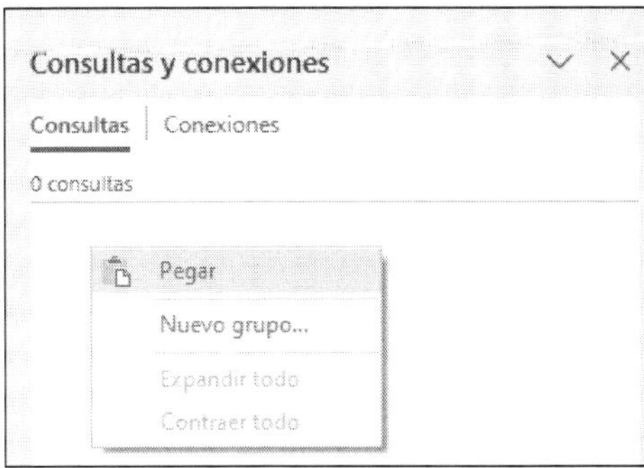

Se han copiado la consulta y todas las etapas aplicadas que la componen.

7. Agregar una columna a partir de los ejemplos

Para ilustrar esta herramienta, vamos a utilizar una tabla de datos que recoge los diferentes pagos efectuados por clientes.

Los datos se presentan de la siguiente forma:

	A	B	C	D	E
1	N.° de factura	Clientes	fecha de factura	importe	fecha de pago
2	F228	Bob(@)	12/05/2022	243	21/11/2022
3	F296	NATH	25/11/2022	311	13/08/2022
4	F140	Elena	16/09/2022	155	30/12/2022
5	F312	Alicia	11/11/2022	327	14/08/2022
6	F143	Éric	02/10/2022	158	18/01/2022
7	F362	Annick	20/02/2022	377	12/01/2022
8	F68	Olivier	16/07/2022	83	18/08/2022
9	F464	PATRICIA	20/01/2022	479	24/03/2022
10	F409	Raquel	19/02/2022	424	28/02/2022
11	F362	Nicolás(!)	01/10/2022	377	24/08/2022
12	F86	Ana Isabel(@)	04/04/2022	101	25/05/2022
13	F145	Cristina(!)	16/05/2022	160	03/09/2022

Podrá acceder a los datos de este ejemplo en el archivo **10_pago_cliente.xlsx**.

En la columna **Clientes**, se han transcrito algunos nombres con errores: Bob(@), Nicolás(!), Ana Isabel(@), Cristina(!).

Otros están completamente en mayúsculas: NATH, PATRICIA

El objetivo de este ejemplo es utilizar la herramienta **Agregar columna a partir de los ejemplos** para corregir estos errores y, a continuación, generar una frase que mencione el nombre del cliente, el importe de la factura y su fecha.

a. Importar datos en Power Query

- Abra el archivo **10_pago-cliente.xlsx**.
- Seleccione una celda incluida en la tabla de datos; por ejemplo, la celda **A2**.
- En la pestaña **Datos** - grupo **Obtener y transformar datos**, haga clic en el botón **De una tabla o rango**.

Se abre el editor de Power Query.

- Las columnas **Fecha de factura** y **Fecha de pago** están en formato fecha/hora. Modifique este formato por un formato fecha.

b. Corregir los errores en la columna Clientes

- Seleccione la columna **Clientes**.
- En la pestaña **Agregar columna**, haga clic en el menú desplegable del botón **Columna a partir de los ejemplos - A partir de la selección**.

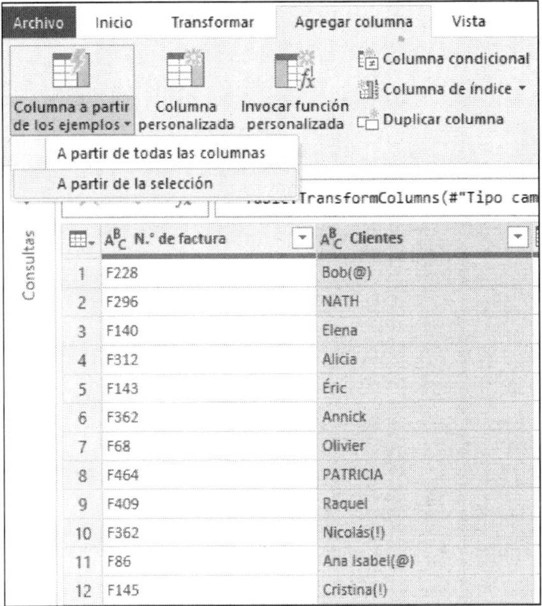

Aparece una nueva columna denominada **Columna1** al final de la tabla.

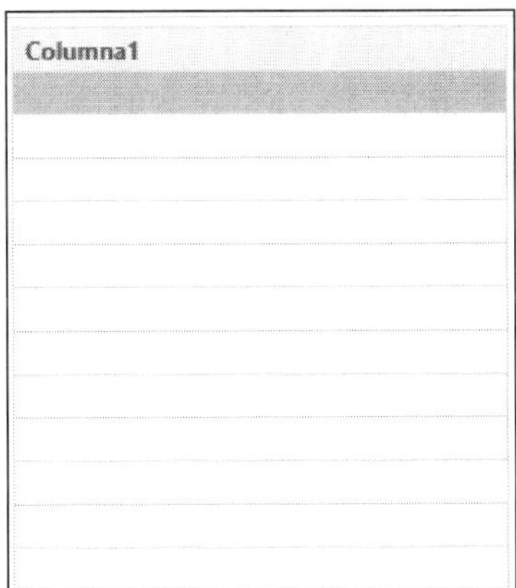

- Introduzca el nombre del primer cliente de forma correcta, es decir, **Bob** en vez de Bob(@).
- Pulse la tecla ↵.

El algoritmo ha entendido que los nombres Bob(@), Nicolás(!), Ana Isabel(!) y Cristina(!) probablemente contenían errores.

En cada uno de estos casos, solo ha mantenido los caracteres incluidos antes del signo (. La **columna1** ha sido renombrada como **Texto antes del delimitador**.

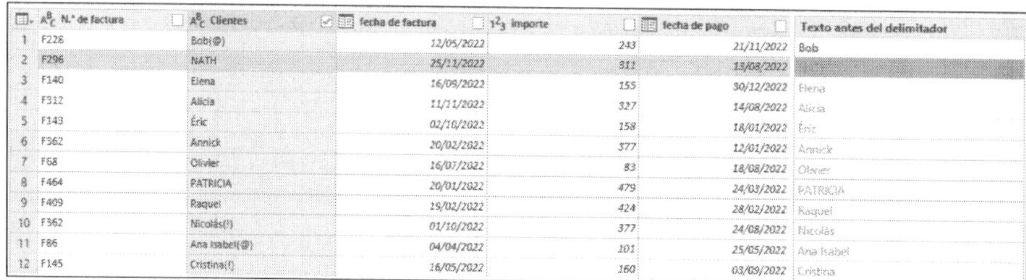

	N.° de factura	Clientes	fecha de factura	importe	fecha de pago	Texto antes del delimitador
1	F228	Bob(@)	12/05/2022	243	21/11/2022	Bob
2	F296	NATH	25/11/2022	311	13/08/2022	
3	F140	Elena	16/09/2022	155	30/12/2022	Elena
4	F312	Alicia	11/11/2022	327	14/08/2022	Alicia
5	F143	Éric	02/10/2022	158	18/01/2022	Éric
6	F362	Annick	20/02/2022	377	12/01/2022	Annick
7	F68	Olivier	16/07/2022	83	18/08/2022	Olivier
8	F464	PATRICIA	20/01/2022	479	24/03/2022	PATRICIA
9	F409	Raquel	19/02/2022	424	28/02/2022	Raquel
10	F362	Nicolás(!)	01/10/2022	377	24/08/2022	Nicolás
11	F86	Ana Isabel(@)	04/04/2022	101	25/05/2022	Ana Isabel
12	F145	Cristina(!)	16/05/2022	160	03/09/2022	Cristina

El código **M** correspondiente a esta operación se muestra encima de la tabla de datos y es bastante explícito:

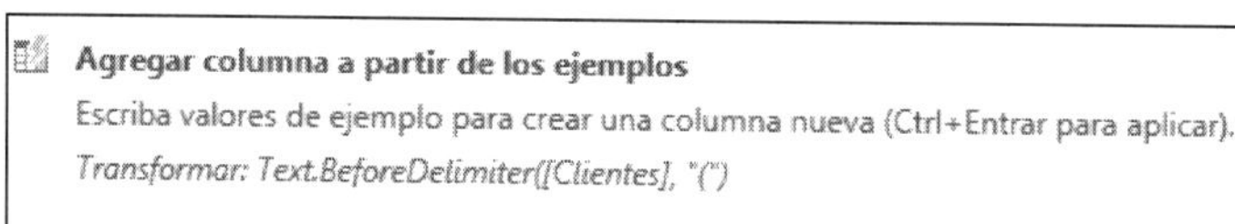

- En la columna denominada **Texto antes del delimitador**, segunda fila, introduzca el nombre **Nath**.
- Pulse la tecla ⏎.

El algoritmo también ha reemplazado **PATRICIA** por **Patricia**. La columna **Texto antes del delimitador** ha cambiado el nombre a **Personalizado**.

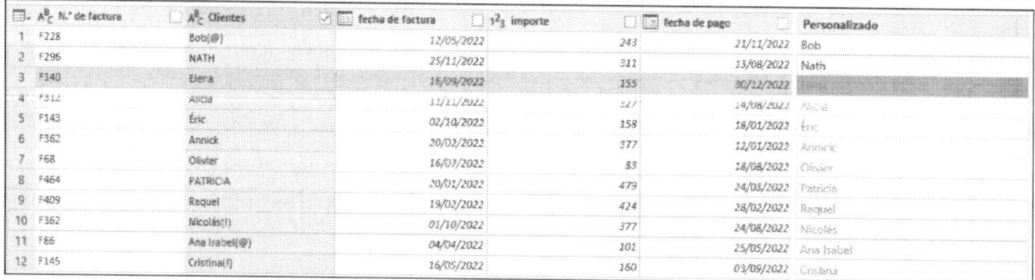

	N.° de factura	Clientes	fecha de factura	importe	fecha de pago	Personalizado
1	F228	Bob(@)	12/05/2022	243	21/11/2022	Bob
2	F296	NATH	25/11/2022	311	13/08/2022	Nath
3	F140	Elena	16/09/2022	155	30/12/2022	
4	F312	Alicia	11/11/2022	327	14/08/2022	Alicia
5	F143	Éric	02/10/2022	158	18/01/2022	Éric
6	F362	Annick	20/02/2022	377	12/01/2022	Annick
7	F68	Olivier	16/07/2022	83	18/08/2022	Olivier
8	F464	PATRICIA	20/01/2022	479	24/03/2022	Patricia
9	F409	Raquel	19/02/2022	424	28/02/2022	Raquel
10	F362	Nicolás(!)	01/10/2022	377	24/08/2022	Nicolás
11	F86	Ana Isabel(@)	04/04/2022	101	25/05/2022	Ana Isabel
12	F145	Cristina(!)	16/05/2022	160	03/09/2022	Cristina

El código **M** se ha modificado para tener en cuenta este nuevo elemento:

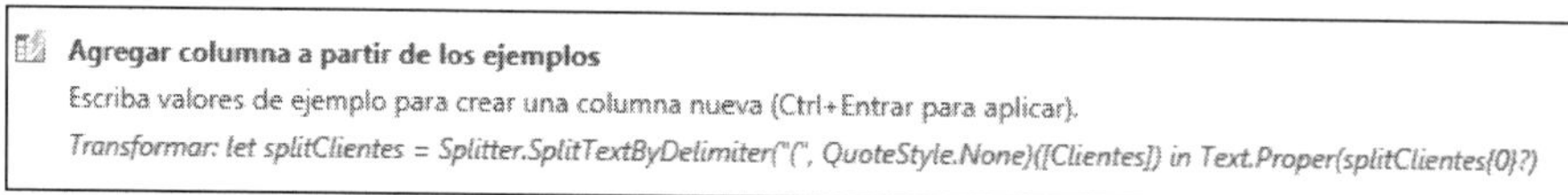

- Pulse el botón **Aceptar**.

Aparece al final de la tabla una columna denominada **Personalizado**, con los nombres corregidos de los clientes.

c. Generar una frase

Imaginemos que deseamos crear una columna que incluya, para cada fila, una frase en la que se mencione el nombre del cliente, el importe pagado y su fecha.

Por ejemplo, para la primera fila de la tabla: Bob pagó 243 € el 21/11/2022.

En la pestaña **Agregar columna** - grupo **General**, haga clic en el menú desplegable del botón **Columna a partir de los ejemplos - A partir de todas las columnas**.

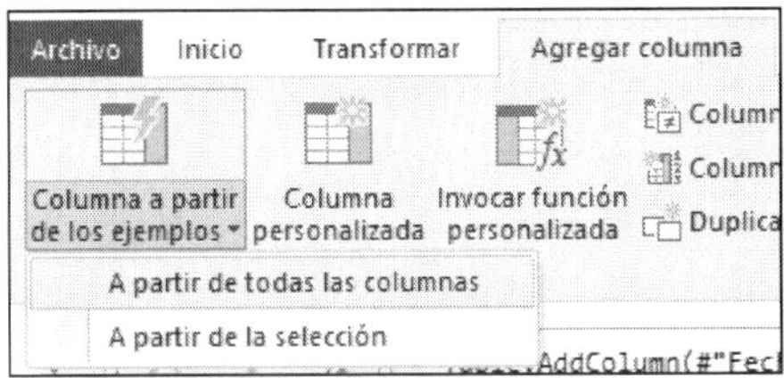

Igual que antes, aparece al final de la tabla una nueva columna denominada **Columna1**.

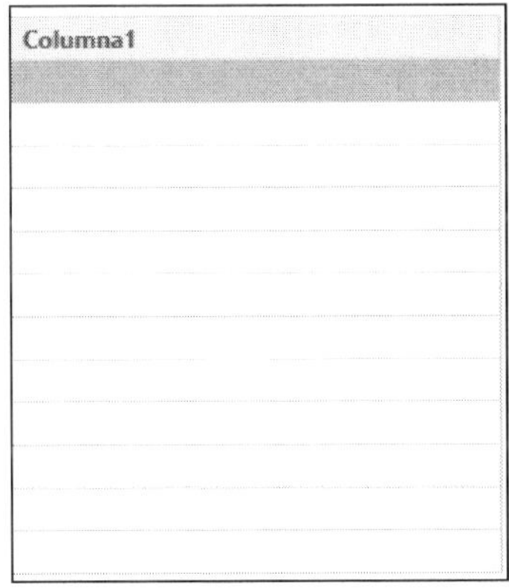

- Haga clic en la primera fila de la **Columna1**.
- Introduzca **Bob pagó 243 € el 21/11/2022**.
- Confirme con ⏎.

El algoritmo ha interpretado automáticamente la frase introducida y completa las demás filas de la columna.

Combinada
Bob pagó 243 € el 21/11/2022
[illegible]
Elena pagó 155 € el 30/12/2022
Alicia pagó 327 € el 14/08/2022
Éric pagó 158 € el 18/01/2022
Annick pagó 377 € el 12/01/2022
Olivier pagó 83 € el 18/08/2022
Patricia pagó 479 € el 24/03/2022
Raquel pagó 424 € el 28/02/2022
Nicolás pagó 377 € el 24/08/2022
Ana Isabel pagó 101 € el 25/05/2022
Cristina pagó 160 € el 03/09/2022

Igual que antes, el código M está disponible encima de la tabla de datos.

```
Transformar: Text.Combine({[Personalizado], " pagó ", Text.From([importe], "es-ES"), " € el ", Text.From([fecha de pago], "es-ES")})
```

8. Tipos de datos

Con Power Query, ahora es posible crear tipos de datos. Los tipos de datos son, en cierto modo, datos enriquecidos.

Esto puede ser útil, por ejemplo, en el ámbito de recursos humanos para simplificar la búsqueda de características específicas de los empleados.

Vamos a partir de estos datos:

	A	B	C	D
1				
2	Apellido	Profesión	Punto fuerte	Equipo
3	Puertas	técnico	experimentad	montaje
4	Plasencia	jurista	redacción	administración
5	Benítez	jurista	gestión	administración
6	García	técnico	experimentad	montaje
7	Bes	ingeniero	gestión	montaje
8	Blanco	asistente RRHH	Word	administración
9	Sierra	comprador	gestión	administración
10	Lapera	contable	Excel	administración
11	del Bosque	ingeniero	Python	montaje
12	Rodríguez	asistente RRHH	Access	administración
13	Fernández	informático	SQL	DSI
14	Sánchez	comprador	Excel	administración
15	Benítez	ingeniero	gestión	montaje
16	García	ingeniero	experimentad	montaje
17	Bes	carretillero	relaciones	montaje
18	Blanco	carretillero	experimentad	montaje

Encontrará estos datos en el archivo **datos_tipo.xlsx** disponible para descargar.

- Seleccione una celda de la tabla y, en la pestaña **Datos** de la cinta de opciones - grupo **Obtener y transformar datos**, haga clic en **De una tabla o rango**.

Se abre el editor de Power Query.

- En el panel **Configuración de la consulta**, dé a la consulta el nombre **T_Personal**.
- Seleccione todas las columnas: seleccione la primera columna, mantenga pulsada la tecla s y seleccione la última columna de la tabla.
- En la cinta de opciones, seleccione la pestaña **Transformar** y, en el grupo **Columna estructurada**, haga clic en **Crear tipo de datos**.

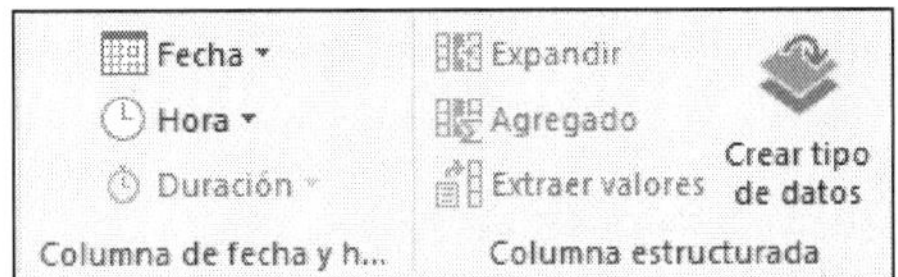

Aparece en pantalla el cuadro de diálogo **Creación de un tipo de datos**.

- En el campo **Nombre del tipo de datos**, llame **Personal** al tipo de datos.

- Haga clic en el botón **Aceptar**.

Aparece el tipo de datos denominado **Personal**, se muestra en forma de tabla de una sola columna que retoma el apellido de los distintos empleados.

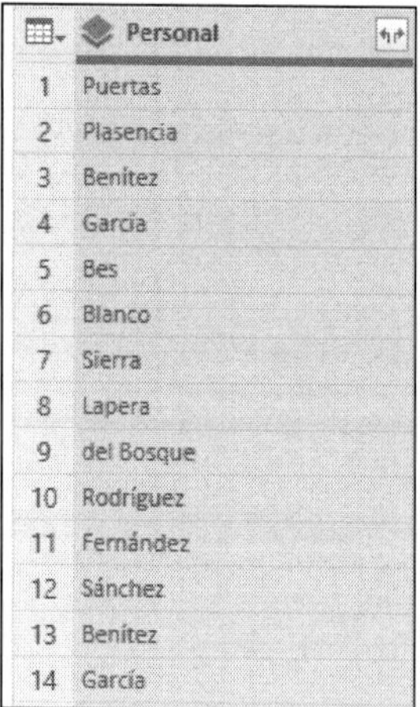

Es posible desplegar esta tabla con el fin de visualizar los elementos **Profesión**, **Punto fuerte** o **Equipo**.

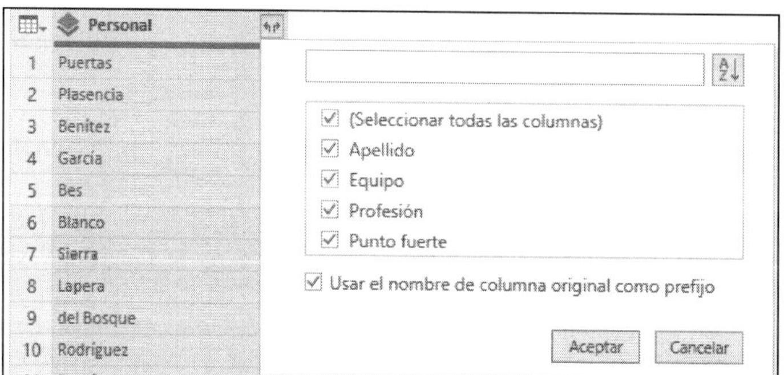

a. Uso del tipo de datos en Excel

En la pestaña **Inicio** de la cinta de opciones, haga clic en **Cerrar y cargar**.

Se muestra en Excel el tipo de datos **Personal**.

Haga clic en el botón para mostrar otras columnas del tipo de datos.

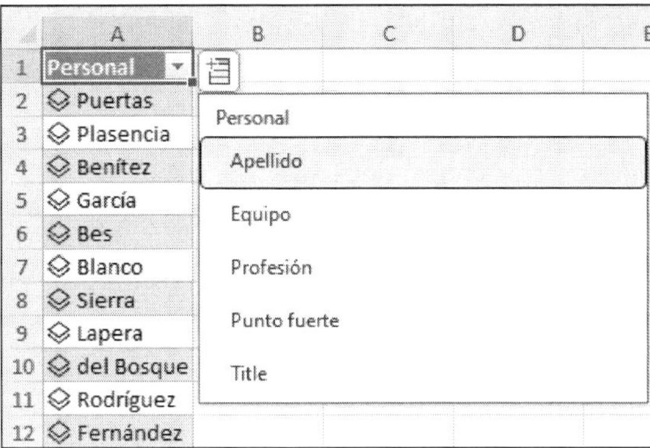

Haga clic en el símbolo situado a la izquierda de cada uno de los apellidos de la tabla; un panel muestra las características de cada uno de los empleados:

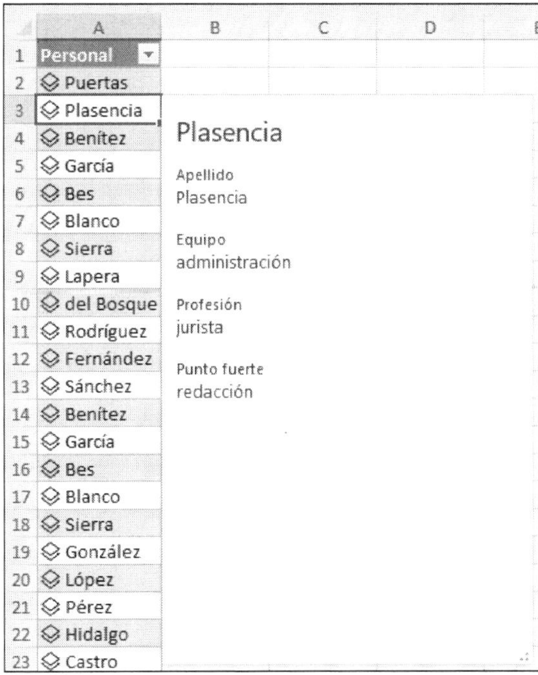

9. Las columnas personalizadas y el lenguaje M

a. Columnas personalizadas

La herramienta **Columna personalizada** sirve para crear columnas según reglas de cálculo o formatos complejos mediante el uso del código M.

Por ejemplo: un almacén tiene una tabla en la que recoge el nombre de sus clientes, un tipo de tarjeta de cliente y el importe de las compras efectuadas:

	A	B	C	D
1	**Apellido**	**Nombre**	**Tarjeta**	**Importe compras**
2	Moreau	Bob	Oro	1.400
3	Miró	Elena	Plata	600
4	Bugger	Kerry	Oro	1.000
5	Fritsh	Alicia	Bronce	80
6	Meyer	Raquel	Oro	4.000
7	Louis	Kevin	Plata	700
8	Rodríguez	Ofelia	Oro	900
9	Bravo	Edu	Bronce	90
10	Schmitt	Cecilia	Oro	1.500

Puede acceder a los datos de este ejemplo en el archivo **11_descuento_clientes.xlsx**.

El objetivo de este ejercicio es crear columnas personalizadas usando el lenguaje M para calcular un descuento según algunas reglas definidas.

<u>Importar datos en el editor de Power Query</u>

- Abra el archivo **11_ descuento_clientes.xlsx**.
- Active una celda incluida en la tabla de datos; por ejemplo, la celda **A2**.
- En el menú **Datos** - grupo **Obtener y transformar datos**, haga clic en el botón **Desde una tabla o rango**.

Se abre el editor de Power Query.

<u>Agregar una columna condicional</u>

Para este primer ejemplo, los clientes que dispongan de una tarjeta **Oro** se beneficiarán de un descuento del 15 %, los clientes **Plata** tendrán un descuento del 10 % y los clientes **Bronce**, del 5 %.

- En la pestaña **Agregar columna** - grupo **General**, haga clic en **Columna personalizada**.

Aparece en pantalla el cuadro de diálogo **Columna personalizada**:

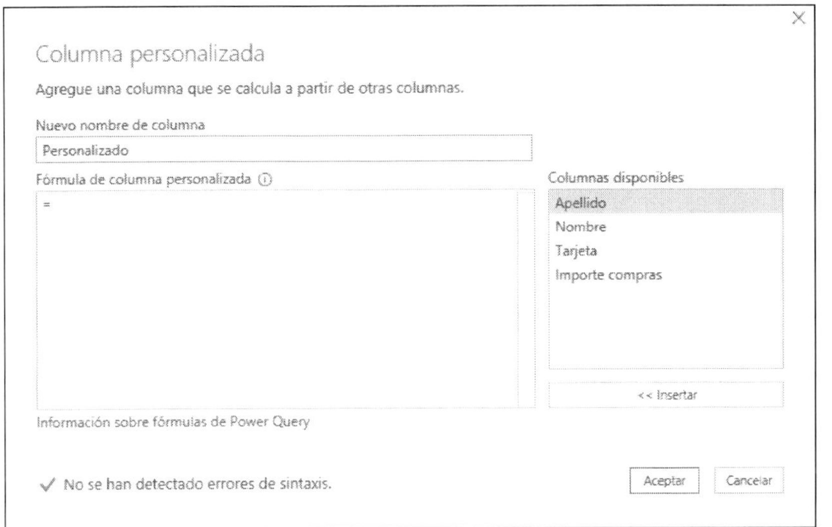

- En el cuadro **Nuevo nombre de columna**, introduzca **Descuento**.

<u>Primera condición</u>

Si el cliente dispone de una tarjeta **Oro**, entonces el descuento es del 15 %.

- En el cuadro de escritura **Fórmula de columna personalizada**, introduzca el código:

```
if [Tarjeta] = "Oro" then [Importe compras] * 0.15
```

En vez de escribir las referencias a las columnas ***Tarjeta e Importe compras****, es posible insertarlas directamente en el código, haciendo doble clic en el ítem correspondiente del área* ***Columnas disponibles****, en la parte derecha del cuadro de diálogo* ***Columna personalizada****.*

- Pulse la tecla ⏎ para bajar a la siguiente línea.

<u>Segunda condición</u>

Si el cliente dispone de una tarjeta **Plata**, entonces el descuento es del 10 %.

- En el cuadro de escritura **Fórmula de columna personalizada**, introduzca el código:

```
else if [Tarjeta] = "Plata" then [Importe compras] * 0.10
```

- Pulse la tecla ⏎ para bajar a la siguiente linea.

Tercera condición

Si el cliente dispone de una tarjeta **Bronce**, entonces el descuento es del 5 %.

Esta última condición también puede interpretarse de la siguiente manera:

En nuestra tabla de datos, si el cliente no dispone de tarjeta Oro ni Plata, necesariamente su tarjeta es de tipo Bronce. Es decir, que en todos los demás casos, fuera de los mencionados en la condición 1 y la condición 2, el cliente dispone de un descuento del 5%.

✎ En el cuadro de escritura **Fórmula de columna personalizada**, introduzca el código:

```
else [Importe compras]*0.05
```

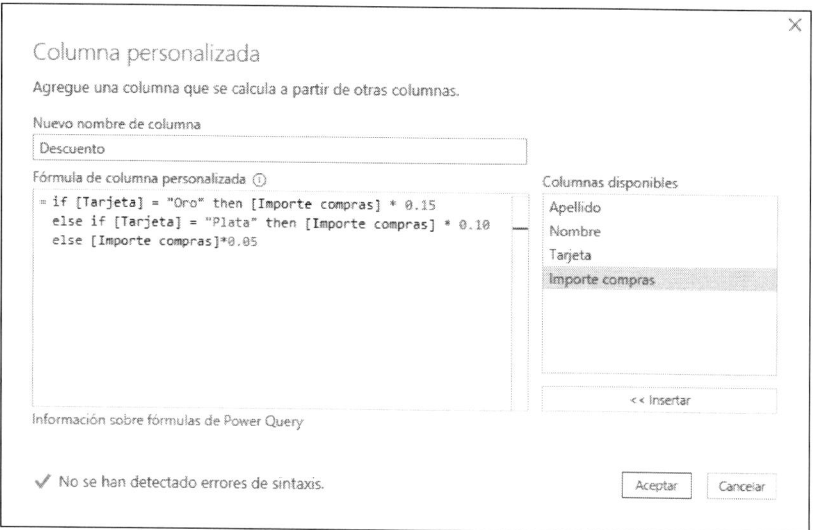

✎ Haga clic en el botón **Aceptar**.

La columna **Descuento** se ha añadido a la tabla de datos:

	Apellido	Nombre	Tarjeta	Importe compras	Descuento
1	Moreau	Bob	Oro	1400	210
2	Miró	Elena	Plata	600	60
3	Bugger	Kerry	Oro	1000	150
4	Fritsh	Alicia	Bronce	80	4
5	Meyer	Raquel	Oro	4000	600
6	Louis	Kevin	Plata	700	70
7	Rodríguez	Ofelia	Oro	900	135
8	Bravo	Edu	Bronce	90	4,5
9	Schmitt	Cecilia	Oro	1500	225

b. Introducción al lenguaje M

Vamos a realizar algunas operaciones y a analizar el código M que se ha creado.

Partiremos de estos datos:

	A	B	C	D	E	F
1						
2	**Animal**	**País**	**Producto**	**Fecha**	**Cantidad**	**VN**
3	Gato	España	Gizmo	24/06/2023	1.000	22.810
4	Perro	Italia	Gadget	25/06/2023	100	2.257
5	Gato	Alemania	Gizmo	27/06/2023	400	9.152
6	Perro	Francia	Gadget	27/06/2023	800	18.552
7	Gato	Alemania	Widget	30/06/2023	400	8.456
8	Gato	Alemania	Gadget	30/06/2023	1.000	21.730
9	Perro	Francia	Widget	02/07/2023	800	16.416
10	Gato	Italia	Gizmo	03/07/2023	900	21.438
11	Gato	Italia	Widget	05/07/2023	300	6.267
12	Gato	Italia	Gizmo	07/07/2023	100	2.401
13	Gato	Alemania	Widget	08/07/2023	500	9.345
14	Gato	España	Widget	09/07/2023	600	11.628

Encontrará estos datos en el archivo **código_M.xlsx**.

- Importe los datos a Power Query.
- Aplique el formato **Fecha** a la columna **Fecha**.
- En la columna **País**, filtre los datos de modo que mantenga únicamente los que corresponden a **Francia**.
- En la columna **Animal**, filtre los datoss de modo que se mantengan únicamente los datos que conciernen a los **gatos**.

Ahora, vamos a consultar el código M generado.

- En la pestaña **Inicio de la cinta de opciones** - grupo **Consulta**, haga clic en **Editor avanzado**.

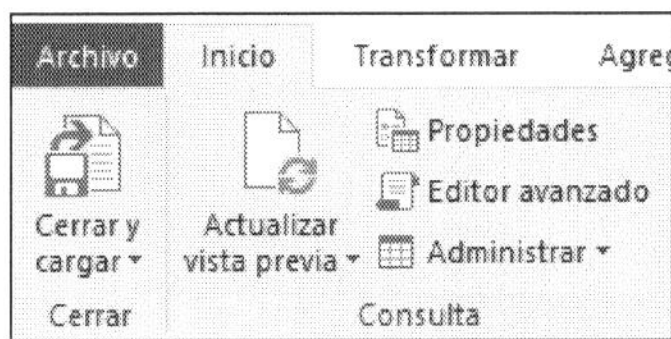

El editor avanzado se abre y muestra el siguiente código:

```
let
    Origen = Excel.CurrentWorkbook(){[Name="datos"]}[Content],
    #"Tipo cambiado" = Table.TransformColumnTypes(Origen,{{"Animal",
type text}, {"País", type text}, {"Producto", type text}, {"Fecha",
type date}, {"Cantidad", Int64.Type}, {"CN", Int64.Type}}),
    #"Filas filtradas" = Table.SelectRows(#"Tipo cambiado", each
([País] = "Francia") and ([Animal] = "Gato"))
in
    #"Filas filtradas"
```

La consulta comienza por `Let`. El propósito de la expresión `Let` es devolver un valor. Este valor puede ser una tabla, como en nuestro ejemplo, pero también un valor único.

La función de `Let` es realizar un trabajo de manejo de datos de forma organizada.

La primera línea de nuestro código concierne al origen de datos:

```
Origen = Excel.CurrentWorkbook(){[Name="datos"]}[Content],
```

Hay una coma al final de la instrucción para pasar a la siguiente etapa aplicada.

La etapa aplicada **Tipo cambiado** se refiere al tipo de datos:

```
   #"Tipo cambiado" = Table.TransformColumnTypes(Origen,{{"Animal",
type text}, {"País", type text}, {"Producto", type text}, {"Fecha",
type date}, {"Cantidad", Int64.Type}, {"CA", Int64.Type}}),
```

La última etapa aplicada concierne a los dos filtros que hemos aplicado:

```
   #"Filas filtradas" = Table.SelectRows(#"Tipo cambiado", each
([País] = "Francia") and ([Animal] = "Gato"))
```

Se ha aplicado un filtro en la columna **País** para mantener solo los datos relacionados con Francia y otro filtro en la columna **Animal** para mantener solo los datos relacionados con los gatos.

La instrucción `In` contiene el resultado que se ha de mostrar en pantalla, es decir, la última etapa aplicada, que son las **Filas filtradas**.

```
in
   #"Filas filtradas"
```

✎ Haga clic en el botón **Listo**.

Veamos ahora los principios básicos del lenguaje M para el manejo de datos.

Crear una lista

- Cree un nuevo libro.
- En la pestaña **Datos** de la cinta de opciones - grupo **Obtener y transformar datos**, haga clic en el botón **Obtener datos - De otras fuentes** y escoja **Consulta en blanco**.

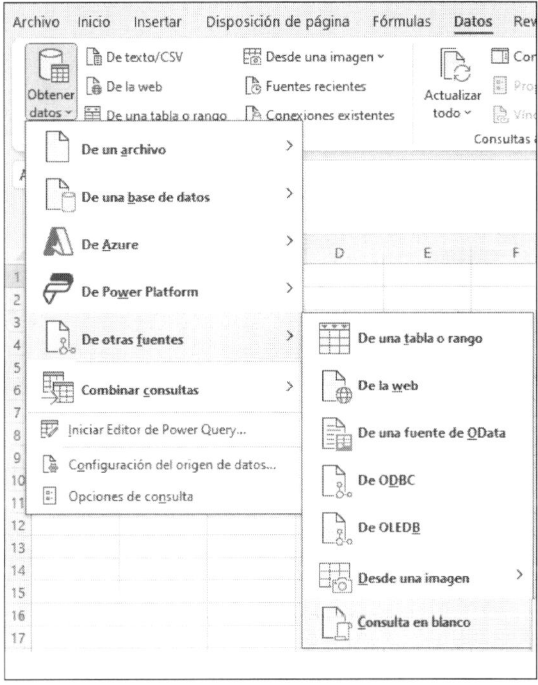

- En el editor de Power Query, en la pestaña **Inicio** de la cinta de opciones - grupo **Consulta**, haga clic en **Editor avanzado**:

Se abre el editor avanzado con una consulta denominada **Consulta1**.

En el origen, introduzca, por ejemplo, tres nombres:

```
let
    Origen = {"Bob", "Elena", "Juana"}
in
    Origen
```

✎ Haga clic en el botón **Listo**.

El resultado es una lista que se compone de los tres nombres introducidos:

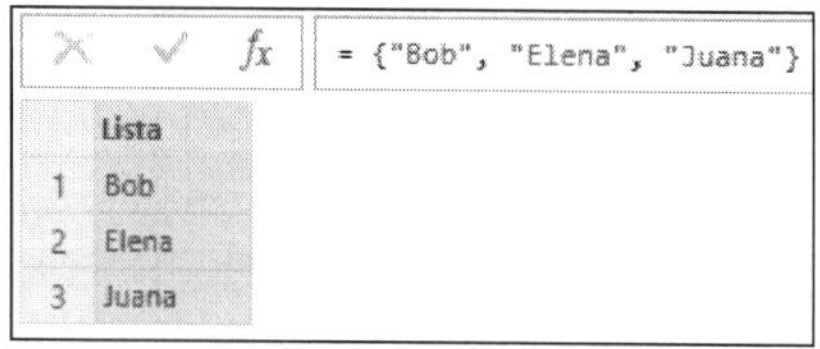

Crear un registro

Un registro es similar a una tabla sin encabezados de columna.

Regresemos al **Editor avanzado**:

- En la pestaña **Inicio** - grupo **Consulta**, haga clic en **Editor avanzado**.
- Introduzca el código siguiente:

```
let
   Origen = [Bob = "Hamburguesa", Elena = "Pizza" , Juana = "Ensalada"]
in
   Origen
```

- Haga clic en el botón **Aceptar**.

El resultado es el registro siguiente:

= [Bob = "Hamburguesa", Elena = "Pizza" , Juana = "Ensalada"]

Bob	Hamburguesa
Elena	Pizza
Juana	Ensalada

Es posible convertir el registro obtenido en una tabla haciendo clic en el botón **En tabla** de la cinta de opciones:

Crear una tabla

- Vuelva al **Editor avanzado**.
- Introduzca el siguiente código:

```
let
   Origen = #table ({"nombre" , "Pedido"}, {{"Bob" , "Hamburguesa"},
{"Elena" , "Pizza"} , {"Juana" , "Ensalada"}})
in
   Origen
```

- Haga clic en el botón **Listo**.

El resultado es la tabla siguiente:

= #table ({"nombre" , "Pedido"}, {{"Bob" , "Hamburguesa"},

	nombre	Pedido
1	Bob	Hamburguesa
2	Elena	Pizza
3	Juana	Ensalada

c. Usar Copilot para generar el código M

El objetivo de este apartado es mostrar cómo usar Copilot, el asistente virtual de Microsoft 365, para facilitar la creación del código M para la segmentación de clientes.

La segmentación de clientes es una técnica esencial para las empresas que desean personalizar su estrategia de marketing y fidelizar sus clientes.

Presentación de la segmentación de clientes

La segmentación de clientes consiste en clasificar los clientes que comparten características similares en su perfil o en su comportamiento. Esto permite a las empresas adaptar las ofertas y la comunicación a cada grupo. Un reto habitual es identificar qué clientes son fieles, potenciales o requieren un poco más de atención.

Presentación de los datos

Nuestro ejemplo se basará en un conjunto de datos ficticios que contiene la siguiente información de cada cliente: el nombre, la fecha de su última compra, el importe total gastado y el número total de compras.

Los datos se presentan de la siguiente forma:

	A	B	C	D
1	Cliente	FechaÚltimaCompra	ImporteTotal	NúmeroCompras
2	Cliente A	01/02/2024	1200	4
3	Cliente B	15/03/2024	1500	5
4	Cliente C	20/03/2024	1600	8
5	Cliente D	22/03/2024	800	2
6	Cliente E	07/04/2024	2100	10
7	Cliente F	09/04/2024	300	1
8	Cliente G	13/04/2024	950	3
9	Cliente H	15/04/2024	2000	6
10	Cliente I	15/04/2024	1800	7
11	Cliente J	16/04/2024	400	2

Encontrará esta información en el archivo de Excel **segmentación.xlsx**.

La tabla de datos se ha llamade previamente **TablaClientes**.

La política comercial de la empresa define que un cliente es fiel si ha realizado al menos 5 compras y la media de esas compras es superior a 100.

Prompt utilizado para generar el código M

En un primer momento, guarde el archivo **segmentación.xlsx** y haga referencia a él en el prompt deCopilot.

Para generar el código M necesario para esta segmentación, en la aplicación Copilot para Microsoft 365, el prompt podría ser:

Usted es un analista de datos, su objetivo es crear un script en lenguaje M en Power Query para identificar los clientes fieles en una base de datos de Excel. Consideraremos un cliente fiel aquel que haya realizado más de 5 compras y cuyo importe medio gastado por compra sea superior a 100. Los datos se encuentran en una tabla llamada **Tabla-Clientes**.

A continuación encontrará un ejemplo de código M generado por Copilot para responder a nuestra petición:

```
let
    // Cargar los datos de la tabla llamada "TablaClientes"
    // en el archivo de Excel actual
    Source = Excel.CurrentWorkbook(){[Name="TablaClientes"]}[Content],
    // Transformar el tipo de columnas para garantizar la coherencia
    // de los datos
    ModifiedType = Table.TransformColumnTypes(Source,{{"Cliente",
type text},
{"FechaÚltimaCompra", type date}, {"ImporteTotal", type number},
{"NúmeroCompras", Int64.Type}}),
    // Agregar una columna calculando el importe medio gastado por compra
    ImporteMedio = Table.AddColumn(ModifiedType, "ImporteMedio",
each [ImporteTotal] / [NúmeroCompras]),
    // Filtrar las filas para dejar los clientes fieles según
    // los criterios definidos
    ClientesFieles = Table.SelectRows(ImporteMedio, each
[NúmeroCompras] > 5 and [ImporteMedio] > 100)
in
    ClientesFieles
```

Este script empieza cargando los datos de la **Tabla Clientes**.

A continuación, transforma los tipos de datos para garantizar que las fechas, los importes y el número de compras tengan el formato correcto.

Después, calcula el importe medio gastado por compra y filtra los clientes que responden a los criterios de fidelidad definidos.

Aplicar el código M en Power Query

- Copie el código propuesto por Copilot.
- Abra el archivo de Excel **segmentación.xlsx**.
- Seleccione una celda de la tabla, haga clic derecho y seleccione **Obtener datos de Tabla/Rango...**

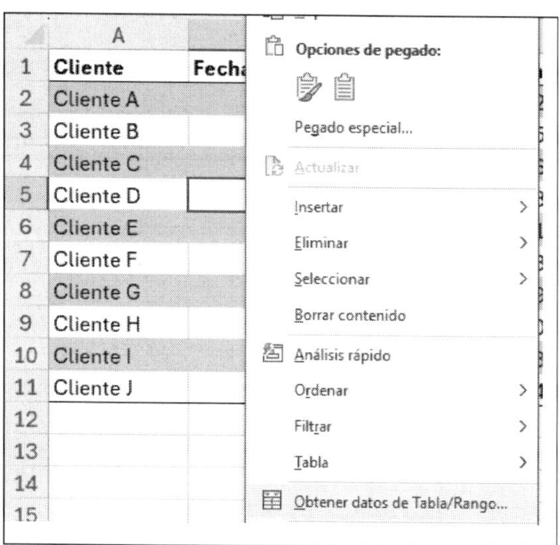

Se abre el editor Power Query.

- En el editor Power Query, en la pestaña **Inicio**, haga clic en **Editor avanzado**.

Aparece en la pantalla la ventana del Editor avanzado de Power Query.

Por defecto, el editor contiene el código M generado automáticamente por Power Query.

Borre este código y pegue el código propuesto por Copilot.

✎ Haga clic en **Listo**.

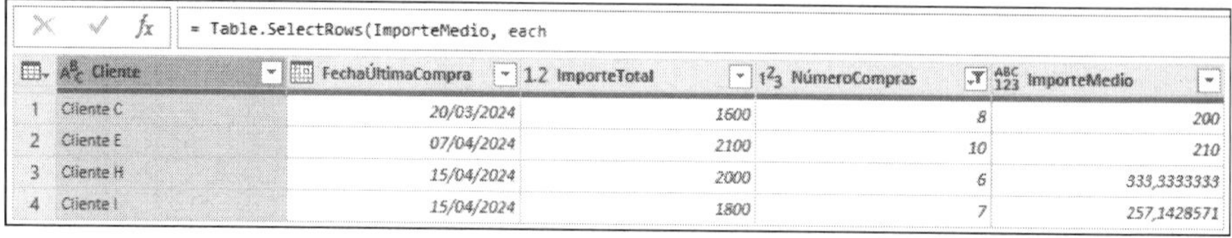

= Table.SelectRows(ImporteMedio, each

	Cliente	FechaÚltimaCompra	ImporteTotal	NúmeroCompras	ImporteMedio
1	Cliente C	20/03/2024	1600	8	200
2	Cliente E	07/04/2024	2100	10	210
3	Cliente H	15/04/2024	2000	6	333,3333333
4	Cliente I	15/04/2024	1800	7	257,1428571

El código ha filtrado la tabla conservando únicamente los clientes que han efectuado más de 5 compras y cuyo importe medio gastado por compra es superior a 100.

I. Caso práctico: el presupuesto municipal

1. Presentación del caso

Usted es responsable del presupuesto de gestión cultural de un ayuntamiento. Al final de cada año, los directores de los distintos departamentos le envían sus propuestas de presupuesto para el próximo año.

Su tarea es recopilar los datos de cada uno de los departamentos para presentar un presupuesto provisional sintético de la dirección cultural a los representantes electos de la ciudad.

Su dirección comprende tres servicios: cultura, deporte y bibliomediateca.

Por supuesto, cada una de las tablas que ha recibido está presentada de una manera diferente, pero este año, gracias a Power Query, su trabajo se va a simplificar.

El propósito de este caso práctico es conectar Power Query a cada una de las tres tablas, modificarlas y crear una presentación sintética usando una tabla dinámica.

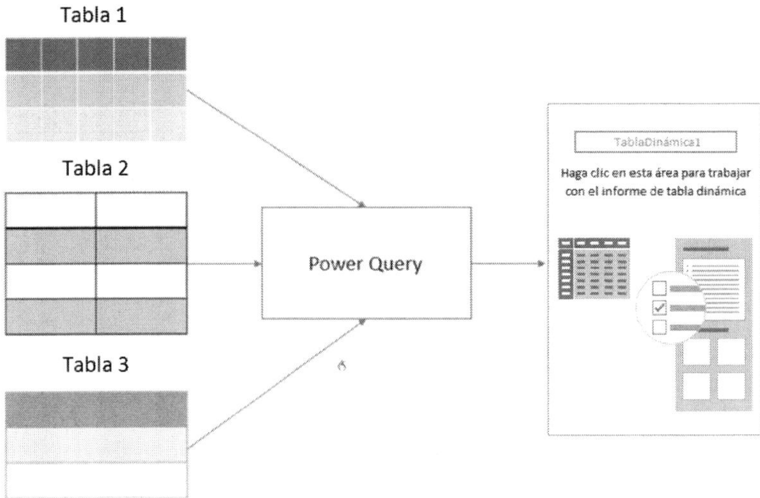

Para ello, vamos a trabajar con los datos de las tres tablas a fin de poderlas agrupar en una única tabla estructurada.

Esta tabla se presentará de la siguiente manera:

	servicio	detalle	concepto	importe
1	bibliomediateca	6042	prestaciones de servicio	23000
2	bibliomediateca	6065	compra de documentos	300000
3	bibliomediateca	6251	gastos de desplazamiento	5000
4	bibliomediateca	6257	alojamiento	2175
5	bibliomediateca	60628	compra de mobiliario	5050
6	bibliomediateca	60632	compra de material menor	5050
7	Deporte	60632	compra material menor	30100
8	Deporte	6251	gastos de desplazamiento	60000
9	Deporte	6257	alojamiento	10350
10	Deporte	6042	prestaciones de servicio	71000
11	Deporte	60628	compra de mobiliario	12100
12	Cultura	6042	prestaciones de servicio	80000
13	Cultura	6251	gastos de desplazamiento	1200
14	Cultura	6065	compra de documentos	50000
15	Cultura	6257	alojamiento	1000

El informe que se espera obtener deberá presentar el importe autorizado por servicio y por concepto.

2. Preparación de los datos

a. Tabla n.° 1: el presupuesto provisional del servicio cultural

El presupuesto provisional del servicio cultural se encuentra en el archivo **12_PP_Cultura.xlsx**.

Los datos se presentan de la siguiente forma:

	A	B	C	D
1				
2		Cultura		
3				
4		servicio	concepto	importe
5		Cultura	prestaciones de servicio:6042	80000
6		Cultura	gastos de desplazamiento:6251	1200
7		Cultura	compra de documentos:6065	50000
8		Cultura	alojamiento:6257	1000

Transformaciones necesarias

En la columna **concepto**, se hallan a la vez el concepto y la referencia al informe con el detalle del gasto. Para obtener la estructura deseada a partir de esta tabla, será preciso dividir la columna. El separador utilizado son los dos puntos.

Conectar la tabla a Power Query

- Abra un libro de Excel en blanco.
- En la pestaña **Datos** - grupo **Obtener y transformar datos**, haga clic en el botón **Obtener datos - De un archivo - Desde un libro de Excel**.

Aparece en pantalla el cuadro de diálogo **Importar datos**.

- En su disco duro, busque y haga doble clic en el archivo **12_PP_Cultura.xlsx**.

Aparece en pantalla el cuadro de diálogo **Navegador**.

- Seleccione la tabla denominada **PP_Cultura**.
- Haga clic en el botón **Transformar datos**.

Se abre el editor de Power Query.

Dividir la columna

- Seleccione la columna del concepto.
- En la pestaña **Inicio**, grupo **Transformar**, haga clic en el botón **Dividir columna - Por delimitador**.

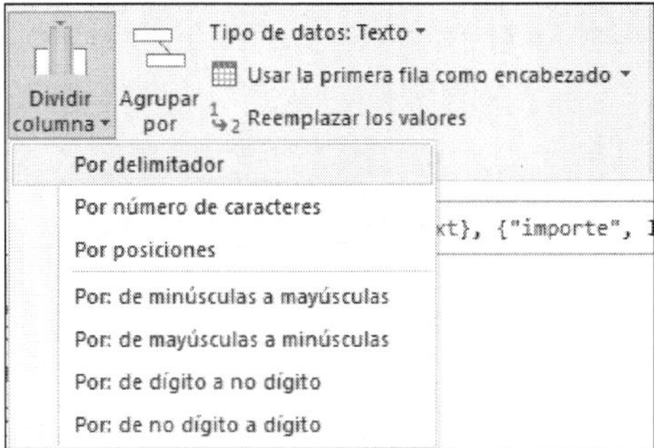

Aparece en pantalla el cuadro de diálogo **Dividir columna por delimitador**:

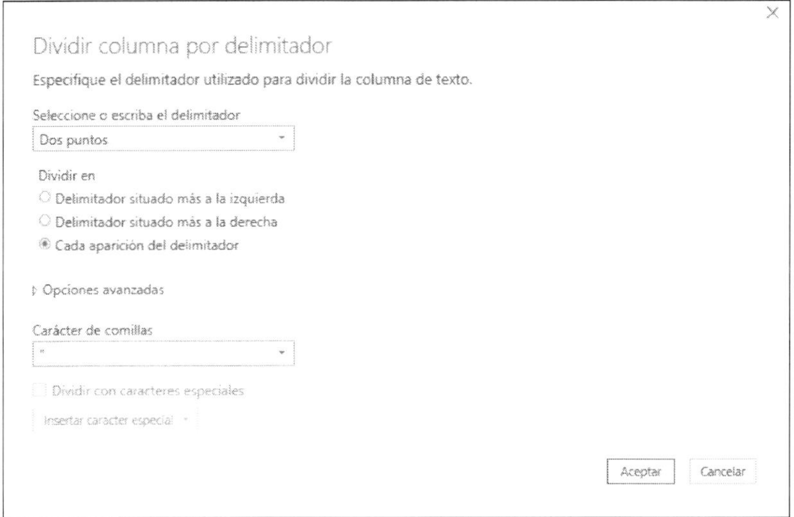

*Power Query ha interpretado automáticamente que el delimitador utilizado en la columna **concepto** eran los dos puntos.*

- Haga clic en el botón **Aceptar**.

Renombrar las columnas divididas

- Llame a la columna **concepto.1**: **concepto**
- Llame a la columna **concepto.2**: **detalle**

Modificar el formato de las columnas

No vamos a realizar ningún cálculo en la columna detalle, por lo que el formato de texto es el más apropiado.

✎ En la columna **detalle**, aplique el formato **Texto**.

✎ Seleccione la columna **detalle** y arrástrela a la derecha de la columna **servicio**.

El resultado final es el siguiente:

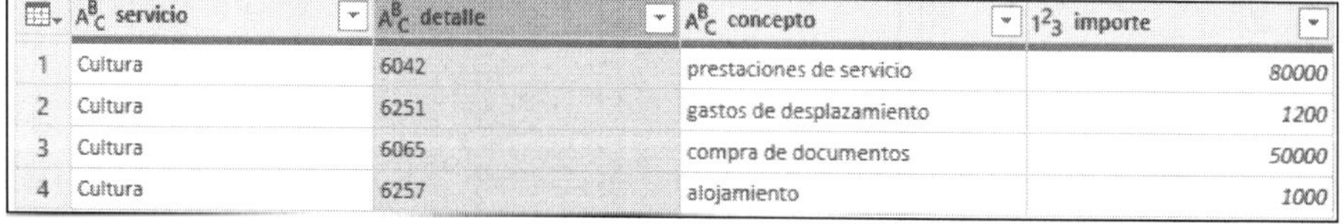

	servicio	detalle	concepto	importe
1	Cultura	6042	prestaciones de servicio	80000
2	Cultura	6251	gastos de desplazamiento	1200
3	Cultura	6065	compra de documentos	50000
4	Cultura	6257	alojamiento	1000

Cargar la tabla

✎ En la pestaña **Inicio** de la cinta de opciones, haga clic en el menú desplegable del botón **Cerrar y cargar** y, a continuación, en **Cerrar y cargar en...**

Aparece en pantalla el cuadro de diálogo **Importar datos**.

- Seleccione la opción **Crear únicamente la conexión**, ya que solo vamos a conectar los datos para usarlos a continuación.

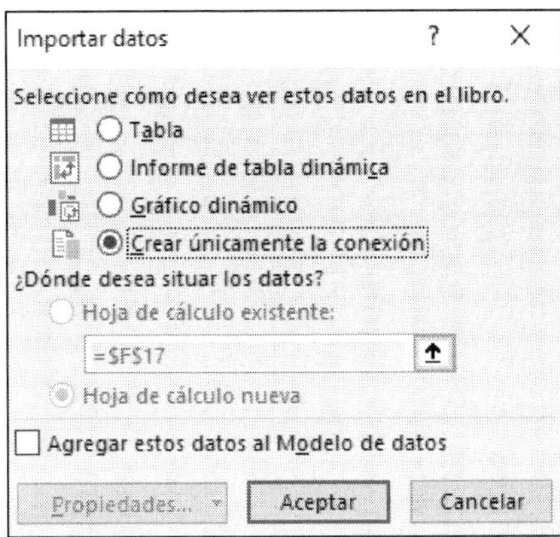

- Haga clic en el botón **Aceptar**.

En el lado derecho de la ventana de Excel, aparece la consulta **PP_Cultura** en el panel **Consultas y conexiones**.

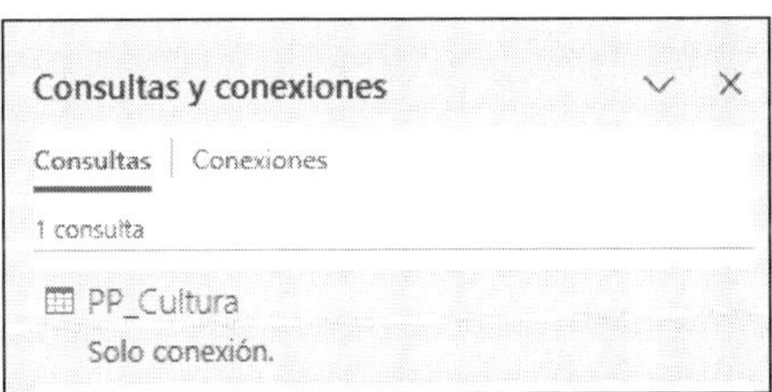

b. Tabla n.° 2: el presupuesto provisional del servicio de deportes

El presupuesto provisional del servicio de deportes se encuentra en el archivo **13-PP_Deporte.xlsx**.

Los datos se presentan de la siguiente forma:

	A	B	C	D	E	F
2		Deporte				
4		servicio	detalle	concepto	importe	trimestre
5		Deporte	60632	compra material menor	6.100	1
6					10.000	2
7					4.000	3
8					10.000	4
9		Deporte	6251	gastos de desplazamient	26.000	1
10					14.000	2
11					10.000	3
12					10.000	4
13		Deporte	6257	alojamiento	2.350	1
14					3.000	2
15					4.000	3
16					1.000	4
17		Deporte	6042	prestaciones de servicio	36.000	1
18					20.000	2
19					10.000	3
20					5.000	4
21		Deporte	60628	compra de mobiliario	6.100	1
22					2.000	2
23					2.000	3
24					2.000	4

Transformaciones necesarias

En cada concepto, los importes se han especificado por trimestre. Este nivel de detalle no nos interesa para la construcción de nuestro informe. Además, en la columna **servicio**, **detalle** y **concepto**, solo se ha rellenado la fila correspondiente al primer trimestre.

Para tener la estructura deseada desde esta tabla, es preciso:

- Utilizar la herramienta **Rellenar hacia abajo** en las columnas **servicio**, **detalle** y **concepto**.
- Quitar la columna **trimestre** y agrupar la columna **importe** por número de **detalle** para obtener el importe de los gastos anuales por concepto.

Conectar la tabla a Power Query

✎ En el archivo de Excel creado con anterioridad, en la pestaña **Datos** - grupo **Obtener y transformar datos**, haga clic en el botón **Obtener datos - De un archivo - Desde un libro de Excel**.

Aparece en pantalla el cuadro de diálogo **Importar datos**.

✎ En su equipo, busque y haga doble clic en el archivo **13-PP_Deporte.xlsx**.

Aparece en pantalla el cuadro de diálogo **Navegador**.

✎ Seleccione la tabla **PP_Deporte**.

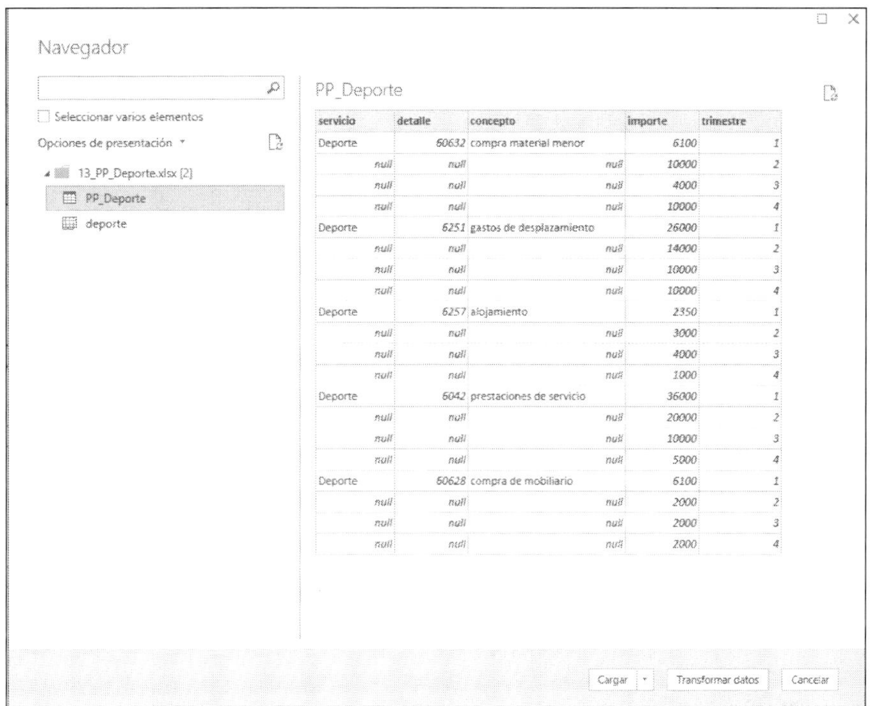

servicio	detalle	concepto	importe	trimestre
Deporte	60632	compra material menor	6100	1
null	null	null	10000	2
null	null	null	4000	3
null	null	null	10000	4
Deporte	6251	gastos de desplazamiento	26000	1
null	null	null	14000	2
null	null	null	10000	3
null	null	null	10000	4
Deporte	6257	alojamiento	2350	1
null	null	null	3000	2
null	null	null	4000	3
null	null	null	1000	4
Deporte	6042	prestaciones de servicio	36000	1
null	null	null	20000	2
null	null	null	10000	3
null	null	null	5000	4
Deporte	60628	compra de mobiliario	6100	1
null	null	null	2000	2
null	null	null	2000	3
null	null	null	2000	4

✎ Haga clic en el botón **Transformar datos**.

Se abre el editor de Power Query.

Rellenar les columnas hacia abajo

✎ Seleccione la columna **servicio**, pulse la tecla Mayús y, sin soltarla, seleccione la columna **concepto**.

Les columnas **servicio**, **detalle** y **concepto** pasan a estar activadas.

✎ En la pestaña **Transformar** - grupo **Cualquier columna**, haga clic en el botón **Rellenar** - **Abajo**.

El resultado es el siguiente:

	servicio	detalle	concepto	importe	trimestre
1	Deporte	60632	compra material menor	6100	1
2	Deporte	60632	compra material menor	10000	2
3	Deporte	60632	compra material menor	4000	3
4	Deporte	60632	compra material menor	10000	4
5	Deporte	6251	gastos de desplazamiento	26000	1
6	Deporte	6251	gastos de desplazamiento	14000	2
7	Deporte	6251	gastos de desplazamiento	10000	3
8	Deporte	6251	gastos de desplazamiento	10000	4
9	Deporte	6257	alojamiento	2350	1
10	Deporte	6257	alojamiento	3000	2
11	Deporte	6257	alojamiento	4000	3
12	Deporte	6257	alojamiento	1000	4

Quitar la columna trimestre

- Seleccione la columna **trimestre**, haga un clic derecho en su encabezado y haga clic en **Quitar**.

Agrupar la columna importe por detalle

Debemos agrupar la columna importe por detalle; sin embargo, en la tabla final, deseamos mantener también las columnas servicio y concepto.

- En la pestaña **Transformar** - grupo **Tabla**, haga clic en el botón **Agrupar por**.

Aparece en pantalla el cuadro de diálogo **Agrupar por**.

- Marque la opción **Uso avanzado**.

La primera agrupación se va a realizar en la columna **servicio**:

- En la primera lista desplegable, seleccione la columna **servicio**.

La segunda agrupación se va a realizar en la columna **detalle**:

- Haga clic en el botón **Agregar agrupación**.
- Seleccione la columna **detalle**.

La última agrupación se va a realizar a partir de la columna **concepto**:

- Haga clic una última vez en el botón **Agregar agrupación**.
- Seleccione la columna **concepto**.
- En el cuadro de escritura **Nuevo nombre de columna**, introduzca **importe**.
- En la lista desplegable **Operación**, seleccione **Suma**.

En la lista desplegable **Columna**, seleccione la columna **importe**.

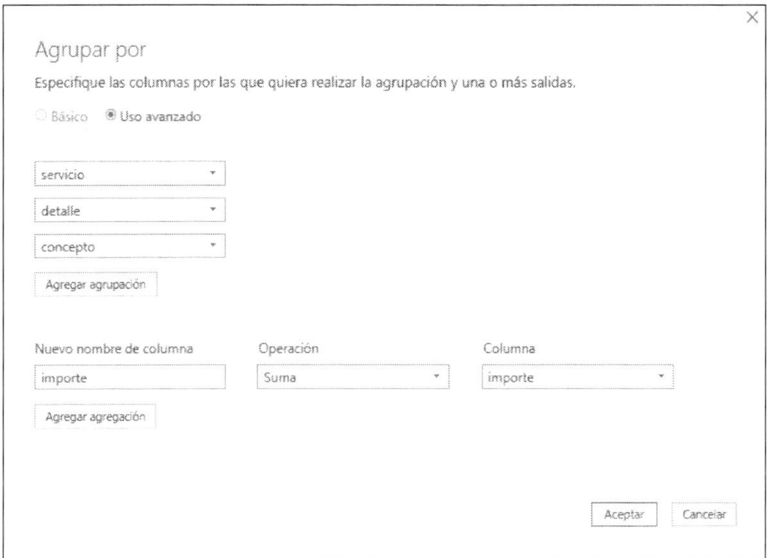

Haga clic en el botón **Aceptar**.

El resultado es el siguiente:

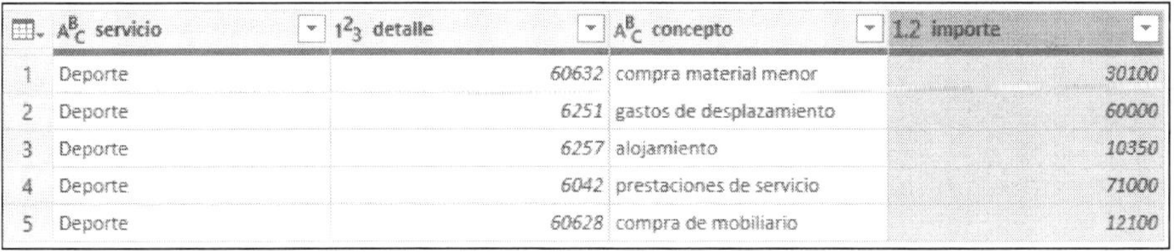

	servicio	detalle	concepto	importe
1	Deporte	60632	compra material menor	30100
2	Deporte	6251	gastos de desplazamiento	60000
3	Deporte	6257	alojamiento	10350
4	Deporte	6042	prestaciones de servicio	71000
5	Deporte	60628	compra de mobiliario	12100

Finalizar la tabla

No vamos a realizar ningún cálculo en la columna detalle, por lo que el formato de texto es el más apropiado.

En la columna **detalle**, aplique el formato **Texto**.

Cargar la tabla

✎ En la pestaña **Inicio** de la cinta de opciones, haga clic en el menú desplegable del botón **Cerrar y cargar** y, a continuación, en **Cerrar y cargar en...**

Aparece en pantalla el cuadro de diálogo **Importar datos**.

✎ Seleccione **Crear únicamente la conexión**.

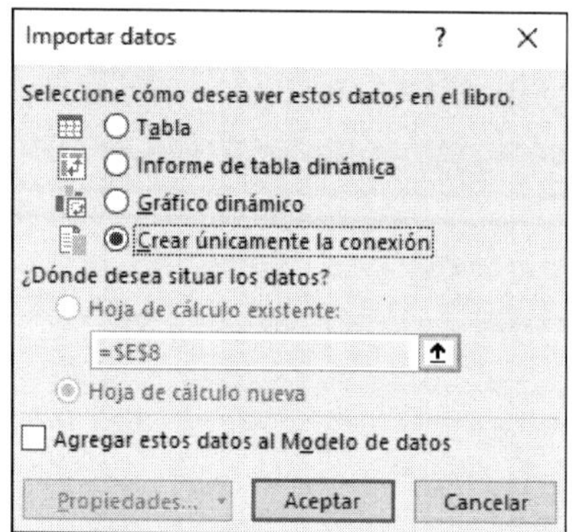

✎ Haga clic en el botón **Aceptar**.

Ahora, en el lado derecho de la ventana de Excel, aparecen las consultas **PP_Cultura** y **PP_Deporte** en el panel **Consultas y conexiones**.

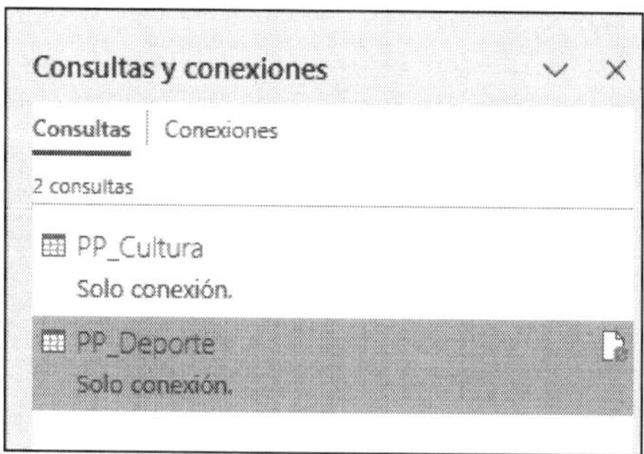

c. Tabla n.° 3: el presupuesto provisional de la bibliomediateca

El presupuesto provisional de la bibliomediateca se encuentra en el archivo 14_PP_bibliomediateca.xlsx.

La tabla se presenta de la siguiente forma:

	A	B	C	D	E
1		bibliomediateca			
2					
3					
4		servicio	detalle	concepto	importe
5		Mediateca	60632	compra de material mer	3050
6		Biblioteca	60632	compra de material mer	2000
7		Mediateca	6251	gastos de desplazamien	2000
8		Biblioteca	6251	gastos de desplazamien	3000
9		Mediateca	6065	compra de documentos	100000
10		Biblioteca	6065	compra de documentos	200000
11		Mediateca	6257	alojamiento	1175
12		Biblioteca	6257	alojamiento	1000
13		Mediateca	6042	prestaciones de servicic	18000
14		Biblioteca	6042	prestaciones de servicic	5000
15		Mediateca	60628	compra de mobiliario	3050
16		Biblioteca	60628	compra de mobiliario	2000

Transformaciones necesarias

Para cada fila de detalle, se distingue si el servicio corresponde a la mediateca o a la biblioteca, pero no nos interesa realizar esta distinción.

Para realizar este cambio, es preciso utilizar la herramienta **Columna dinámica**.

Conectar la tabla a Power Query

- En el archivo de Excel creado con anterioridad, en la pestaña **Datos** - grupo **Obtener y transformar datos**, haga clic en el botón **Obtener datos** - **De un archivo** - **Desde un libro de Excel**.

Aparece en pantalla el cuadro de diálogo **Importar datos**.

- En su equipo, busque y haga doble clic en el archivo **14_PP_bibliomediateca.xlsx**.

Aparece en pantalla el cuadro de diálogo **Navegador**.

✎ Seleccione la tabla **PP_bibliomediateca**.

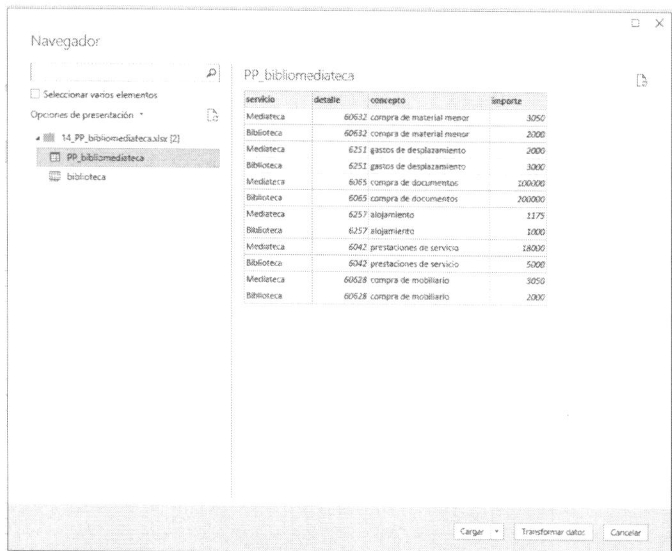

servicio	detalle	concepto	importe
Mediateca	60632	compra de material menor	3050
Biblioteca	60632	compra de material menor	2000
Mediateca	6251	gastos de desplazamiento	2000
Biblioteca	6251	gastos de desplazamiento	3000
Mediateca	6065	compra de documentos	100000
Biblioteca	6065	compra de documentos	200000
Mediateca	6257	alojamiento	1175
Biblioteca	6257	alojamiento	1000
Mediateca	6042	prestaciones de servicio	18000
Biblioteca	6042	prestaciones de servicio	5000
Mediateca	60628	compra de mobiliario	3050
Biblioteca	60628	compra de mobiliario	2000

✎ Haga clic en el botón **Transformar datos**.

Se abre el editor de Power Query.

Utilizar la herramienta Columna dinámica

✎ Seleccione la columna **servicio**.

✎ En la pestaña **Transformar** - grupo **Cualquier columna**, haga clic en el botón **Columna dinámica**.

Aparece en pantalla el cuadro de diálogo **Columna dinámica**.

✎ En la lista desplegable **Columna de valores**, seleccione la columna **importe**.

Columna dinámica
Use los nombres de la columna "servicio" para crear columnas nuevas.
Columna de valores
importe
Opciones avanzadas
Más información sobre la columna dinámica
Aceptar
Cancelar

✎ Haga clic en el botón **Aceptar**.

Ahora la tabla contiene una columna **Mediateca** y una columna **Biblioteca**.

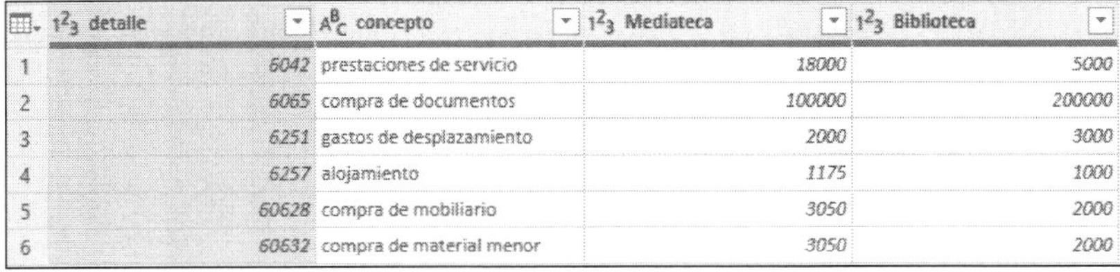

	detalle	concepto	Mediateca	Biblioteca
1	6042	prestaciones de servicio	18000	5000
2	6065	compra de documentos	100000	200000
3	6251	gastos de desplazamiento	2000	3000
4	6257	alojamiento	1175	1000
5	60628	compra de mobiliario	3050	2000
6	60632	compra de material menor	3050	2000

Hay que añadir una columna para sumar las columnas **Mediateca** y **Biblioteca**, a fin de obtener el importe del presupuesto de la bibliomediateca.

Agregar la columna importe

✎ Seleccione la columna **Biblioteca**.

✎ En la pestaña **Agregar columna** - grupo **De número**, haga clic en el botón **Estándar** y, a continuación, en **Agregar**.

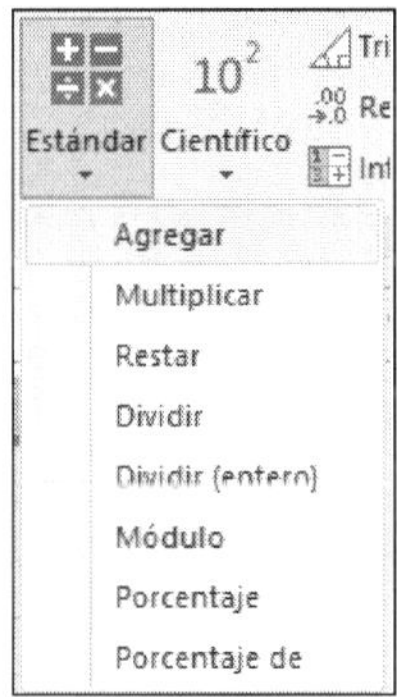

Aparece en pantalla el cuadro de diálogo **Agregar**.

✎ En la lista desplegable **Valor**, seleccione **Usar valores en una columna**.

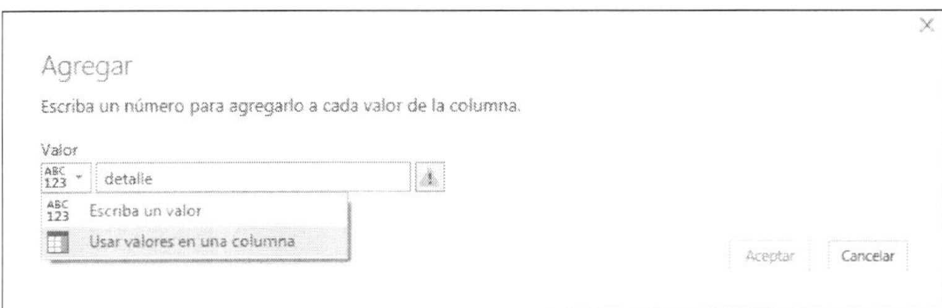

- En la lista desplegable, seleccione la columna **Mediateca**.

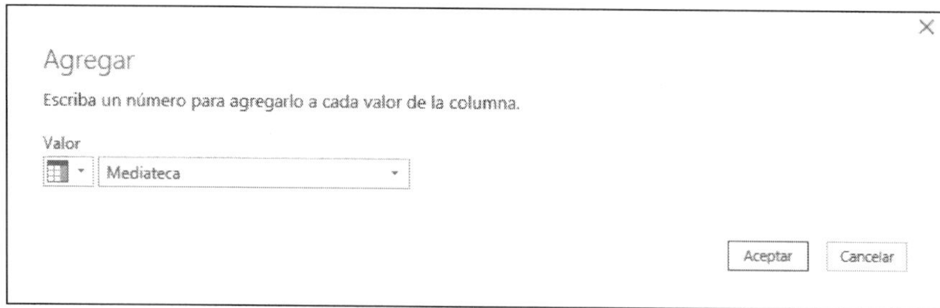

- Haga clic en el botón **Aceptar**.

Aparece una nueva columna agregada a la tabla denominada **Adición**.

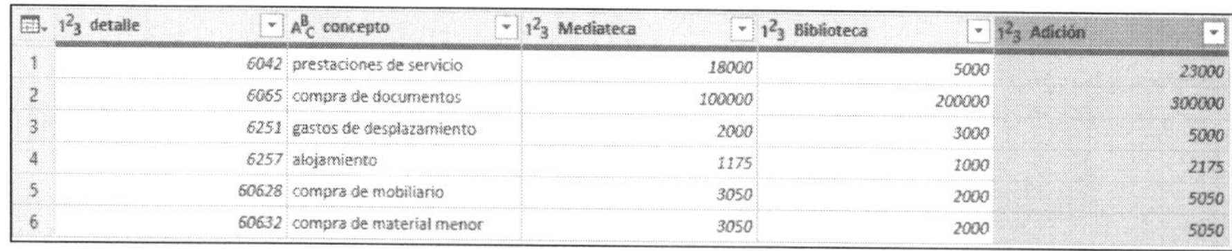

	detalle	concepto	Mediateca	Biblioteca	Adición
1	6042	prestaciones de servicio	18000	5000	23000
2	6065	compra de documentos	100000	200000	300000
3	6251	gastos de desplazamiento	2000	3000	5000
4	6257	alojamiento	1175	1000	2175
5	60628	compra de mobiliario	3050	2000	5050
6	60632	compra de material menor	3050	2000	5050

Quitar las columnas Mediateca y Biblioteca

- Seleccione la columna **Mediateca**, haga un clic derecho y, a continuación, **Quitar**.
- Seleccione la columna **Biblioteca**, haga un clic derecho y, a continuación, **Quitar**.

Cambiar el nombre de la columna Adición

- Seleccione la columna **Adición**, haga un clic derecho y escoja, **Cambiar nombre**. Cambie el nombre de esta columna a **importe**.

Agregar la columna servicio

- En la pestaña **Agregar columna** - grupo **General**, haga clic en el botón **Columna personalizada**.

Aparece en pantalla el cuadro de diálogo **Columna personalizada**.

- En el cuadro de escritura **Nuevo nombre de columna**, introduzca **servicio**.

- En el área **Fórmula de columna personalizada**, introduzca ="**bibliomediateca**"

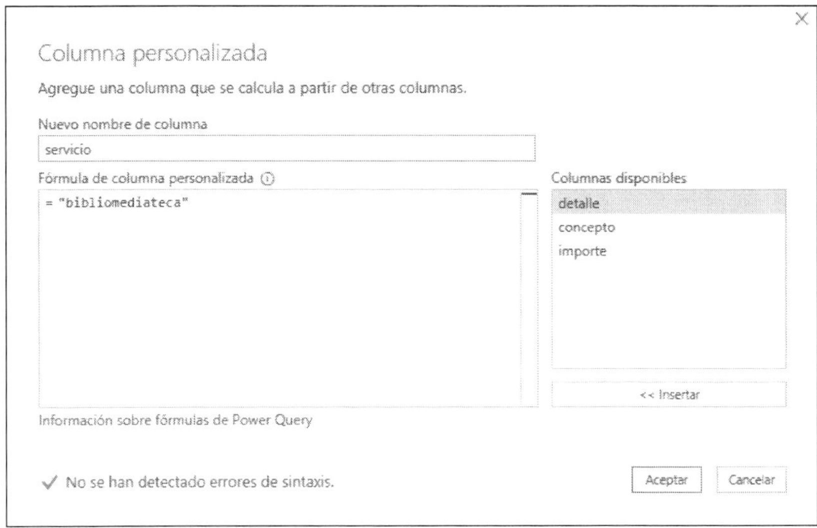

- Haga clic en el botón **Aceptar**.

Finalizar la tabla

No vamos a realizar ningún cálculo en la columna detalle, por lo que el formato de texto es el más apropiado.

- En la columna **detalle**, aplique el formato **Texto**.
- En la columna **servicio**, aplique también un formato **Texto**.
- Coloque la columna **servicio** a la izquierda de la tabla.

El resultado es el siguiente:

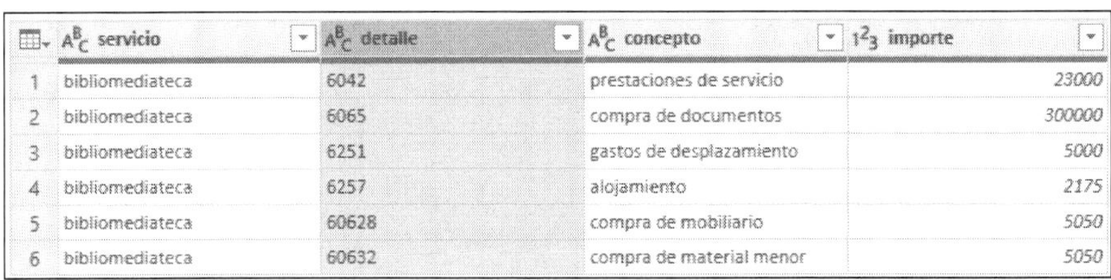

	servicio	detalle	concepto	importe
1	bibliomediateca	6042	prestaciones de servicio	23000
2	bibliomediateca	6065	compra de documentos	300000
3	bibliomediateca	6251	gastos de desplazamiento	5000
4	bibliomediateca	6257	alojamiento	2175
5	bibliomediateca	60628	compra de mobiliario	5050
6	bibliomediateca	60632	compra de material menor	5050

3. Anexar las consultas

Las tres tablas de datos se han formateado de manera que puedan ser sintetizadas en una tabla dinámica.

✎ Muestre el panel **Consultas** haciendo clic en el botón [>] situado en el lado izquierdo de la interfaz de Power Query.

Aparecen las tres consultas:

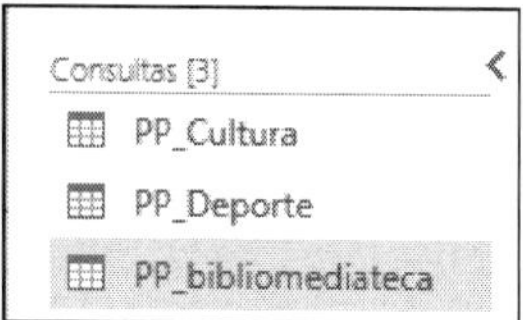

A partir de estas tres tablas, vamos a crear una tabla única.

✎ Asegúrese, navegando por el panel **Consultas**, que, en cada tabla, los títulos, el tipo y el orden de las columnas es el mismo.

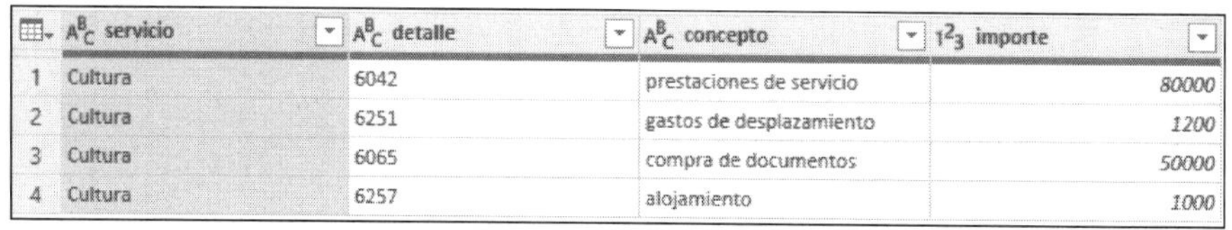

	servicio	detalle	concepto	importe
1	Cultura	6042	prestaciones de servicio	80000
2	Cultura	6251	gastos de desplazamiento	1200
3	Cultura	6065	compra de documentos	50000
4	Cultura	6257	alojamiento	1000

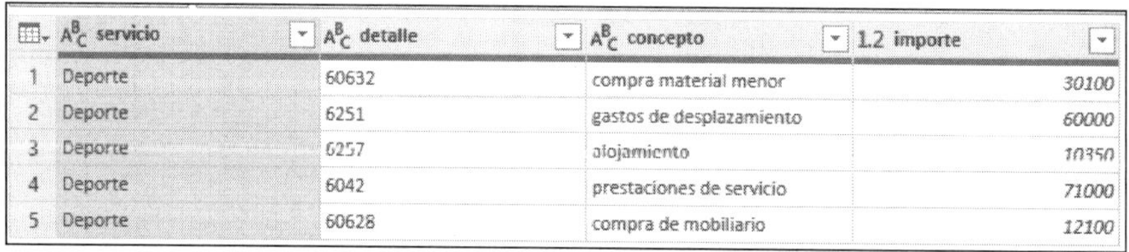

	servicio	detalle	concepto	1.2 importe
1	Deporte	60632	compra material menor	30100
2	Deporte	6251	gastos de desplazamiento	60000
3	Deporte	6257	alojamiento	10350
4	Deporte	6042	prestaciones de servicio	71000
5	Deporte	60628	compra de mobiliario	12100

	servicio	detalle	concepto	importe
1	bibliomediateca	6042	prestaciones de servicio	23000
2	bibliomediateca	6065	compra de documentos	300000
3	bibliomediateca	6251	gastos de desplazamiento	5000
4	bibliomediateca	6257	alojamiento	2175
5	bibliomediateca	60628	compra de mobiliario	5050
6	bibliomediateca	60632	compra de material menor	5050

✎ En el panel **Consultas**, seleccione la consulta **PP_bibliomediateca**.

- En la pestaña **Inicio** - grupo **Combinar**, haga clic en el menú desplegable del botón **Anexar consultas** y, a continuación, en **Anexar consultas para crear una nueva**.

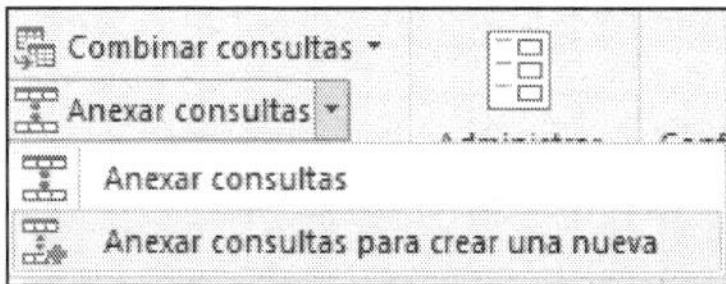

Aparece en pantalla el cuadro de diálogo **Anexar**.

- Marque la opción **Tres o más tablas**.
- Seleccione la tabla **PP_Cultura**, pulse la tecla Ctrl y, sin soltarla, seleccione la tabla **PP_Deporte**.
- Haga clic en el botón **Agregar**.

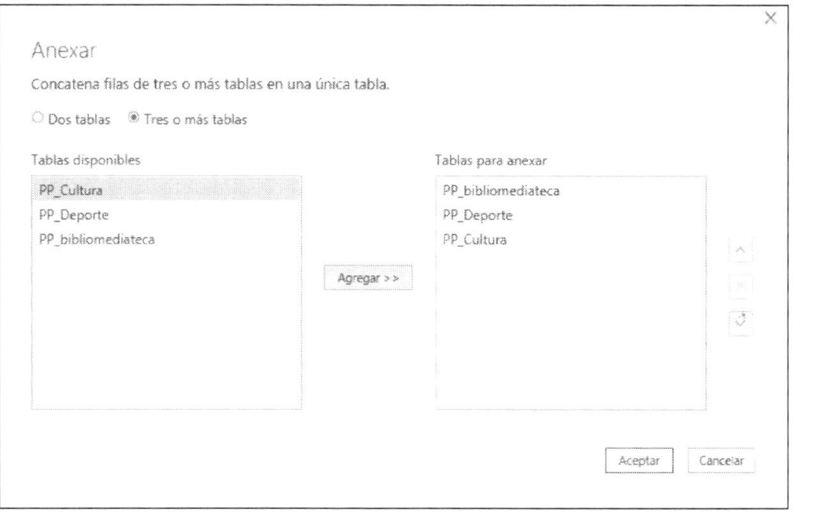

- Haga clic en el botón **Aceptar**.

Aparece una nueva consulta llamada **Anexar1**, que recoge los datos de las consultas **PP_Cultura**, **PP_Deporte** y **PP_bibliomediateca**.

	servicio	detalle	concepto	1.2 importe
1	bibliomediateca	6042	prestaciones de servicio	23000
2	bibliomediateca	6065	compra de documentos	300000
3	bibliomediateca	6251	gastos de desplazamiento	5000
4	bibliomediateca	6257	alojamiento	2175
5	bibliomediateca	60628	compra de mobiliario	5050
6	bibliomediateca	60632	compra de material menor	5050
7	Deporte	60632	compra material menor	30100
8	Deporte	6251	gastos de desplazamiento	60000
9	Deporte	6257	alojamiento	10350
10	Deporte	6042	prestaciones de servicio	71000
11	Deporte	60628	compra de mobiliario	12100
12	Cultura	6042	prestaciones de servicio	80000
13	Cultura	6251	gastos de desplazamiento	1200
14	Cultura	6065	compra de documentos	50000
15	Cultura	6257	alojamiento	1000

✎ En el panel **Configuración de la consulta**, cambie el nombre de la consulta **Anexo1** a **presupuesto_estimado**.

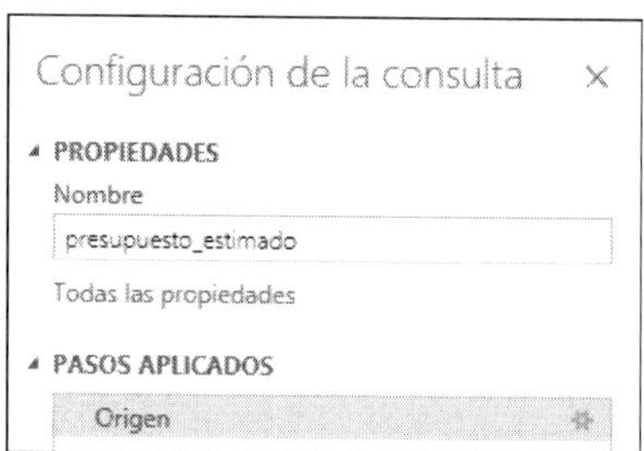

Cargar los datos

✎ En la pestaña **Inicio** de la cinta de opciones, haga clic en el menú desplegable del botón **Cerrar y cargar** y, a continuación, en **Cerrar y cargar en**.

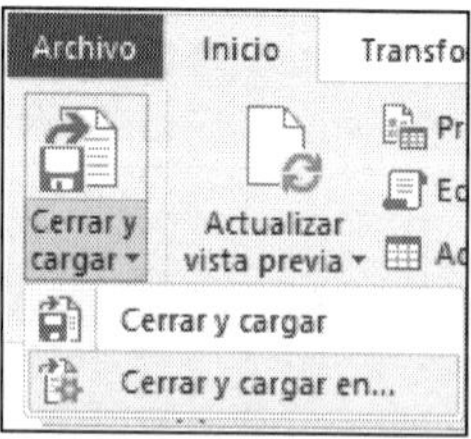

Aparece en pantalla el cuadro de diálogo **Importar datos**.

✎ Seleccione **Informe de tabla dinámica**.

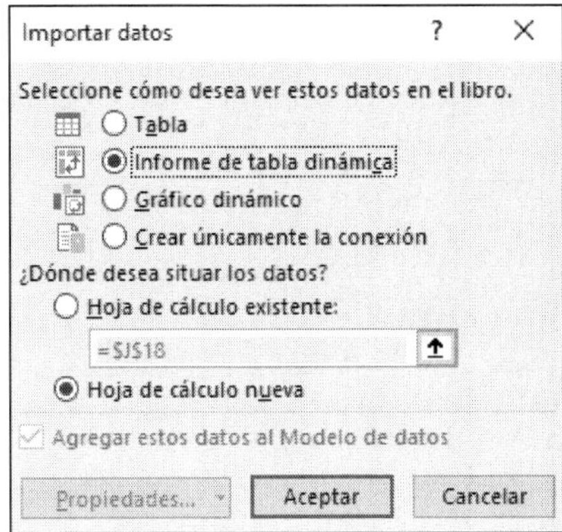

✎ Haga clic en el botón **Aceptar**.

Aparece un informe de tabla dinámica en blanco en una nueva hoja de cálculo.

4. Crear el informe

✎ Coloque los campos **servicio** y **concepto** en el cuadro **Filas**.

✎ Coloque el campo **importe** en el cuadro **Valores**.

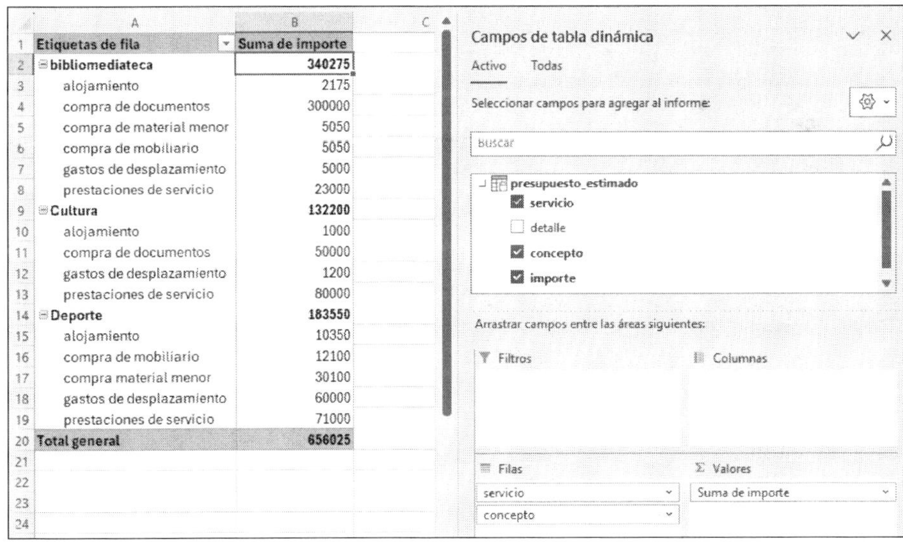

Etiquetas de fila	Suma de importe
bibliomediateca	**340275**
alojamiento	2175
compra de documentos	300000
compra de material menor	5050
compra de mobiliario	5050
gastos de desplazamiento	5000
prestaciones de servicio	23000
Cultura	**132200**
alojamiento	1000
compra de documentos	50000
gastos de desplazamiento	1200
prestaciones de servicio	80000
Deporte	**183550**
alojamiento	10350
compra de mobiliario	12100
compra material menor	30100
gastos de desplazamiento	60000
prestaciones de servicio	71000
Total general	**656025**

Capítulo 3

La creación de un modelo de datos con Power Pivot

A. Objetivo

La tercera parte de este libro propone, en primer lugar, descubrir y familiarizarse con la elaboración de un modelo de datos utilizando Power Pivot en Excel.

A continuación se propondrá un caso práctico: la creación de una herramienta de seguimiento presupuestario, con objeto de aplicar en términos concretos los elementos abordados.

B. ¿Por qué crear un modelo de datos en Excel?

Power Pivot era, en su primera versión, un simple complemento de Excel 2010. Aunque es cierto que esta versión ofrecía menos posibilidades que hoy, por primera vez los «usuarios avanzados» podían usar Excel como si se tratase de una base de datos relacional; podían crear relaciones de tablas dentro de un archivo de Excel sin tener que usar una gran cantidad de funciones de búsqueda, como BUSCARV o INDICE/ COINCIDIR.

Los anglosajones disponen de un término bastante explícito para designar un archivo de Excel que intenta replicar la funcionalidad de una base de datos relacional utilizando fórmulas: EXCEL HELL.

Desafortunadamente, durante mi experiencia profesional, me encontré en esta situación muchas veces. A medida que un archivo «crece», su mantenimiento se complica hasta hacerse imposible; después de un tiempo, lisa y llanamente, nadie comprende para qué sirven los cientos de fórmulas complejas que pueblan cada una de las pestañas.

La capacidad de crear un modelo de datos para fusionar fuentes de datos dispares que contienen cientos de miles de filas en un motor analítico tan avanzado y accesible como Excel constituyó una auténtica revolución.

Con el lanzamiento de Excel 2016, Microsoft decidió incorporar Power Pivot directamente en la cinta de opciones de Excel.

Sin embargo, a diferencia de los conceptos tradicionales de Excel, donde el enfoque de desarrollo de soluciones es relativamente intuitivo, es preciso que el usuario tenga una comprensión básica de la terminología y la arquitectura de base de datos para aprovechar al máximo Power Pivot.

C. Los fundamentos de un modelo de datos

El modelo de datos le permite organizar datos como si trabajase con una base de datos relacional directamente en Excel. Se trata de un componente de la herramienta Excel Power Pivot.

Así, será posible:

- administrar y analizar un conjunto voluminoso de datos que no podría estar contenido en una hoja de cálculo Excel tradicional;
- crear relaciones de tabla para mostrar y agregar datos bajo demanda;
- crear tablas dinámicas no desde una sola tabla, sino desde un conjunto de tablas organizadas y vinculadas entre sí.

1. La normalización

En términos generales, la normalización consiste en organizar tablas y columnas en un modelo de datos estructurado para reducir las redundancias y preservar la integridad de los datos.

Los objetivos de la normalización son:

- eliminar datos redundantes para reducir el tamaño de las tablas y mejorar la velocidad y la eficiencia del procesamiento;
- minimizar errores y anomalías debidos a modificaciones de datos (inserción, actualización o eliminación de registros);
- simplificar la implementación de consultas y estructurar la base de datos para un análisis significativo.

En un modelo de datos estandarizado, cada tabla debe tener un objetivo distinto y específico (información sobre clientes o proveedores, registros de transacciones, etc.).

<u>Ejemplo</u>

Encontrará los datos de este ejemplo en el archivo **modelo_datos.xlsx**; la solución de este ejemplo se encuentra en el archivo **modelo_datos_resuelto.xlsx**.

En la pestaña **tabla**, la tabla siguiente recoge los préstamos de libros a los lectores de una biblioteca:

N.° operación	fecha	nombre	apellido	dirección	Libro	autor	precio de compra	fecha de compra	ISBN
1	01/01/2022	Bob	Morane	c/ Jazmines, 19	Liquor	Poppy Z.	18	01/05/2007	2846261326
2	02/01/2022	Clark	Burger	Calle Mayor, 1	99 francos	Fréderic B.	20	02/06/2000	1864786260
3	03/01/2022	Bob	Morane	c/ Jazmines, 19	Galaxie watch	Cómics D.	15	15/06/2015	9864157823
4	04/01/2022	Bob	Morane	c/ Jazmines, 19	Red & Black	Stend H.	15	15/06/2000	8792518573
5	05/01/2022	Bob	Morane	c/ Jazmines, 19	Saga	Poppy Z.	18	05/06/2004	8972159735
6	06/01/2022	Bruno	Benegas	c/ Percebe, 7	Miss Wonderful	Marvel	15	16/08/2011	1045284738
7	07/01/2022	Harley	Britchu	c/ Universidad, 8	Galaxie watch	Cómics D.	15	15/06/2015	9864157823
8	08/01/2022	Bob	Morane	c/ Jazmines, 19	Lost Souls	Poppy Z.	18	06/07/1999	1486489726
9	09/01/2022	Bruno	Benegas	c/ Percebe, 7	Galaxie watch	Cómics D.	15	15/06/2015	9864157823

Las celdas en gris representan las redundancias que se hallan en la tabla.

En este momento, estas redundancias pueden parecer insignificantes, pero ineficiencias menores pueden convertirse en problemas mayores a medida que aumenta el tamaño de la base de datos.

La normalización consiste en separar los datos en varias tablas que incluyen elementos de la misma naturaleza.

Préstamos		Socios			Libros				
N.° operación	fecha	nombre	apellido	dirección	Libro	autor	precio de compra	fecha de compra	ISBN
1	01/01/2022	Bob	Morane	c/ Jazmines, 19	Liquor	Poppy Z.	18	01/05/2007	2846261326
2	02/01/2022	Clark	Burger	Calle Mayor, 1	99 francos	Fréderic B.	20	02/06/2000	1864786260
3	03/01/2022	Bob	Morane	c/ Jazmines, 19	Galaxie watch	Cómics D.	15	15/06/2015	9864157823
4	04/01/2022	Bob	Morane	c/ Jazmines, 19	Red & Black	Stend H.	15	15/06/2000	8792518573
5	05/01/2022	Bob	Morane	c/ Jazmines, 19	Saga	Poppy Z.	18	05/06/2004	8972159735
6	06/01/2022	Bruno	Benegas	c/ Percebe, 7	Miss Wonderful	Marvel	15	16/08/2011	1045284738
7	07/01/2022	Harley	Britchu	c/ Universidad, 8	Galaxie watch	Cómics D.	15	15/06/2015	9864157823
8	08/01/2022	Bob	Morane	c/ Jazmines, 19	Lost Souls	Poppy Z.	18	06/07/1999	1486489726
9	09/01/2022	Bruno	Benegas	c/ Percebe, 7	Galaxie watch	Cómics D.	15	15/06/2015	9864157823

La tabla inicial se dividirá en tres tablas:

- La tabla T_Préstamos

ID_préstamo	fecha	ID_Socio	ID_libro
1	01/01/2022	1	1
2	02/01/2022	2	2
3	03/01/2022	1	3
4	04/01/2022	1	4
5	05/01/2022	1	5
6	06/01/2022	3	6
7	07/01/2022	4	3
8	08/01/2022	1	7
9	09/01/2022	3	3

- La tabla T_socios

ID_Socio	apellido	nombre	dirección
1	Bob	Morane	c/ Jazmines, 19
2	Clark	Burger	Calle Mayor, 1
3	Bruno	Benegas	c/Percebe, 7
4	Harley	Britchu	c/Universidad,
5	Bob	Morane	c/ Jazmines, 19

- La tabla T_libros

ID_libro	Libro	autor	precio de compra	fecha de compra	ISBN
1	Liquor	Poppy Z.	18	01/05/2007	2846261326
2	99 francos	Fréderic B.	20	02/06/2000	1864786260
3	Galaxie watch	Comics D.	15	15/06/2015	9864157823
4	Red & Black	Stend H.	15	15/06/2000	8792518573
5	Saga	Poppy Z.	18	05/06/2004	8972159735
6	Miss Wonderful	Marvel	15	16/08/2011	1045284738
7	Lost Souls	Poppy Z.	18	06/07/1999	1486489726

Encontrará estas tres tablas en la pestaña **tablas normalizadas**.

2. Importar tablas al modelo de datos

Si la pestaña **Power Pivot** no se muestra en la cinta de opciones, efectúe la siguiente operación:

- Seleccione la pestaña **Archivo** y, a continuación, **Opciones**.

Se muestra en pantalla el cuadro de diálogo **Opciones de Excel**.

- Seleccione **Complementos**.
- En la parte inferior del cuadro de diálogo, en la lista desplegable **Administrar**, seleccione **Complementos COM** y, a continuación, haga clic en el botón **Ir**.

Aparece en pantalla el cuadro de diálogo **Complementos COM**.

- Marque la casilla **Microsoft Power Pivot for Excel**.
- Haga clic en el botón **Aceptar**.
- Seleccione una celda incluida en la tabla **T_Préstamos**.
- En la pestaña **Power Pivot** - grupo **Tablas**, haga clic en el botón **Agregar a modelo de datos**.

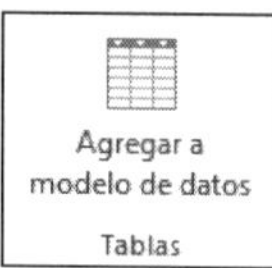

Se abre una nueva ventana llamada **Power Pivot**:

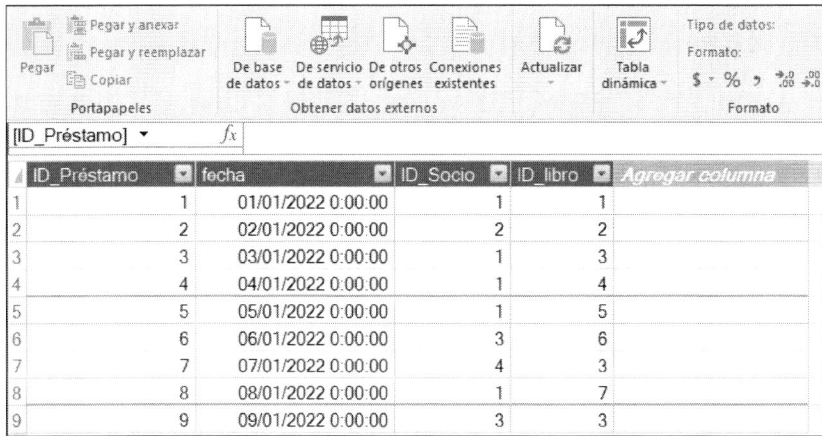

	ID_Préstamo	fecha	ID_Socio	ID_libro
1	1	01/01/2022 0:00:00	1	1
2	2	02/01/2022 0:00:00	2	2
3	3	03/01/2022 0:00:00	1	3
4	4	04/01/2022 0:00:00	1	4
5	5	05/01/2022 0:00:00	1	5
6	6	06/01/2022 0:00:00	3	6
7	7	07/01/2022 0:00:00	4	3
8	8	08/01/2022 0:00:00	1	7
9	9	09/01/2022 0:00:00	3	3

Esta ventana presenta los datos en forma de tabla, de la misma manera que en una tabla de Excel.

✎ Repitiendo la acción anterior, importe las tablas **T_Socios** y **T_libros** en Power Pivot.

Puede navegar entre las tablas importadas a Power Pivot usando las pestañas situadas en la parte inferior de la interfaz.

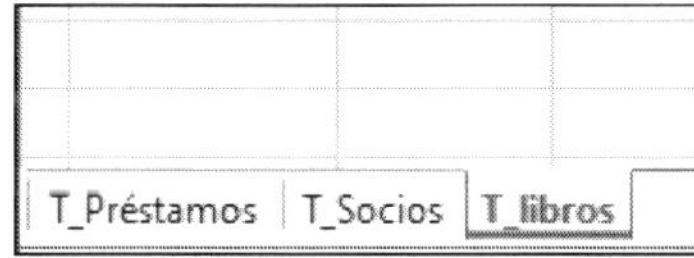

La vista de diagrama

La vista de diagrama es útil para organizar y crear relaciones entre las tablas importadas a Power Pivot.

✎ En la pestaña **Inicio** de la cinta de opciones de **Power Pivot**, en el grupo **Ver**, haga clic en el botón **Vista de diagrama**.

El resultado es el siguiente:

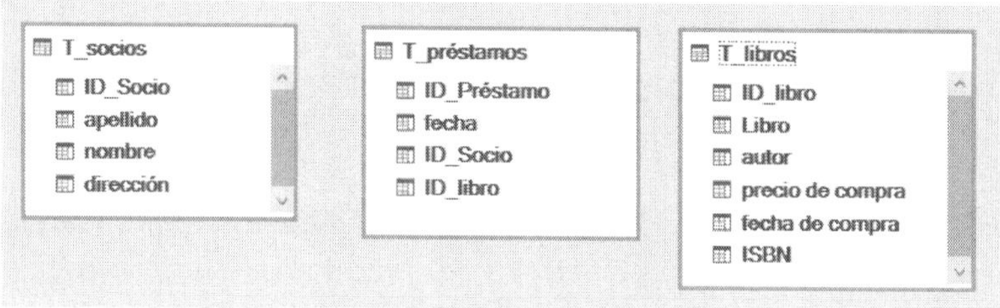

✎ Para volver a la vista de datos, en el menú **Inicio** de la cinta de opciones de **Power Pivot**, en el grupo **Ver**, haga clic en el botón **Vista de datos**.

3. Las claves primarias

La clave primaria es el medio de identificar una fila en una tabla de manera única. La mayoría de las veces, la clave primaria es un número **único** generado por un software de base de datos.

Hablamos entonces de **clave primaria artificial**.

No obstante, puede haber una columna en sus datos que ya identifique de forma única cada fila, como el número de la Seguridad Social o un número de ISBN; en ese caso, puede actuar como una clave principal.

Hablaremos entonces de **clave primaria natural**.

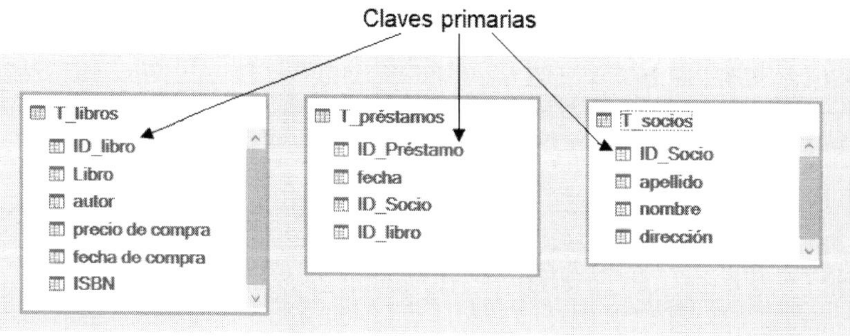

4. Las claves extranjeras y las relaciones

Una base de datos se dice que es relacional porque es posible crear relaciones entre las tablas. Así, después de haber importado la tabla **T_libros**, la tabla **T_préstamos** y la tabla **T_socios**, conviene vincular estas tres tablas entre sí, ya que «los préstamos de libros son realizados por los socios».

Las relaciones entre las tablas se llevan a cabo con **claves extranjeras**, es decir, una clave primaria heredada de otra tabla. A diferencia de la clave primaria, el valor que toma una clave extranjera no es necesariamente único.

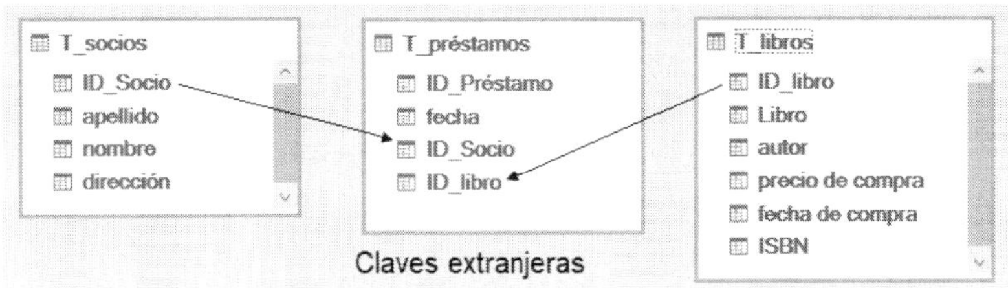

Así, en la tabla **T_socios**, el campo **Id_Socio** hace el trabajo de clave primaria. No obstante, esta clave también se utiliza en la tabla **T_préstamos**, donde desempeña la función de clave extranjera. Es «**no única**» ya que un socio poder realizar diversos préstamos.

Vista de datos:

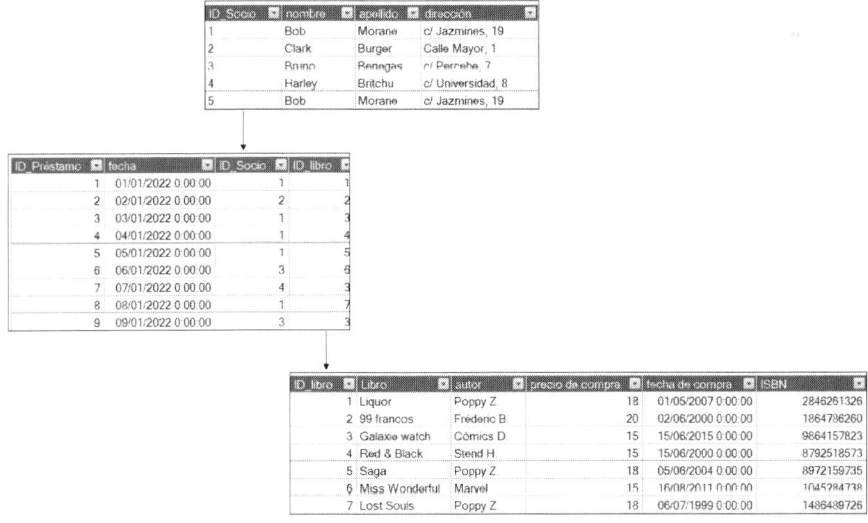

ID_Socio	nombre	apellido	dirección
1	Bob	Morane	c/ Jazmines, 19
2	Clark	Burger	Calle Mayor, 1
3	Bruno	Benegas	c/ Percebe, 7
4	Harley	Britchu	c/ Universidad, 8
5	Bob	Morane	c/ Jazmines, 19

ID_Préstamo	fecha	ID_Socio	ID_libro
1	01/01/2022 0:00:00	1	1
2	02/01/2022 0:00:00	2	2
3	03/01/2022 0:00:00	1	3
4	04/01/2022 0:00:00	1	4
5	05/01/2022 0:00:00	1	5
6	06/01/2022 0:00:00	3	6
7	07/01/2022 0:00:00	4	3
8	08/01/2022 0:00:00	1	7
9	09/01/2022 0:00:00	3	3

ID_libro	Libro	autor	precio de compra	fecha de compra	ISBN
1	Liquor	Poppy Z.	18	01/05/2007 0:00:00	2846261326
2	99 francos	Fréderic B.	20	02/06/2000 0:00:00	1864786260
3	Galaxie watch	Cómics D.	15	15/06/2015 0:00:00	9864157823
4	Red & Black	Stend H.	15	15/06/2000 0:00:00	8792518573
5	Saga	Poppy Z.	18	05/06/2004 0:00:00	8972159735
6	Miss Wonderful	Marvel	15	16/08/2011 0:00:00	1045284738
7	Lost Souls	Poppy Z.	18	06/07/1999 0:00:00	1486489726

a. Crear una relación en Power Pivot

Existen dos formas de crear relaciones en Power Pivot. La primera consiste simplemente en hacer clic y arrastrar las relaciones en la vista de diagrama del modelo. El segundo método consiste en utilizar el botón **Crear relación**.

Primer método: a partir de la vista de diagrama

Primera relación: de la tabla T_libros a la tabla T_préstamos.

- Seleccione la clave primaria de la tabla **T_libros**, es decir, el campo **ID_libro**.
- Haga clic y arrastre hacia la clave extranjera **ID_libro** de la tabla **T_préstamos**.

El resultado es el siguiente:

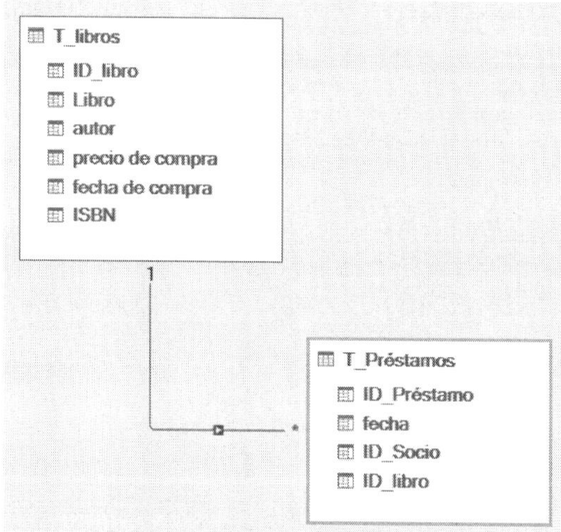

Segundo método: desde el botón Crear relación

Segunda relación: de la tabla T_socios a la tabla T_préstamos

- En la pestaña **Diseñar** de la cinta de opciones de Power Pivot, en el grupo **Relaciones**, haga clic en el botón **Crear relación**.

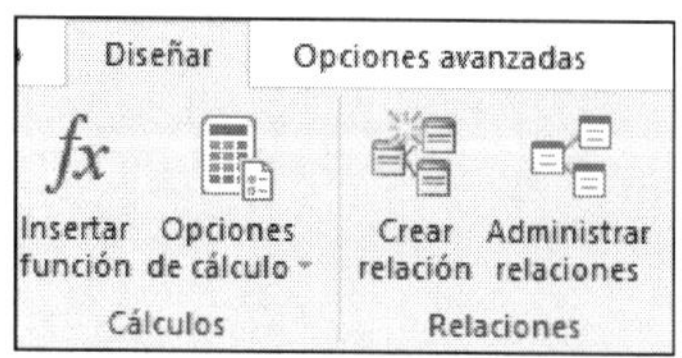

Aparece en pantalla el cuadro de diálogo **Crear relación**.

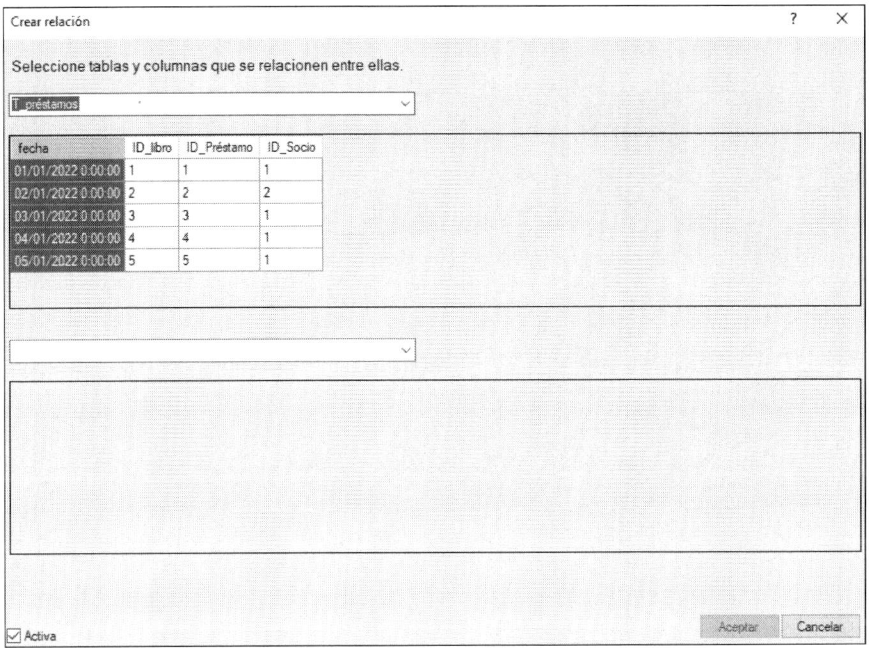

- En la lista desplegable situada en la parte superior del cuadro de diálogo, seleccione la tabla **T_socios**.
- En la lista desplegable situada en la parte inferior del cuadro de diálogo, seleccione la tabla **T_préstamos**.

La relación va a establecerse a partir del campo ID_Socio.

El campo **ID_Socio** es la clave primaria de la tabla **T_socios** y es una clave extranjera de la tabla **T_préstamos**.

- Seleccione las dos columnas ID_Socio.

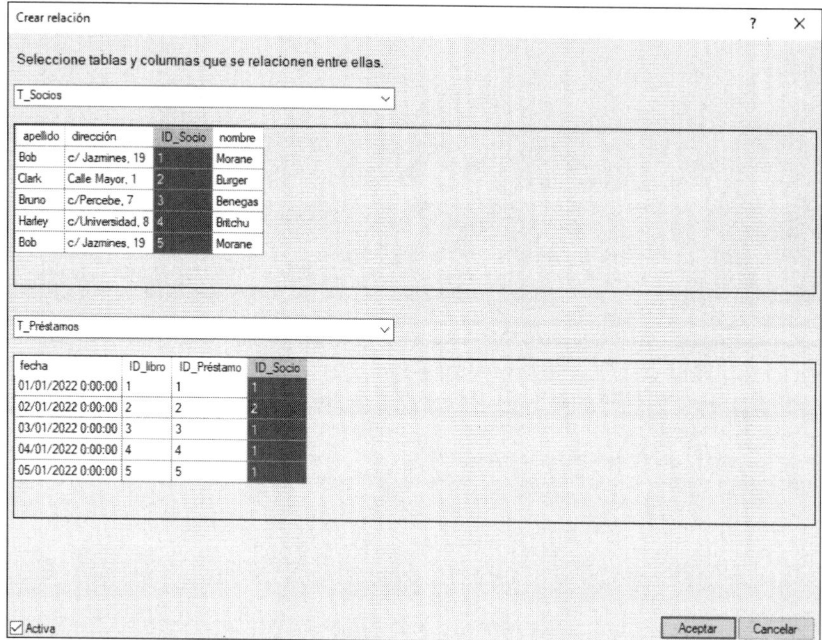

- Haga clic en el botón **Aceptar**.
- En la cinta de opciones, seleccione la pestaña **Inicio**, en el grupo **Ver**, haga clic en **Vista de diagrama**.

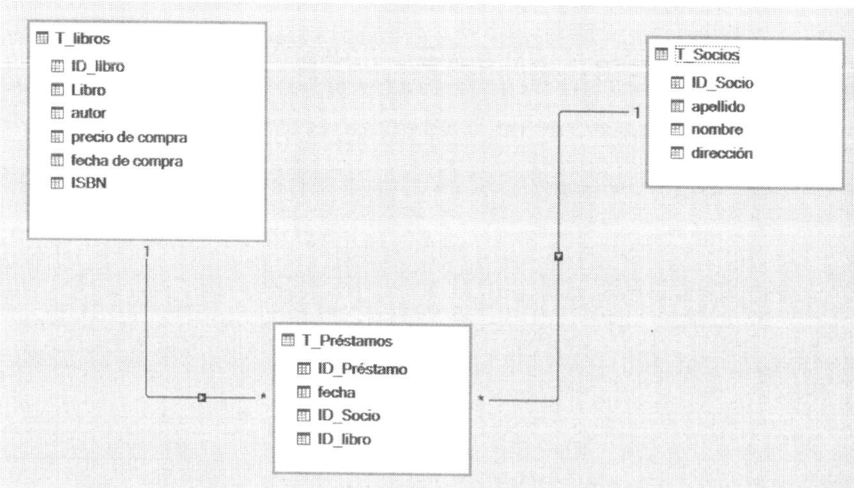

Se han creado las dos relaciones.

A continuación, no vamos a realizar ningún cálculo basado en una clave primaria; por esta razón, es preferible cambiar el tipo de datos de cada uno de los campos relativos a una clave primaria a texto.

- Seleccione la tabla **T_socios**.
- Active la clave primaria de la tabla, es decir, el campo **ID_Socio**.
- En la pestaña **Inicio** de la cinta de opciones, en el grupo **Formato**, en la lista desplegable **Tipo de datos**, seleccione **Texto**.

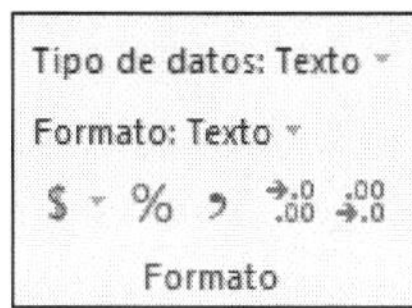

- Efectúe la misma operación con la clave primaria **ID_préstamo** de la tabla **T_préstamos** y con las claves extranjeras **ID_Socio** e **ID_libro** de la tabla **T_préstamos** y con la clave **ID_libro** de la tabla **T_libros**.

b. Modificar una relación en Power Pivot

De nuevo, disponemos de dos opciones:

Editar una relación desde la vista de diagrama

- Haga un clic derecho en la línea de una relación.

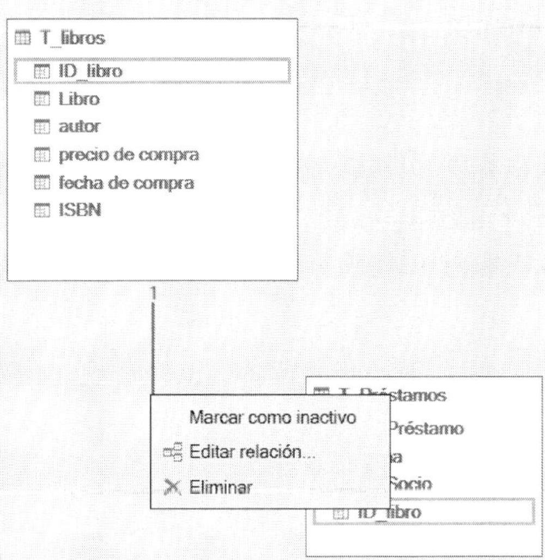

Aparece un menú contextual con tres opciones posibles:

Marcar como inactivo: la relación queda entonces inoperativa, aunque puede reactivarse a continuación.

Editar relación: aparece en pantalla el cuadro de diálogo **Editar relación**:

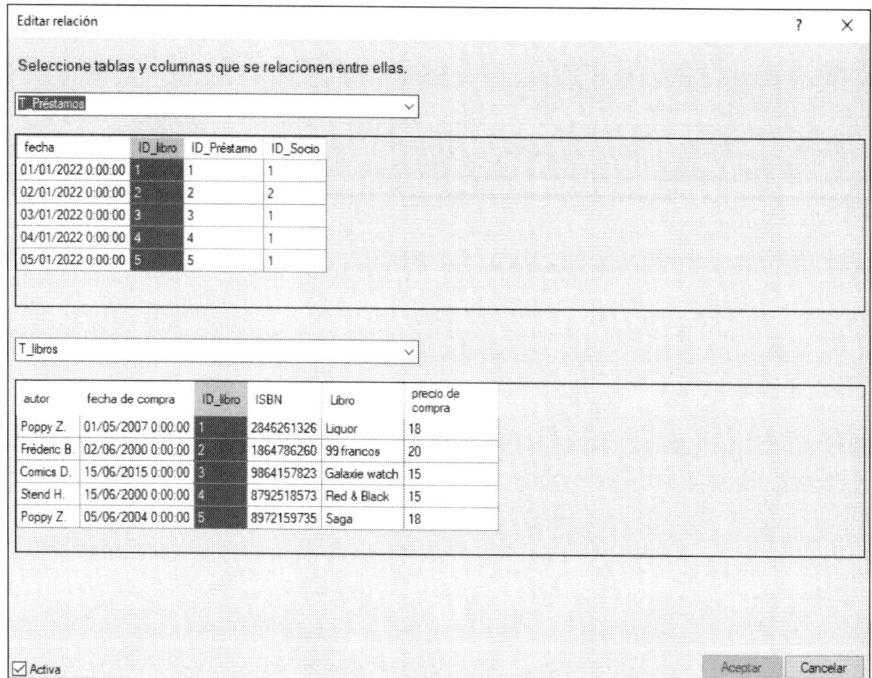

Eliminar: la relación desaparece del modelo.

Editar las relaciones desde el botón Administrar relaciones

✎ Para comprobar que las relaciones se han establecido correctamente, en la pestaña **Diseñar** de la cinta de opciones de Power Pivot, grupo **Relaciones**, haga clic en **Administrar relaciones**.

Aparece en pantalla el cuadro de diálogo **Administrar relaciones**:

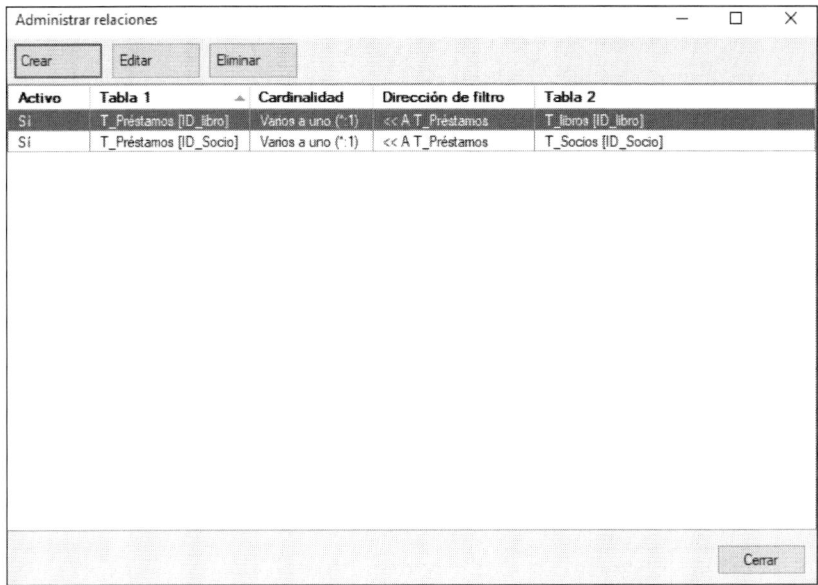

Se detallan las características de las relaciones establecidas.

También es posible, a partir de este cuadro de diálogo, crear nuevas relaciones, editarlas o bien eliminar una relación existente.

c. Las características de una relación

Las cardinalidades

Las relaciones están caracterizadas por las cardinalidades. Una cardinalidad se define con un mínimo y un máximo.

La cardinalidad de la relación entre la tabla **T_libros** y **T_préstamos** es de tipo 1 a varios, ya que «un libro puede ser prestado varias veces».

Power Pivot ha evaluado automáticamente la relación correcta entre las dos tablas.

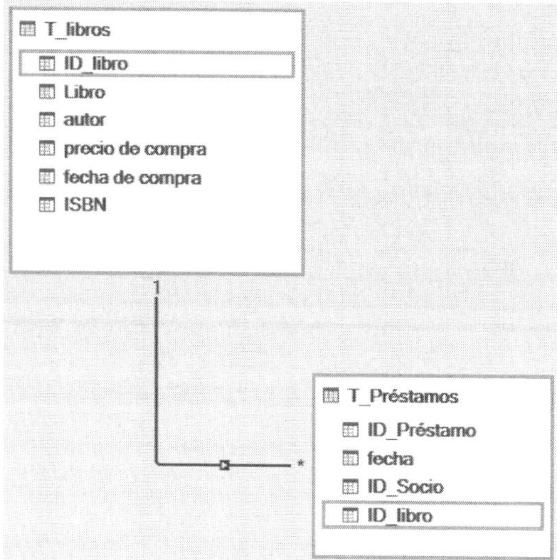

En Power Pivot, la cardinalidad ***varios*** *se representa con el símbolo *.*

La cardinalidad de la relación entre la tabla **T_socios** y **T_préstamos** también es de tipo 1 a varios, ya que «un socio puede obtener varios préstamos».

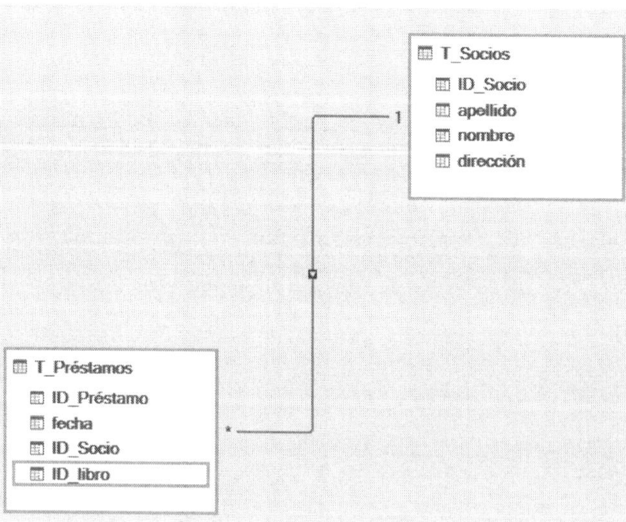

La dirección del filtro de una relación

En Power Pivot, cada relación tiene un sentido. Este elemento se representa con el símbolo .

Salvo en casos particulares, la dirección del filtro de la relación es siempre de la cardinalidad 1 a la cardinalidad varios.

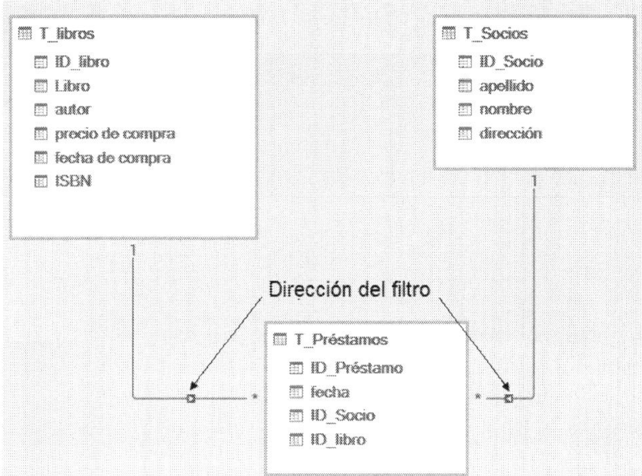

D. Tabla dinámica, modelo de datos y contexto de filtro

1. El concepto de propagación de filtro

En una tabla dinámica, los datos se sintetizan en función de un **contexto de filtro**.

El contexto de filtro es el conjunto de filtros (o «coordenadas») de determinadas por los elementos de la tabla dinámica (filtros, segmentos, etiquetas de filas y etiquetas de columnas).

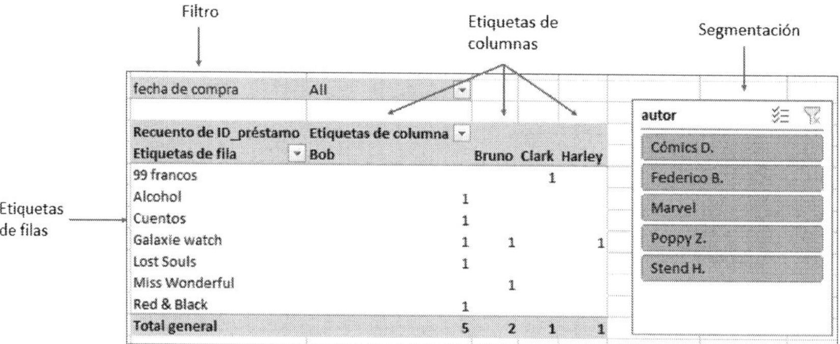

Recuento de ID_préstamo	Etiquetas de columna			
Etiquetas de fila	Bob	Bruno	Clark	Harley
99 francos			1	
Alcohol	1			
Cuentos	1			
Galaxie watch	1	1		1
Lost Souls	1			
Miss Wonderful		1		
Red & Black	1			
Total general	5	2	1	1

En un informe de tabla dinámica basado en un modelo de datos, si filtra una tabla, ello tendrá un impacto no solo en la tabla en sí, sino también en las tablas relacionadas y situadas por debajo de ella.

Para ilustrar este principio, vamos a trabajar de nuevo con el archivo **modelo_datos.xlsx**; la solución de este ejemplo se encuentra en el archivo **modelo_datos_resuelto.xlsx**, en la pestaña **td**.

a. Ejemplo:

Vamos a construir una tabla dinámica para recoger el número de préstamos por título del libro.

- En la pestaña **Inicio** de la cinta de opciones de Power Pivot, haga clic en el botón **Tabla dinámica**.

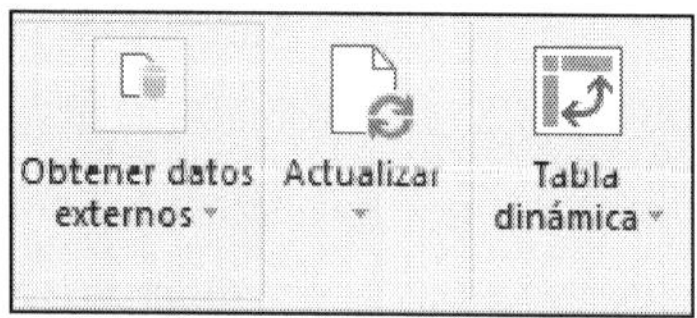

Aparece en pantalla el cuadro de diálogo **Crear tabla dinámica**.

- En cuanto a la ubicación, active la opción **Nueva hoja de cálculo**.

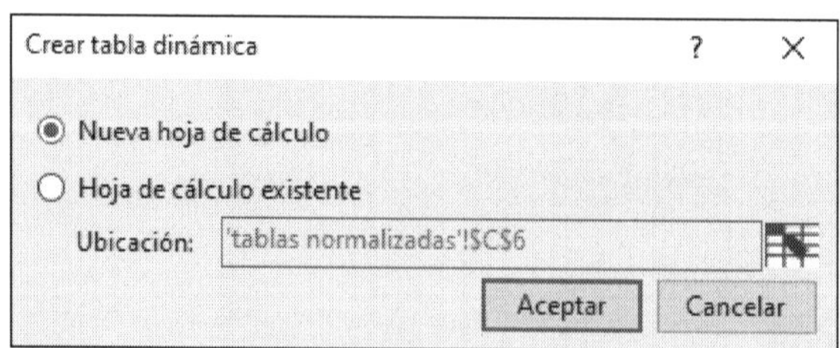

✎ Haga clic en el botón **Aceptar**.

Aparece el panel **Campos de tabla dinámica** en el lado derecho de la pantalla; muestra las tres tablas importadas con anterioridad en el modelo de datos:

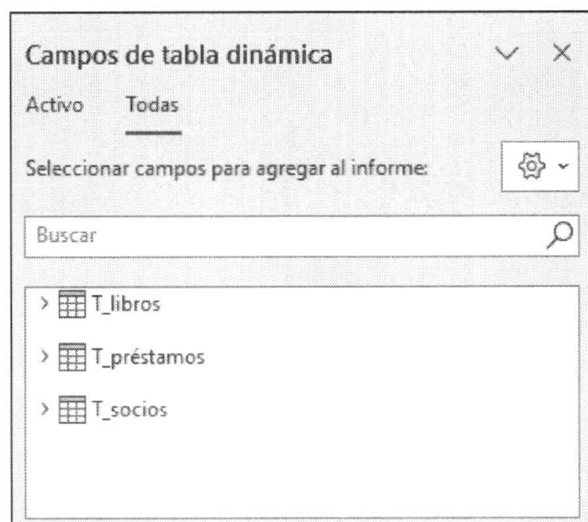

✎ Haga clic en la tabla **T_libros** y seleccione el campo **Libro**.

Excel ha colocado automáticamente el campo **Libro** en la zona de las **Filas**.

✎ Haga clic en la tabla **T_préstamos** y coloque el campo **ID_libro** en la zona **Valores**.

La agregación utilizada por Excel es **Recuento de ID_libro**.

✎ Si la agregación utilizada por Excel es Suma, haga clic en **Suma de ID_libro** en la zona **Valores** del panel **Campos de tabla dinámica**; haga clic a continuación en **Configuración de campo de valor** y, en la opción **Resumir campo de valor por**, seleccione la agregación **Recuento**.

El resultado es el siguiente:

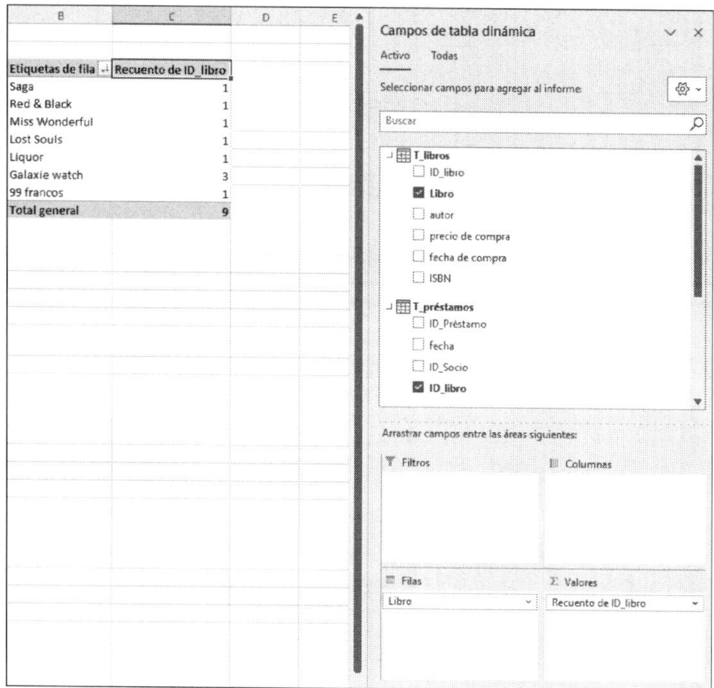

Los datos se han filtrado de la tabla T_libros a la tabla T_préstamos.

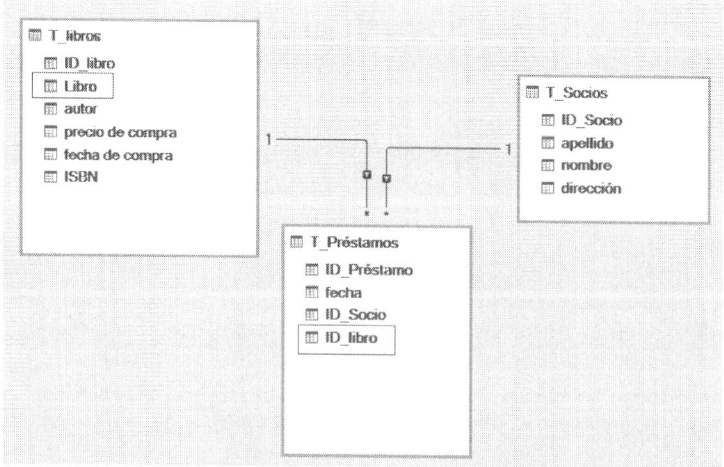

Si retomamos la tabla dinámica que acabamos de realizar:

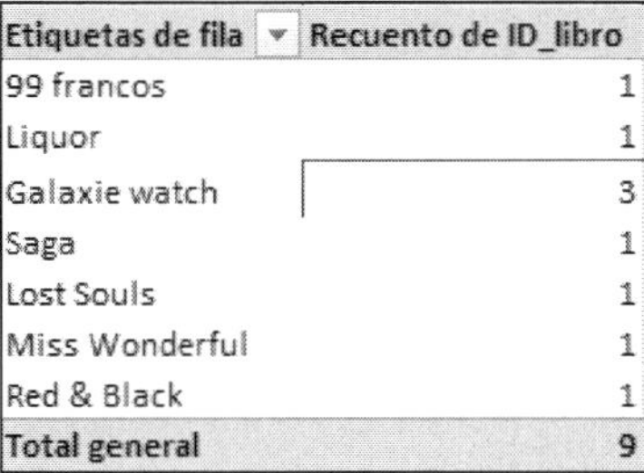

Etiquetas de fila	Recuento de ID_libro
99 francos	1
Liquor	1
Galaxie watch	3
Saga	1
Lost Souls	1
Miss Wonderful	1
Red & Black	1
Total general	**9**

Las coordenadas del número de préstamos del libro Galaxie Watch son:

```
T_libros[Libro]= "Galaxie watch"
```

b. La propagación del filtro

Excel filtra el valor "Galaxie watch" en la columna **Libro** de la tabla **T_libros**.

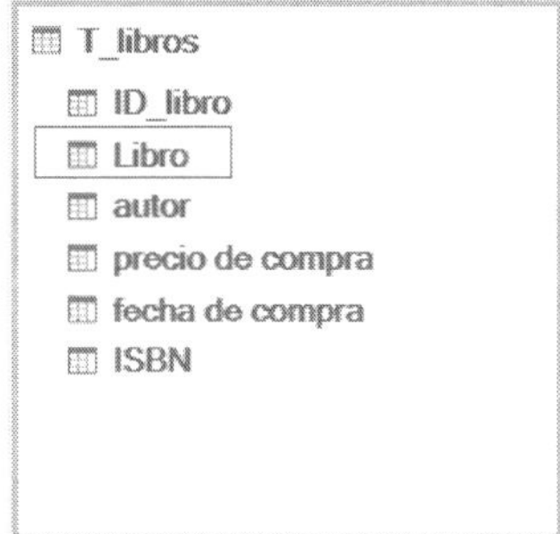

En la tabla **T_libros**, el libro Galaxie watch tiene el identificador **ID_libro** = 3.

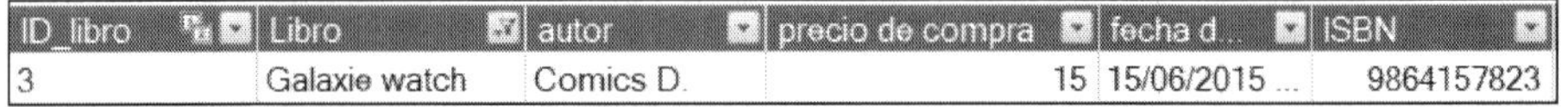

ID_libro	Libro	autor	precio de compra	fecha d...	ISBN
3	Galaxie watch	Comics D.	15	15/06/2015 ...	9864157823

A continuación, Excel filtra todas las tablas asociadas en función del sentido de las relaciones creadas en el modelo de datos.

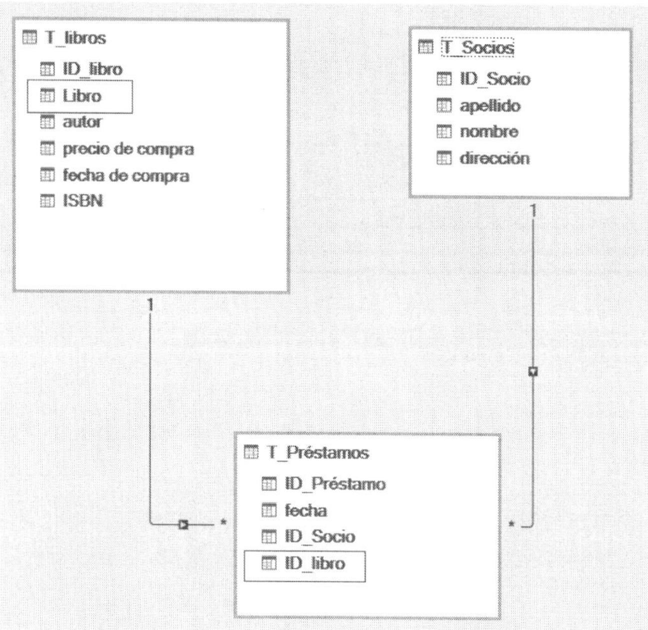

En la tabla **T_préstamos**, los datos se filtran tomando el criterio **ID_libro** = 3.

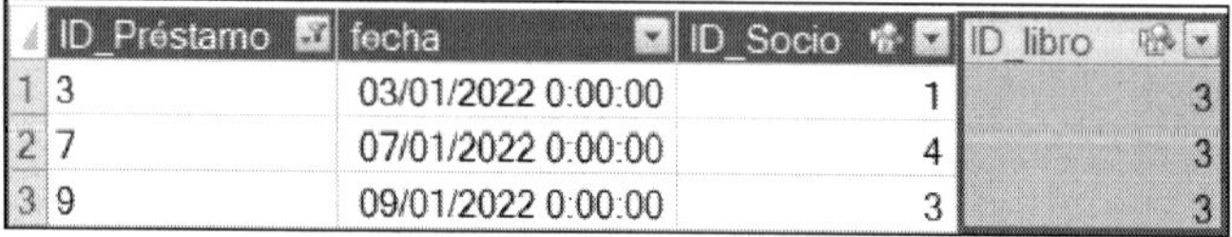

	ID_Préstamo	fecha	ID_Socio	ID_libro
1	3	03/01/2022 0:00:00	1	3
2	7	07/01/2022 0:00:00	4	3
3	9	09/01/2022 0:00:00	3	3

Finalmente, la agregación definida por la tabla dinámica es evaluada (en nuestro caso, el número de préstamos).

En nuestro ejemplo, hay 3 préstamos.

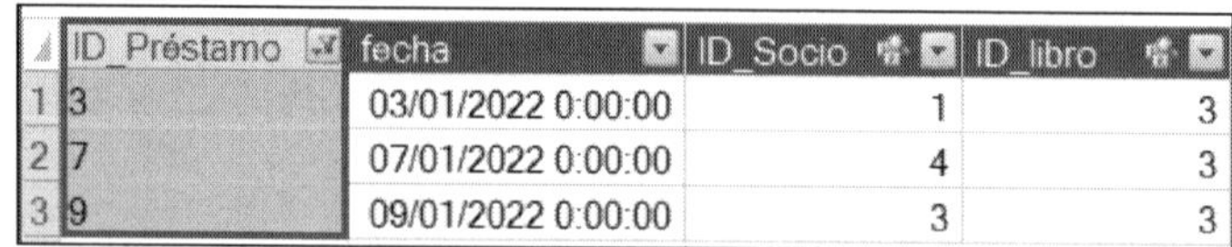

	ID_Préstamo	fecha	ID_Socio	ID_libro
1	3	03/01/2022 0:00:00	1	3
2	7	07/01/2022 0:00:00	4	3
3	9	09/01/2022 0:00:00	3	3

2. Las condiciones necesarias para la propagación del filtro

Deben darse dos condiciones para que la propagación del filtro se lleve a cabo.

La existencia de una relación entre las tablas

En la tabla dinámica anterior, sitúe el campo **ID_Socio** de la tabla **T_socios** en los **Valores**.

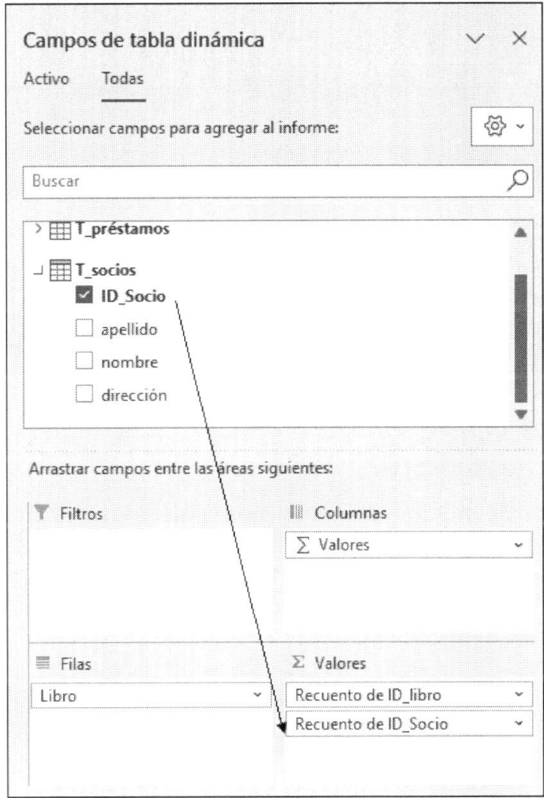

Si la agregación utilizada por Excel es Suma, haga clic en **Suma de ID_Socio** en la zona **Valores** del panel **Campos de tabla dinámica**; haga clic a continuación en **Configuración de campo de valor** y, en la opción **Resumir campo de valor por**, seleccione la agregación **Recuento**.

El resultado obtenido es el siguiente:

Etiquetas de fila	Recuento de ID_libro	Recuento de ID_Socio
Saga	1	5
Red & Black	1	5
Miss Wonderful	1	5
Lost Souls	1	5
Liquor	1	5
Galaxie watch	3	5
99 francos	1	5
Total general	**9**	**5**

La columna **Recuento de ID_Socio** devuelve el número total de socios, y no el número de socios filtrado por las etiquetas de fila, es decir, los títulos de los libros.

Se muestra un mensaje de aviso en el panel **Campos de tabla dinámica**.

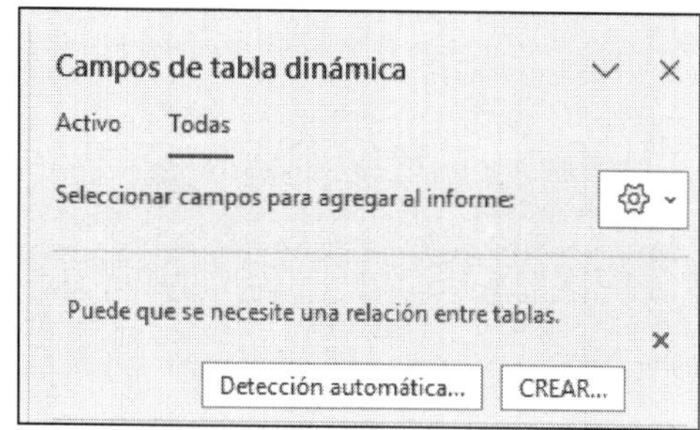

Este mensaje aparece debido a que no existe relación entre la tabla **T_libros** y la tabla T_socios.

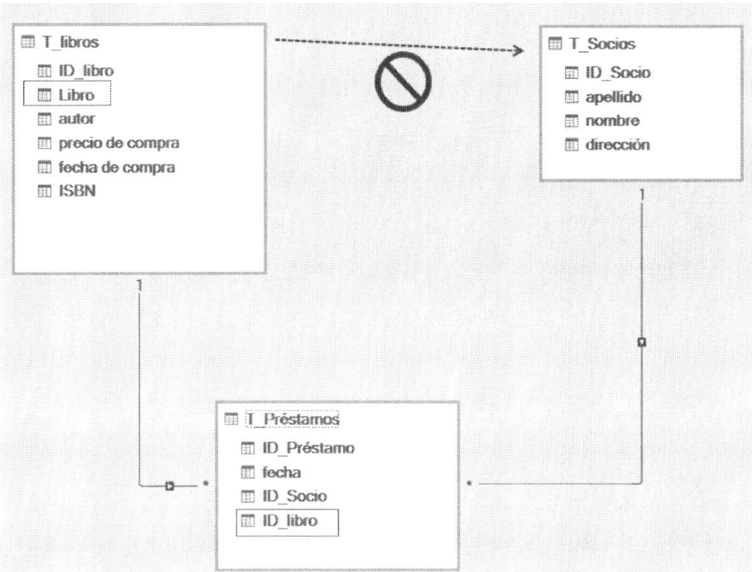

- Haga clic en el campo **Recuento de ID_Socio** en la zona **Valores** y escoja **Quitar campo**.

El sentido de la relación debe ser respetado

No es posible filtrar los datos en sentido inverso al definido por la relación.

- En el panel **Campos de tabla dinámica**, arrastre el campo **Libro** de la zona de las **Filas** a la zona de los **Valores**.
- Arrastre el campo **Recuento de ID_libro** de la zona de los **Valores** a la zona de las **Filas**.

El resultado es el siguiente:

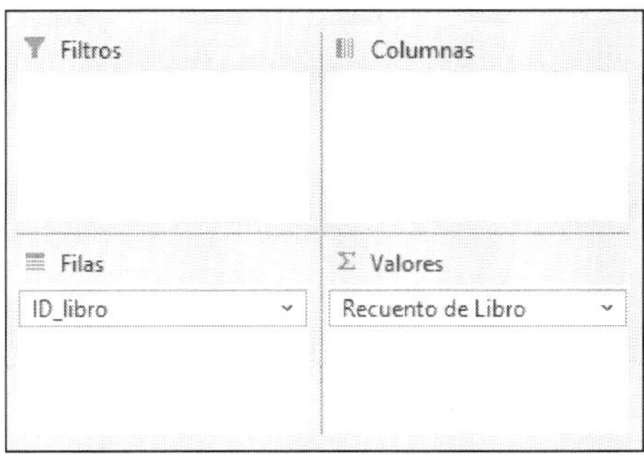

A llevar a cabo esta acción, lo que intentamos es filtrar los datos en el sentido inverso al sentido del filtro definido por la relación.

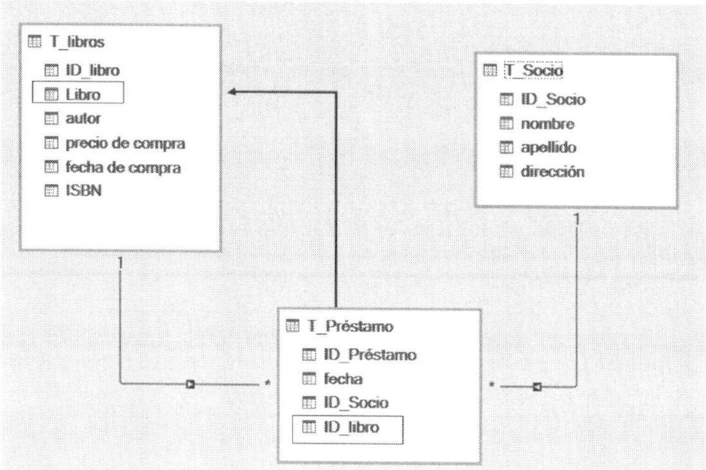

De nuevo, aparece un mensaje de aviso en el panel **Campos de tabla dinámica**.

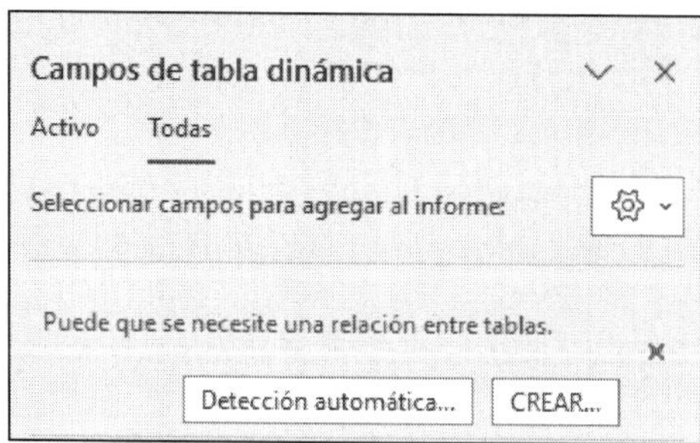

Además, los datos de la tabla dinámica son incoherentes:

Etiquetas de fila	Recuento de Libro
1	7
2	7
3	7
4	7
5	7
6	7
7	7
Total general	**7**

✎ Cancele las dos últimas acciones y, a continuación, guarde y cierre el archivo **modelo_datos.xlsx**.

3. Las tablas de descripción y las tablas de hecho

Los modelos de datos contienen generalmente dos tipos de tablas: las tablas de descripción y las tablas de hecho.

Las **tablas de descripción** contienen atributos descriptivos, a menudo textuales, relativos a cada dimensión de una tabla.

En nuestro ejemplo, las tablas **T_socios** y **T_libros** son tablas de descripción.

La tabla **T_socios** contiene las diferentes características de cada uno de los socios.

T_socios			
ID_Socio	**nombre**	**apellido**	**dirección**
1	Bob	Morane	c/ Jazmines, 19
2	Clark	Burger	Calle Mayor, 1
3	Bruno	Benegas	c/ Percebe, 7
4	Harley	Britchu	c/ Universidad,
5	Bob	Morane	c/ Jazmines, 19

La tabla **T_libros** contiene las diferentes características de cada uno de los libros.

T_libros					
ID_libro	**Libro**	**autor**	**precio de compra**	**fecha de compra**	**ISBN**
1	Liquor	Poppy Z.	18	01/05/2007	2846261326
2	99 francos	Fréderic B.	20	02/06/2000	1864786260
3	Galaxie watch	Cómics D.	15	15/06/2015	9864157823
4	Red & Black	Stend H.	15	15/06/2000	8792518573
5	Saga	Poppy Z.	18	05/06/2004	8972159735
6	Miss Wonderful	Marvel	15	16/08/2011	1045284738
7	Lost Souls	Poppy Z.	18	06/07/1999	1486489726

Las **tablas de hecho** a menudo recogen una acción: en nuestro ejemplo, se trata del préstamo de un libro.

Incorporan claves extranjeras para crear una relación con las tablas de descripción.

La tabla **T_préstamos** es una tabla de hecho:

T_préstamos			
ID_Préstamo	fecha	ID_Socio	ID_libro
1	01/01/2022	1	1
2	02/01/2022	2	2
3	03/01/2022	1	3
4	04/01/2022	1	4
5	05/01/2022	1	5
6	06/01/2022	3	6
7	07/01/2022	4	3
8	08/01/2022	1	7
9	09/01/2022	3	3

En la vista de diagrama, le aconsejo que coloque las tablas de descripción arriba, y las de hecho, abajo.

Esta forma de presentación permite obtener una guía visual: la propagación del filtro será siempre de arriba abajo.

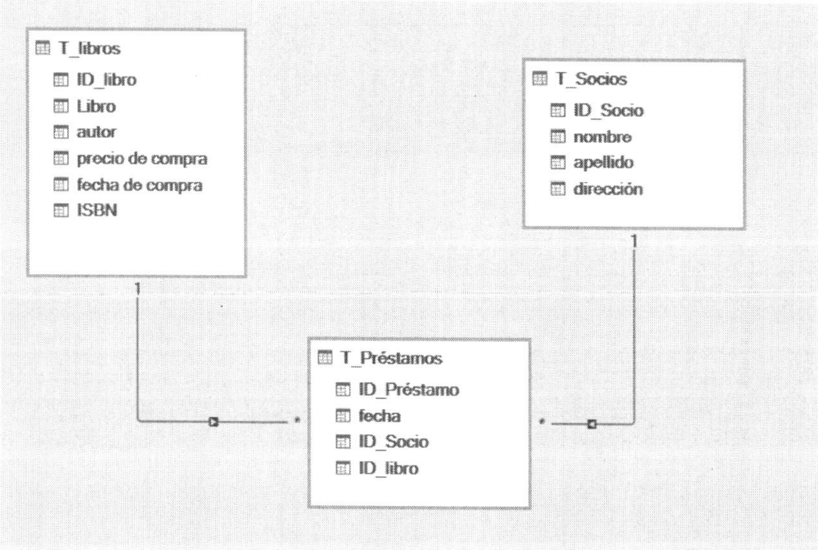

E. Conectar Power Pivot a datos externos

Hasta ahora hemos trabajado con tablas existentes en un archivo de Excel. Sin embargo, al igual que Power Query (que estudiamos en el capítulo anterior), Power Pivot puede conectarse a una gran cantidad de fuentes de datos.

No obstante, conviene hacer una distinción entre dos escenarios diferentes:

- Los datos se han preparado previamente con Power Query: basta entonces con agregarlos al modelo de datos.
- Los datos externos ya están listos para su uso: en este caso, se debe crear una conexión entre la fuente de datos y Power Pivot.

Muy a menudo, en este segundo escenario, los datos provienen de una base de datos relacional y, por lo tanto, ya están limpios y normalizados.

1. Conectar datos externos preparados previamente con Power Query

Los datos externos preparados con Power Query pueden importarse directamente al modelo de datos de Power Pivot.

En el editor de Power Query, pestaña **Inicio** - grupo **Cerrar**, haga clic en el menú desplegable del botón **Cerrar y cargar** - **Cerrar y cargar en**.

Aparece en pantalla el cuadro de diálogo **Importar datos**.

Seleccione **Crear solo conexión**.

✎ Marque la opción **Agregar estos datos al Modelo de datos.**

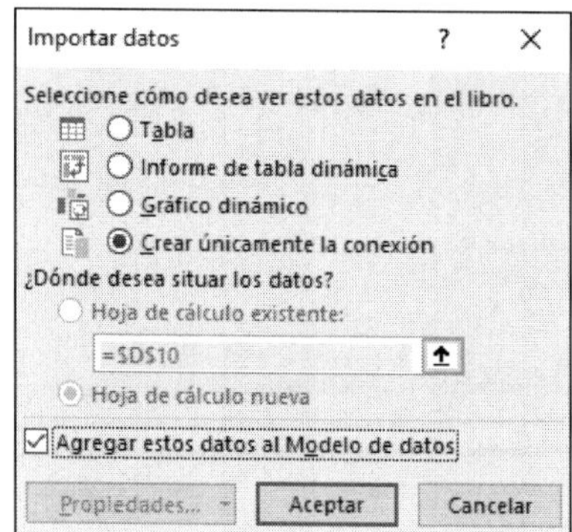

✎ Haga clic en el botón **Aceptar.**

Los datos agregados al modelo de datos se encuentran directamente en Power Pivot.

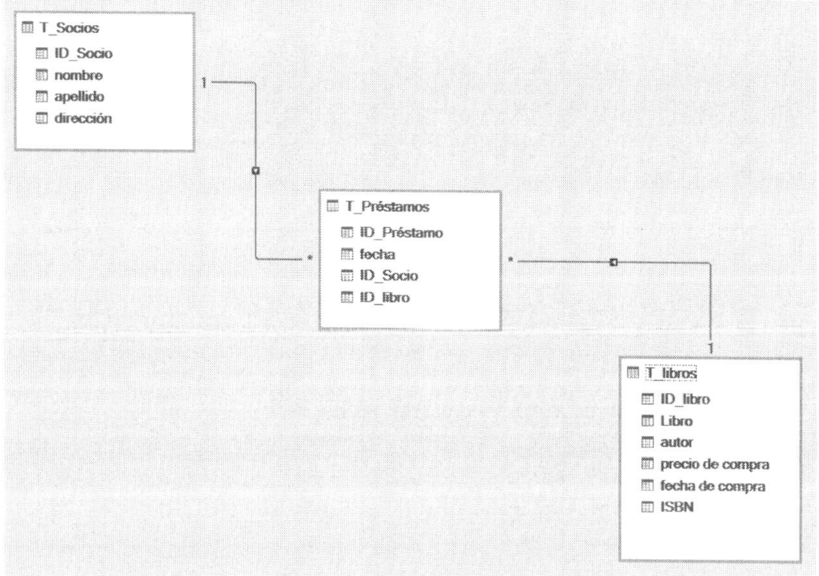

2. Conexión a una base de datos relacional

Power Pivot permite conectarse a una amplia gama de software y aplicaciones de base de datos: SQL Server, Oracle, Access, Sybase, Teradata...

La conexión se lleva a cabo de manera relativamente intuitiva y los pasos son esencialmente los mismos de un software de base de datos a otro.

Para ilustrar la conexión de una base de datos relacional a Power Pivot, utilizaremos una base de datos de Access. Puede acceder a la base de datos utilizada en este ejemplo mediante el archivo **modelo_datos_access.accdb** disponible para su descarga desde el sitio del editor.

Esta base contiene los mismos datos que el archivo **modelo_datos_solucionado.xlsx**, es decir, las tablas **T_libros**, **T_préstamos** y **T_socios**, así como las relaciones entre estas distintas tablas.

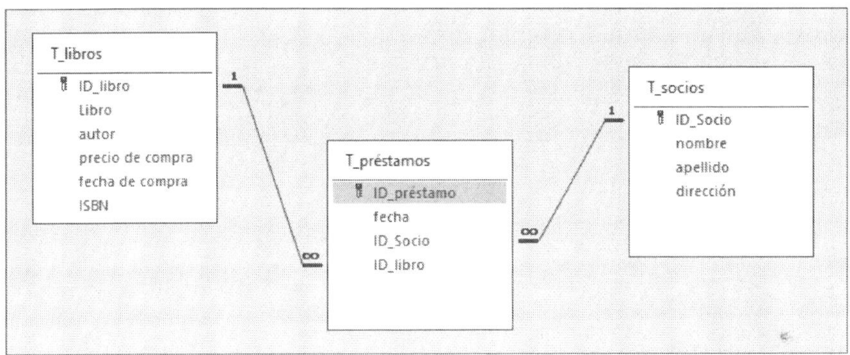

- Abra un nuevo libro de Excel.
- En la cinta de opciones de Excel, en la pestaña **Power Pivot** - grupo **Modelo de datos**, haga clic en el botón **Administrar**.

Se abre Power Pivot.

- En la pestaña **Inicio** de Power Pivot - grupo **Obtener datos externos**, haga clic en el botón **De base de datos** - **De Access**.

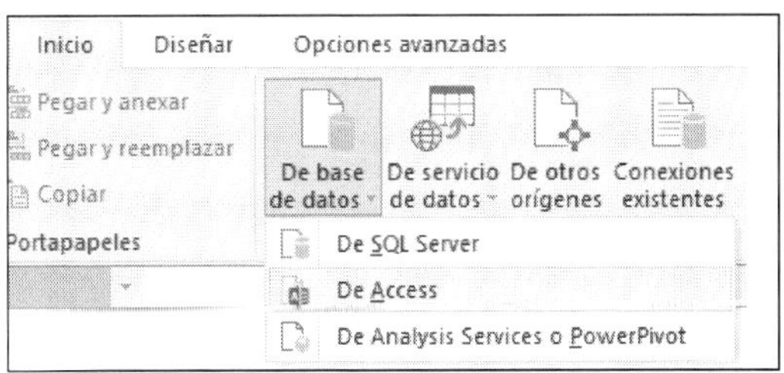

Aparece en pantalla el cuadro de diálogo **Asistente para la importación de tablas**.

- Haga clic en el botón **Examinar** y busque el archivo **modelo_datos_access.accdb** en el dispositivo.

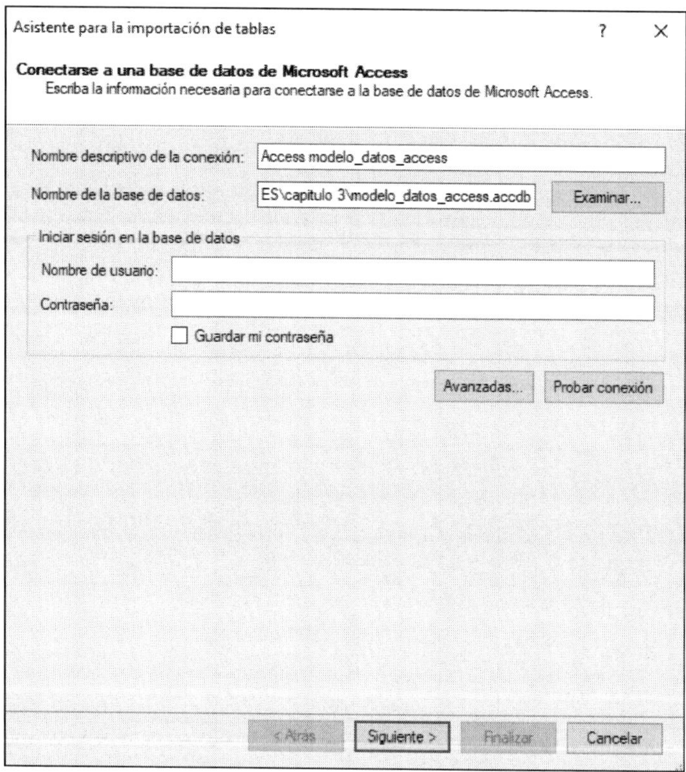

- Haga clic en el botón **Siguiente**.

Hay dos opciones posibles:

- Seleccionar directamente las tablas que quiere importar.
- Importar únicamente una parte de los datos de la base mediante una consulta en lenguaje SQL.

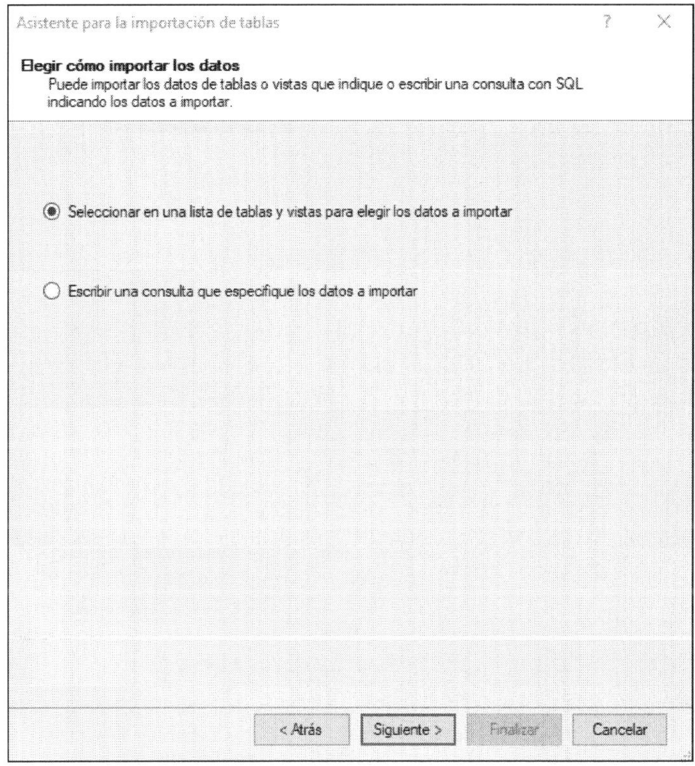

En este ejemplo, optaremos por la primera opción: haga clic en el botón **Siguiente**.

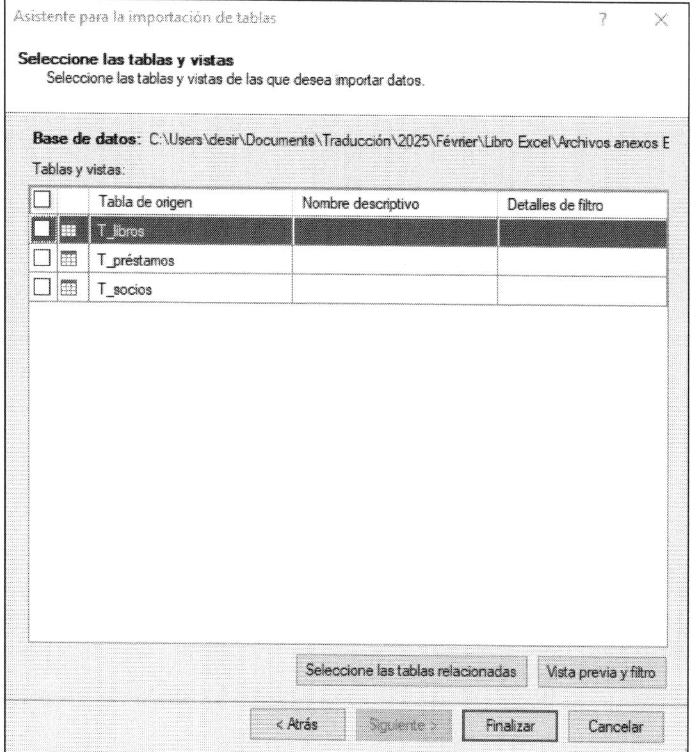

Ahora podemos seleccionar las tablas que queremos importar.

El **Asistente para la importación de tablas** también permite aplicar un filtro a una o a varias tablas con objeto de seleccionar únicamente una parte de los datos.

Por ejemplo:

✎ Seleccione la tabla **T_socios** y haga clic en el botón **Vista previa y filtro**.

Se abre una nueva ventana:

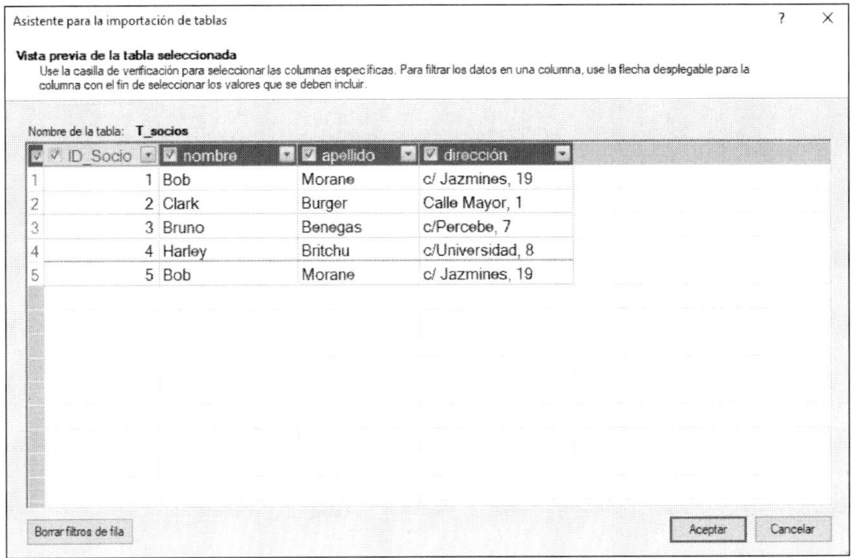

Es posible deseleccionar un campo:

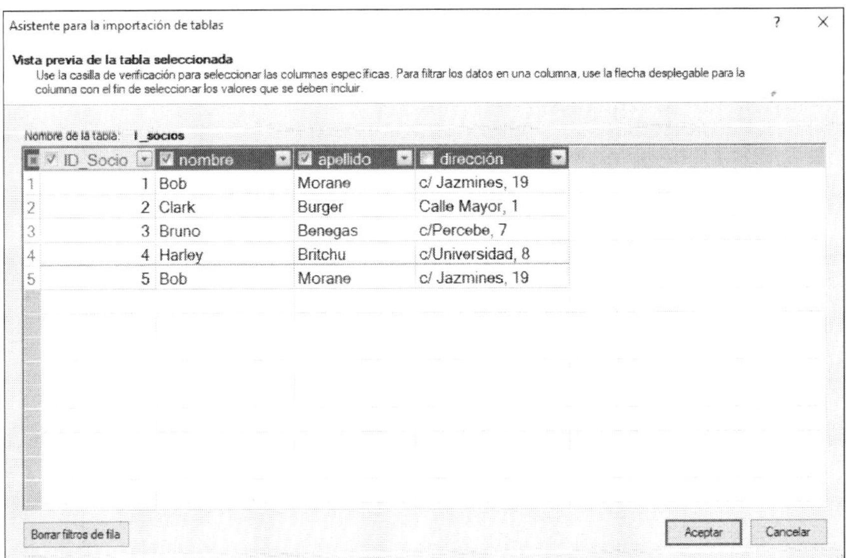

En ese caso, dicho campo no se importará al modelo de datos creado en Power Pivot.

También es posible aplicar un filtro en los datos que se van a importar:

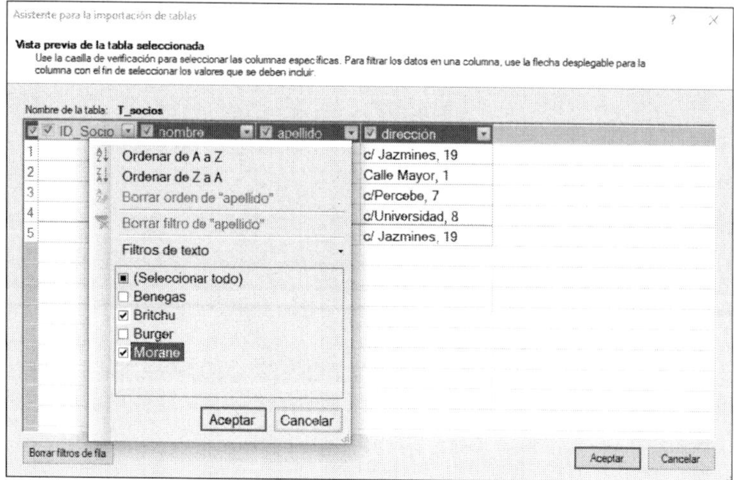

Para este ejemplo, vamos a importar todas las tablas de la base de datos.

- Haga clic en el botón **Cancelar** de la ventana **Vista previa de la tabla seleccionada**.
- En el **Asistente para la importación de tablas**, haga clic en la primera casilla de verificación para seleccionar todas las tablas de la base.

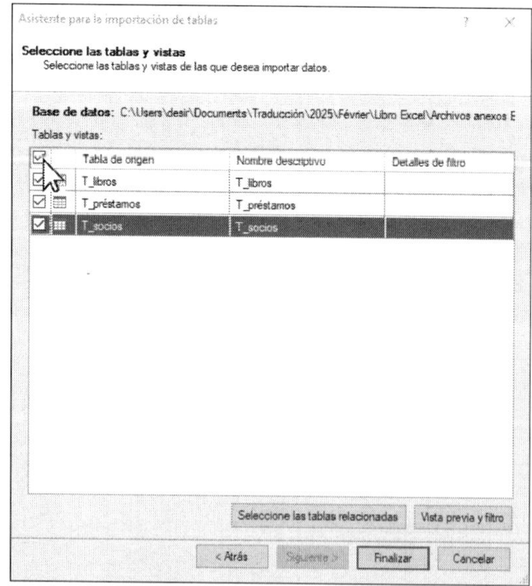

✎ Haga clic en el botón **Finalizar**.

Se abre una nueva ventana en la que se puede seguir la evolución de la importación de los datos:

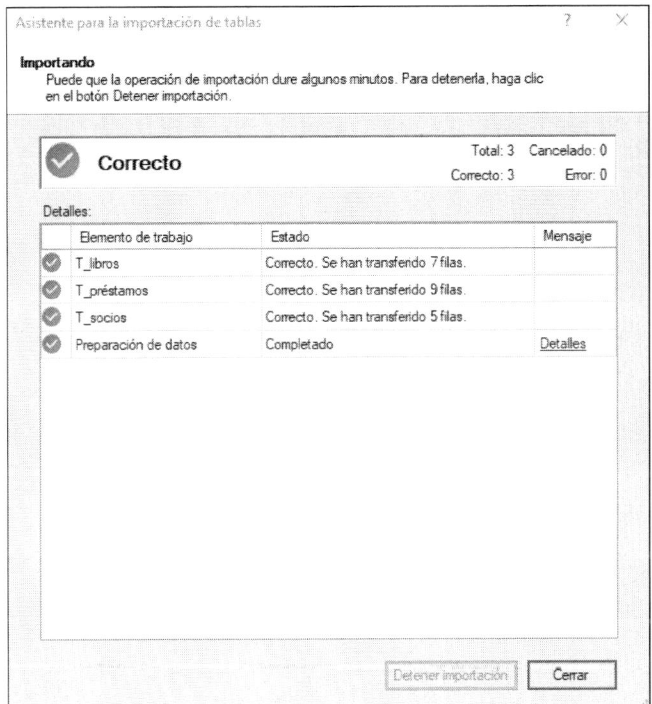

✎ Haga clic en el botón **Cerrar**.

Las tres tablas se cargarán en Power Pivot:

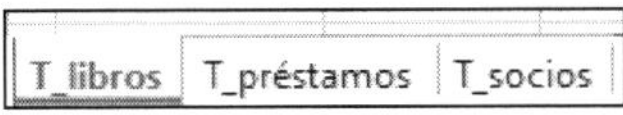

✎ En la pestaña **Inicio** de Power Pivot - grupo **Ver**, haga clic en el botón **Vista de diagrama**.

Las relaciones también se han importado:

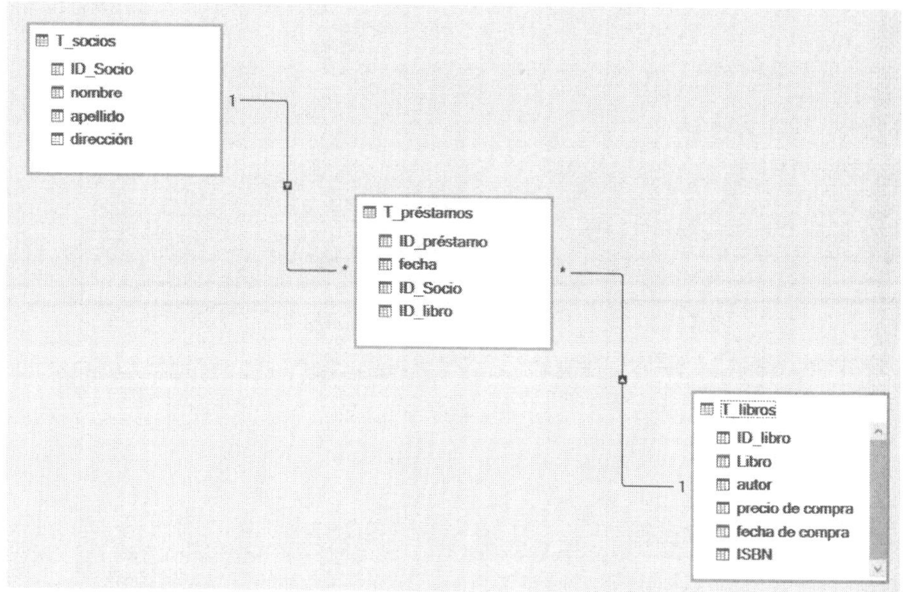

En mi experiencia, a veces una o más relaciones no se importan en el proceso; por lo tanto, es conveniente realizar una verificación utilizando la vista del diagrama y, si es necesario, agregarla manualmente.

F. La actualización de los datos

Cuando carga datos de una fuente de datos externa en Power Pivot, crea una copia «estática» de la fuente de datos. Si esta fuente va a evolucionar, puede ser apropiado actualizar los datos cargados en Power Pivot.

Existen varias opciones para actualizar los datos.

Para ilustrar los diferentes métodos de actualización de datos, continuaremos con la base de datos de Access **modelo_datos_access.accdb** que importamos en Power Pivot en la sección anterior.

1. Actualización manual

- Para actualizar manualmente los datos, en la pestaña **Inicio** de la cinta de opciones de Power Pivot, haga clic en la lista desplegable del botón **Actualizar**.

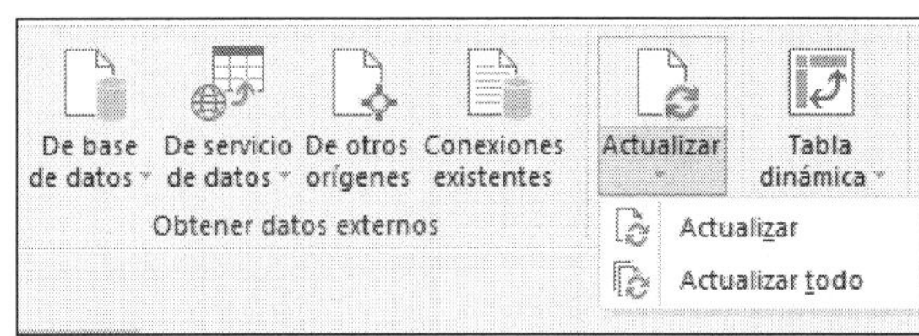

Son posibles dos opciones:

- **Actualizar**: actualiza únicamente los datos de la tabla activa.
- **Actualizar todo**: actualizar todas las tablas cargadas.

2. Actualización automática

Puede configurar la actualización de los datos para que esta se lleve a cabo automáticamente cuando se abre un archivo o a intervalos regulares.

La configuración de una actualización automática se realiza a través de la cinta de opciones de Excel.

- En la cinta de opciones de Excel, seleccione la pestaña **Datos** y, a continuación, haga clic en el botón **Consultas y conexiones**.

El panel **Consultas y conexiones** aparece en la parte derecha de la ventana de Excel.

- En el panel **Consultas y conexiones**, haga un clic derecho en la conexión que desea actualizar, **Access modelo_datos_access**.
- En el menú contextual, haga clic en **Propiedades**.

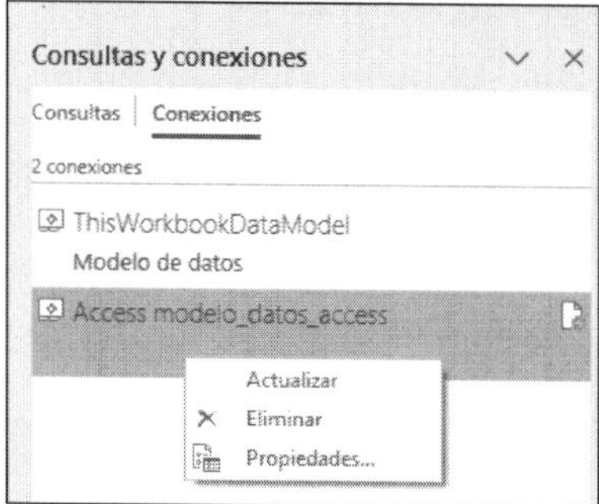

Aparece en pantalla el cuadro de diálogo **Propiedades de conexión**.

En este cuadro, es posible configurar la actualización automática al cabo de un tiempo determinado y al abrir el archivo.

✎ Marque las opciones **Actualizar cada x minutos** o **Actualizar al abrir el archivo** (puede marcarlas ambas).

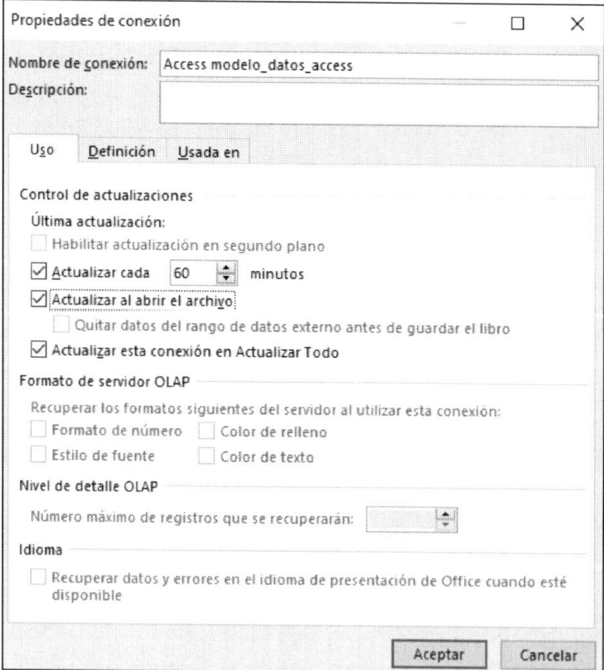

G. Caso práctico: seguimiento presupuestario

1. Presentación del caso práctico

Una biblioteca municipal desea implementar un sistema de seguimiento presupuestario. Cada año, se le asigna un presupuesto provisional para la adquisición de diferentes tipos de productos editoriales.

A lo largo del año, los bibliotecarios se reúnen, debaten sobre las novedades y realizan pedidos. Estos pedidos se detallan por tipo de producto: novela, novela policiaca, cómic, etc.

*Los datos necesarios para llevar a cabo este caso práctico se encuentran en el archivo **Presupuesto.xlsx**. La solución se encuentra en el archivo **Presupuesto_resuelto.xlsx**.*

A priori, podemos definir cuatro tablas:

- La tabla **T_Presupuesto**, con el presupuesto anual distribuido por sección o por tipo de producto.

  Se trata de una tabla de dimensión. La clave primaria es el campo **Sección**.

Presupuesto

Sección	Presupuesto
Juvenil	4.640
Policiaca	5.340
Ciencia ficción	4.580
Revistas	4.020
Cómics	4.170
Novelas	4.660
Documentales	12.900

- La tabla **T_Bibliotecario**, con el apellido y el nombre de cada uno de los bibliotecarios. La clave primaria es **N° Bibliotecario**. Se trata de una tabla de dimensión.

Bibliotecario

N.° Bibliotecario	Apellido	Nombre
1	Frey	Corine
2	Ganper	Norbert
3	Martin	Gava
4	Mulonne	Manuela
5	Tivcnot	Olivier
6	Baraw	Steve

- La tabla **T_Pedido** contiene la **Fecha** de pedido, el número del bibliotecario (**N° Bibliotecario**) que ha realizado el pedido (se trata de una clave extranjera heredada de la tabla **T_Bibliotecario**). La clave primaria de esta tabla es **N° Pedido**. Se trata de una tabla de hechos.

Pedido

N.° Pedido	N.° Bibliotecario	Fecha
1	4	01/01/2023
2	2	06/01/2023
3	6	11/01/2023
4	6	16/01/2023
5	5	21/01/2023
6	6	26/01/2023
7	5	31/01/2023
8	6	05/02/2023
9	2	10/02/2023

- La tabla **T_Detalle pedido** detalla cada **Título** pedido, así como su precio (**Importe**). Contiene dos claves extranjeras:
  - **Sección**, heredada de la tabla **T_Presupuesto**.
  - **N° Pedido**, heredada de la tabla **T_Pedido**.

La clave primaria es **id detalle**. Se trata de una tabla de hechos.

Detalle pedido

id detalle	N.° Pedido	Título	Sección	Importe
1	1	Ovejas eléctricas	Ciencia ficción	15
2	1	Sueños de gato	Juvenil	15
3	1	El golf	Documentales	20
4	1	El ajedrez	Documentales	20
5	1	Excel 2021	Documentales	20
6	1	El pelícano	Juvenil	15
7	2	La oficial al rescate	Juvenil	15
8	2	Soldado del abismo	Policiaca	15
9	2	Fantasmas en la Luna	Ciencia ficción	20
10	2	Los chicos del abismo	Revistas	20
11	2	Tortugas y médicos	Cómics	20
12	2	Caballos y gigantes	Novelas	15

2. Creación de las relaciones

- Seleccione una celda de la tabla **T_Presupuesto** y en la pestaña Power Pivot, haga clic en el botón **Agregar a modelo de datos**.

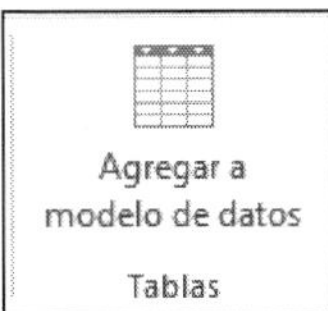

Se abre la ventana Power Pivot para Excel. Contiene los datos de la tabla **T_Presupuesto**.

- Repita esta operación con las tablas **T_Bibliotecario**, **T_Pedido** y **T_Detalle_pedido**.

Las cuatro tablas se han importado a Power Pivot.

Aparecen en forma de pestañas en la parte inferior de Power Pivot:

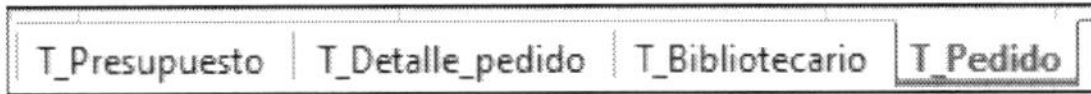

- En Power Pivot, en la pestaña **Inicio** de la cinta de opciones - grupo **Ver**, haga clic en el botón **Vista de diagrama**.

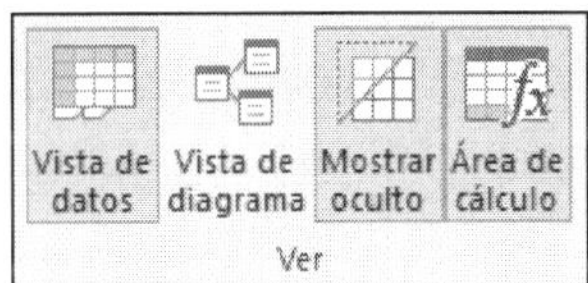

Aparecen las cuatro tablas.

- Reorganice ligeramente las tablas: sitúe las tablas de dimension **T_Presupuesto** y **T_Bibliotecario** en la parte superior del modelo.
- Sitúe la tabla **T_Pedido** un poco más abajo y la tabla **T_Detalle_pedido** en la parte inferior del modelo.

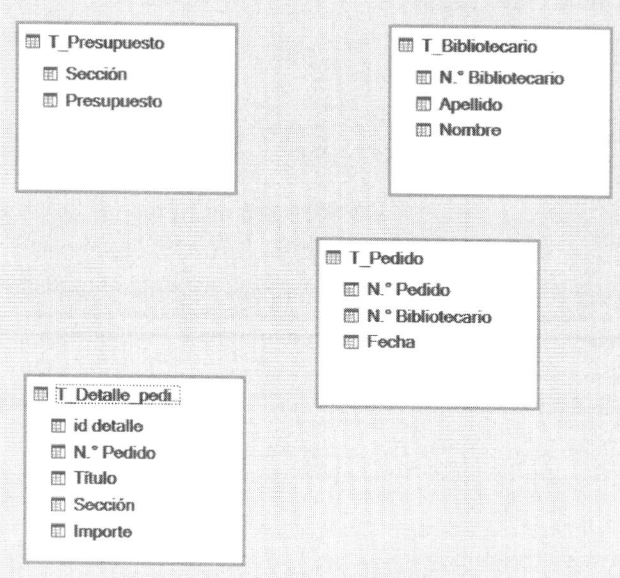

Primera relación: entre las tablas T_Bibliotecario y T_Pedido

- En la tabla **T_Bibliotecario**, seleccione el campo **N.° Bibliotecario** y arrástrelo hasta el campo **N.° Bibliotecario** de la tabla **T_Pedido**.

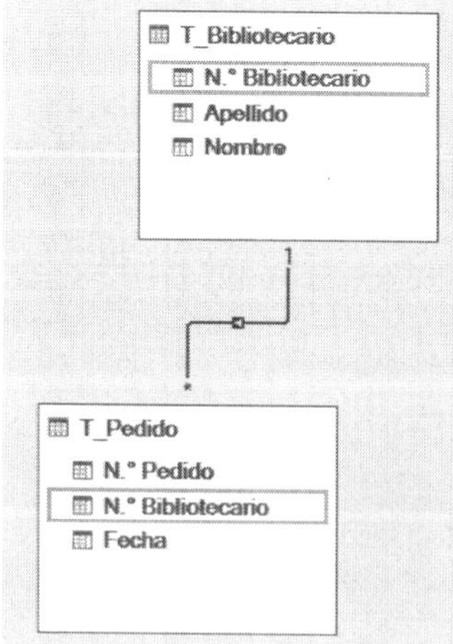

Se trata de una relación de tipo 1 a varios: un bibliotecario puede realizar varios pedidos.

Segunda relación: entre las tablas T_Pedido y T_Detalle_pedido

- En la tabla **T_Pedido**, seleccione el campo **N.° Pedido** y arrástrelo hasta el campo **N.° Pedido** de la tabla T_Detalle_pedido.

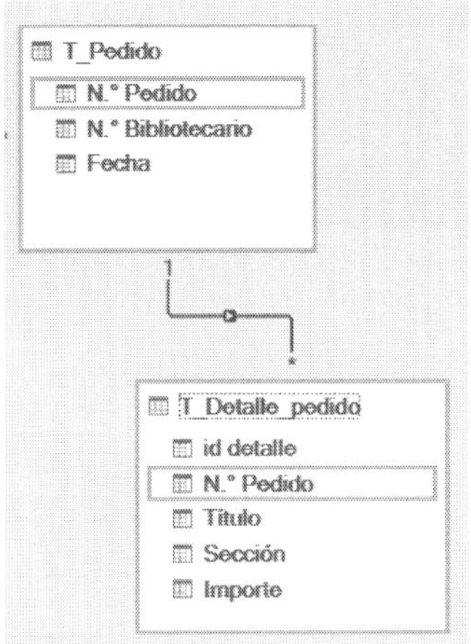

Tercera relación, entre las tablas T_Presupuesto y T_Detalle_pedido

- Seleccione el campo **Sección** de la tabla **T_Presupuesto** y arrástrelo hasta el campo **Sección** de la tabla T_Detalle_pedido.

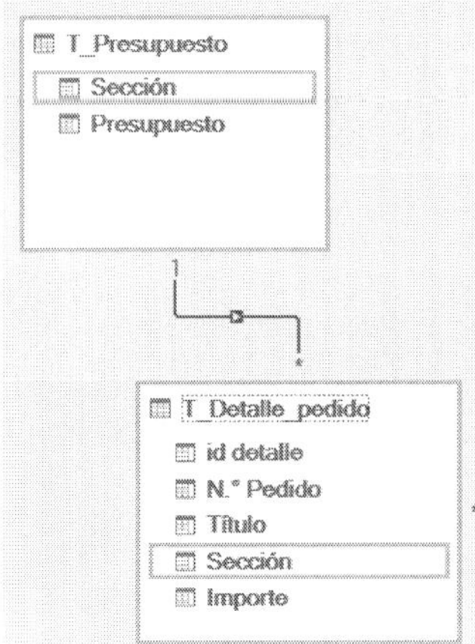

El esquema relacional completo queda así:

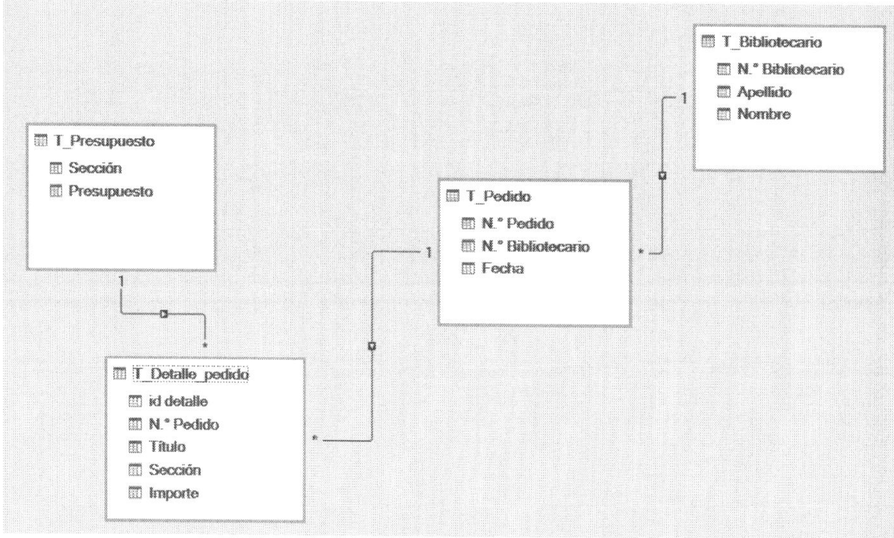

3. Realización de la síntesis presupuestaria

a. Crear la tabla dinámica

En la ventana de **Power Pivot**, en la pestaña **Inicio**, haga clic en el botón **Tabla dinámica**.

Aparece en pantalla el cuadro de diálogo **Crear tabla dinámica**.

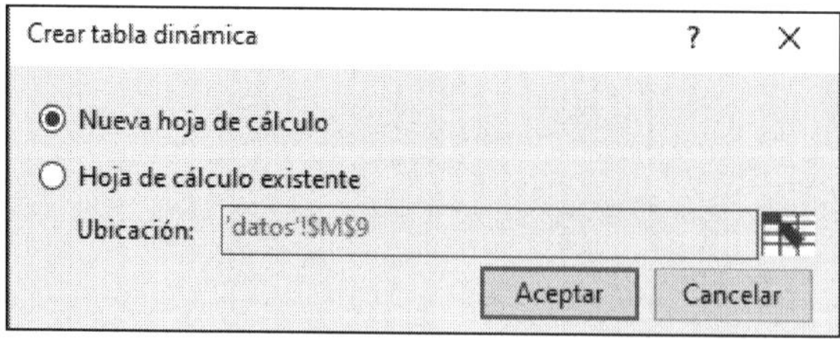

Active la opción **Nueva hoja de cálculo** y haga clic en **Aceptar**.

Aparece una nueva hoja de cálculo con un informe de tabal dinámica en blanco. En el lado derecho de la pantalla se muestra el panel **Campos de tabla dinámica**.

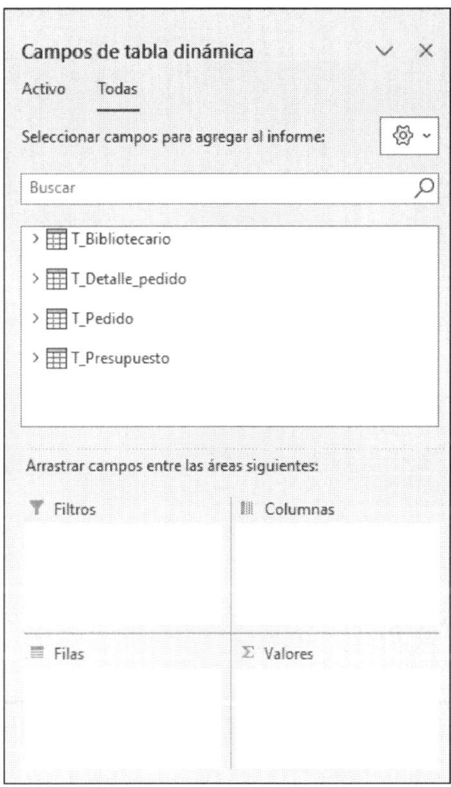

Contiene las cuatro tablas del modelo de datos que acabamos de crear.

- En el panel **Campos de tabla dinámica**, haga clic en la tabla **T_Presupuesto**.
- Sitúe el campo **Sección** de la tabla **T_Presupuesto** en la zona **Filas**.

El resultado es el siguiente:

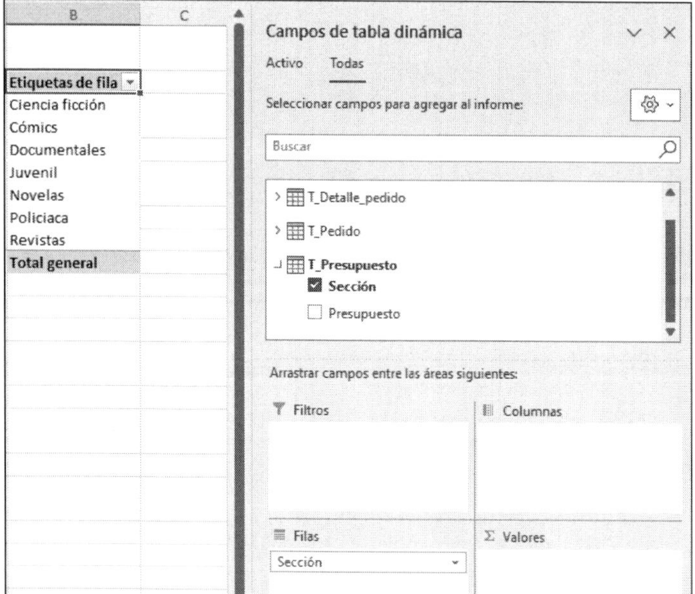

b. Configurar las medidas

Las medidas son fórmulas en lenguaje DAX utilizadas para generar agregaciones de datos que se utilizan en un contexto de tabla dinámica.

Para este caso práctico, vamos a configurar tres medidas simples: el presupuesto total, el importe gastado y el presupuesto restante.

El lenguaje DAX se estudiará de manera más detallada en el capítulo El análisis de datos con el lenguaje DAX de este libro. La primera medida es el presupuesto total.

Primera medida: el presupuesto total

- En la pestaña **Power Pivot** de Excel - grupo **Cálculos**, haga clic en el botón **Medidas - Nueva medida**.

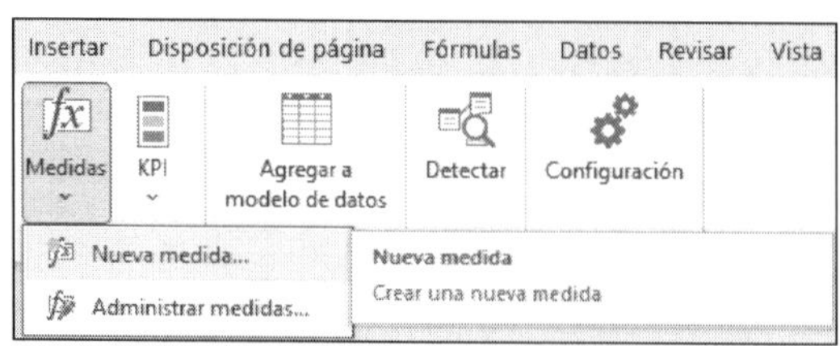

Aparece en pantalla el cuadro de diálogo **Medida**.

- En el cuadro **Nombre de la tabla**, seleccione la tabla **T_Presupuesto**.
- En el cuadro **Nombre de la medida**, llame al cálculo **Presupuesto total**.

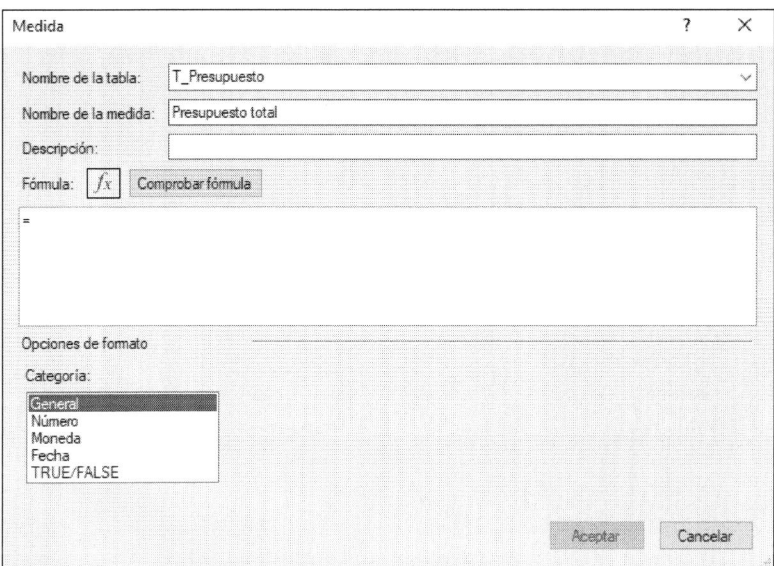

El propósito de esta medida es realizar la suma del campo presupuesto en la tabla **T_Presupuesto**.

- Introduzca la fórmula siguiente en el campo **Fórmula**:

```
=SUM(T_Presupuesto[Presupuesto])
```

- Haga clic en el botón **Comprobar fórmula**: a priori, la fórmula es correcta.
- En las **Opciones de formato**, en la lista **Categoría**, seleccione **Número**.
- Reduzca el número de decimales a 0 y marque la casilla **Usar separador de miles ()**.

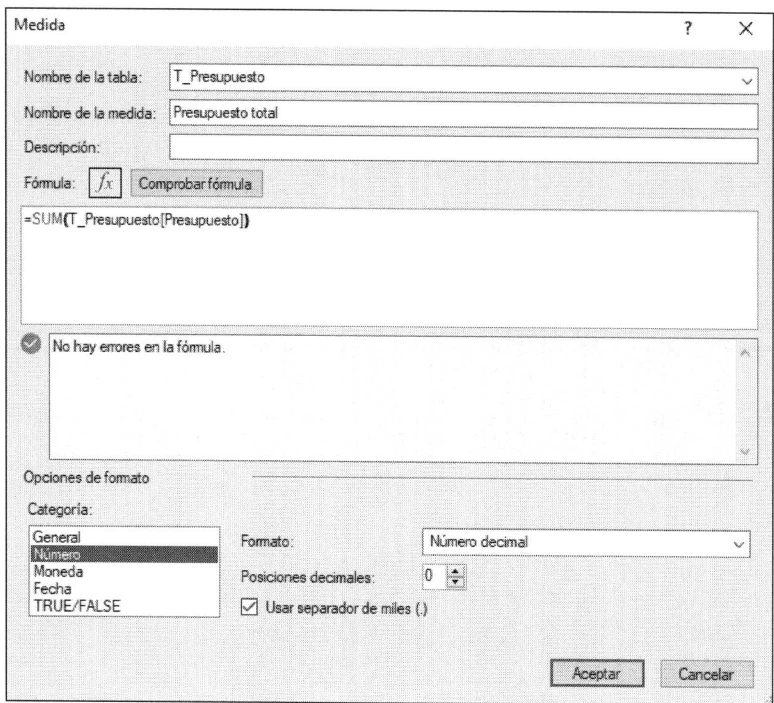

Haga clic en el botón **Aceptar**.

Se añade una columna denominada **Presupuesto total** a la tabla dinámica.

Etiquetas de fila	Presupuesto total
Ciencia ficción	4.580
Cómics	4.170
Documentales	12.900
Juvenil	4.640
Novelas	4.660
Policiaca	5.340
Revistas	4.020
Total general	**40.310**

En el panel **Campos de tabla dinámica**, la medida **Presupuesto total** se ha añadido a la tabla **T_Presupuesto** y en la zona **Valores**.

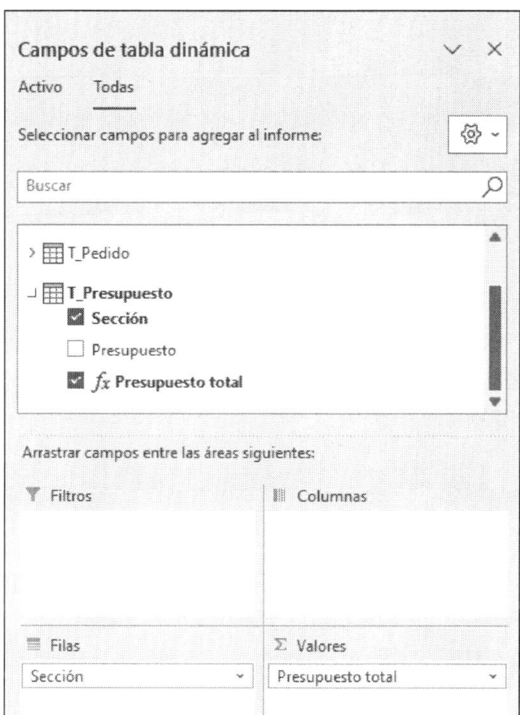

Segunda medida: el presupuesto gastado

El propósito de esta medida es calcular la suma del campo importe de cada uno de los libros pedidos en la tabla **T_Detalle_pedido**.

La fórmula será:

```
=SUM('T_Detalle_pedido'[Importe])
```

- En la pestaña Power Pivot de Excel - grupo **Cálculos**, haga clic en el botón **Medidas - Nueva medida**.

Aparece en pantalla el cuadro de diálogo **Medida**.

- En el cuadro **Nombre de la tabla**, Seleccione la tabla **T_Detalle_pedido**.
- En el cuadro **Nombre de la medida**, llame a este cálculo **Presupuesto gastado**.
- Introduzca la fórmula en el campo **Fórmula**.
- En las **Opciones de formato**, en la lista **Categoría**, seleccione **Número**.

✎ Reduzca el nombre de decimales a 0 y marque la casilla **Usar separador de miles.**

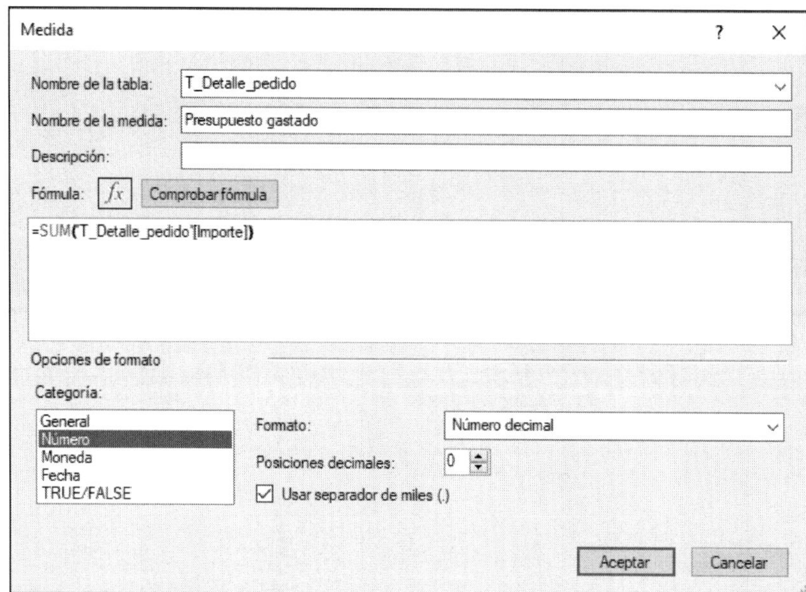

✎ Haga clic en el botón **Aceptar.**

En la tabla dinámica, se ha añadido la columna **Presupuesto gastado:**

Etiquetas de fila	Presupuesto total	Presupuesto gastado
Ciencia ficción	4.580	2.125
Cómics	4.170	1.950
Documentales	12.900	2.225
Juvenil	4.640	2.400
Novelas	4.660	1.900
Policiaca	5.340	2.000
Revistas	4.020	1.925
Total general	**40.310**	**14.525**

En el panel **Campos de tabla dinámica**, la medida **Presupuesto gastado** se ha añadido a la tabla **T_Detalle_pedido** y en la zona **Valores**.

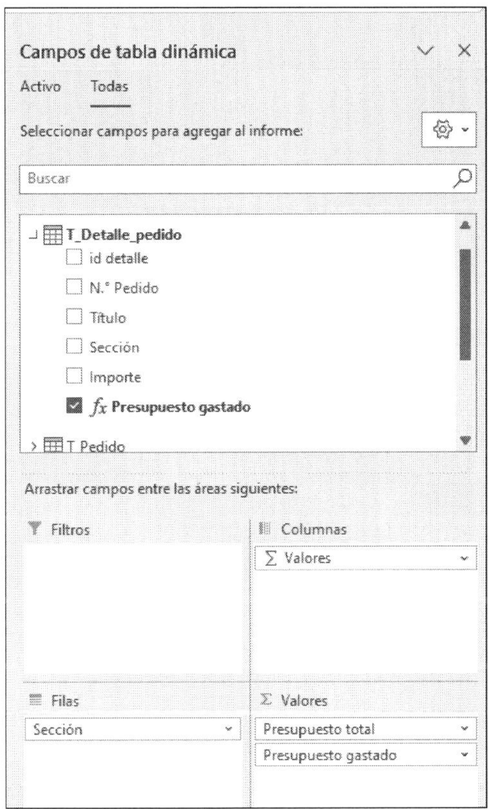

Tercer medida: el presupuesto disponible

El propósito de esta medida es calcular el presupuesto restante, es decir, la medida **Presupuesto total** menos la medida **Presupuesto gastado**.

La fórmula será:

```
=[Presupuesto total]-[Presupuesto gastado]
```

- En la pestaña **Power Pivot** de Excel - grupo **Cálculos**, haga clic en el botón **Medidas - Nueva medida**.

Aparece en pantalla el cuadro de duiálogo **Medida**.

- En el cuadro **Nombre de la tabla**, seleccione la tabla **T_Presupuesto**.
- En el cuadro **Nombre de la medida**, llame a este cálculo **Presupuesto disponible**.

- Introduzca la fórmula en el campo **Fórmula**.
- En las **Opciones de formato**, en la lista **Categoría**, seleccione **Número**.
- Reduzca el número de decimales a 0 y marque la casilla **Usar separador de miles**.

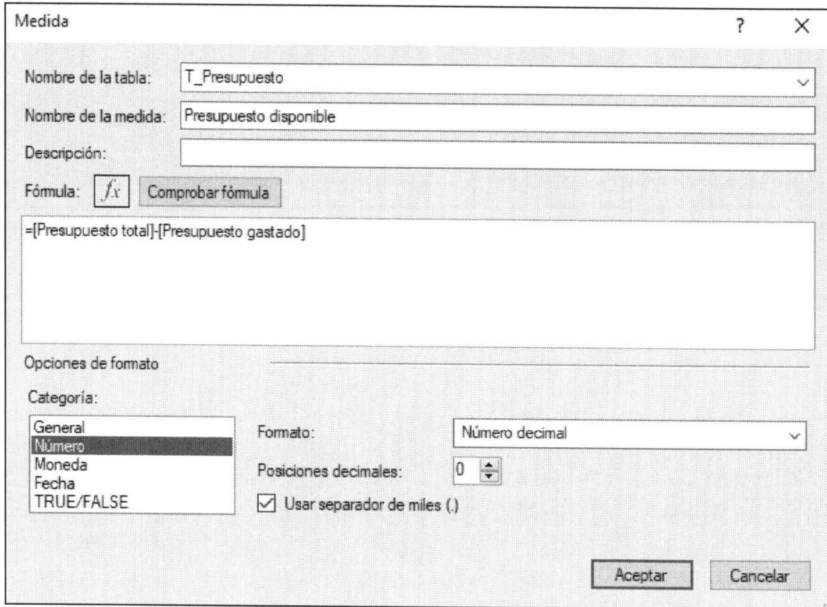

- Haga clic en el botón **Aceptar**.

En la tabla dinámica, se ha añadido la columna **Presupuesto disponible**:

Etiquetas de fila	Presupuesto total	Presupuesto gastado	Presupuesto disponible
Ciencia ficción	4.580	2.125	2.455
Cómics	4.170	1.950	2.220
Documentales	12.900	2.225	10.675
Juvenil	4.640	2.400	2.240
Novelas	4.660	1.900	2.760
Policiaca	5.340	2.000	3.340
Revistas	4.020	1.925	2.095
Total general	**40.310**	**14.525**	**25.785**

En el panel **Campos de tabla dinámica**, la medida **Presupuesto disponible** se ha añadido a la tabla **T_Presupuesto** y en la zona **Valores**.

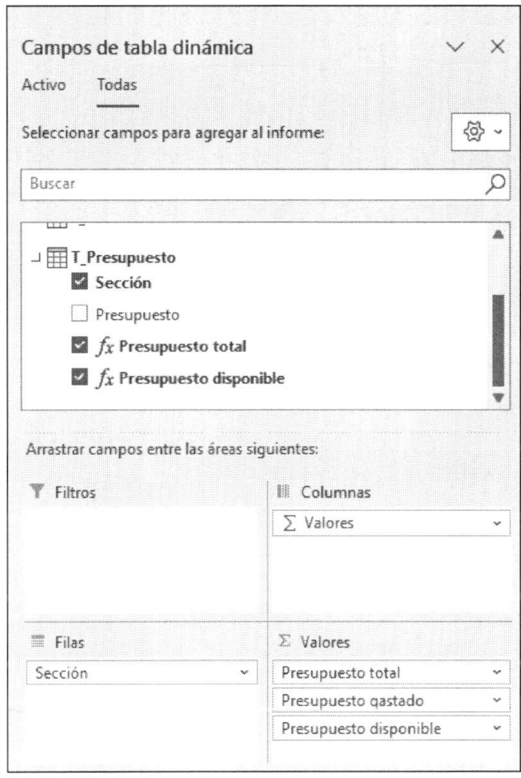

La herramienta de seguimiento presupuestario ya está lista. Cuando se efectúe un nuevo pedido, bastará con hacer clic en el botón **Actualizar**, en la pestaña **Datos**, para poner al día el seguimiento presupuestario.

Capítulo 4
El análisis de datos con el lenguaje DAX

A. Objetivo

Este cuarto capítulo le permitirá familiarizarse de forma particular con el funcionamiento del lenguaje DAX.

Sus funciones principales se abordarán mediante diversos ejercicios de aplicación.

Al final de este capítulo, abordaremos la generación de expresiones DAX usando Copilot.

Los archivos utilizados a lo largo del capítulo están disponibles para su descarga desde el sitio web del editor, pero es preciso que practique los ejemplos en el orden propuesto, ya que se han diseñado siguiendo una progresión lógica.

B. El lenguaje DAX y la evolución de las tablas dinámicas

Millones de usuarios de Excel están acostumbrados a usar fórmulas para realizar cálculos. Estas operaciones pueden ir desde simples adiciones hasta complejas simulaciones financieras o científicas.

Sin embargo, en todos los casos, estas fórmulas se construyen utilizando una combinación de operadores básicos y funciones de Excel ubicadas en el nivel de una o más celdas de cálculo.

Un cambio de paradigma: hoja de cálculo vs modelo de datos

Con Power Pivot, Excel ya no es solo una hoja de cálculo. Como vimos en el capítulo anterior, la aplicación ahora tiene algunas de las funciones de una base de datos relacional.

El lenguaje DAX fue desarrollado en 2009 por el equipo de Microsoft SQL Server Analysis Services como parte de un proyecto llamado Gemini. Desde su concepción, ya era más una herramienta destinada a trabajar con un modelo de datos que no una hoja de cálculo.

A continuación, el lenguaje se integró en la primera versión del complemento Power Pivot para Excel 2010.

Desde entonces, gracias al éxito de las herramientas de Business Intelligence en Excel y Power BI Desktop, DAX ha evolucionado constantemente.

En este sentido, desde la versión 2016 de Excel, Microsoft ha incorporado Power Pivot directamente en la cinta de opciones y el lenguaje dispone ahora de más de 250 funciones.

DAX también se usa en Power BI Desktop, Azure Analysis Services y en SSAS (SQL - Server Analysis Services).

1. Introducción y objetivo del lenguaje

DAX (*Data Analysis Expressions*) es el lenguaje asociado con el modelo de datos de Power Pivot en Excel. No se trata estrictamente de un lenguaje de programación, sino de un lenguaje de fórmulas que permite a los usuarios definir cálculos personalizados para crear columnas y campos calculados.

DAX está inspirado en parte por las fórmulas de Excel, pero permite ir más allá de las capacidades de las fórmulas tradicionales de tipo «celda» gracias a potentes funciones especialmente diseñadas para trabajar con un modelo de datos y tablas dinámicas.

En cierto modo, el lenguaje DAX es una evolución de los campos calculados de las tablas dinámicas.

2. Funciones de Excel frente a funciones de DAX

Como señalamos en la introducción, hay algunas similitudes entre las funciones de Excel y el lenguaje DAX. Algunas funciones tienen el mismo nombre y el mismo propósito en ambos lenguajes.

Sin embargo, esta aparente similitud puede ser engañosa:

- No es posible usar funciones DAX en una fórmula de Excel (y viceversa).
- Las funciones de Excel se refieren a una celda o rango de celdas; las funciones de DAX se refieren a una tabla o columna contenida en una tabla.

3. Formato del código DAX

No existe un formato específico para el código DAX, a diferencia de lo que sucede en el lenguaje Python, por ejemplo.

En contraposición, si la fórmula es relativamente corta, se puede escribir en una sola línea.

Si es más compleja, le recomendamos que inserte un salto de línea en cada cambio de argumento (generalmente marcado por un punto y coma).

C. El lenguaje DAX en la práctica: presentación de los datos

A lo largo de esta sección, utilizaremos datos del archivo **Analisis_comercial.xlsx**.

Los datos recogen las ventas de la compañía Elena para los ejercicios de 2023 y 2024. La compañía Elena es una empresa comercial especializada en la venta de productos textiles: suéteres, sombreros, chaquetas y guantes.

La compañía tiene cuatro tiendas ubicadas en Madrid, Barcelona, Oviedo y Valencia.

Desde 2023, la compañía ha invertido en numerosas campañas publicitarias y sería interesante analizar el impacto de sus inversiones en la evolución de la cifra de negocios.

*La resolución de los diferentes ejemplos que vamos a abordar se encuentra en el archivo **Analisis_comercial_resuelto.xlsx**.*

Los datos están distribuidos en cuatro tablas:

- La tabla **T_Productos** recoge los distintos productos de la compañía; se trata de una tabla de descripción. La clave primaria de esta tabla es N.°_Producto.

	A	B	C	D	E
1	N.°_Producto	Categoría	Nombre Producto	Coste	Precio de venta
2	PID2000P	Jersey	Producto 1	13,67	22,41
3	PID2001P	Jersey	Producto 2	50,40	95,10
4	PID2002P	Jersey	Producto 3	53,40	84,70
5	PID2003P	Jersey	Producto 4	15,16	17,83
6	PID2004P	Jersey	Producto 5	66,50	127,80
7	PID2005P	Jersey	Producto 6	56,10	68,40

- La tabla **T_Tiendas** reseña las diferentes tiendas de la empresa Elena; se trata de una tabla de descripción. La clave primaria de esta tabla es **N.°_Tienda**.

N.°_Tienda	Población	CP	País
A100	Madrid	69001	España
A101	Barcelona	68100	España
A102	Oviedo	67000	España
A103	Sevilla	21000	España

- La tabla **T_Clientes** recoge los diferentes clientes de la empresa; se trata de una tabla de descripción. La clave primaria de esta tabla es **N.°_Cliente**.

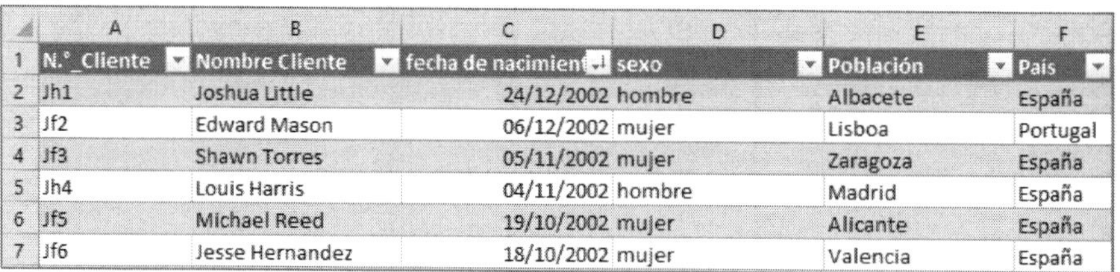

N.°_Cliente	Nombre Cliente	fecha de nacimient	sexo	Población	País
Jh1	Joshua Little	24/12/2002	hombre	Albacete	España
Jf2	Edward Mason	06/12/2002	mujer	Lisboa	Portugal
Jf3	Shawn Torres	05/11/2002	mujer	Zaragoza	España
Jh4	Louis Harris	04/11/2002	hombre	Madrid	España
Jf5	Michael Reed	19/10/2002	mujer	Alicante	España
Jf6	Jesse Hernandez	18/10/2002	mujer	Valencia	España

- Finalmente, la tabla **T_Ventas** recoge el conjunto de ventas de la empresa; se trata de una tabla de hechos.

La clave primaria es **N.°_Factura**; las columnas **N.°_Producto**, **N.° Tienda** y **N.°_Cliente** son claves extranjeras. Se trata, respectivamente, de las claves primarias de las tablas **T_Productos**, **T_Tiendas** y **T_Clientes**.

N.°_Factura	Fecha factura	Cantidad	N.°_Producto	N.° Tienda	N.°_Cliente
OID16939	01/01/2023	2	PID2018P	A102	Jf280
OID16945	01/01/2023	2	PID2019P	A100	Jf3
OID16040	01/01/2023	3	PID2032V	A101	Vf547
OID16056	01/01/2023	4	PID2033V	A102	Vf603
OID23330	01/01/2023	1	PID2036V	A100	Vf793
OID15134	01/01/2023	1	PID2046V	A103	Jf276
OID15135	01/01/2023	1	PID2047E	A102	Mf332
OID14268	01/01/2023	1	PID2060E	A100	Vf531
OID14269	01/01/2023	1	PID2061E	A101	Vf587
OID19148	01/01/2023	4	PID2080V	A100	Jf198
OID19149	01/01/2023	1	PID2081V	A101	Jf254
OID16948	02/01/2023	1	PID2020P	A101	Vf394

El esquema relacional se presenta de la siguiente manera:

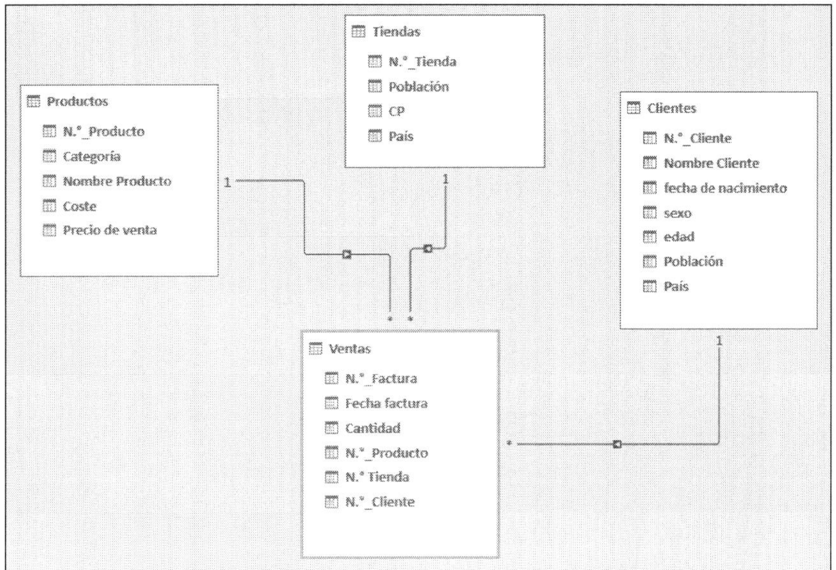

D. Preparación del modelo de datos

1. Colocar una tabla de calendario

Una **tabla de calendario** (llamada también **tabla de fechas**) es una tabla que contiene una lista de fechas, así como diversos atributos de esas fechas.

Esta tabla resultará útil para seguir la evolución de las ventas en el tiempo, y también será necesaria para usar las funciones de inteligencia temporales del lenguaje DAX.

Abordaremos las funciones de inteligencia temporal al final de este capítulo.

La clave primaria de la tabla calendario será la fecha. Cada columna constituirá un atributo de esa fecha (mes, año, etc.).

Abra el archivo **Analisis_comercial.xlsx**.

✎ En la cinta de opciones de Excel, seleccione la pestaña **Power Pivot** y haga clic en el botón **Administrar**.

Se abre la ventana de Power Pivot.

✎ En la cinta de opciones de Power Pivot, seleccione la pestaña **Diseñar** y, en el grupo **Calendarios**, haga clic en **Tabla de fechas** y en **Nuevo**.

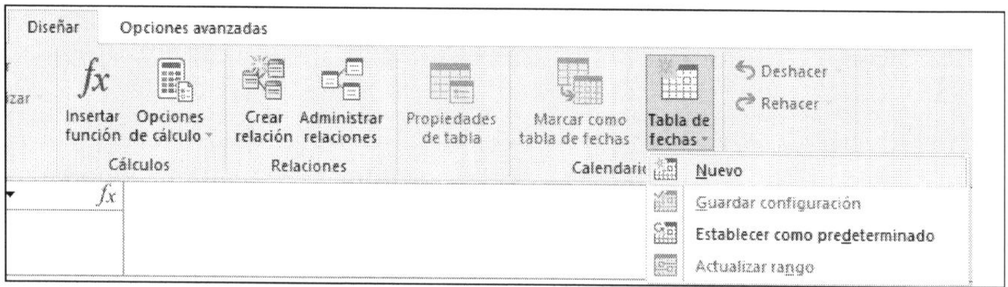

Aparece una nueva tabla llamada **Calendario** que recoge todas las fechas desde el 01/01/1950 hasta el 31/12/2024, pero también el **Mes**, el **Número de mes**, el **Año**, el **Día de la semana** y el **Número de día de la semana**.

Sin embargo, las fechas en las que la empresa ha registrado ventas van del 01/01/2023 al 31/12/2024.

Por lo tanto, vamos a modificar la tabla para eliminar las fechas anteriores al 01/01/2023.

✎ En la pestaña **Diseñar** de la cinta de opciones, en el grupo **Calendarios**, haga clic en el botón **Tabla de fechas - Actualizar rango (01/01/1950 - 31/12/2024)**.

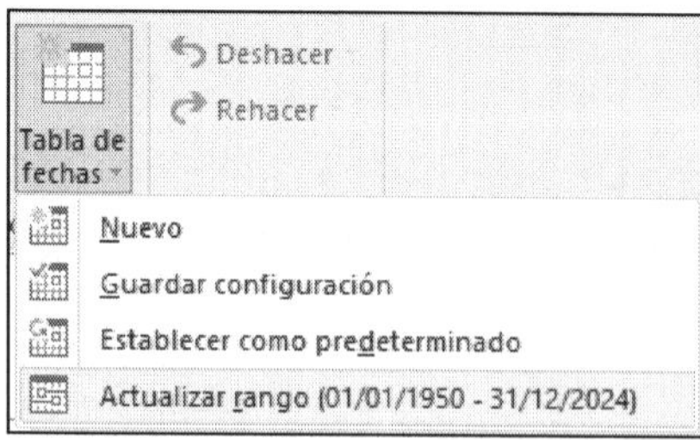

Aparece en pantalla el cuadro de diálogo **Rango de la tabla de fechas**.

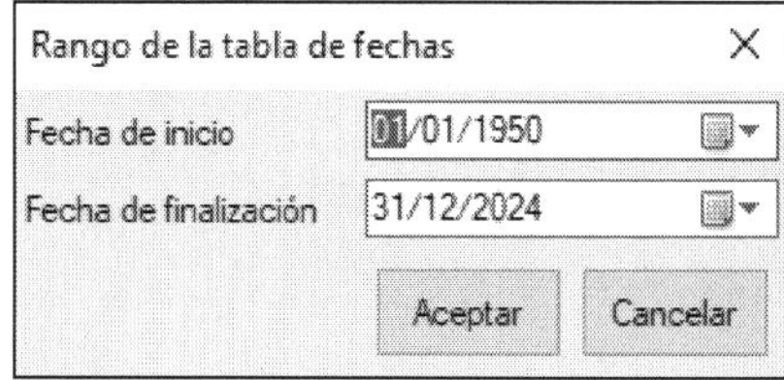

✎ En la **Fecha de inicio**, introduzca la fecha **01/01/2023**.

Preste atención: la fecha de inicio debe introducirse en tres tiempos: día, mes y año.

✎ Haga clic en el botón **Aceptar**.

2. Relacionar la tabla Calendario con la tabla T_Ventas

✎ En la cinta de opciones de Power Pivot, seleccione la pestaña **Inicio** y, en el grupo **Ver**, haga clic en el botón **Vista de diagrama**.

✎ Active el campo **Fecha** de la tabla **Calendario** y arrástrelo hasta el campo **Fecha factura** de la tabla **Ventas**.

El resultado es el siguiente:

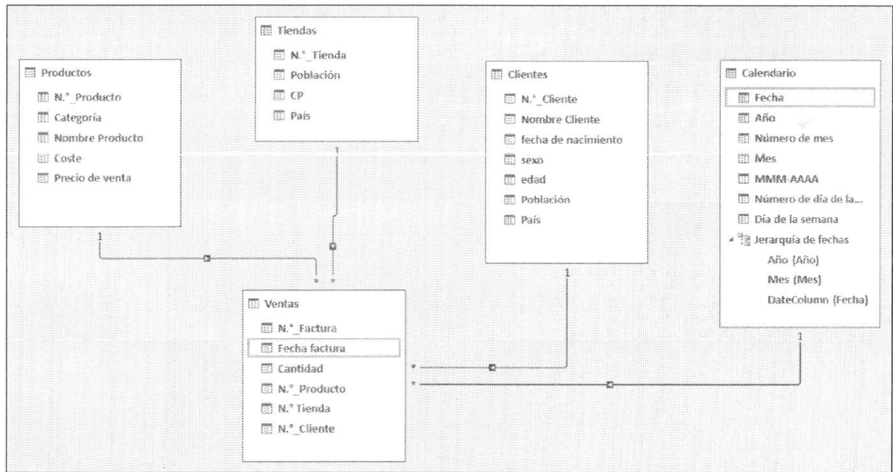

Nuestro modelo de datos ya está listo: ahora ya podemos utilizar el lenguaje DAX para analizarlo.

E. Principios fundamentales del lenguaje DAX

Existen dos maneras de utilizar el lenguaje DAX en Power Pivot:

- crear columnas calculadas,
- crear campos calculados (también denominados «medidas»).

1. Las columnas calculadas

Las columnas calculadas sirven para agregar nuevas columnas dentro de una tabla usando fórmulas.

Estas columnas calculadas se establecen en cada fila de la tabla y los valores se almacenan en la memoria en el modelo de datos.

Las columnas calculadas toman en cuenta, pues, el contexto de las filas de la tabla.

Por experiencia, los usuarios de Excel tienden a querer crear muchas columnas calculadas para tener tanta información como sea posible en una tabla grande. Sin embargo, las columnas calculadas se almacenan en la tabla y consumen memoria. Si el volumen de datos crece mucho, pueden surgir problemas de lentitud.

Como regla general, no use columnas calculadas para agregar datos; use, en su lugar, una medida, como veremos más adelante en esta sección.

<u>Ejemplo de columnas calculadas: crear una columna condicional</u>

Vamos a crear una columna condicional en la tabla **Ventas**:

Si la cantidad pedida es superior a 3, se devolverá el valor **pedido grande**; en caso contrario, se devolverá el valor **pedido pequeño**.

✎ En Power Pivot, pestaña **Inicio** - grupo **Ver**, haga clic en el botón **Vista de datos** y seleccione la tabla **Ventas**.

✎ Active la última columna de la tabla (**Agregar columna**).

✎ En la barra de fórmulas, introduzca =IF.

La herramienta IntelliSense se activa y completa la fórmula; resulta de gran utilidad a la hora de introducir fórmulas.

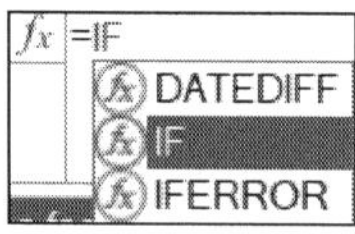

✎ Haga doble clic en **IF**.

Aparece un paréntesis de apertura en la barra de fórmulas, así como la sintaxis de la función **IF**.

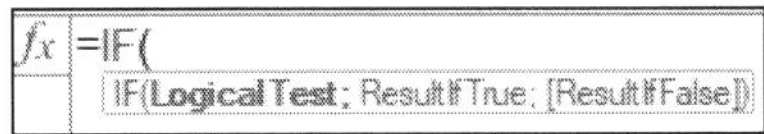

Primer argumento

El test lógico se llevará a cabo en la columna **Cantidad**.

- Introduzca **Ca**.
- Se activa nuevamente IntelliSense: haga doble clic en el campo **Ventas[Cantidad]** e introduzca el signo > y luego la cifra **3**.
- Introduzca un punto y coma (;) para pasar al segundo argumento de la función.

Segundo argumento

Si la condición es verdadera, el valor devuelto será **pedido grande**.

- Introduzca "**pedido grande**".
- Introduzca ; para pasar al tercer argumento de la función.

Tercer argumento

Si la condición es falsa (por lo tanto, en todos los demás casos), el valor devuelto será **pedido pequeño**.

- Introduzca "**pedido pequeño**".
- Cierre el paréntesis.

El resultado es el siguiente:

```
fx =IF(Ventas[Cantidad]>3;"pedido grande";"pedido pequeño")
```

- Pulse la tecla ↵.

Power Pivot ha aplicado automáticamente esta fórmula a todas las filas de la tabla **Ventas**:

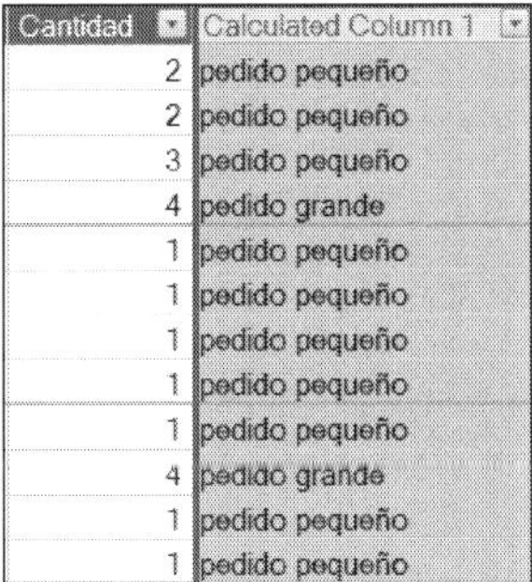

Cantidad	Calculated Column 1
2	pedido pequeño
2	pedido pequeño
3	pedido pequeño
4	pedido grande
1	pedido pequeño
1	pedido pequeño
1	pedido pequeño
1	pedido pequeño
1	pedido pequeño
4	pedido grande
1	pedido pequeño
1	pedido pequeño

Dar nombre a la columna

✎ Haga doble clic en el título de la columna **Columna calculada 1** y llámela **Tipo de pedido**.

2. Las medidas (o campos calculados)

Las **medidas** son fórmulas de DAX usadas con objeto de generar agregaciones de datos para usar en un contexto de tabla dinámica.

Como en el caso de las columnas calculadas, las medidas hacen referencia a tablas o a columnas enteras.

Sin embargo, a diferencia de las columnas calculadas, las medidas no «habitan» en la tabla; se colocan en la zona de los valores de una tabla dinámica y se evalúan en función del contexto de filtro determinado por el modelo de datos y la tabla dinámica (filtros, segmentaciones, filas y columnas).

Las medidas consumen poca memoria, por lo que su uso es preferible al de las columnas calculadas (siempre que sea posible).

Ejemplo de medida: cálculo de una suma

Existen dos métodos para crear una medida.

Primer método: Desde la cinta de opciones de Excel

La resolución de este caso práctico se encuentra en la pestaña **Cantidad_tienda** del archivo **Analisis_comercial_resuelto.xlsx**.

✎ Minimice la ventana de Power Pivot.

✎ En la pestaña **Power Pivot** de la cinta de opciones de Excel, en el grupo **Cálculos**, haga clic en el botón **Medidas - Nueva medida**.

Aparece en pantalla el cuadro de diálogo **Medida**:

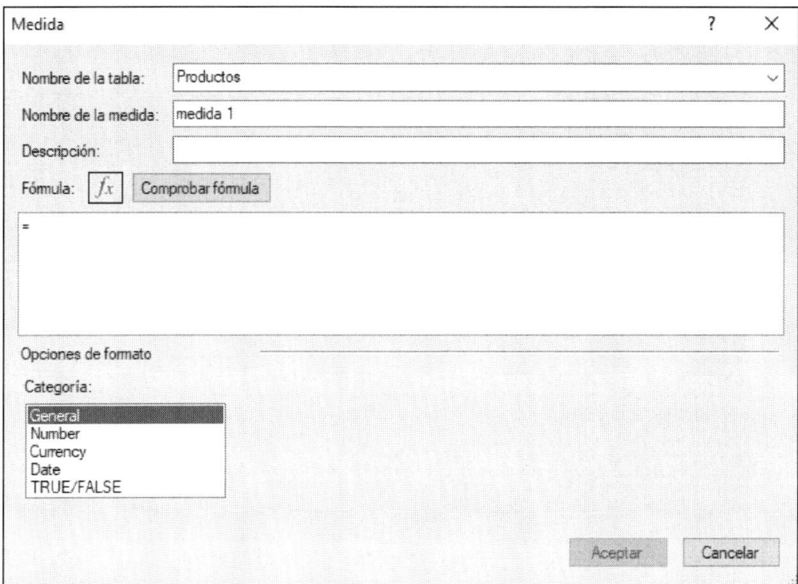

- En la lista desplegable **Nombre de la tabla**, seleccione la tabla **Ventas**.
- En el cuadro de escritura **Nombre de la medida**, dé a la medida el nombre **Total cantidades vendidas**.
- En el cuadro **Fórmula**, introduzca:

```
=SUM(Ventas[Cantidad])
```

Observe la sintaxis característica de las fórmulas en DAX:

```
función(nombre de tabla[nombre de columna])
```

- Haga clic en el botón **Comprobar fórmula** para asegurarse de que la sintaxis de esta es correcta.
- En el cuadro de lista **Categoría**, aplique al resultado el formato **Número**, con **0 decimales**, y marque la casilla **Usar separador de miles (.)**.

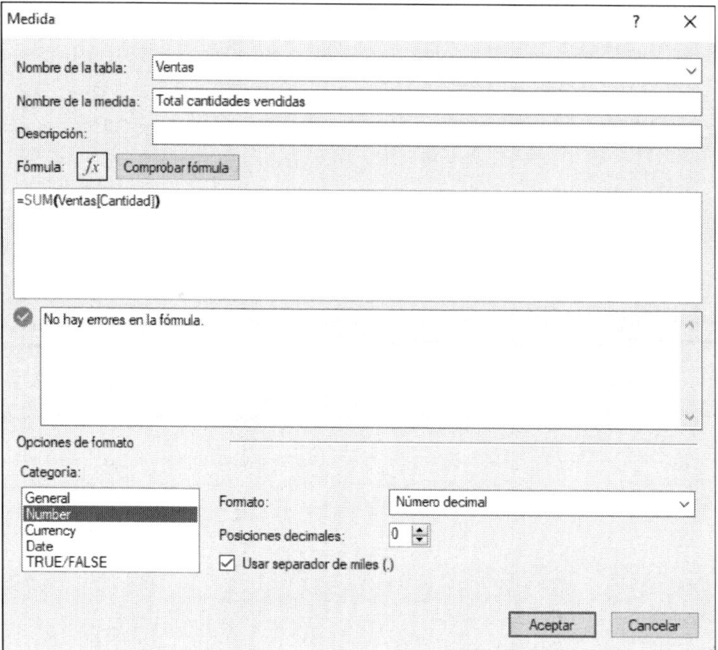

✎ Haga clic en el botón **Aceptar**.

Usar la medida

✎ En la cinta de opciones de Excel, seleccione la pestaña **Insertar**; en el grupo **Tablas**, despliegue el menú del botón **Tabla dinámica**.

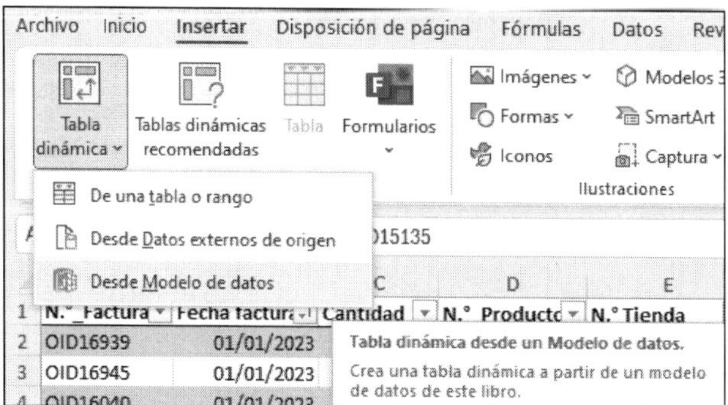

✎ Haga clic en **Desde Modelo de datos**.

Aparece en pantalla el cuadro de diálogo **Tabla dinámica desde un modelo de datos**.

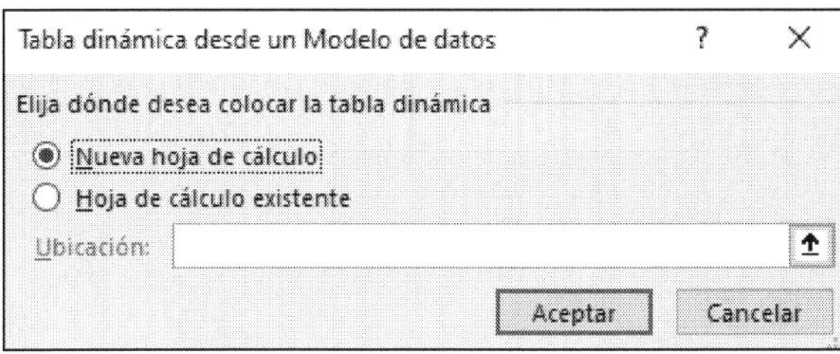

- Como ubicación, active la opción **Nueva hoja de cálculo**.
- Haga clic en el botón **Aceptar**.
- En el panel **Campos de tabla dinámica**, haga clic en la tabla **Ventas**.

Aparece la medida que acabamos de crear:

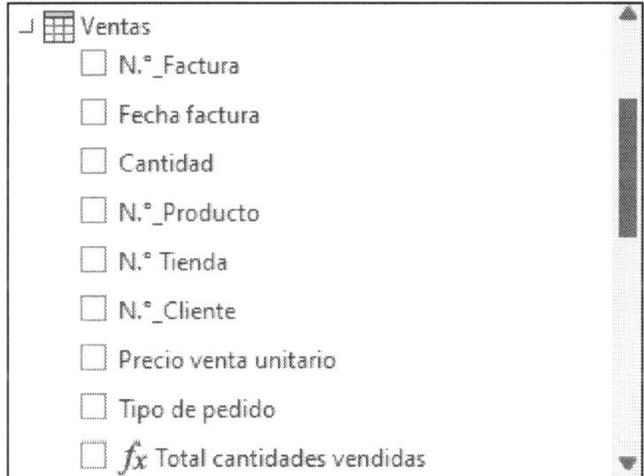

Observe que, en el panel **Campos de tabla dinámica**, el nombre de las medidas va precedido del símbolo **fx** para distinguirlas de los campos de la tabla.

- En el panel **Campos de tabla dinámica**, marque la medida **Total cantidades vendidas**.
- Haga clic en la tabla **Tiendas** y marque el campo **Población**.

El resultado es el siguiente:

Etiquetas de fila	Total cantidades vendidas
Madrid	2.278
Barcelona	2.338
Oviedo	2.259
Sevilla	4.530
Total general	**11.405**

Segundo método: crear una medida en Power Pivot

De igual modo, también es posible crear medidas directamente en la interfaz de Power Pivot, pero, en nuestro ejemplo no será necesario, ya que la medida creada en Excel está disponible en Power Pivot:

✎ En la ventana de Power Pivot, seleccione la tabla **Ventas**.

En la zona tabular, en la parte inferior de la tabla, se halla la medida que hemos creado con anterioridad:

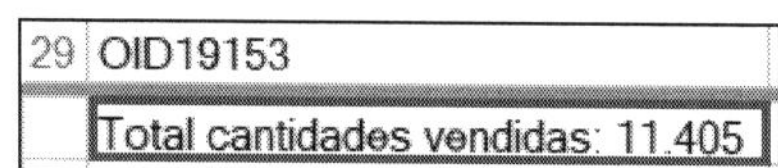

3. Medidas implícitas frente a medidas explícitas

a. Las medidas implícitas

Las medidas implícitas se crean arrastrando un campo numérico a la zona de valores de una tabla dinámica.

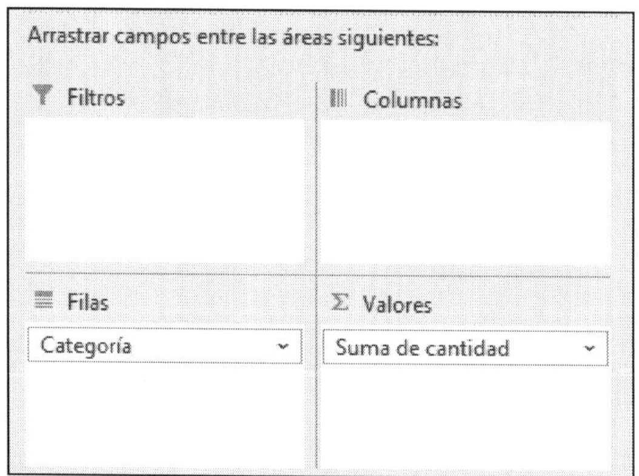

Si hace clic en un campo situado en la zona de **Valores**, aparece una ventana contextual.

Seleccione **Configuración de campo de valor**.

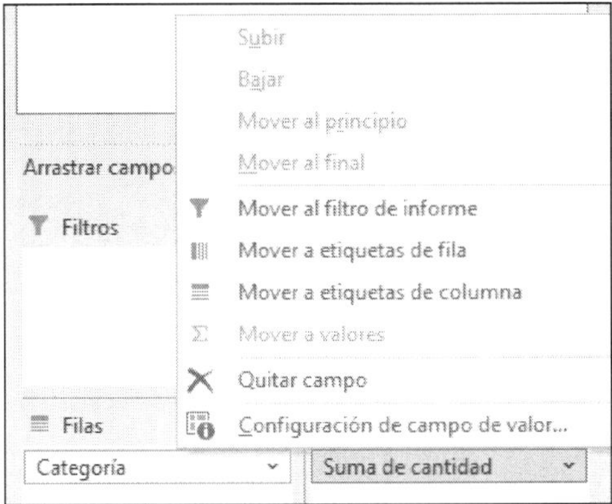

Aparece en pantalla el cuadro de diálogo **Configuración de campo de valor**; es posible seleccionar manualmente la agregación deseada (Suma, Promedio, Mín., Máx., etc.).

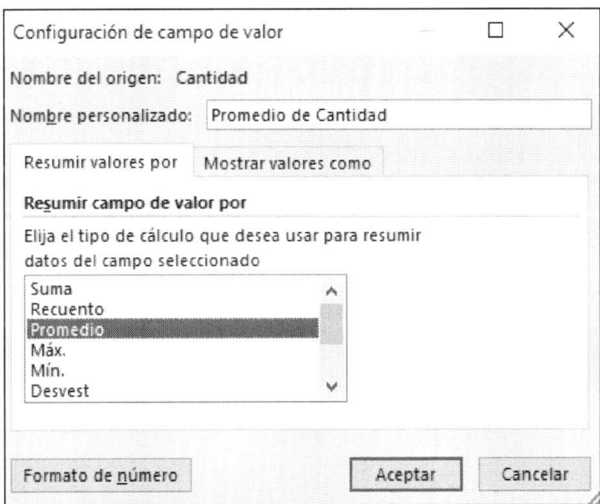

Las medidas implícitas son fáciles de crear y, francamente, muy útiles para obtener una visión general rápida de los datos. Sin embargo, presentan las siguientes desventajas:

- **Su alcance es limitado**: las medidas implícitas solo son accesibles en la tabla dinámica o gráfico específico en el que se crearon y no se puede hacer referencia a ellas en otro lugar. Si crea otra tabla dinámica en otra hoja de cálculo, debe volver a crear su medida implícita.
- **Son volátiles**: esto significa que, si deselecciona el campo que usó para crear una medida implícita, se eliminará. Si desea mostrarlo nuevamente, debe volver a crearlo.

b. Las medidas explícitas

Como su nombre indica, las medidas explícitas se crean utilizando explícitamente fórmulas en lenguaje DAX.

Una vez creadas, las medidas explícitas se pueden usar a demanda en varias tablas dinámicas o se pueden hacerse referencia a ellas en otras medidas en DAX.

4. Elementos de sintaxis y ejemplos de función

Antes de abordar funciones más complejas o específicas de DAX, es necesario detenerse en la sintaxis y en ciertos operadores característicos de este lenguaje.

a. Elementos de sintaxis

Consideremos la siguiente fórmula:

```
Número población clientes:=DISTINCTCOUNT(Clientes[Población])
```

Esta fórmula es una medida que usa la función **DISTINCTCOUNT** para contar el número de poblaciones diferentes que se puede encontrar en la tabla **Clientes**.

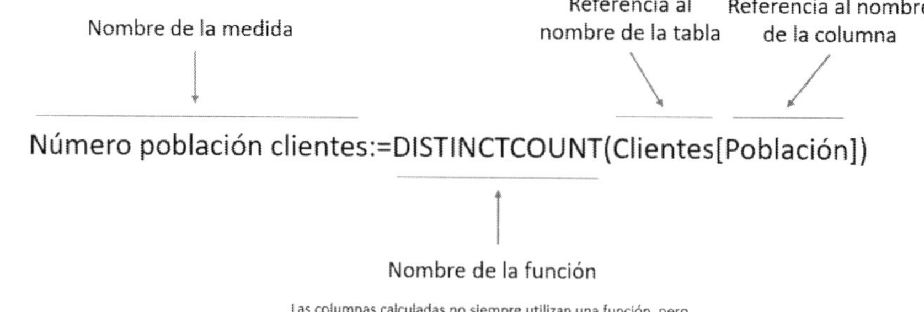

b. Operadores específicos en lenguajes DAX

La mayor parte de los operadores utilizados en Excel también pueden usarse en DAX; no obstante, hay algunos que son específicos para DAX:

Operador de texto	**Significado**	**Ejemplos**
&& (doble Y comercial)	Crea una condición AND entre dos expresiones que tienen ambas un resultado booleano. Si ambas expresiones devuelven TRUE, la combinación de las expresiones también devuelve TRUE; de lo contrario, la combinación devuelve FALSE.	([Region] = "France") && ([BikeBuyer] = "yes"))
||(símbolo de doble barra vertical)	Crea una condición OR entre dos expresiones lógicas. Si alguna de las expresiones devuelve TRUE, el resultado es TRUE; solo cuando ambas expresiones son FALSE, el resultado es FALSE.	(([Region] = "France") || ([BikeBuyer] = "yes"))
IN	Crea una condición OR lógica entre cada fila que se compara con una tabla. Nota: En la sintaxis del constructor de tabla se emplean llaves.	'Product'[Color] IN { "Red", "Blue", "Black" }

F. Las principales funciones específicas del lenguaje DAX

Algunas funciones del lenguaje DAX se parecen a las de Excel. Encontramos, por ejemplo, algunas de las funciones estadísticas, del tratamiento de texto, condicionales, etc.

- Para que se haga una idea, vaya a la pestaña **Diseñar** de la ventana Power Pivot.
- En el grupo **Cálculos**, haga clic en el botón **Insertar función**.

Aparece en pantalla el cuadro de diálogo **Insertar función**:

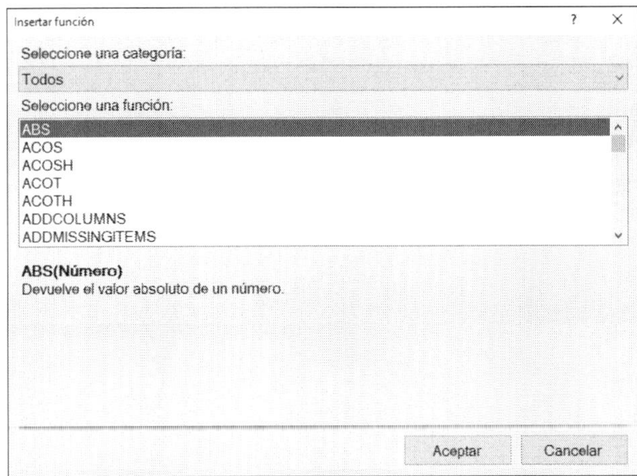

✎ Examine la lista de las funciones disponibles.

Sin embargo, en lenguaje DAX, los cálculos siempre se realizan en columnas o tablas enteras y funcionan en el contexto de un modelo de datos.

Es esta última especificidad la que hace que algunas de las funciones sean propias del lenguaje DAX. En esta sección abordaremos algunas de ellas.

1. La función RELATED

La función **RELATED** funciona de manera similar a la función **BUSCARV** de Excel.

Utiliza las relaciones definidas por el modelo de datos, las claves primarias y extranjeras para buscar los valores de una tabla en una nueva columna de la tabla activa.

Su sintaxis es:

=RELATED(ColumnName)

La columna que contiene los valores que busca

Como esta función necesita un contexto de fila, no puede usarse más que en el marco de una columna calculada.

Ejemplo: colocación de la columna Precio de venta unitario en la tabla Ventas

Los datos relativos al precio de venta por producto se encuentran en la tabla **Productos**:

	N.°_Producto	Categoría	Nombre Producto	Coste	Precio de venta
1	PID2000P	Jersey	Producto 1	13,67	22,41
2	PID2001P	Jersey	Producto 2	50,4	95,1
3	PID2002P	Jersey	Producto 3	53,4	84,7
4	PID2003P	Jersey	Producto 4	15,16	17,83
5	PID2004P	Jersey	Producto 5	66,5	127,8

Vamos a utilizar la función **RELATED** para crear la columna **Precio de venta unitario** en la tabla **Ventas**.

La búsqueda va a realizarse usando la clave primaria **N.°_Producto** de la tabla **Productos**, que es también una clave extranjera de la tabla **Ventas**.

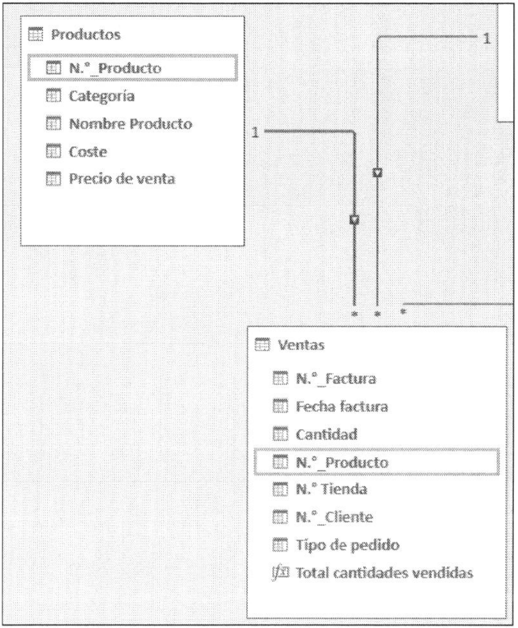

- En la ventana de Power Pivot, seleccione la pestaña **Ventas**.
- Seleccione la última columna de la tabla (**Agregar columna**).
- En la barra de fórmulas, introduzca la fórmula siguiente:

```
=RELATED(Productos[Precio de venta])
```

- Pulse la tecla ⏎.
- Cambie el nombre de la columna a **Precio de venta unitario**.

El resultado es el siguiente:

	N.°_Factura	Fecha fact...	Cantidad	N.°_Prod...	N.°Ti...	N.°_Cliente	Tipo de pedido	Precio de venta unitario
1	OID16939	01/01/2021 0:00:00	2	PID2018P	A102	Jf280	pedido pequeño	197,2
2	OID16945	01/01/2021 0:00:00	2	PID2019P	A100	Jf3	pedido pequeño	80
3	OID16040	01/01/2021 0:00:00	3	PID2032V	A101	Vf547	pedido pequeño	196,7
4	OID16056	01/01/2021 0:00:00	4	PID2033V	A102	Vf603	pedido grande	218,2

Excel ha buscado el precio de venta unitario para cada una de las filas de la tabla **Ventas**.

2. Las funciones lógicas

a. La función SWITCH y SWITCH(TRUE)

La función **SWITCH** se parece mucho a la función Select Case en lenguaje VBA.

Esta función evalúa una expresión en relación con una lista de valores y devuelve una de las múltiples expresiones posibles.

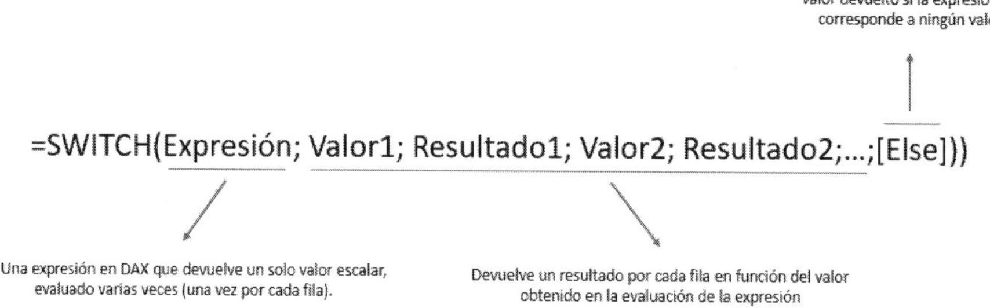

Vamos a utilizar la función **SWITCH** para crear una nueva columna en la tabla **Calendario** con objeto de determinar si la fecha representada por cada una de las filas corresponde a un día de la semana (laboral) o del fin de semana.

Son posibles varias soluciones:

<u>Solución n.° 1</u>

```
Semana/Fs:=
SWITCH(
calendario[Día de la semana];
"lunes";"semana";
"martes";"semana";
"miércoles";"semana";
"jueves";"semana";
"viernes";"semana";
"sábado";"fin de semana";
"domingo";"fin de semana")
```

Esta solución enuncia cada uno de los días y devuelve el valor **semana** por **fin de semana**, según el caso.

<u>Solución n.° 2</u>

```
Semana/Fs:=
SWITCH(
Calendario[Día de la semana];
"sábado";"fin de semana";
"domingo";"fin de semana" ;
"semana")
```

Esta solución enuncia únicamente los días correspondientes al **fin de semana**; en todos los demás casos, el valor devuelto es **semana**.

✎ Acceda a la tabla **Calendario**, haga clic en **Agregar columna** y luego, en la barra de fórmulas, introduzca la solución que prefiera.

En ambos casos, el resultado es idéntico:

Día de la semana	Semana/Fs
sábado	fin de semana
domingo	fin de semana
lunes	semana
martes	semana
miércoles	semana
jueves	semana
viernes	semana
sábado	fin de semana

b. La función SWITCH(TRUE)

La función **SWITCH** es muy práctica cuando se trata de evaluar una igualdad; sin embargo, no funciona si la evaluación que debe efectuar la función es una desigualdad (superior a, inferior a...).

En el caso de una evaluación relacionada con una desigualdad, es posible asociarla con la función **TRUE**.

Por ejemplo: intentaremos crear una nueva columna en la tabla **Clientes** para clasificar los clientes según su edad:

- Si el cliente tiene menos de 18 años, entonces el valor devuelto será «adolescente».
- Si la edad del cliente está comprendida entre 18 y 30 años, entonces el valor devuelto será «adulto joven».
- Si la edad del cliente es superior a 30 años, entonces el valor devuelto será «adulto».

Usando únicamente la función **SWITCH**, obtendríamos la función siguiente:

```
Categoría edad:=
SWITCH(
Clientes[edad]<18;"adolescente";
Clientes[edad]>=18 && Clientes[edad]<=30;"adulto joven";
Clientes[edad]>30;"adulto")
```

Observe el operador **&&** en la fórmula anterior. Permite crear una condición **Y** entre dos expresiones lógicas.

```
Clientes[edad]>=18 && Clientes[edad]<=30;"adulto joven";
```

En nuestro caso, si la edad es superior o igual a 18 **E** inferior o igual a 30, entonces el valor devuelto es «adulto joven».

Sin embargo, esta función devuelve un error:

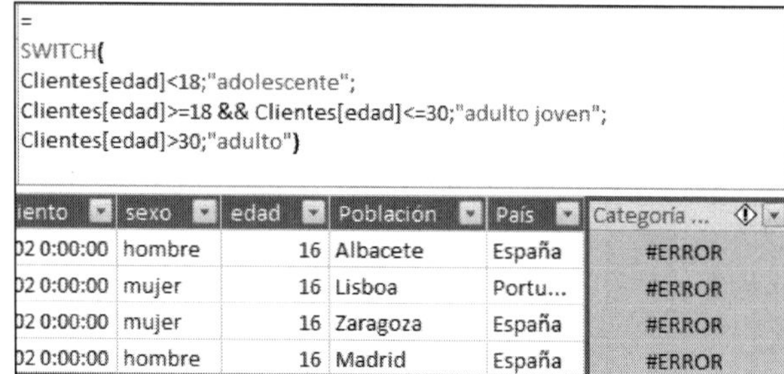

```
=
SWITCH(
Clientes[edad]<18;"adolescente";
Clientes[edad]>=18 && Clientes[edad]<=30;"adulto joven";
Clientes[edad]>30;"adulto")
```

iento	sexo	edad	Población	País	Categoría ...
02 0:00:00	hombre	16	Albacete	España	#ERROR
02 0:00:00	mujer	16	Lisboa	Portu...	#ERROR
02 0:00:00	mujer	16	Zaragoza	España	#ERROR
02 0:00:00	hombre	16	Madrid	España	#ERROR

En nuestro caso, para que funcione, la función **SWITCH** debe estar asociada a la función **TRUE**.

- Acceda a la tabla **Clientes**, haga clic en la columna **Agregar columna** e introduzca la fórmula siguiente:

```
Categoría edad:=
SWITCH(TRUE();
Clientes[edad]<18;"adolescente";
Clientes[edad]>=18 && Clientes[edad]<=30;"adulto joven";
Clientes[edad]>30;"adulto")
```

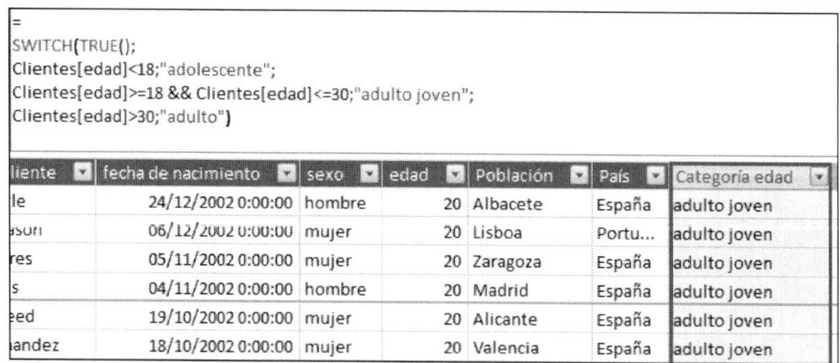

```
=
SWITCH(TRUE();
Clientes[edad]<18;"adolescente";
Clientes[edad]>=18 && Clientes[edad]<=30;"adulto joven";
Clientes[edad]>30;"adulto")
```

liente	fecha de nacimiento	sexo	edad	Población	País	Categoría edad
le	24/12/2002 0:00:00	hombre	20	Albacete	España	adulto joven
ason	06/12/2002 0:00:00	mujer	20	Lisboa	Portu...	adulto joven
res	05/11/2002 0:00:00	mujer	20	Zaragoza	España	adulto joven
s	04/11/2002 0:00:00	hombre	20	Madrid	España	adulto joven
eed	19/10/2002 0:00:00	mujer	20	Alicante	España	adulto joven
andez	18/10/2002 0:00:00	mujer	20	Valencia	España	adulto joven

La función **TRUE** devuelve el valor lógico **VERDADERO** cuando una condición es cierta.

Al utilizar la función **TRUE**, se lleva a cabo cada uno de los test de desigualdad: si el test es evaluado como **VERDADERO**, se devuelve el resultado correspondiente a la evaluación.

3. Las funciones de iteración (o funciones X)

Las funciones de iteración permiten realizar un cálculo en cada fila y en dos o más columnas de una tabla, y a continuación aplicar una agregación al resultado.

Las funciones de iteración del lenguaje DAX funcionan de forma similar a la función SUMAPRODUCTO de Excel.

No obstante, contrariamente a la función SUMSPRODUCTO de Excel, son posibles varias agregaciones diferentes, por lo que existen varias funciones de iteración.

En el contexto de este libro, vamos a desarrollar las dos funciones de iteración más habituales: **SUMX** y **AVERAGEX**; hay otras (MAXX, MEDIANX, etc.), aunque son menos frecuentes.

a. La función SUMX

Contrariamente a la función SUM, que se limita a calcular la suma de una columna de datos única, la función **SUMX** recorre los datos fila a fila en dos o más columnas.

Ejemplo:

Cantidad	Precio de venta unitario
4	22,41
3	22,41
1	95,1
1	95,1

El cálculo se realiza de la siguiente manera:

```
4 x 22,41
+
3 x 22,41
+
1 x 95,1
+
1 x 95,1
= 347,07
```

La sintaxis de la función es la siguiente:

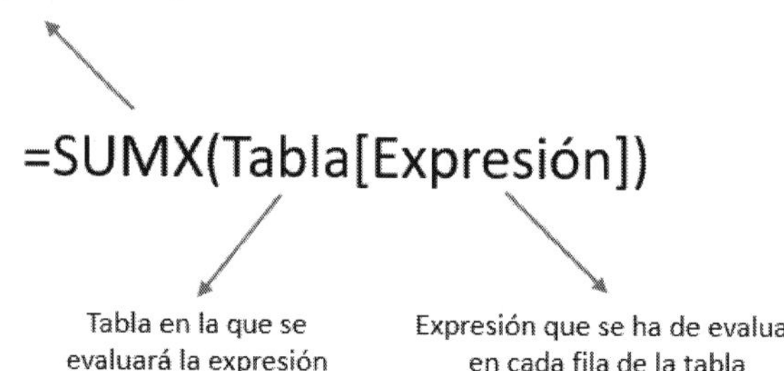

Aplicación

La responsable de ventas desea conocer la distribución de la cifra de negocios por categoría de producto.

*La solución de este caso práctico se encuentra en la pestaña **CN_cat_Productos** del archivo **Analisis_comercial_resuelto.xlsx**.*

Para calcular la cifra de negocios: Cantidades vendidas x precio unitario

Primera etapa: incluir la medida

- En la pestaña **Power Pivot** de la cinta de opciones de Excel, en el grupo **Cálculos**, haga clic en el botón **Medidas - Nueva medida**.

Aparece en pantalla el cuadro de diálogo **Medida**.

- Asigne la medida a la tabla **Ventas**.
- Llame a la medida **CN**.
- Introduzca la fórmula: =SUMX(ventas ;[Cantidad]*[Precio de venta unitario])
- En la lista **Categoría**, utilice el formato **Número**.
- Marque **Usar separador de miles (.)**.
- Reduzca las **Posiciones decimales** a 0.

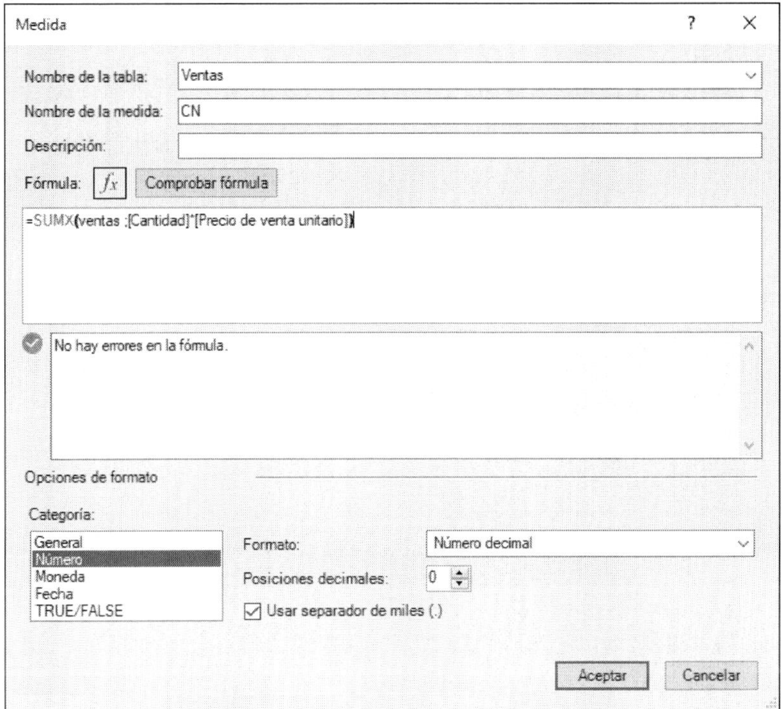

- Haga clic en el botón **Aceptar**.

Segunda etapa: creación de la tabla dinámica

Cree un informe de tabla dinámica en blanco a partir del modelo de datos en una hoja de cálculo:

- Haga clic en la pestaña **Insertar** y en el grupo **Tablas**, abra el menú desplegable **Tabla dinámica** y escoja **Desde modelo de datos**.
- En el cuadro de diálogo **Tabla dinámica desde un Modelo de datos**, active la opción **Nueva hoja de cálculo** y haga clic en **Aceptar**.
- En el panel **Campos de tabla dinámica**, haga clic en la tabla **Productos** y marque el campo **Categoría**.
- Haga clic en la tabla **Ventas** y marque la medida **CN**.

El resultado es el siguiente:

Etiquetas de fila	CN
Bufanda	261.368
Chaqueta	447.712
Gorro	250.920
Guantes	154.342
Jersey	247.389
Total general	**1.361.730**

b. La función AVERAGEX

La función **AVERAGEX** es similar a la función **SUMX**, si bien en este caso la agregación aplicada es un cálculo de promedio.

La sintaxis es la siguiente:

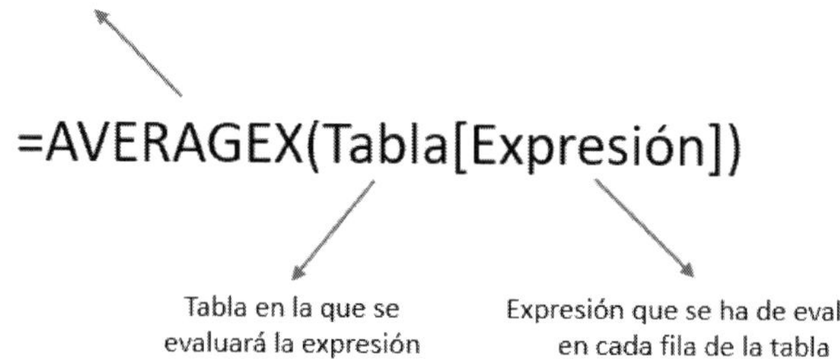

Aplicación

La responsable de ventas desearía ahora conocer el importe medio de una factura en función del sexo del cliente. Para ello, vamos a utilizar la función **AVERAGEX**.

La resolución de este caso práctico se encuentra en la pestaña **Importe_medio_fact_por_sexo** *del archivo* **Analisis_comercial_resuelto.xlsx**.

Primera etapa: incluir la medida

- En la pestaña **Power Pivot** de la cinta de opciones de Excel, en el grupo **Cálculos**, haga clic en el botón **Medidas - Nueva medida**.

Aparece en pantalla el cuadro de diálogo **Medida**.

- Asigne la medida a la tabla **Ventas**.
- Llame la medida **Importe facturado medio**.
- Introduzca la fórmula: =AVERAGEX(ventas;[Cantidad]*[Precio de venta unitario])

- En la lista **Categoría**, utilice el formato **Número**.
- Marque la opción **Usar separador de miles** (.).
- Reduzca las **Posiciones decimales** a 0.

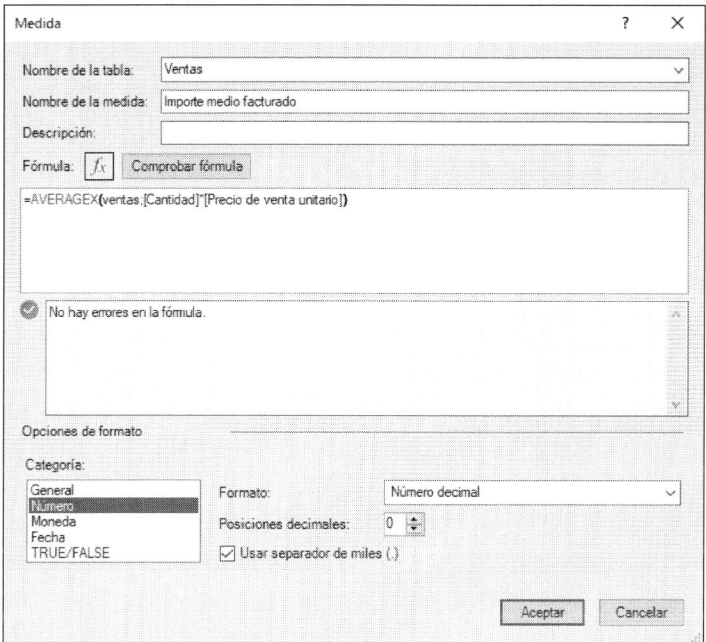

- Haga clic en el botón **Aceptar**.

Segunda etapa: creación de la tabla dinámica

- Cree un informe de tabla dinámica en blanco a partir del modelo de datos en una hoja de cálculo.
- En el panel **Campos de tabla dinámica**, haga clic en la tabla **Clientes** y marque el campo **sexo**.
- Haga clic en la tabla **Ventas** y seleccione la medida **Importe medio facturado**.

El resultado es el siguiente:

Etiquetas de fila	Importe medio facturado
hombre	220
mujer	235
Total general	**232**

En promedio, las mujeres realizan una compra media de 235 €, y los hombres, de 220 €.

4. La función DIVIDE

La función **DIVIDE** es una función simple y útil. A veces también se denomina SAFEDIVIDE, ya que impide los errores de división por cero en Power Pivot y en tablas dinámicas.

Su sintaxis es:

=DIVIDE(Numerador;Numerador;[AlternateResult])

Resultado que se devuelve si el denominador es cero (opcional).

Si no especifica un resultado alternativo, se devuelve un valor vacío en caso de error de división por cero.

En Excel, cuando divide por un valor nulo, obtiene el siguiente mensaje de error:

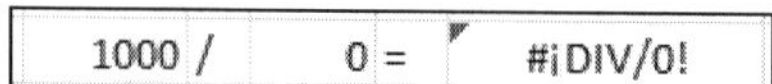

1000 /	0 =	#¡DIV/0!

Los usuarios avanzados de Excel evitan el problema usando la función ESERROR o SI.ERROR con objeto de definir el valor que se devuelve en caso de error.

En lenguaje DAX, la función DIVIDE sigue la misma fórmula.

Imaginemos la tabla siguiente, importada en Power Pivot:

	Empresa	CN	Gastos	Margen
1	Géneros Elena	8000	4000	4000
2	El Dedal	4000	1500	2500
3	Prendas Ovillo	0	1000	-1000
4	Efkan	2000	500	1500

Deseamos calcular el porcentaje de margen.

El cálculo que debe realizarse es **Margen / CN**.

Para este ejemplo, vamos a crear una columna calculada, de modo que obtengamos este resultado:

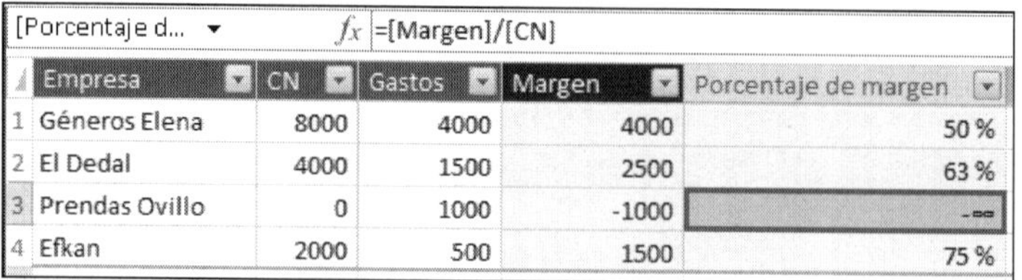

[Porcentaje d... f_x =[Margen]/[CN]

	Empresa	CN	Gastos	Margen	Porcentaje de margen
1	Géneros Elena	8000	4000	4000	50 %
2	El Dedal	4000	1500	2500	63 %
3	Prendas Ovillo	0	1000	-1000	-∞
4	Efkan	2000	500	1500	75 %

En Power Pivot, el resultado de una división por 0 devuelve -∞.

Ello resulta particularmente problemático en el contexto de una tabla dinámica:

Etiquetas de fila	Promedio de Porcentaje de margen
Efkan	75 %
El Dedal	63 %
Géneros Elena	50 %
Prendas Ovillo	#¡NUM!
Total general	#¡NUM!

Filas: Empresa
Σ Valores: Promedio de Porcentaje de margen

La fila correspondiente y el total general devuelven un mensaje de error.

Este problema puede resolverse usando la función DIVIDE.

Primera opción: remplazar el mensaje de error por un blanco

Es el uso por defecto de la fórmula: **Porcentaje de margen:=DIVIDE([Margen];[CN])**

Obtenemos el siguiente resultado:

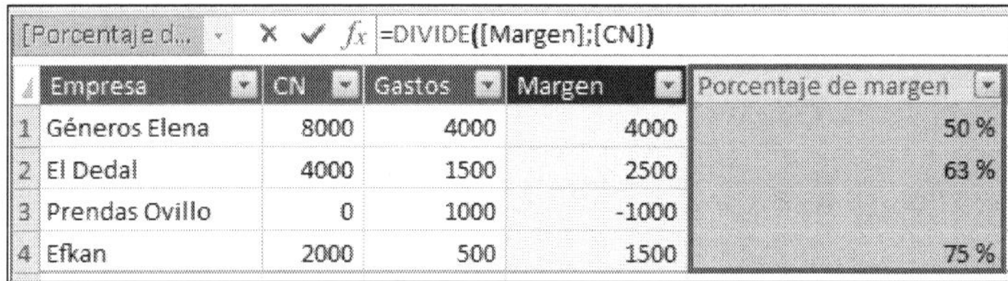

[Porcentaje d... =DIVIDE([Margen];[CN])

	Empresa	CN	Gastos	Margen	Porcentaje de margen
1	Géneros Elena	8000	4000	4000	50 %
2	El Dedal	4000	1500	2500	63 %
3	Prendas Ovillo	0	1000	-1000	
4	Efkan	2000	500	1500	75 %

En la tabla dinámica, la etiqueta de la fila Prendas Ovillo pasa a omitirse:

Etiquetas de fila	Promedio de Porcentaje de margen
Efkan	75 %
El Dedal	63 %
Géneros Elena	50 %
Total general	63 %

Filas: Empresa
Σ Valores: Promedio de Porcentaje de margen

En su diseño por defecto, una tabla dinámica oculta las filas o las columnas sin datos.

Segunda opción: remplazar el mensaje de error por un valor

Para mostrar esta opción, vamos a remplazar el mensaje de error por un 0.

En la columna **Porcentaje de margen**, la fórmula pasa a ser: =DIVIDE([Margen]; [CN]; 0)

	Empresa	CN	Gastos	Margen	Porcentaje de margen
1	Géneros Elena	8000	4000	4000	50 %
2	El Dedal	4000	1500	2500	63 %
3	Prendas Ovillo	0	1000	-1000	0 %
4	Efkan	2000	500	1500	75 %

En la tabla dinámica, el resultado es este:

Etiquetas de fila	Promedio de Porcentaje de margen
Efkan	75%
El Dedal	63%
Géneros Elena	50%
Prendas Ovillo	0%
Total general	**47%**

Filas	Valores
Empresa	Promedio de Porcentaje de margen

Usaremos la función DIVIDE más adelante, en esta misma sección, para resolver alguno casos prácticos.

5. Las funciones de filtro

a. La función CALCULATE

La función CALCULATE permite evaluar una expresión en un contexto particular de filtros.

El primer parámetro de la función es una medida donde una función desempeña la tarea de medida; los parámetros siguientes son los filtros que se van a aplicar a esa medida.

Se trata probablemente de la función más utilizada en el lenguaje DAX.

El principio en el que se basa CALCULATE es similar al de la función SUMAR.SI.CONJUNTO o PROMEDIO.SI.CONJUNTO de Excel, si dejamos de lado el hecho de que la agregación obtenida viene definida por una medida o una función que hace las veces de medida.

La sintaxis de la función CALCULATE es esta:

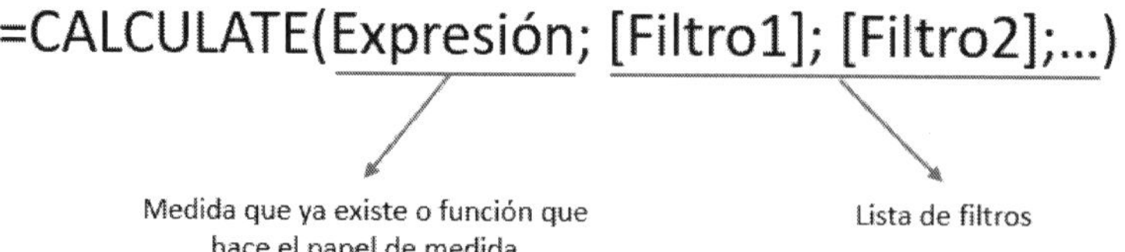

Los filtros configurados dentro de la función CALCULATE son prioritarios en el contexto de una tabla dinámica.

Veremos un ejemplo práctico de este último concepto al final de esta sección.

Aplicación

La responsable comercial desearía ahora conocer la distribución de la cifra de negocios por tienda, teniendo en cuenta solo los clientes de menos de 30 años.

*La resolución de este caso práctico se encuentra en la pestaña **CN cliente < 30** del archivo **Analisis_comercial_resuelto.xlsx**.*

Primera etapa: incluir la medida

- En Excel, en la pestaña **Power Pivot** de la cinta de opciones, grupo **Cálculos**, haga clic en el botón **Medidas - Nueva medida**.

Aparece en pantalla el cuadro de diálogo **Medida**.

- En la lista **Nombre de la tabla**, asigne la medida a la tabla **Ventas**.
- En cuadro de escritura **Nombre de la medida**, dé a la medida el nombre **CN edad <30**.
- Introduzca la fórmula siguiente:

```
=CALCULATE(
        [CN];
        Clientes[edad]<30
        )
```

Explicación de la fórmula: utilizamos la función **CALCULATE** para filtrar la medida **CN** con objeto de obtener la cifra de negocios correspondiente únicamente a los clientes de menos de 30 años.

La medida CN se ha añadido al libro en la sección sobre la función SUMX de este capítulo.

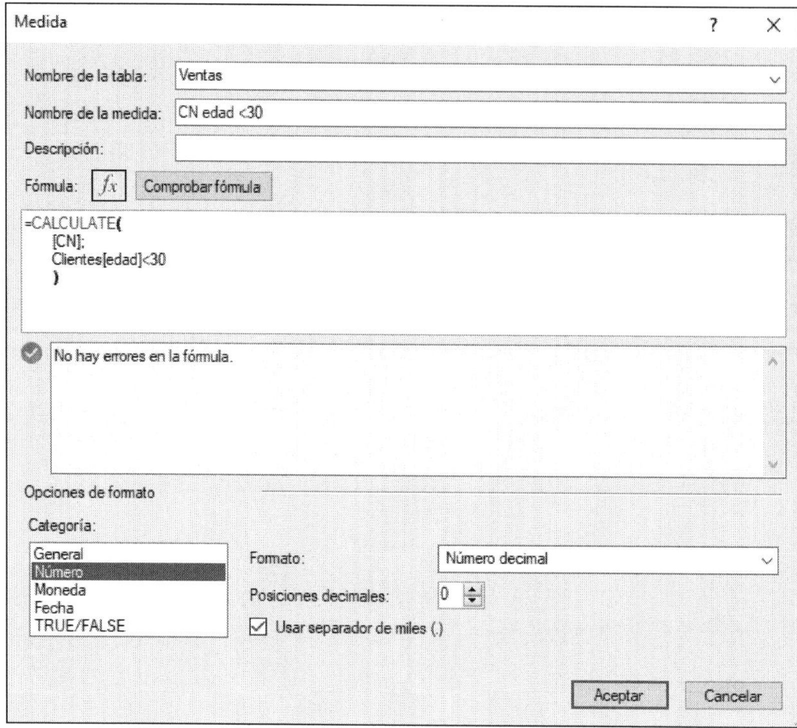

- En el área de formato, en la lista **Categoría**, utilice el formato **Número**.
- Reduzca las **Posiciones decimales** a 0 y marque la casilla **Usar separador de miles** (.).
- Haga clic en el botón **Aceptar**.

Segunda etapa: creación de la tabla dinámica

- Cree una tabla dinámica en blanco a partir del modelo de datos en una nueva hoja.
- En el panel **Campos de tabla dinámica**, haga clic en la tabla **Ventas** y marque el campo **CN edad <30**.
- Haga clic en la tabla **Tiendas** y marque el campo **Población**.

El resultado es el siguiente:

	A	B
1		
2		
3	**Etiquetas de fila**	**CN edad<30**
4	Barcelona	73.437
5	Madrid	85.115
6	Oviedo	153.398
7	Sevilla	81.873
8	**Total general**	**393.824**

La función CALCULATE es prioritaria en el contexto de un filtro

Como hemos indicado con anterioridad, los filtros configurados dentro de la función **CALCULATE** son prioritarios cuando hablamos de filtros de una tabla dinámica.

Imaginemos que deseamos crear una medida para calcular el importe de la cifra de negocios únicamente de los gorros.

Usando la función **CALCULATE**, obtendríamos la medida siguiente:

```
=CALCULATE(
        [CN];
        Productos[Categoría]="Gorro"
        )
```

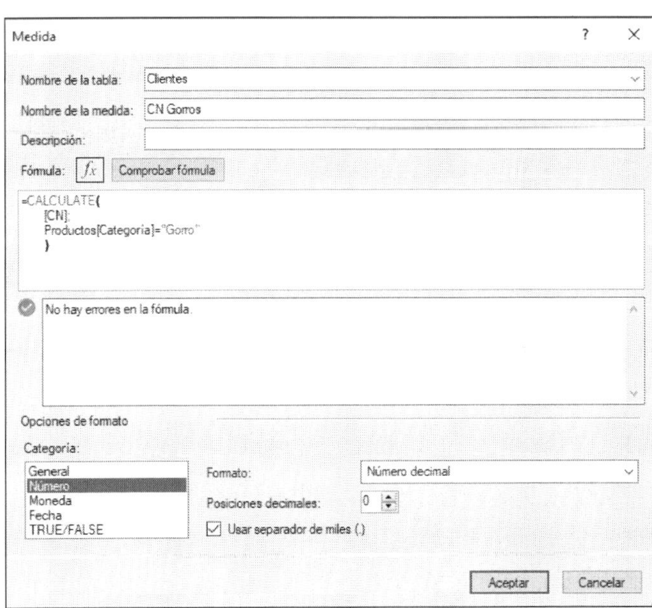

El resultado es el siguiente:

Etiquetas de fila	CN	CN Gorros
Bufanda	261.368	250.920
Chaqueta	447.712	250.920
Gorro	250.920	250.920
Guantes	154.342	250.920
Jersey	247.389	250.920
Total general	**1.361.730**	**250.920**

Aquí, el contexto de filtro de tabla dinámica importa poco: la medida CN Gorros devuelve únicamente la cifra de negocios que concierne a este artículo.

b. La función ALL

La función ALL devuelve todas las filas de una o varias columnas de una tabla, ignorando todos los filtros aplicados.

En la práctica, esta función sirve para «ignorar» un contexto de filtro de tabla dinámica.

La mayoría de las veces se utiliza como argumento dentro de una función CALCULATE.

La sintaxis de la fórmula es la siguiente:

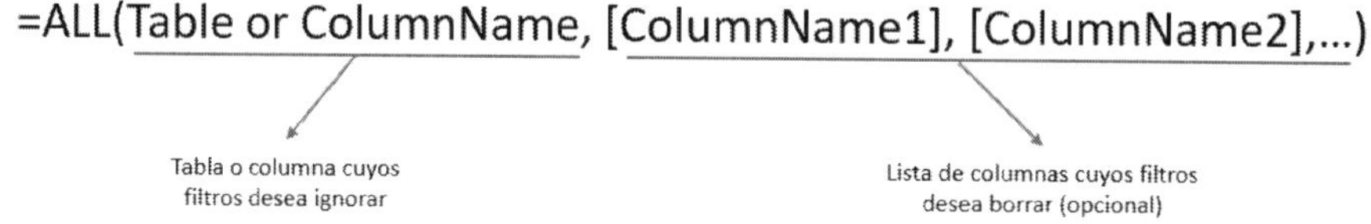

Aplicación n.°1: cálculo del porcentaje de la cifra de negocios mensual

El cálculo de la ratio de la cifra de negocios mensual es:

Cifra de negocios mensual/Cifra de negocios anual

La resolución de este caso práctico se encuentra en la pestaña % CN mens del archivo Analisis_comercial_resuelto.xlsx.

Primera etapa: incluir contexto de tabla dinámica

- Cree una nueva tabla dinámica a partir del modelo de datos, en una nueva hoja de cálculo.
- Haga clic en la tabla **Calendario**, **Más campos** y coloque los campos **Año** y **Mes** en el cuadro **Filas**.
- Haga clic en la tabla **Ventas**, coloque la medida **CN** en el cuadro **Valores**.

El resultado es el siguiente:

Etiquetas de fila	CN
⊟2023	
enero	47.707
febrero	37.751
marzo	38.250
abril	47.367
mayo	53.676
junio	53.154
julio	51.169
agosto	51.591
septiembre	43.460
octubre	49.944
noviembre	29.119
diciembre	25.390
⊟2024	
enero	118.306
febrero	78.597
marzo	84.823
abril	79.964
mayo	60.408
junio	54.128
julio	53.203
agosto	51.618
septiembre	51.661
octubre	59.789
noviembre	85.643
diciembre	55.012
Total general	**1.361.730**

Segunda etapa: análisis del contexto de la tabla dinámica

La cifra de negocios se evalúa:

- por año
- por mes

El criterio que deseamos cancelar es el segundo.

Para ello, vamos a incluir una nueva medida usando la función **ALL** con objeto de crear una columna que permita devolver, para cada fila de la tabla dinámica, la cifra de negocios total anual.

Podremos realizar esta operación si suprimimos el contexto de fila relativo al mes de la tabla dinámica.

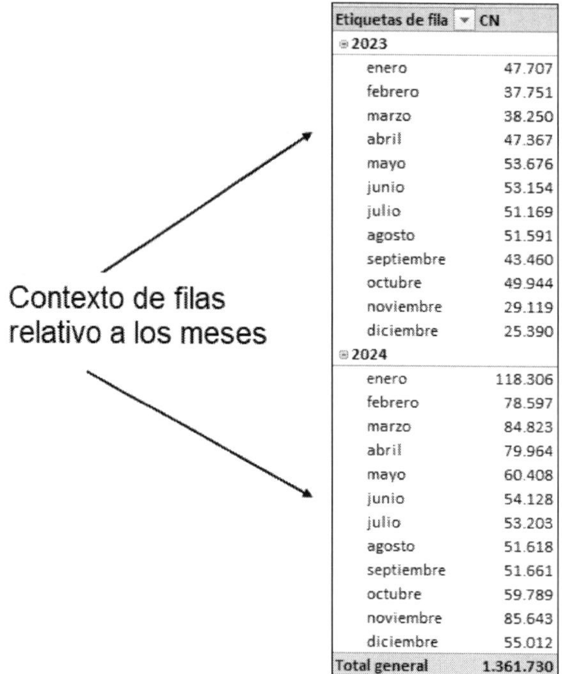

Etiquetas de fila	CN
2023	
enero	47.707
febrero	37.751
marzo	38.250
abril	47.367
mayo	53.676
junio	53.154
julio	51.169
agosto	51.591
septiembre	43.460
octubre	49.944
noviembre	29.119
diciembre	25.390
2024	
enero	118.306
febrero	78.597
marzo	84.823
abril	79.964
mayo	60.408
junio	54.128
julio	53.203
agosto	51.618
septiembre	51.661
octubre	59.789
noviembre	85.643
diciembre	55.012
Total general	1.361.730

Tercera etapa: inclusión de la medida

- En la pestaña **Power Pivot** de la cinta de opciones, en el grupo **Cálculos**, haga clic en el botón **Medidas - Nueva medida**.

Aparece en pantalla el cuadro de diálogo **Medida**.

- En la lista desplegable **Nombre de la tabla**, asigne la medida a la tabla **Ventas**.
- Llame a la medida **ALL_CN**
- Introduzca la fórmula siguiente:

```
=CALCULATE(
       [CN];
       ALL(Calendario[Mes])
   )
```

La fórmula calcula la cifra de negocios y elimina, mediante la función **ALL**, el contexto de filtro relativo a la columna **Mes** de la tabla **Calendario**.

Puesto que vamos a eliminar el contexto de mes, el importe que devolverá el contexto de tabla dinámica establecido con anterioridad será, para cada fila, la cifra de negocios anual.

- En la lista **Categoría**, seleccione **Número**, marque la casilla **Usar separador de miles (.)** y reduzca las **Posiciones decimales** a 0.

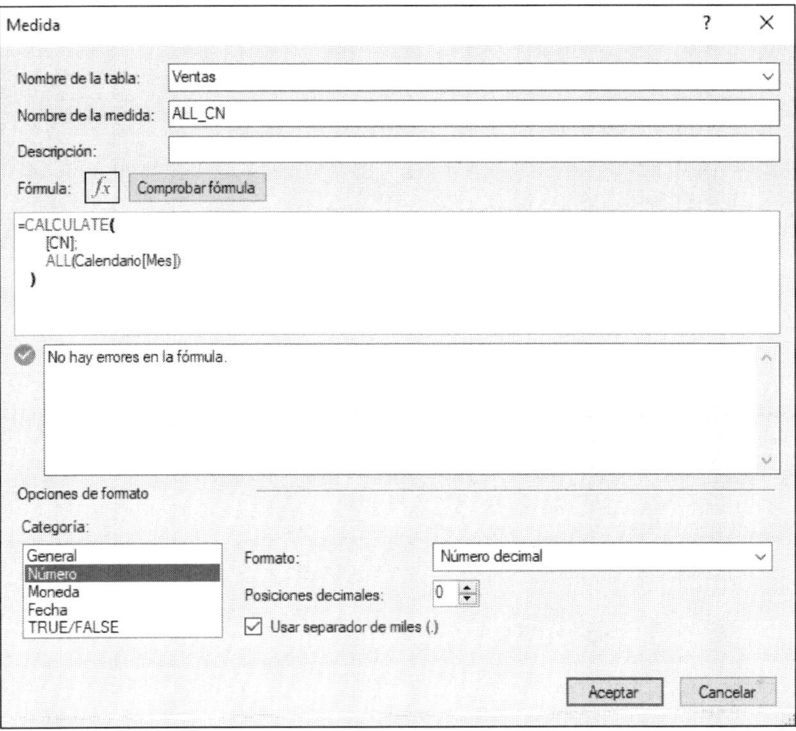

- Confirme con **Aceptar**.

El resultado es el siguiente:

Etiquetas de fila	CN	ALL_CN
2023		
enero	47.707	528.580
febrero	37.751	528.580
marzo	38.250	528.580
abril	47.367	528.580
mayo	53.676	528.580
junio	53.154	528.580
julio	51.169	528.580
agosto	51.591	528.580
septiembre	43.460	528.580
octubre	49.944	528.580
noviembre	29.119	528.580
diciembre	25.390	528.580
2024		
enero	118.306	833.150
febrero	78.597	833.150
marzo	84.823	833.150
abril	79.964	833.150
mayo	60.408	833.150
junio	54.128	833.150
julio	53.203	833.150
agosto	51.618	833.150
septiembre	51.661	833.150
octubre	59.789	833.150
noviembre	85.643	833.150
diciembre	55.012	833.150
Total general	**1.361.730**	**1.361.730**

CN 2023

CN 2024

Cuarta etapa: cálculo del porcentaje de la CN mensual en relación con el total del año

El cálculo que hay que realizar es:

Cifra de negocios mensual/cifra de negocios anual

Para efectuar esta operación, vamos a utilizar la función DIVIDE.

- En la pestaña **Power Pivot** de la cinta de opciones, en el grupo **Cálculos**, haga clic en el botón **Medidas - Nueva medida**.

Aparece en pantalla el cuadro de diálogo **Medida**.

- En la lista desplegable **Nombre de la tabla**, asigne la medida a la tabla **Ventas**.
- Dé a la medida el nombre **ratio_mes**.
- Introduzca la fórmula siguiente:

```
=DIVIDE(
       [CN];
       [ALL_CN]
       )
```

- También habría podido introducir la fórmula en una sola línea: =DIVIDE([CN];[ALL_CN])
- En la lista **Categoría**, seleccione **Número**; en la lista desplegable **Formato**, seleccione **Porcentaje**.

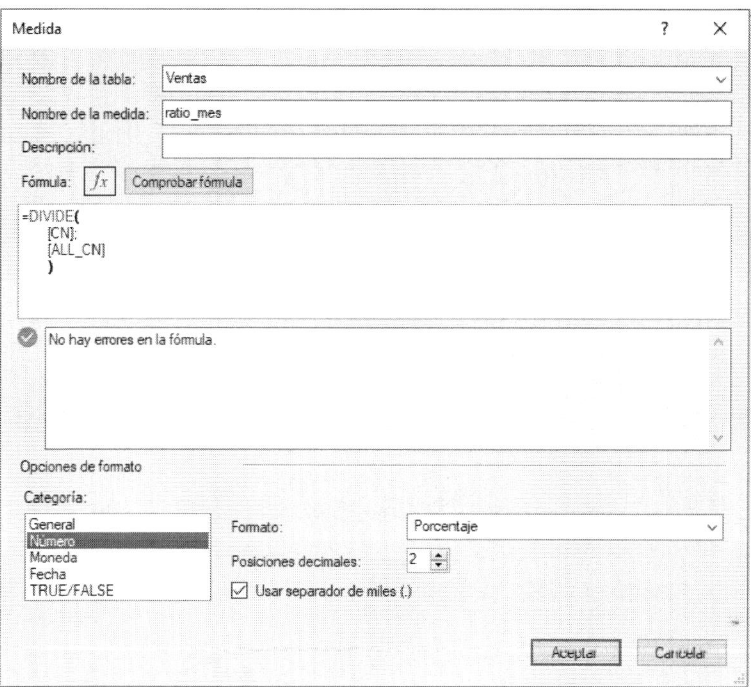

- Haga clic en **Aceptar**.

El resultado es el siguiente:

Etiquetas de fila	CN	ALL_CN	ratio_mes
⊟2023			
enero	47.707	528.580	9,03 %
febrero	37.751	528.580	7,14 %
marzo	38.250	528.580	7,24 %
abril	47.367	528.580	8,96 %
mayo	53.676	528.580	10,15 %
junio	53.154	528.580	10,06 %
julio	51.169	528.580	9,68 %
agosto	51.591	528.580	9,76 %
septiembre	43.460	528.580	8,22 %
octubre	49.944	528.580	9,45 %
noviembre	29.119	528.580	5,51 %
diciembre	25.390	528.580	4,80 %
⊟2024			
enero	118.306	833.150	14,20 %
febrero	78.597	833.150	9,43 %
marzo	84.823	833.150	10,18 %
abril	79.964	833.150	9,60 %
mayo	60.408	833.150	7,25 %
junio	54.128	833.150	6,50 %
julio	53.203	833.150	6,39 %
agosto	51.618	833.150	6,20 %
septiembre	51.661	833.150	6,20 %
octubre	59.789	833.150	7,18 %
noviembre	85.643	833.150	10,28 %
diciembre	55.012	833.150	6,60 %
Total general	1.361.730	1.361.730	100,00 %

Es posible deseleccionar la medida **ALL_CN** en el panel **Campos de tabla dinámica**.

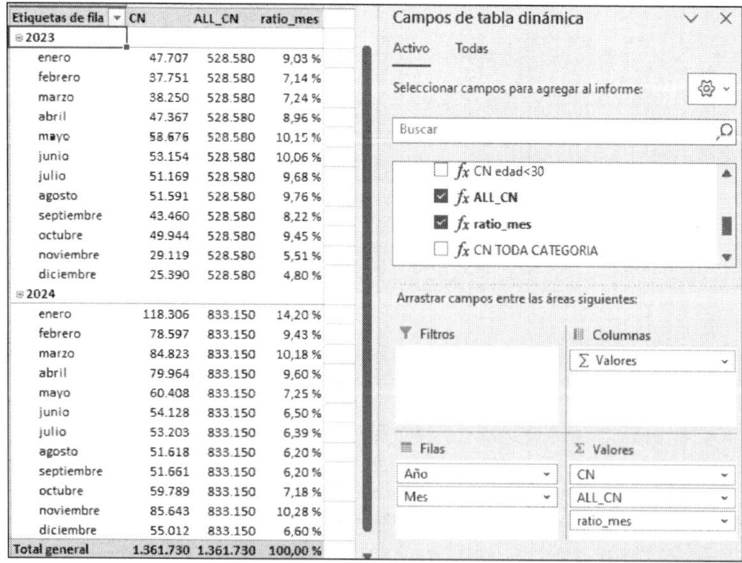

Etiquetas de fila	CN	ALL_CN	ratio_mes
⊟2023			
enero	47.707	528.580	9,03 %
febrero	37.751	528.580	7,14 %
marzo	38.250	528.580	7,24 %
abril	47.367	528.580	8,96 %
mayo	53.676	528.580	10,15 %
junio	53.154	528.580	10,06 %
julio	51.169	528.580	9,68 %
agosto	51.591	528.580	9,76 %
septiembre	43.460	528.580	8,22 %
octubre	49.944	528.580	9,45 %
noviembre	29.119	528.580	5,51 %
diciembre	25.390	528.580	4,80 %
⊟2024			
enero	118.306	833.150	14,20 %
febrero	78.597	833.150	9,43 %
marzo	84.823	833.150	10,18 %
abril	79.964	833.150	9,60 %
mayo	60.408	833.150	7,25 %
junio	54.128	833.150	6,50 %
julio	53.203	833.150	6,39 %
agosto	51.618	833.150	6,20 %
septiembre	51.661	833.150	6,20 %
octubre	59.789	833.150	7,18 %
noviembre	85.643	833.150	10,28 %
diciembre	55.012	833.150	6,60 %
Total general	1.361.730	1.361.730	100,00 %

Obtenemos entonces la siguiente tabla dinámica:

Etiquetas de fila	CN	ratio_mes
2023		
enero	47.707	9,03 %
febrero	37.751	7,14 %
marzo	38.250	7,24 %
abril	47.367	8,96 %
mayo	53.676	10,15 %
junio	53.154	10,06 %
julio	51.169	9,68 %
agosto	51.591	9,76 %
septiembre	43.460	8,22 %
octubre	49.944	9,45 %
noviembre	29.119	5,51 %
diciembre	25.390	4,80 %
2024		
enero	118.306	14,20 %
febrero	78.597	9,43 %
marzo	84.823	10,18 %
abril	79.964	9,60 %
mayo	60.408	7,25 %
junio	54.128	6,50 %
julio	53.203	6,39 %
agosto	51.618	6,20 %
septiembre	51.661	6,20 %
octubre	59.789	7,18 %
noviembre	85.643	10,28 %
diciembre	55.012	6,60 %
Total general	**1.361.730**	**100,00 %**

Aplicación n.° 2: neutralizar una segmentación con la función ALL

El objetivo de esta aplicación es determinar el porcentaje de la cifra de negocios mensual de uno o de varios productos en relación con la cifra de negocios total usando una segmentación.

En el contexto de una tabla dinámica, la medida CN se verá afectada por la segmentación y devolverá la cifra de negocios mensual por categoría de productos seleccionados.

No obstante, dado que la medida CN TDA CATEGORIA no se verá afectada por la segmentación, devolverá la cifra de negocios mensual de todas las categorías de productos mezcladas.

La medida % PRODUCTO SELECCIONADO es la razón entre la cifra de negocios mensual por categoría de producto seleccionado y la cifra de negocios mensual total.

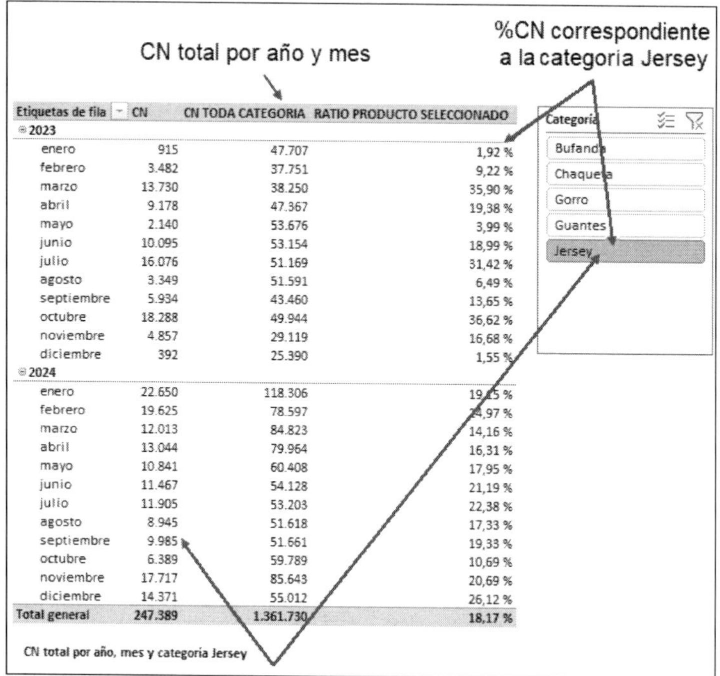

Etiquetas de fila	CN	CN TODA CATEGORIA	RATIO PRODUCTO SELECCIONADO
2023			
enero	915	47.707	1,92 %
febrero	3.482	37.751	9,22 %
marzo	13.730	38.250	35,90 %
abril	9.178	47.367	19,38 %
mayo	2.140	53.676	3,99 %
junio	10.095	53.154	18,99 %
julio	16.076	51.169	31,42 %
agosto	3.349	51.591	6,49 %
septiembre	5.934	43.460	13,65 %
octubre	18.288	49.944	36,62 %
noviembre	4.857	29.119	16,68 %
diciembre	392	25.390	1,55 %
2024			
enero	22.650	118.306	19,15 %
febrero	19.625	78.597	24,97 %
marzo	12.013	84.823	14,16 %
abril	13.044	79.964	16,31 %
mayo	10.841	60.408	17,95 %
junio	11.467	54.128	21,19 %
julio	11.905	53.203	22,38 %
agosto	8.945	51.618	17,33 %
septiembre	9.985	51.661	19,33 %
octubre	6.389	59.789	10,69 %
noviembre	17.717	85.643	20,69 %
diciembre	14.371	55.012	26,12 %
Total general	**247.389**	**1.361.730**	**18,17 %**

La resolución de este caso práctico se encuentra en la pestaña CN % producto del archivo ***Analisis_comercial_resuelto.xlsx****.*

Primera etapa: inclusión del contexto de tabla dinámica

Cree una nueva tabla dinámica basada en el modelo de datos utilizando:

- en el área **Filas**, los campos **Año** y **Mes** de la tabla **Calendario**,
- en el área **Valores**, la medida **CN** de la tabla **Ventas**.

El resultado es el siguiente:

Etiquetas de fila	CN
⊟2023	
enero	47.707
febrero	37.751
marzo	38.250
abril	47.367
mayo	53.676
junio	53.154
julio	51.169
agosto	51.591
septiembre	43.460
octubre	49.944
noviembre	29.119
diciembre	25.390
⊟2024	
enero	118.306
febrero	78.597
marzo	84.823
abril	79.964
mayo	60.408
junio	54.128
julio	53.203
agosto	51.618
septiembre	51.661
octubre	59.789
noviembre	85.643
diciembre	55.012
Total general	**1.361.730**

Segunda etapa: adición de una segmentación

Vamos a agregar una segmentación relativa al campo **Categoría** de la tabla **Productos**. Esta segmentación va a modificar el contexto de filtro de la tabla dinámica.

- Seleccione una celda de la tabla dinámica: en la cinta de opciones de Excel, haga clic en la pestaña **Analizar tabla dinámica**; en el grupo **Filtrar**, haga clic en el botón **Insertar segmentación de datos**.

Aparece en pantalla el cuadro de diálogo **Insertar segmentación de datos**.

- En el cuadro de diálogo **Insertar segmentación de datos**, seleccione la pestaña **Todas**.
- En la tabla **Productos**, seleccione el campo **Categoría**.

✎ Haga clic en el botón **Aceptar**.

El resultado es el siguiente:

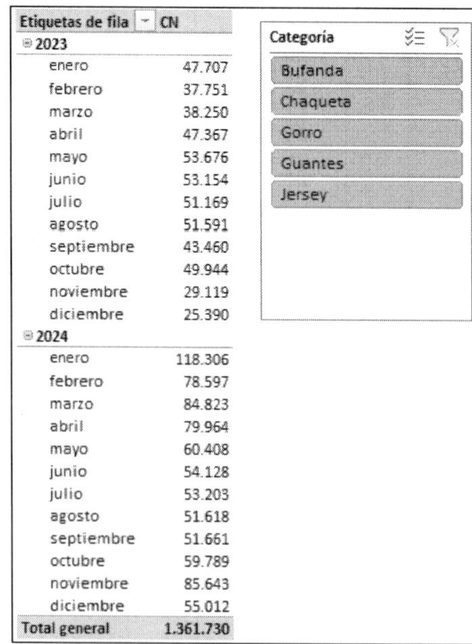

Etiquetas de fila	CN
2023	
enero	47.707
febrero	37.751
marzo	38.250
abril	47.367
mayo	53.676
junio	53.154
julio	51.169
agosto	51.591
septiembre	43.460
octubre	49.944
noviembre	29.119
diciembre	25.390
2024	
enero	118.306
febrero	78.597
marzo	84.823
abril	79.964
mayo	60.408
junio	54.128
julio	53.203
agosto	51.618
septiembre	51.661
octubre	59.789
noviembre	85.643
diciembre	55.012
Total general	**1.361.730**

Ahora, si selecciona una categoría de producto en la segmentación, dentro de la tabla dinámica, solo se evaluará la cifra de negocios del producto escogido.

Tercera etapa: inclusión de las medidas

Vamos a agregar dos nuevas medidas usando a la vez las funciones **CALCULATE** y **ALL**.

Cálculo de la cifra de negocios de todas las categorías sin distinción

Esta medida va a calcular la cifra de negocios total, independientemente del filtro sobre la categoría establecido por la segmentación.

En contraposición, se van a respetar todos los demás contextos de filtro; en nuestro caso: el filtro en los campos **Año** y **Mes** que se encuentran en el área **Filas** de la tabla dinámica:

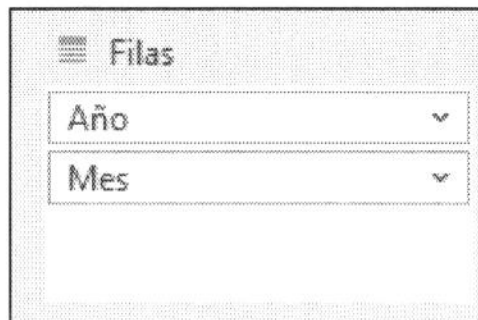

- En la pestaña **Power Pivot** de la cinta de opciones, en el grupo **Cálculos**, haga clic en el botón **Medidas** - **Nueva medida**.

Aparece en pantalla el cuadro de diálogo **Medida**.

- En la lista desplegable **Nombre de la tabla**, asigne la medida a la tabla **Ventas**.
- Dé a la medida el nombre **CN TDA CATEGORIA**.
- Introduzca la fórmula:

```
=CALCULATE(
        [CN];
        all(Productos[Categoría])
        )
```

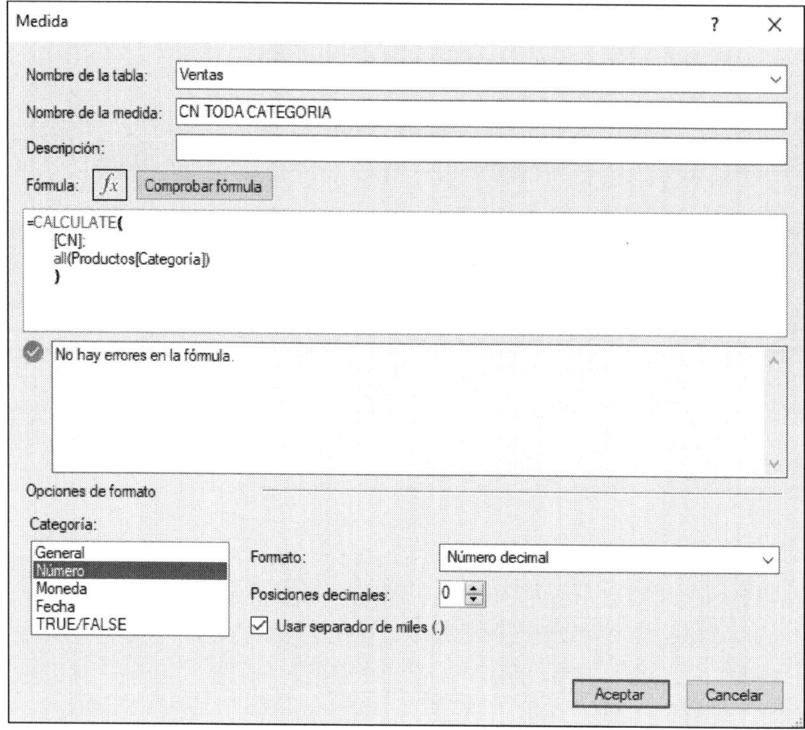

- En la lista **Categoría**, seleccione **Número**, reduzca las **Posiciones decimales** a 0 y marque la casilla **Usar separador de miles** (.).
- Confirme haciendo clic en **Aceptar**.

El resultado es el siguiente:

Etiquetas de fila	CN	CN TODA CATEGORIA
2023		
enero	47.707	47.707
febrero	37.751	37.751
marzo	38.250	38.250
abril	47.367	47.367
mayo	53.676	53.676
junio	53.154	53.154
julio	51.169	51.169
agosto	51.591	51.591
septiembre	43.460	43.460
octubre	49.944	49.944
noviembre	29.119	29.119
diciembre	25.390	25.390
2024		
enero	118.306	118.306
febrero	78.597	78.597
marzo	84.823	84.823
abril	79.964	79.964
mayo	60.408	60.408
junio	54.128	54.128
julio	53.203	53.203
agosto	51.618	51.618
septiembre	51.661	51.661
octubre	59.789	59.789
noviembre	85.643	85.643
diciembre	55.012	55.012
Total general	**1.361.730**	**1.361.730**

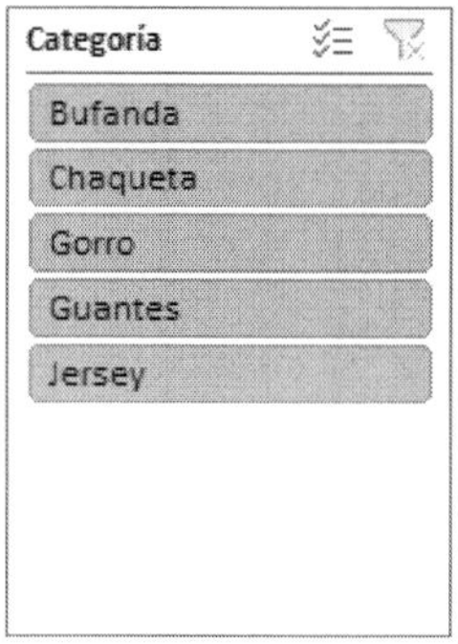

Categoría
Bufanda
Chaqueta
Gorro
Guantes
Jersey

Si selecciona un elemento de la segmentación, por ejemplo **Guantes**, la medida CN estará afectada por el contexto de filtro impuesto por la segmentación, pero la medida CN TDA CATEGORIA es independiente:

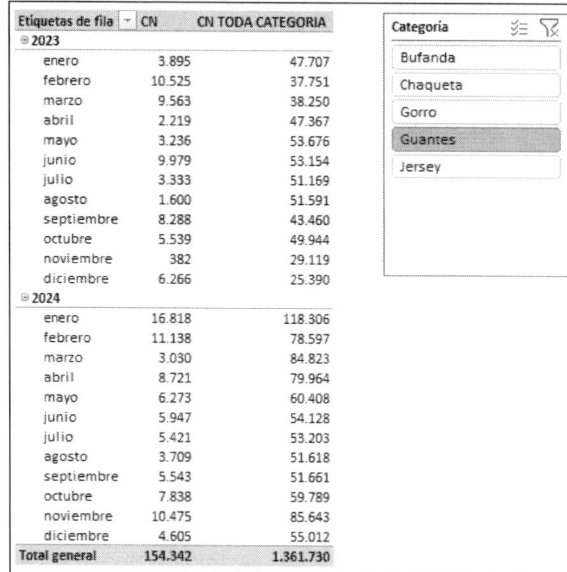

Etiquetas de fila	CN	CN TODA CATEGORIA
2023		
enero	3.895	47.707
febrero	10.525	37.751
marzo	9.563	38.250
abril	2.219	47.367
mayo	3.236	53.676
junio	9.979	53.154
julio	3.333	51.169
agosto	1.600	51.591
septiembre	8.288	43.460
octubre	5.539	49.944
noviembre	382	29.119
diciembre	6.266	25.390
2024		
enero	16.818	118.306
febrero	11.138	78.597
marzo	3.030	84.823
abril	8.721	79.964
mayo	6.273	60.408
junio	5.947	54.128
julio	5.421	53.203
agosto	3.709	51.618
septiembre	5.543	51.661
octubre	7.838	59.789
noviembre	10.475	85.643
diciembre	4.605	55.012
Total general	**154.342**	**1.361.730**

Cálculo del porcentaje de la cifra de negocios correspondiente a los productos seleccionados por la segmentación

El cálculo que se debe realizar es:

Cifra de negocios filtrada por la segmentación/cifra de negocios total

Para efectuar esta operación, vamos a utilizar la función DIVIDE.

- En la pestaña **Power Pivot** de la cinta de opciones, en el grupo **Cálculos**, haga clic en el botón **Medidas - Nueva medida**.

Aparece en pantalla el cuadro de diálogo **Medida**.

- En la lista desplegable **Nombre de la tabla**, asigne la medida a la tabla **Ventas**.
- Dé a la medida el nombre % PRODUCTO SELECCIONADO.

- Introduzca la fórmula siguiente:

```
=DIVIDE(
        [CN];
        [CN TDA CATEGORIA]
        )
```

- En la lista **Categoría**, seleccione **Número**; en la lista desplegable **Formato**, seleccione **Porcentaje**.

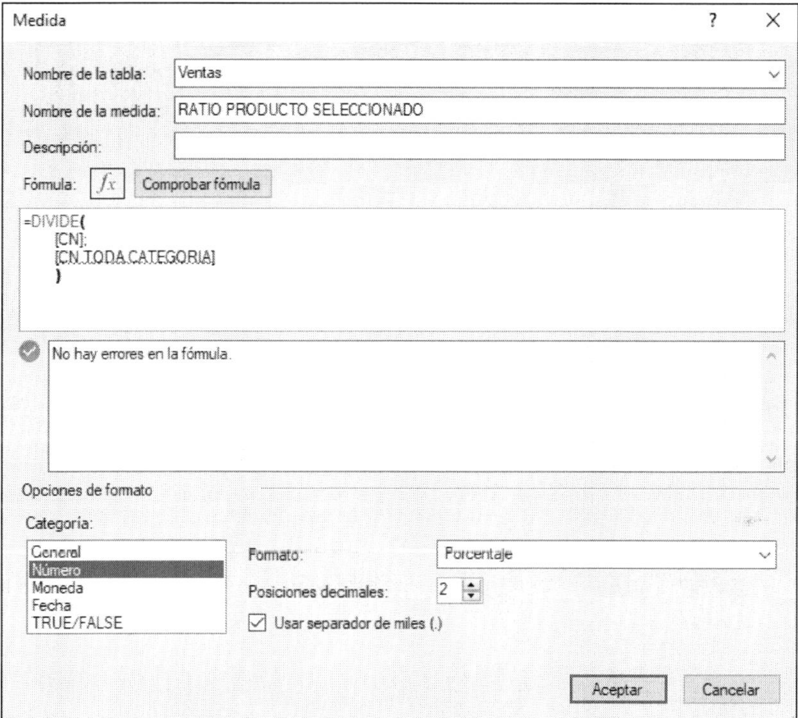

- Confirme haciendo clic en **Aceptar**.

El resultado es el siguiente:

Etiquetas de fila	CN	CN TODA CATEGORIA	RATIO PRODUCTO SELECCIONADO
2023			
enero	3.895	47.707	8,16 %
febrero	10.525	37.751	27,88 %
marzo	9.563	38.250	25,00 %
abril	2.219	47.367	4,68 %
mayo	3.236	53.676	6,03 %
junio	9.979	53.154	18,77 %
julio	3.333	51.169	6,51 %
agosto	1.600	51.591	3,10 %
septiembre	8.288	43.460	19,07 %
octubre	5.539	49.944	11,09 %
noviembre	382	29.119	1,31 %
diciembre	6.266	25.390	24,68 %
2024			
enero	16.818	118.306	14,22 %
febrero	11.138	78.597	14,17 %
marzo	3.030	84.823	3,57 %
abril	8.721	79.964	10,91 %
mayo	6.273	60.408	10,38 %
junio	5.947	54.128	10,99 %
julio	5.421	53.203	10,19 %
agosto	3.709	51.618	7,18 %
septiembre	5.543	51.661	10,73 %
octubre	7.838	59.789	13,11 %
noviembre	10.475	85.643	12,23 %
diciembre	4.605	55.012	8,37 %
Total general	**154.342**	**1.361.730**	**11,33 %**

c. La función Filter

En el lenguaje DAX, la función **Filter DAX** se utiliza para establecer un filtro complejo (o filtro dinámico), es decir, un filtro basado no en un valor estático, sino en otra medida.

Para ilustrar esta función, vamos a configurar un segmento con un efecto de umbral.

Encontrará la resolución de este ejercicio en la pestaña ***Filter*** *del archivo* ***Analisis_comercial_resuelto.xlsx.***

Este segmento permitirá filtrar los ingresos según la edad de los clientes.

En el siguiente ejemplo, el valor seleccionado por el segmento es **35**, por lo que la columna **CN < umbral_Edad** contiene solo los ingresos generados por clientes menores de 35 años.

Etiquetas de fila	CN	CN<umbral_Edad
Gorro	250.920	120.419
Bufanda	261.368	12.699
Guantes	154.342	125.216
Jersey	247.389	90.139
Chaqueta	447.712	154.562
Total general	**1.361.730**	**503.034**

Edad	
15	20
25	30
35	40
45	50
55	60
65	70

Primera etapa: colocación de una tabla Edad

Esta tabla se usará para establecer este segmento. Se encuentra en la pestaña **Edad**.

- Importe la tabla **Edad** al modelo de datos de Power Pivot, pero no establezca relaciones con las otras tablas del modelo de datos.

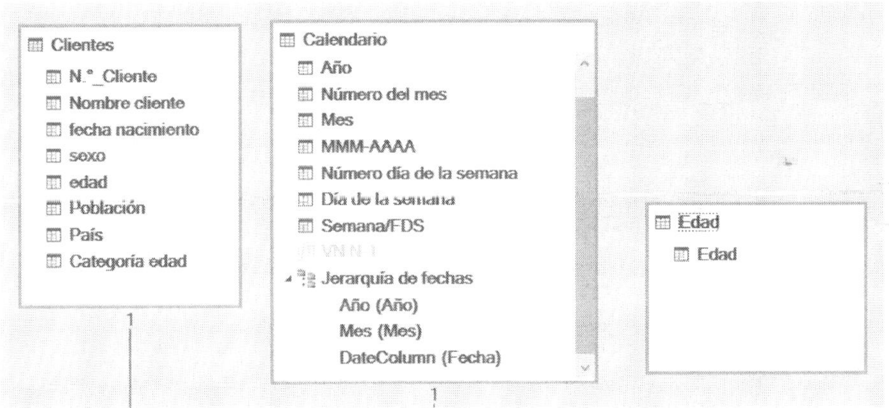

Segunda etapa: creación del informe de tabla dinámica y del segmento

Minimice la ventana de Power Pivot para Excel.

- En la pestaña **Insertar** de la cinta de opciones de Excel, abra el menú desplegable del botón **Tabla dinámica** y escoja **Desde Modelo de datos**.

Aparece en pantalla la ventana **Tabla dinámica desde un Modelo de datos**.

- Active la opción **Nueva hoja de cálculo**.
- En el panel **Campos de tabla dinámica**, coloque el campo **Categoría** de la tabla **Productos** en la zona **Filas**.
- Coloque la medida **CN** de la tabla **Ventas** en la zona **Valores**.

El resultado es el siguiente:

Etiquetas de fila	CN
Bufanda	261.368
Chaqueta	447.712
Gorro	250.920
Guantes	154.342
Jersey	247.389
Total general	**1.361.730**

El segmento se creará a partir del campo **Edad** de la tabla **Edad**.

- Seleccione una celda de la tabla dinámica; en la pestaña **Analizar tabla dinámica**, en el grupo **Filtrar**, haga clic en el botón **Insertar Segmentación de datos**.

El segmento contendrá los valores del campo **Edad** de la table **Edad**.

- Seleccione la pestaña **Todos** y marque el campo **Edad**.

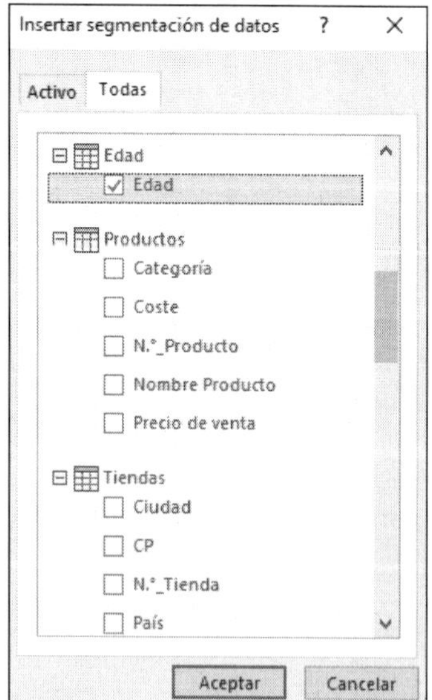

- Haga clic en el botón **Aceptar**.

Aparece un segmento que contiene las diferentes clases de edad.

- Seleccione el segmento; en la cinta de opciones, haga clic en la pestaña **Segmentación** y, en el grupo **Botones**, establezca el número de columnas en **2**.

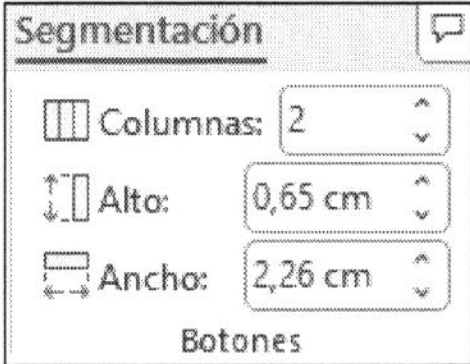

Tercera etapa: creación de las medidas

La primera medida consistirá en buscar la edad seleccionada por el segmento.

- En la pestaña Power Pivot de la cinta de opciones, haga clic en el botón **Medidas - Nueva medida**.
- En el cuadro de diálogo **Medida**, en la lista desplegable **Nombre de la tabla**, seleccione la tabla **Edad**.
- Dé a la medida el nombre **Edad_max**.

Esta medida devolverá el valor máximo de la tabla **Edad**. Si se selecciona el valor **35** en el segmento, el valor devuelto será 35.

- Introduzca la fórmula `=max(Edad[Edad])`

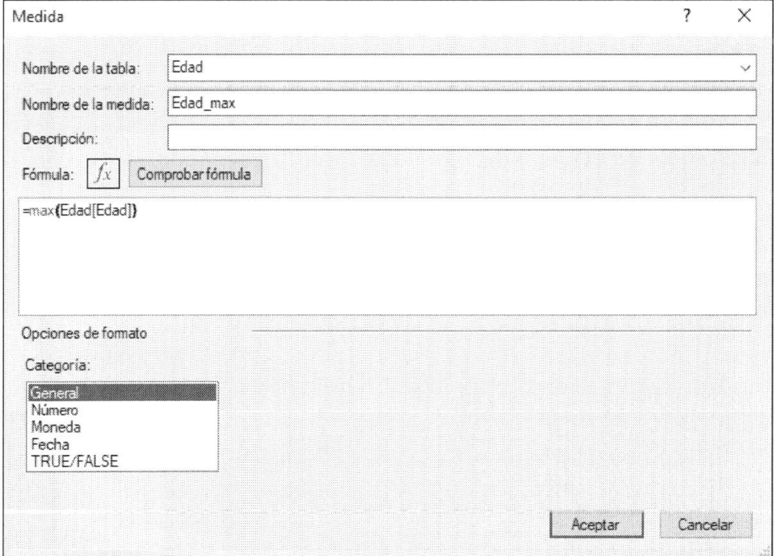

- Haga clic en el botón **Aceptar**.
- En la segmentación, seleccione, por ejemplo, la **Edad 15**.

El resultado es el siguiente:

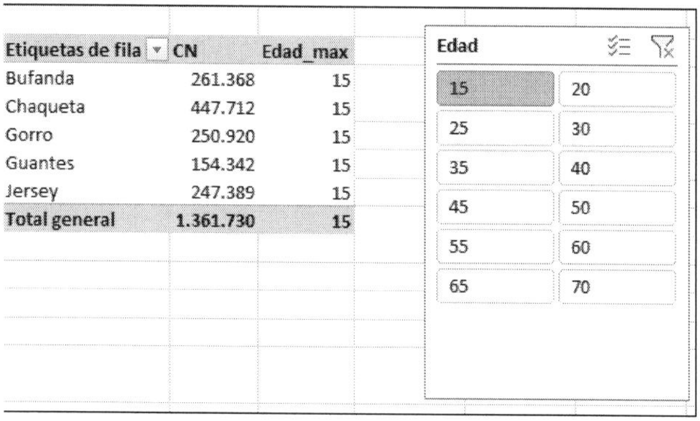

Etiquetas de fila	CN	Edad_max
Bufanda	261.368	15
Chaqueta	447.712	15
Gorro	250.920	15
Guantes	154.342	15
Jersey	247.389	15
Total general	**1.361.730**	**15**

Edad
15 20
25 30
35 40
45 50
55 60
65 70

La columna **Edad max** devuelve la edad seleccionada en el segmento.

Se trata de una medida intermedia que se eliminará de la tabla dinámica más adelante.

La segunda medida será nuestro filtro complejo.

Vamos a obtener los ingresos filtrados según el valor de la medida **Edad_max** calculada anteriormente.

- En la pestaña Power Pivot de la cinta de opciones, haga clic en el botón **Medidas - Nueva Medida**.
- En el cuadro de diálogo **Medida**, en la lista desplegable **Nombre de la tabla**, seleccione la tabla **Ventas**.
- Dé a la medida el nombre **CN < umbral_Edad**.
- En el campo **Fórmula** introduzca:

```
=CALCULATE(
        [CN];
        FILTER(Clientes;
        Clientes[edad]<[Edad_max])
        )
```

Explicación de la fórmula:

La función **CALCULATE** se utiliza para aplicar un filtro a la medida **CN**. Este filtro se basará en el campo edad de la tabla **Clientes**. Sin embargo, no se trata de un filtro estático, sino de un filtro dinámico según una medida, la medida **Edad_max**; de ahí la necesidad de utilizar la función **FILTER**.

El valor devuelto será la cifra de negocios generada por los clientes cuya edad es inferior al valor seleccionado en el segmento.

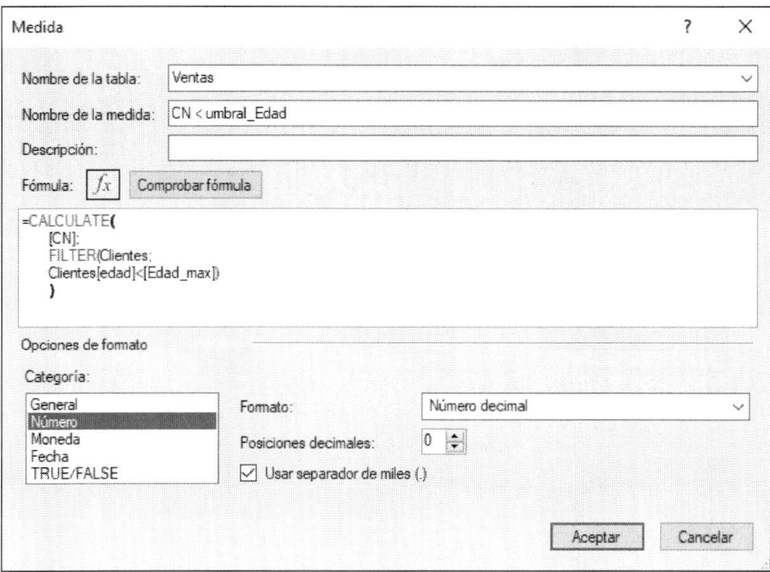

- En la lista **Categoría**, seleccione **Número**, reduzca el número de decimales a 0 y marque la casilla **Usar separador de miles** (.).
- Haga clic en el botón **Aceptar**.
- En la segmentación, seleccione 35; el resultado es el siguiente:

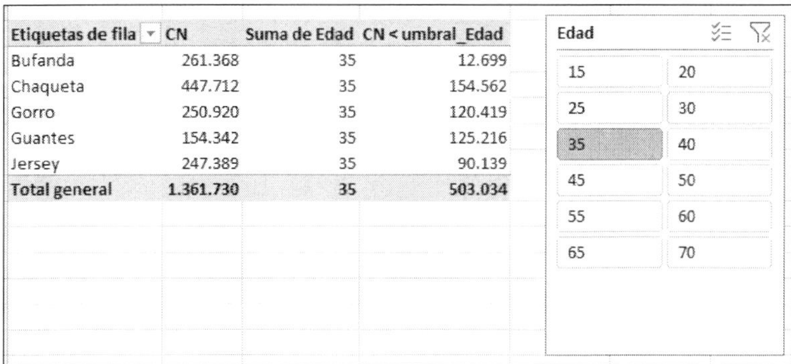

Etiquetas de fila	CN	Suma de Edad	CN < umbral_Edad
Bufanda	261.368	35	12.699
Chaqueta	447.712	35	154.562
Gorro	250.920	35	120.419
Guantes	154.342	35	125.216
Jersey	247.389	35	90.139
Total general	**1.361.730**	**35**	**503.034**

Esto corresponde a la cifra de negocios generada por los clientes de menos de 35 años.

✎ Seleccione 70; el resultado es el siguiente:

Etiquetas de fila	CN	Suma de Edad	CN < umbral_Edad
Bufanda	261.368	70	261.368
Chaqueta	447.712	70	447.712
Gorro	250.920	70	250.920
Guantes	154.342	70	154.342
Jersey	247.389	70	247.389
Total general	**1.361.730**	**70**	**1.361.730**

Edad	
15	20
25	30
35	40
45	50
55	60
65	70

La totalidad de la cifra de negocios se ha generado por clientes de menos de 70 años.

Para mayor claridad, puede suprimirse la columna **Suma de Edad** en la tabla dinámica.

✎ En el panel **Campos de tabla dinámica**, en la tabla **Edad**, desmarque la medida **Edad_max**.

El resultado es el siguiente:

Etiquetas de fila	CN	CN < umbral_Edad
Bufanda	261.368	12.699
Chaqueta	447.712	154.562
Gorro	250.920	120.419
Guantes	154.342	125.216
Jersey	247.389	90.139
Total general	**1.361.730**	**503.034**

Edad	
15	20
25	30
35	40
45	50
55	60
65	70

6. La función RANKX

La función **RANKX** permite establecer una clasificación según un criterio definido de forma previa, en un contexto de tabla dinámica.

Técnicamente, se trata de una función de iteración. Sin embargo, su objetivo es diferente del de las otras funciones de iteración; por esta razón, le dedicamos una sección entera.

La sintaxis de la función es:

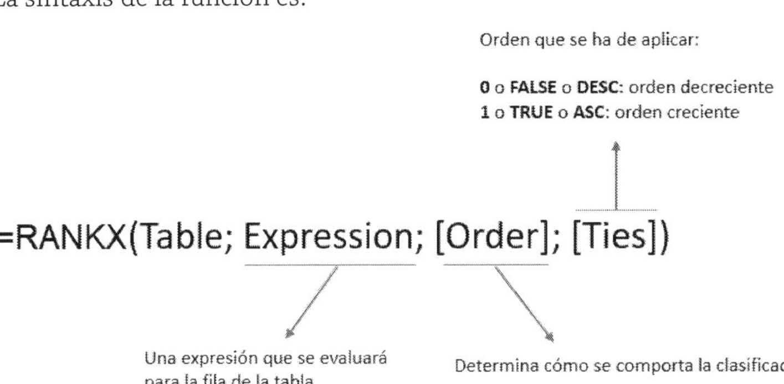

En la práctica, la función **RANKX** se utiliza frecuentemente con la función **ALL**. En efecto, para realizar una clasificación en los campos de una columna entera de una tabla, es preciso en un primer momento ignorar el contexto de filtro establecido por una tabla dinámica.

Veamos estos diferentes principios con un ejemplo.

Aplicación: clasificación de los productos por volumen de negocios

*La resolución de este caso práctico se encuentra en la pestaña **clasificación_producto** del archivo **Analisis_comercial_resuelto.xlsx**.*

Primera etapa: incluir la medida

- En el menú **Power Pivot** de la cinta de opciones, en el grupo **Cálculos**, haga clic en el botón **Medidas - Nueva medida**.

Aparece en pantalla el cuadro de diálogo **Medida**.

- Asigne la medida a la tabla **Ventas**.
- Dé a la medida el nombre **clasificación productos**.
- Introduzca la fórmula siguiente:

```
=RANKX(
       ALL(Productos);
       [CN];;DESC
       )
```

La función RANKX va a establecer una clasificación en la tabla de los Productos ignorando el contexto de filtro de la tabla dinámica (mediante el uso de la función ALL).

Esta clasificación se va a establecer a partir de la cifra de negocios (con la medida CN).

El orden de clasificación es decreciente (DESC); si se omite este argumento, la clasificación se llevará a cabo por orden creciente.

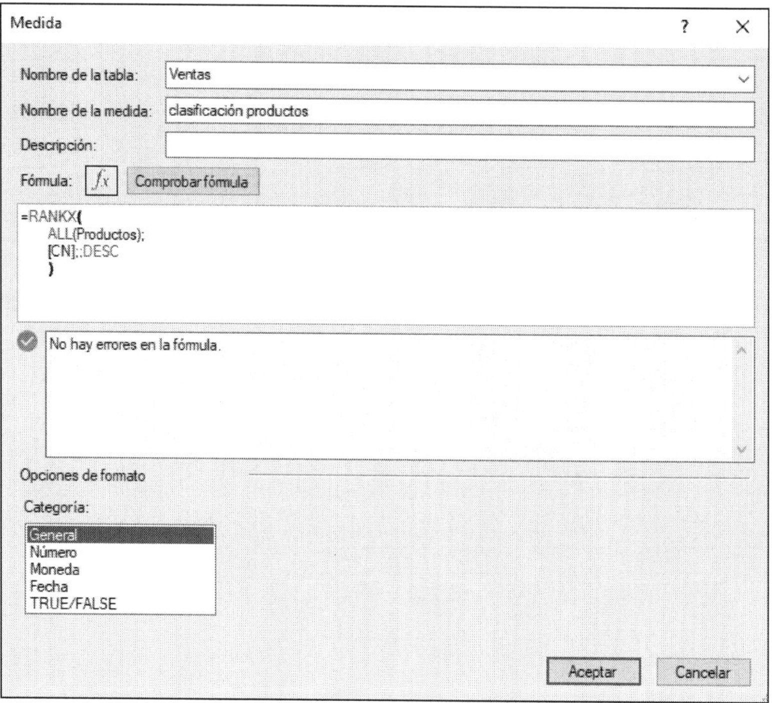

- En la lista **Categoría**, utilice el formato **General**.
- Haga clic en el botón **Aceptar**.

Segunda etapa: creación de la tabla dinámica

- Cree un informe de tabla dinámica en blanco a partir del modelo de datos y en una nueva hoja de cálculo.
- En el panel **Campos de tabla dinámica**, haga clic en la tabla **Productos** y marque el campo **Nombre Producto**.
- Haga clic en la tabla **Ventas** y marque la medida **CN** y a continuación la medida **clasificación productos**.

Para que la clasificación sea correcta, es preciso eliminar la fila **Total general** de la tabla dinámica.

- En la pestaña **Analizar tabla dinámica**, en el grupo **Tabla dinámica**, seleccione **Opciones**.

Aparece en pantalla el cuadro de diálogo **Opciones de tabla dinámica**.

- En la pestaña **Totales y filtros**, desmarque la opción **Mostrar totales generales de las columnas**.

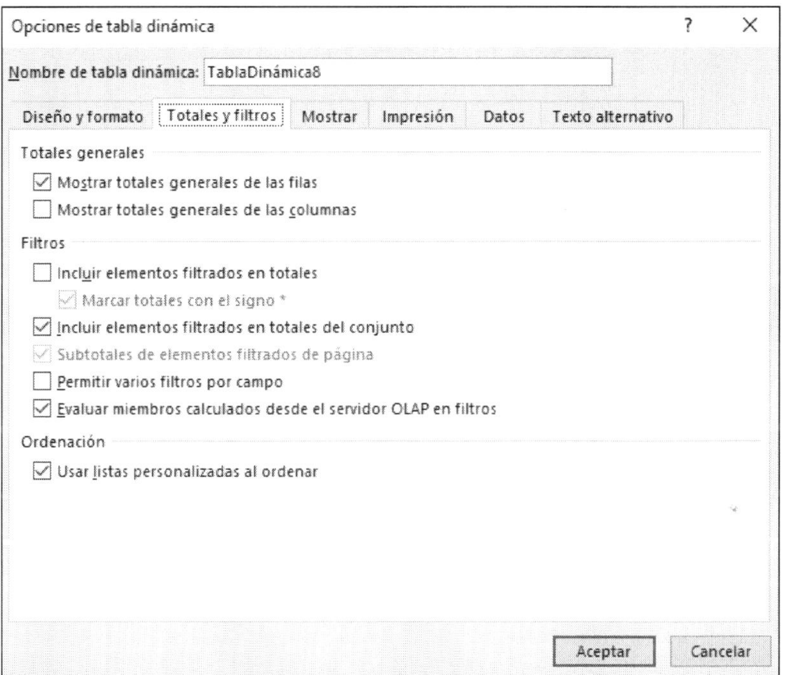

- Haga clic en el botón **Aceptar**.

El resultado es el siguiente:

Etiquetas de fila	CN	clasificación productos
Producto 1	2.868	91
Producto 10	5.840	77
Producto 100	17.498	36
Producto 101	10.946	58
Producto 11	18.482	32
Producto 12	5.353	80
Producto 13	14.883	47
Producto 14	3.938	86
Producto 15	19.718	28
Producto 16	7.453	70
Producto 17	14.996	46
Producto 18	399	101
Producto 19	24.058	12
Producto 2	11.317	55
Producto 20	7.920	69

Si hubiésemos eliminado la función **ALL**, es decir, con la fórmula:

```
=RANKX(
        Productos;
        [CN];;DESC
        )
```

Habríamos obtenido el siguiente resultado:

Etiquetas de fila	CN	clasificación productos
Producto 1	2.868	1
Producto 10	5.840	1
Producto 100	17.498	1
Producto 101	10.946	1
Producto 11	18.482	1
Producto 12	5.353	1
Producto 13	14.883	1
Producto 14	3.938	1
Producto 15	19.718	1
Producto 16	7.453	1

Todos los productos se habrían clasificado en la primera posición.

Al quitar la función **ALL** de la fórmula precedente, la función **RANKX** crea una clasificación según el contexto de filtro de la tabla dinámica, es decir, en este caso, en cada fila.

La cifra de negocios de cada uno de los productos se clasifica en ese caso como si fuese único, independientemente de los demás productos, y, por lo tanto, en primera posición.

G. El uso de variables en el lenguaje DAX

Con objeto de hacer el código más legible, en DAX como en la mayoría de los lenguajes informáticos, es posible usar variables.

*Encontrará la resolución de este ejercicio en la pestaña **Variables** del archivo **Analisis_comercial_resuelto.xlsx**.*

Supongamos que deseamos conocer la cifra de negocios de los clientes portugueses de más de 40 años por categoría de producto.

En DAX, puede escribirse:

```
=CALCULATE([CN];
    Clientes[País] = "Portugal";
    Clientes[edad] > 40
    )
```

La función **CALCULATE** se ha utilizado para filtrar la medida **CN** según dos criterios: **Clientes[País]** = "Portugal" y **Clientes[edad]** > 40.

- Cree una nueva tabla dinámica a partir del modelo de datos.
- Sitúe el campo **Categoría** de la tabla **Productos** en la zona **Filas**.
- Cree una nueva medida, asígnela a la tabla **Ventas** y llámela **CN_portugal_y_edad_sup_40**.

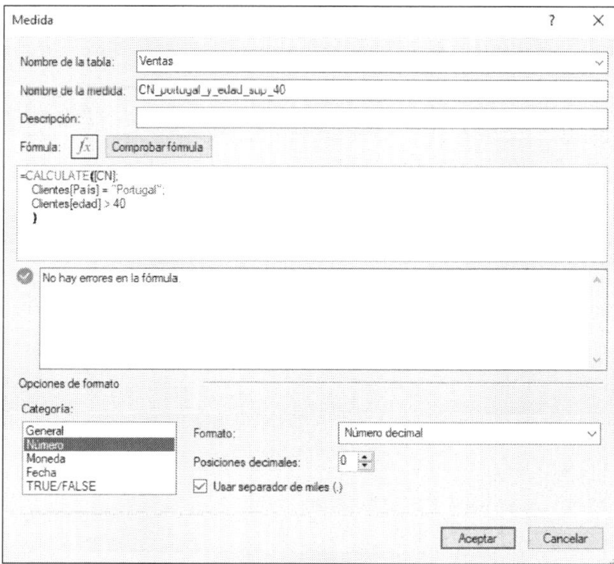

- En la lista **Categoría**, seleccione **Número**, reduzca las **Posiciones decimales** a 0 y marque la casilla **Usar separador de miles (.)**.

El resultado es el siguiente:

Etiquetas de filas	CN_portugal_y_edad_sup_40
Bufanda	3.821
Chaqueta	7.495
Gorro	1.696
Jersey	2.373
Total general	**15.385**

Ahora, utilizando variables, la misma fórmula sería:

```
var clientes_portugal =FILTER( Clientes;Clientes[País]="portugal")
var clientes_sup_40_anyos = FILTER(Clientes;Clientes[edad] > 40)

return
CALCULATE([CN];clientes_portugal;clientes_sup_40_anyos)
```

Deseamos obtener la cifra de negocios filtrada por estas dos variables.

La función **CALCULATE** se ha utilizado para filtrar la medida CN según estas dos variables.

Observe que, al usar variables, ha sido necesario utilizar la función **FILTER** para especificar explícitamente cada uno de los dos filtros. En este caso, si se omite la función **FILTER**, se generará un mensaje de error.

- Cree una nueva medida, asígnela a la tabla Ventas y llámela **CN_portugal_y_edad_sup_40_variables**.
- Introduzca la fórmula en la zona **Fórmula**.

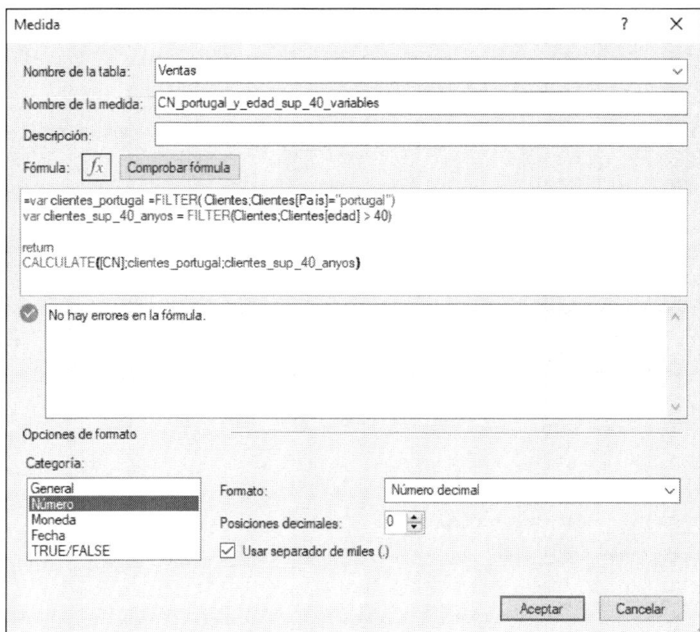

- En la lista **Categoría**, seleccione **Número**, reduzca las **Posiciones decimales** a 0 y marque la casilla **Usar separador de miles** (.).

El resultado es el mismo que con la medida CN_portugal_y_edad_sup_40:

Etiquetas de filas	CN_portugal_y_edad_sup_40	CN_portugal_y_edad_sup_40_variables
Bufanda	3.821	3.821
Chaqueta	7.495	7.495
Gorro	1.696	1.696
Jersey	2.373	2.373
Total general	**15.385**	**15.385**

H. Las funciones de inteligencia temporal

Las funciones DAX de inteligencia temporal (*Time Intelligence*) permiten realizar cálculos y análisis que satisfacen una necesidad frecuente en business intelligence: manejar o comparar datos de acuerdo con un criterio temporal.

De este modo, a partir de una tabla dinámica, será posible comparar datos durante diversos períodos y resaltar tendencias para establecer pronósticos.

El lenguaje DAX ofrece una gran cantidad de funciones de inteligencia temporal.

En el contexto de este libro, nos limitaremos a las funciones más utilizadas.

En la práctica, hay dos tipos principales de operaciones que utilizan estas funciones:

- La comparación entre períodos.
- El cálculo de un total acumulado de acuerdo con un intervalo preciso: un total acumulado por mes, por trimestre, etc.

Si bien es cierto que las funciones de la inteligencia temporal permiten ejecutar fácilmente tareas que antes resultaban laboriosas de realizar con Excel, estas requieren un cierto número de condiciones para funcionar correctamente:

- El modelo de fecha debe contener una tabla de fechas (nuestra tabla Calendario).
- La clave primaria de la tabla de fechas debe contener un conjunto de fechas contiguas que cubran cada uno de los días del período analizado.
- Cada fecha debe existir una y solo una vez en la tabla de fechas.
- No puede ignorar las fechas (por ejemplo, no puede ignorar los fines de semana o festivos).

1. Comparación entre períodos

Para llevar a cabo esta operación, vamos a utilizar la función SAMEPERIODLASTYEAR.

Como indica su nombre, esta función realizar una comparación entre un período y ese mismo período del año anterior.

La sintaxis de la función es: =SAMEPERIODLASTYEAR(Fechas)

Aplicación: comparación de la cifra de negocios de este año en comparación con el año anterior

La resolución de este caso práctico se encuentra en la pestaña ***comparación período del*** *archivo* ***Analisis_comercial_resuelto.xlsx****.*

Primera etapa: inclusión de la tabla dinámica

- Cree un informe de tabla dinámica en blanco a partir del modelo de datos en una nueva hoja de cálculo.
- En el panel **Campos de tabla dinámica**, en la tabla **Calendario - Más campos**, coloque el campo **Año** en el área **Filas**.
- En la tabla **Tiendas**, marque el campo **Población**.
- En la tabla **Ventas**, marque la medida **CN**.

El resultado es el siguiente:

Etiquetas de fila	CN
⊟ 2023	
Barcelona	104.855
Madrid	114.667
Oviedo	210.705
Sevilla	98.353
⊟ 2024	
Barcelona	163.807
Madrid	165.809
Oviedo	327.473
Sevilla	176.061
Total general	**1.361.730**

Segunda etapa: creación de la medida

- En la pestaña **Power Pivot** de la cinta de opciones, en el grupo **Cálculos**, haga clic en el botón **Medidas - Nueva medida.**

Aparece en pantalla el cuadro de diálogo **Medida**.

- Asigne la medida a la tabla **Calendario**.
- Dé a la medida el nombre **CN N-1**.
- Introduzca la fórmula:

```
=CALCULATE(
       [CN];
       SAMEPERIODLASTYEAR(Calendario[Date])
       )
```

Explicación:

La fórmula utiliza las funciones **CALCULATE** y **SAMEPERIODLASTYEAR** para devolver el período N-1 del período definido por el contexto de la tabla dinámica, es decir: la cifra de negocios del año anterior.

- En la lista **Categoría**, seleccione el formato **Número**, reduzca las **Posiciones decimales** a 0 y marque **Usar separador de miles (.)**.

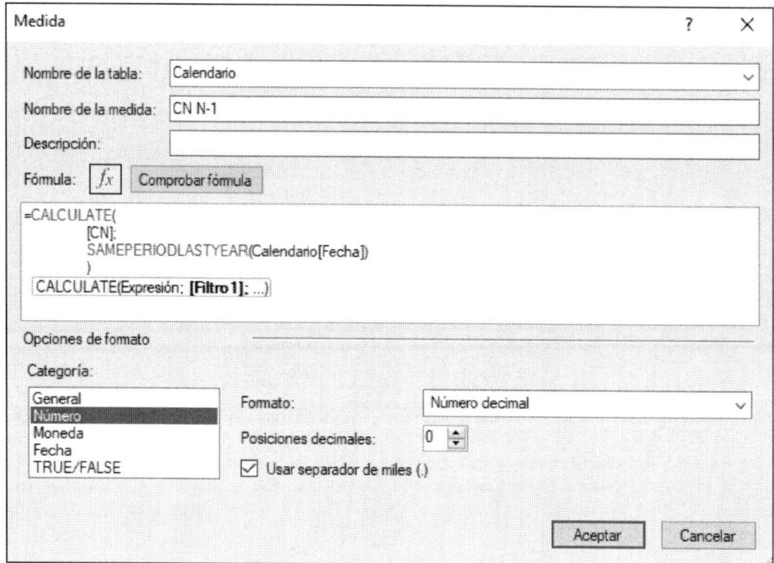

✎ Haga clic en el botón **Aceptar**.

El resultado es el siguiente:

Etiquetas de fila	CN	CN N-1
2023		
Barcelona	104.855	
Madrid	114.667	
Oviedo	210.705	
Sevilla	98.353	
2024		
Barcelona	163.807	104.855
Madrid	165.809	114.667
Oviedo	327.473	210.705
Sevilla	176.061	98.353
Total general	**1.361.730**	**528.580**

2. Cálculo de totales acumulados

Para realizar esta operación, vamos a utilizar la función **DATESYTD** (Dates Year To Date).

Esta función sirve para obtener un total acumulado en un año.

Etiquetas de fila	CN	YTD
02/01/2023	1.552	5.333
03/01/2023	2.068	7.401
04/01/2023	1.595	8.997
05/01/2023	1.479	10.476
06/01/2023	887	11.363
07/01/2023	815	12.178
08/01/2023	925	13.103
09/01/2023	1.721	14.824
10/01/2023	1.122	15.945
11/01/2023	907	16.852
12/01/2023	1.937	18.788
13/01/2023	1.214	20.002
14/01/2023	1.508	21.510
15/01/2023	2.063	23.572
16/01/2023	802	24.375

Total acumulado

La sintaxis de esta función es:

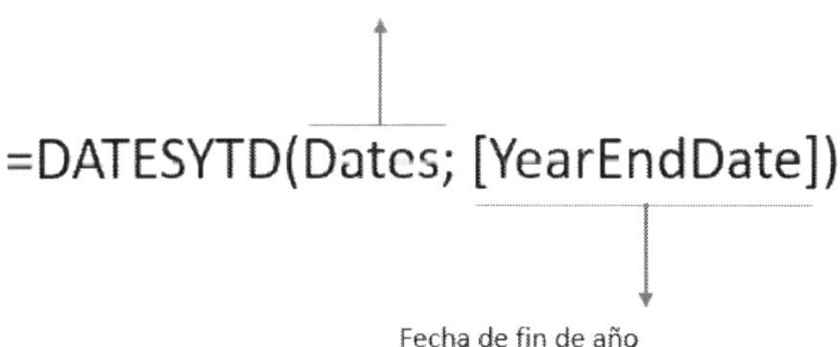

Aplicación

La resolución de este caso práctico se encuentra en la pestaña ***total acumulado*** *del archivo* ***Analisis_comercial_resuelto.xlsx****.*

Primera etapa: inclusión de la tabla dinámica

- Cree una nueva tabla dinámica a partir del modelo de datos en una nueva hoja de cálculo.

- En el panel **Campos de tabla dinámica**, haga clic en la tabla **Calendario**, **Más campos** y coloque el campo **Fecha** en el área **Filas**.
- Haga clic en la tabla **Ventas** y marque la medida **CN**.

El resultado es el siguiente:

Etiquetas de fila	CN
02/01/2023	1.552
03/01/2023	2.068
04/01/2023	1.595
05/01/2023	1.479
06/01/2023	887
07/01/2023	815
08/01/2023	925
09/01/2023	1.721
10/01/2023	1.122
11/01/2023	907
12/01/2023	1.937
13/01/2023	1.214
14/01/2023	1.508
15/01/2023	2.063
16/01/2023	802

Segunda etapa: creación de la medida

- En la pestaña **Power Pivot** de la cinta de opciones, en el grupo **Cálculos**, haga clic en el botón **Medidas** - **Nueva medida**.

Aparece en pantalla el cuadro de diálogo **Medida**.

- Asigne la medida a la tabla **Calendario**.
- Dé a la medida el nombre **YTD**.
- Introduzca la fórmula siguiente:

```
=CALCULATE(
        [CN];
        DATESYTD(Calendario[Date])
        )
```

La fórmula utiliza el campo **CN** y la fonción **DATESYTD** para devolver la cifra de negocios acumulada.

- En la lista **Categoría**, seleccione el formato **Número**, reduzca las **Posiciones decimales** a 0 y marque la opción **Usar separador de miles** (.).

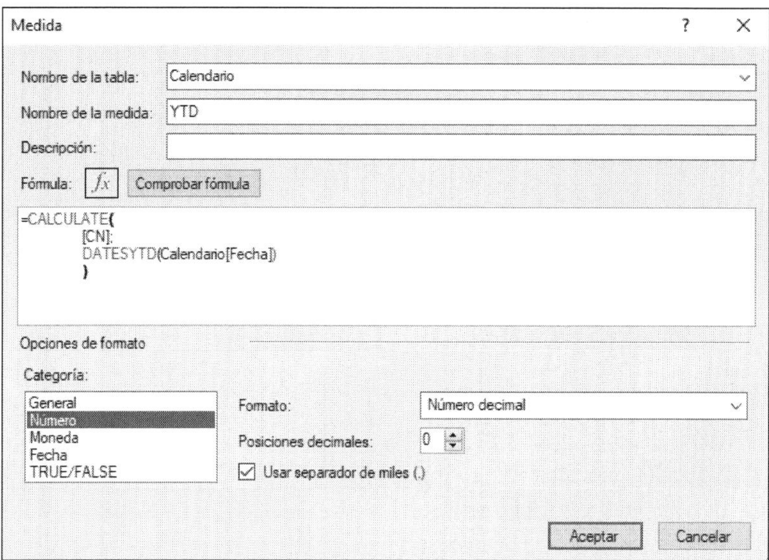

- Haga clic en el botón **Aceptar**.

El resultado es el siguiente:

Etiquetas de fila	CN	YTD
02/01/2023	1.552	5.333
03/01/2023	2.068	7.401
04/01/2023	1.595	8.997
05/01/2023	1.479	10.476
06/01/2023	887	11.363
07/01/2023	815	12.178
08/01/2023	925	13.103
09/01/2023	1.721	14.824
10/01/2023	1.122	15.945
11/01/2023	907	16.852
12/01/2023	1.937	18.788
13/01/2023	1.214	20.002
14/01/2023	1.508	21.510
15/01/2023	2.063	23.572
16/01/2023	802	24.375

- Si es preciso, marque la medida **YTD** de la tabla **Calendario** en el panel **Campos de tabla dinámica**.

El 01/01/2024, el total acumulado se reinicia con la cifra de negocios del día:

Etiquetas de fila	CN	YTD
29/12/2023	436	527.395
30/12/2023	773	528.168
31/12/2023	413	528.580
01/01/2024	11.329	11.329
02/01/2024	3.075	14.404
Total general	16.025	14.404

3. Las funciones DATESQTD y DATESMTD

Existen dos funciones similares a la función DATESYTD.

a. La función DATESQTD (Quarter To Date)

Esta función sirve para obtener un total acumulado de un trimestre.

Creación de la medida QTD

- En la pestaña **Power Pivot** de la cinta de opciones, en el grupo **Cálculos**, haga clic en el botón **Medidas** - **Nueva medida**.

Aparece en pantalla el cuadro de diálogo **Medida**.

- Asigne la medida a la tabla **Calendario**.
- Dé a la medida el nombre **QTD**.
- Introduzca la fórmula siguiente:

```
=CALCULATE(
        [CN];
        DATESQTD(Calendario[Fecha])
        )
```

En la lista **Categoría**, seleccione el formato **Número**, reduzca las **Posiciones decimales** a 0 y marque la opción **Separador de miles** (.).

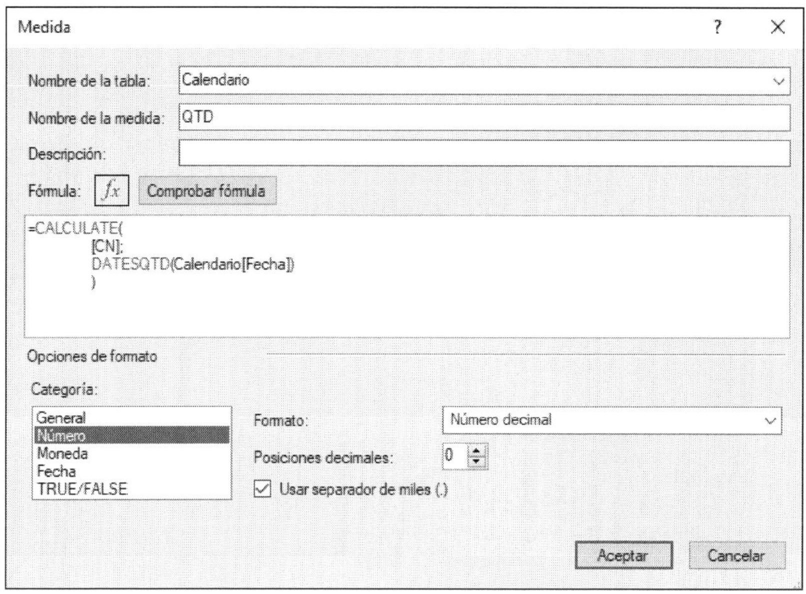

- Haga clic en el botón **Aceptar**.
- El resultado es el siguiente:

Etiquetas de fila	CN	YTD	QTD
01/01/2023	3.781	3.781	3.781
02/01/2023	1.552	5.333	5.333
03/01/2023	2.068	7.401	7.401
04/01/2023	1.595	8.997	8.997
05/01/2023	1.479	10.476	10.476
06/01/2023	887	11.363	11.363
07/01/2023	815	12.178	12.178

Al cambiar de trimestre, el 01/04/2023, el total acumulado de la columna QTD se reinicia con la cifra de negocios de ese día:

Etiquetas de fila	CN	YTD	QTD
29/03/2023	1.064	121.322	121.322
30/03/2023	1.160	122.481	122.481
31/03/2023	1.227	123.709	123.709
01/04/2023	1.646	125.355	1.646
02/04/2023	1.230	126.585	2.876

b. La función DATESMTD (Month To Date)

Esta función se utiliza para obtener el total acumulado de un mes.

<u>Creación de la medida MTD</u>

- En la pestaña **Power Pivot** de la cinta de opciones, en el grupo **Cálculos**, haga clic en el botón **Medidas - Nueva medida**.

Aparece en pantalla el cuadro de diálogo **Medida**.

- Asigne la medida a la tabla **Calendario**.
- Dé a la medida el nombre **MTD**.
- Introduzca la fórmula siguiente:

```
=CALCULATE(
        [CN];
        DATESMTD(Calendario[Date])
        )
```

- En la lista **Categoría**, seleccione el formato **Número**, reduzca las **Posiciones decimales** a 0 y marque **Usar separador de miles (.)**.

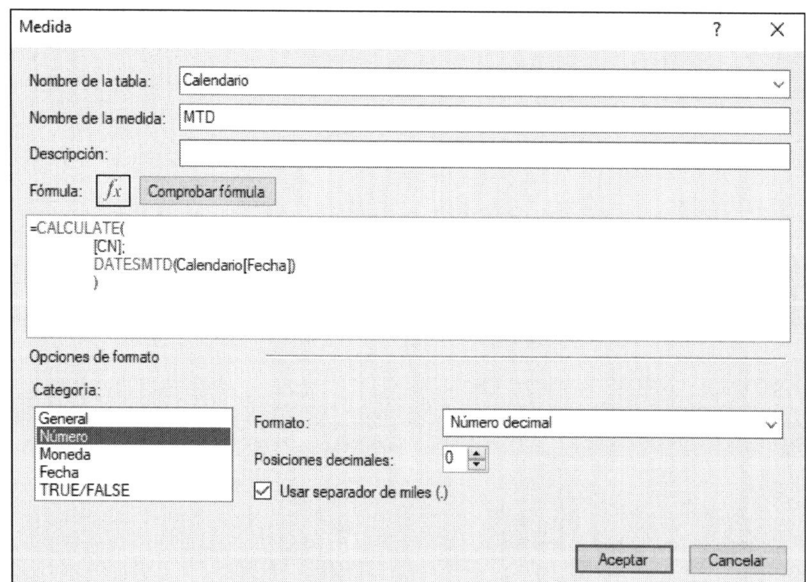

- Haga clic en el botón **Aceptar**.

El resultado es el siguiente:

	A	B	C	D	E
1	Etiquetas de fila	CN	YTD	QTD	MTD
2	01/01/2023	3.781	3.781	3.781	3.781
3	02/01/2023	1.552	5.333	5.333	5.333
4	03/01/2023	2.068	7.401	7.401	7.401
5	04/01/2023	1.595	8.997	8.997	8.997
6	05/01/2023	1.479	10.476	10.476	10.476
7	06/01/2023	887	11.363	11.363	11.363

Al cambiar el mes, el 01/02/2023, el total acumulado de la columna **MTD** se reinicia mostrando la cifra de negocios de ese día:

	A	B	C	D	E
1	Etiquetas de fila	CN	YTD	QTD	MTD
2	29/01/2023	1.769	44.778	44.778	44.778
3	30/01/2023	1.638	46.416	46.416	46.416
4	31/01/2023	1.291	47.707	47.707	47.707
5	01/02/2023	2.683	50.391	50.391	2.683
6	02/02/2023	1.188	51.579	51.579	3.872
7	03/02/2023	1.466	53.045	53.045	5.338

I. Los indicadores clave de rendimiento (KPI)

Un **indicador de rendimiento** (o **KPI**, del inglés *Key Performance Indicator*) es una medida o un conjunto de medidas relativas a un aspecto crítico del rendimiento global de una organización.

Su propósito es proporcionar una idea rápida y clara de una situación para ayudar a quienes deben tomar las decisiones.

En términos generales, los KPI son indicadores visuales cuyo propósito es determinar si se ha logrado un objetivo o no.

Power Pivot le permite configurar KPI dentro de una tabla dinámica.

1. Colocar un KPI a partir de una medida

La compañía Elena ha realizado grandes inversiones en publicidad para dar a conocer sus productos.

El responsable de ventas desearía saber si estas inversiones han dado sus frutos o no.

El aumento de la cifra de negocios esperado para 2024 debería situarse entre +10% y +20%, en comparación con el ejercicio de 2023.

Lo ideal sería poder analizar la evolución de la cifra de negocios por población y por producto para realizar un análisis detallado.

La resolución de este caso práctico se encuentra en la pestaña KPI del archivo ***Analisis_comercial_resuelto.xlsx****.*

Primera etapa: insertar la tabla dinámica

- Cree un informe de tabla dinámica en blanco a partir del modelo de datos en una nueva hoja de cálculo.
- En el panel **Campos de tabla dinámica**, en la tabla **Calendario**, haga clic en **Más campos** y arrastre el campo **Año** al área **Filtros**.
- En la tabla **Tiendas**, marque el campo **Población**.
- En la tabla **Productos**, marque el campo **Categoría**.
- En la tabla **Ventas**, marque la medida CN.
- En la tabla **Calendario**, marque la medida CN N-1.

El resultado es el siguiente:

Año	All	
Etiquetas de fila	**CN**	**CN N-1**
⊟ Barcelona		
Bufanda	49.397	17.814
Chaqueta	89.761	39.180
Gorro	46.036	16.901
Guantes	32.555	12.493
Jersey	50.914	18.467
⊟ Madrid		
Bufanda	50.059	21.976
Chaqueta	91.937	35.157
Gorro	57.672	26.894
Guantes	32.405	12.363
Jersey	48.403	18.277
⊟ Oviedo		
Bufanda	105.236	40.072
Chaqueta	177.156	70.384
Gorro	98.269	37.503
Guantes	59.585	28.401
Jersey	97.931	34.345
⊟ Sevilla		
Bufanda	56.676	19.464
Chaqueta	88.857	29.442
Gorro	48.943	20.532
Guantes	29.798	11.568
Jersey	50.140	17.347
Total general	**1.361.730**	**528.580**

Vamos a aplicar un filtro en las fechas para mostrar únicamente los datos del ejercicio 2024.

✎ Haga clic en el filtro **Año**.

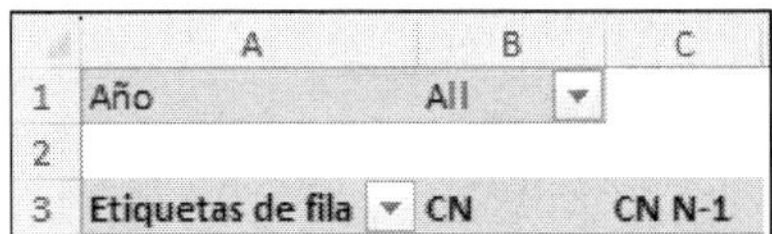

✎ Marque la casilla **Seleccionar varios elementos** y desmarque el año **2023**.

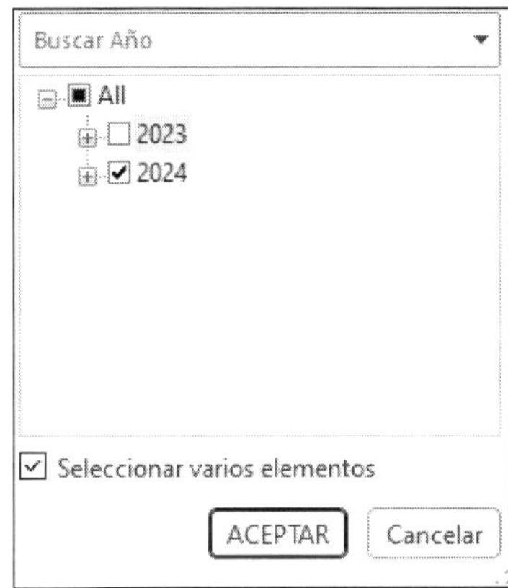

✎ Haga clic en el botón **Aceptar**.

El resultado es el siguiente:

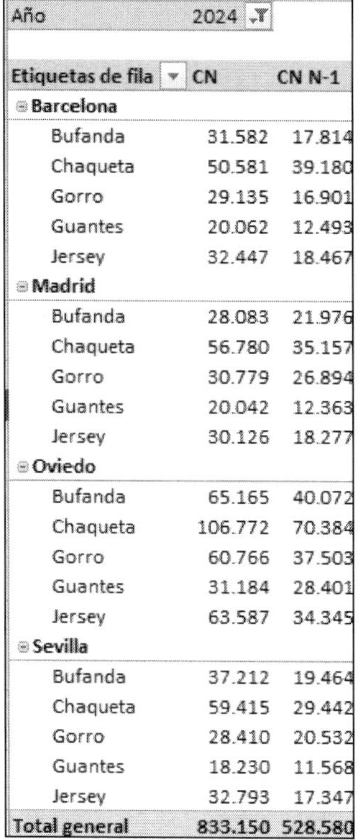

Año	2024	
Etiquetas de fila	**CN**	**CN N-1**
Barcelona		
Bufanda	31.582	17.814
Chaqueta	50.581	39.180
Gorro	29.135	16.901
Guantes	20.062	12.493
Jersey	32.447	18.467
Madrid		
Bufanda	28.083	21.976
Chaqueta	56.780	35.157
Gorro	30.779	26.894
Guantes	20.042	12.363
Jersey	30.126	18.277
Oviedo		
Bufanda	65.165	40.072
Chaqueta	106.772	70.384
Gorro	60.766	37.503
Guantes	31.184	28.401
Jersey	63.587	34.345
Sevilla		
Bufanda	37.212	19.464
Chaqueta	59.415	29.442
Gorro	28.410	20.532
Guantes	18.230	11.568
Jersey	32.793	17.347
Total general	**833.150**	**528.580**

La tabla dinámica devuelve la cifra de negocios de 2024 y 2023 por tienda y categoría de producto.

Segunda etapa: inclusión de los KPI

✎ En la pestaña **Power Pivot** de la cinta de opciones de Excel, en el grupo **Cálculos**, haga clic en el botón **KPI - Nuevo KPI**.

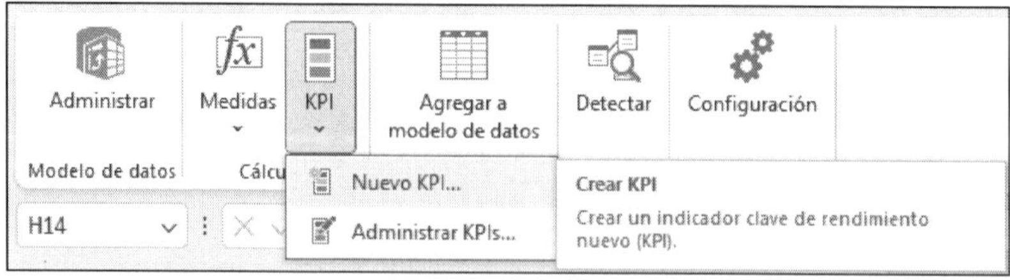

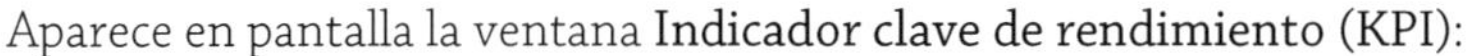

Aparece en pantalla la ventana **Indicador clave de rendimiento** (KPI):

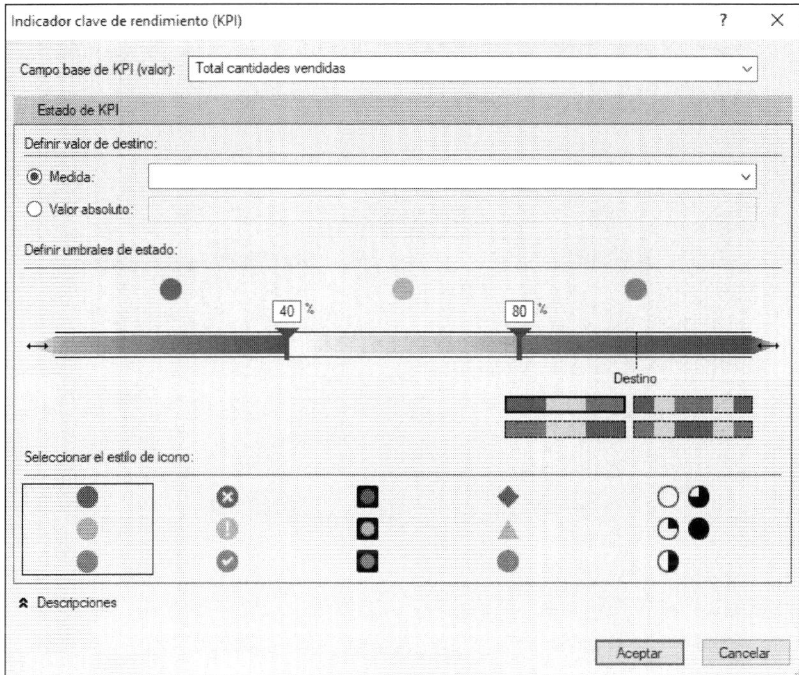

Nuestro objetivo es evaluar el incremento en la cifra de negocios del año 2024 en relación con el año 2023.

El aumento en la cifra de negocios esperado debería situarse entre +10 % y +20 %.

- En la lista desplegable **Campo base de KPI (valor)**, seleccione la medida **CN**.
- En la zona **Definir valor de destino**, marque **Medida** y seleccione **CN N-1**.

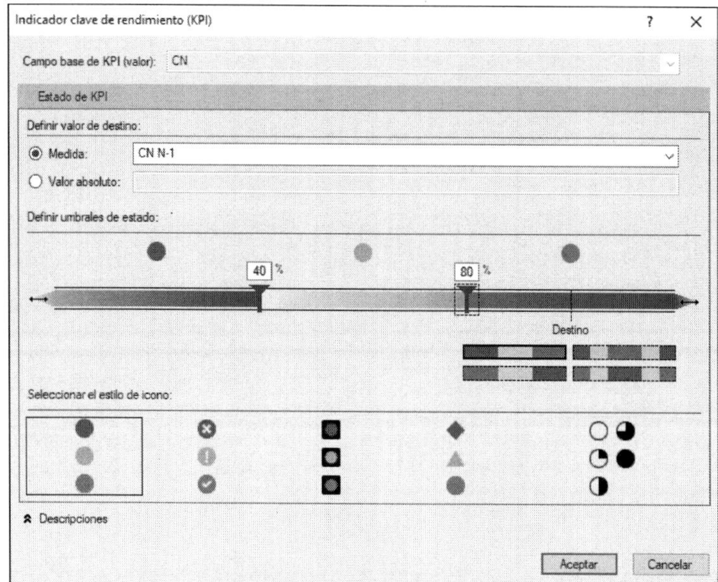

- En la zona **Definir umbrales de estado**, sitúe el primer umbral en **110 %** y el segundo en **120 %**.

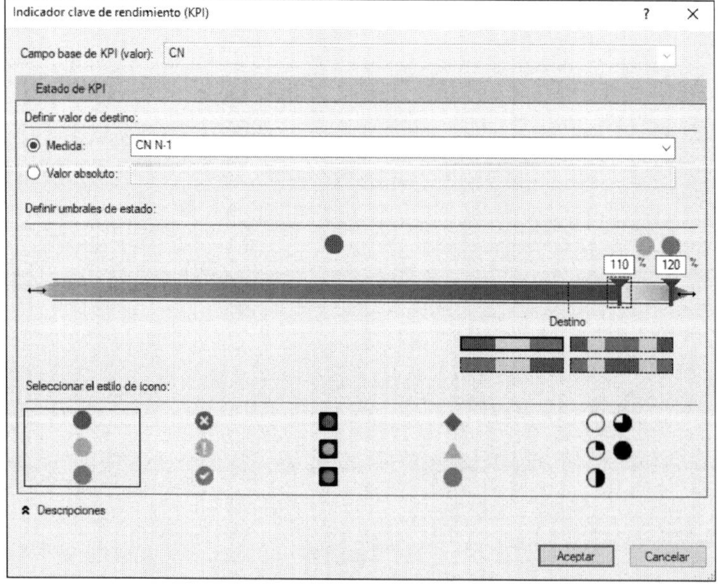

- Si la CN de 2024 es inferior al 110 % de la CN de 2023, entonces no se ha alcanzado el objetivo.
- Si la CN de 2024 está comprendida entre el 110 % y el 120 % de la CN de 2023, entonces se ha alcanzado el objetivo.
- Si la CN de 2024 es superior al 120 % de la CN de 2023, entonces se ha excedido el objetivo.

En cuanto al **estilo de los iconos**, seleccione el estilo por defecto.

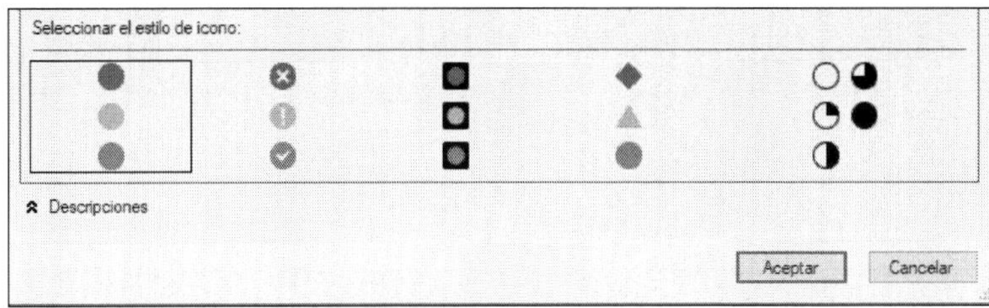

Haga clic en el botón **Aceptar**.

En el panel **Campos de tabla dinámica**, en la tabla **Ventas**, en el campo **CN**, aparece un semáforo indicando que se ha creado un **KPI**.

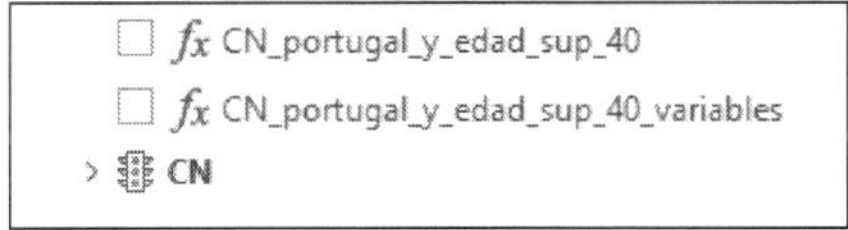

Si hace clic en la medida **CN**, se muestran tres opciones de visualización disponibles:

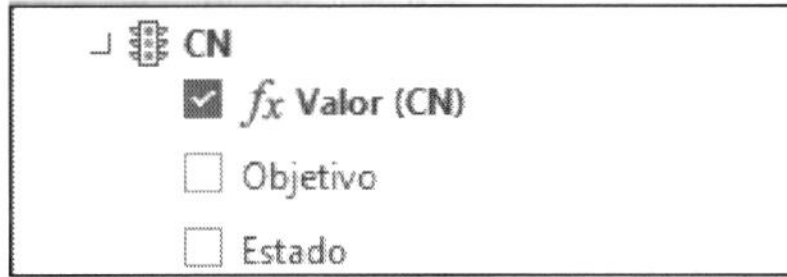

- **Valor**: se trata del valor de la medida de resultado; en nuestro caso, la CN de 2024.
- **Objetivo**: se trata del valor de la medida de comparación; en nuestro caso, la CN de 2023.
- **Estado**: se trata del indicador que permite saber si el objetivo se ha alcanzado o no.

Seleccione la opción **Estado**.

El resultado es el siguiente:

Año	2024		
Etiquetas de fila	**CN**	**CN N-1**	**Estado CN**
Barcelona			
Bufanda	31.582	17.814	
Chaqueta	50.581	39.180	
Gorro	29.135	16.901	
Guantes	20.062	12.493	
Jersey	32.447	18.467	
Madrid			
Bufanda	28.083	21.976	
Chaqueta	56.780	35.157	
Gorro	30.779	26.894	
Guantes	20.042	12.363	
Jersey	30.126	18.277	
Oviedo			
Bufanda	65.165	40.072	
Chaqueta	106.772	70.384	
Gorro	60.766	37.503	
Guantes	31.184	28.401	
Jersey	63.587	34.345	
Sevilla			
Bufanda	37.212	19.464	
Chaqueta	59.415	29.442	
Gorro	28.410	20.532	
Guantes	18.230	11.568	
Jersey	32.793	17.347	
Total general	**833.150**	**528.580**	

Únicamente la venta de guantes en la tienda de Oviedo no ha alcanzado el objetivo de cifra de negocios fijado.

*Si los semáforos no aparecen será necesario hacer clic de nuevo en la opción **Estado** para desactivarla y volverla a activar.*

2. Colocación de un KPI a partir de un valor absoluto

En lugar de basar el valor de comparación en una medida, es posible hacerlo en un valor absoluto.

Vamos a modificar el KPI definido con anterioridad para configurar el objetivo que se ha de alcanzar de la siguiente manera:

- Si la CN de 2024 por producto y por tienda es inferior a 30 000 €, no se ha conseguido el objetivo.
- Si la CN de 2024 por producto y por tienda está comprendida entre 30 000 € y 35 000 €, entonces sí se ha alcanzado el objetivo.

- Si la CN de 2024 es superior a 35 000 €, el objetivo se ha sobrepasado.

✎ En la pestaña **Power Pivot** de la cinta de opciones de Excel, en el grupo **Cálculos**, haga clic en el botón **KPI - Administrar KPIs**.

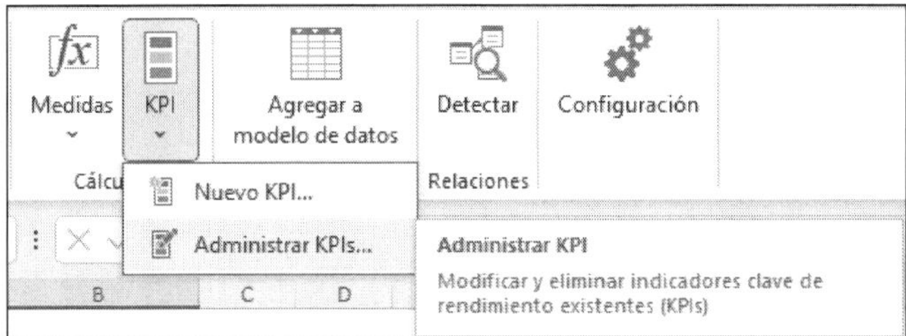

La ventana **Administrar KPI** aparece en pantalla:

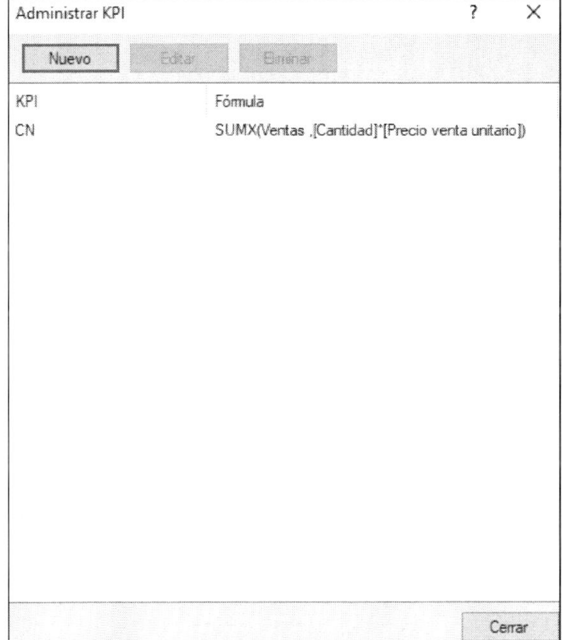

✎ Seleccione el KPI **CN** y haga clic en el botón **Editar**.

Aparece en pantalla el cuadro de diálogo **Indicador clave de rendimiento** (KPI).

✎ Marque la casilla **Valor absoluto** e introduzca **30000**; se trata de nuestro valor objetivo.

- En los umbrales de estado, configure el primer umbral en **30 000** y el segundo en **35 000**.

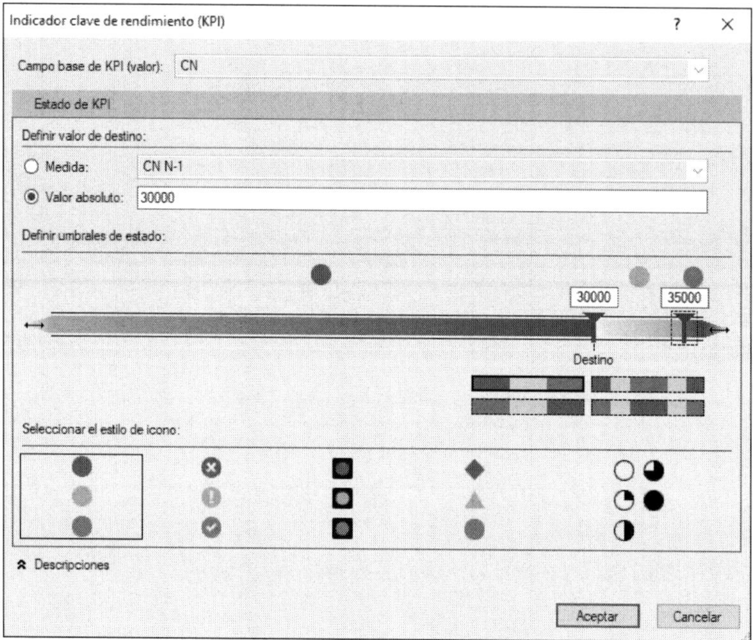

- Haga clic en el botón **Aceptar** y luego en el botón **Cerrar**.
- En el panel **Campos de tabla dinámica**, en la tabla **Ventas**, en la medida **CN**, marque el campo **Estado**.

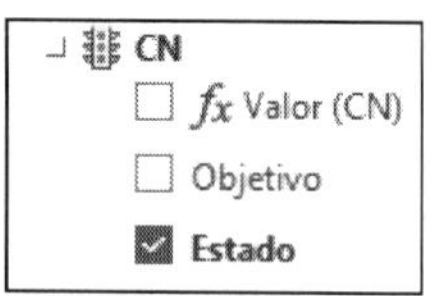

El resultado es el siguiente:

Año	2024		
Etiquetas de fila	**CN**	**CN N-1**	**Estado CN**
Barcelona			
Bufanda	31.582	17.814	
Chaqueta	50.581	39.180	
Gorro	29.135	16.901	
Guantes	20.062	12.493	
Jersey	32.447	18.467	
Madrid			
Bufanda	28.083	21.976	
Chaqueta	56.780	35.157	
Gorro	30.779	26.894	
Guantes	20.042	12.363	
Jersey	30.126	18.277	
Oviedo			
Bufanda	65.165	40.072	
Chaqueta	106.772	70.384	
Gorro	60.766	37.503	
Guantes	31.184	28.401	
Jersey	63.587	34.345	
Sevilla			
Bufanda	37.212	19.464	
Chaqueta	59.415	29.442	
Gorro	28.410	20.532	
Guantes	18.230	11.568	
Jersey	32.793	17.347	
Total general	**833.150**	**528.580**	

J. Generar el código DAX con Copilot

En esta sección, abordaremos cómo Copilot puede facilitar la creación de código DAX de forma eficiente y personalizada, reduciendo los riesgos de errores de sintaxis. Para ello, utilizaremos un ejemplo concreto.

1. Presentación de los datos

El ejemplo trata de los datos de satisfacción del cliente de la empresa Elena. Estos datos son importantes para la empresa, dado que reflejan directamente la percepción que tienen los clientes de la calidad de los productos y servicios ofrecidos. Recientemente Elena ha intentado optimizar su estrategia de relación con los clientes. Comprobemos si estas acciones han sido eficaces.

Los datos del ejemplo se encuentran en el archivo **Dax_Copilot.xlsx**. La solución de este caso práctico se encuentra en el archivo **Dax_Copilot_resuelto.xlsx**.

Los datos aparecen distribuidos en dos tablas:

- La tabla **T_Resultado**, que muestra la fecha, el cliente y el resultado de la puntación dada por el cliente.

Fecha	Cliente	Resultado
05/01/2023	Guillermo Pérez	4
12/01/2023	Elena Sánchez	4
19/01/2023	Isabel Rodríguez	4
26/01/2023	Santiago Segura	4
02/02/2023	Ana López	9
09/02/2023	Luis Navarro	5

- En Power Pivot, la tabla **Calendario** es una tabla con fechas. Esta permite situar el resultado obtenido en el tiempo, ofreciendo, así, una dimensión temporal del análisis y las evoluciones.

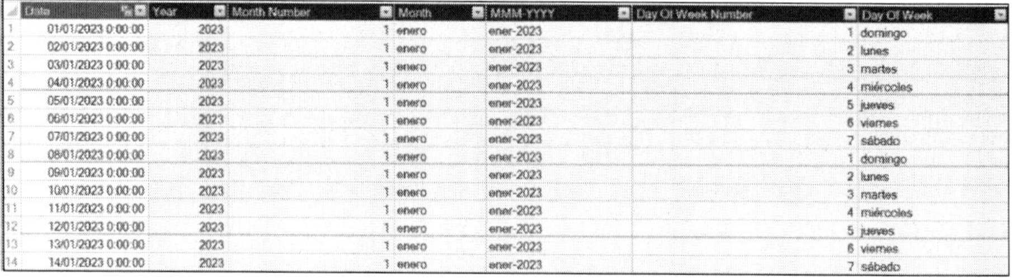

	Date	Year	Month Number	Month	MMM-YYYY	Day Of Week Number	Day Of Week
1	01/01/2023 0:00:00	2023	1	enero	ener-2023	1	domingo
2	02/01/2023 0:00:00	2023	1	enero	ener-2023	2	lunes
3	03/01/2023 0:00:00	2023	1	enero	ener-2023	3	martes
4	04/01/2023 0:00:00	2023	1	enero	ener-2023	4	miércoles
5	05/01/2023 0:00:00	2023	1	enero	ener-2023	5	jueves
6	06/01/2023 0:00:00	2023	1	enero	ener-2023	6	viernes
7	07/01/2023 0:00:00	2023	1	enero	ener-2023	7	sábado
8	08/01/2023 0:00:00	2023	1	enero	ener-2023	1	domingo
9	09/01/2023 0:00:00	2023	1	enero	ener-2023	2	lunes
10	10/01/2023 0:00:00	2023	1	enero	ener-2023	3	martes
11	11/01/2023 0:00:00	2023	1	enero	ener-2023	4	miércoles
12	12/01/2023 0:00:00	2023	1	enero	ener-2023	5	jueves
13	13/01/2023 0:00:00	2023	1	enero	ener-2023	6	viernes
14	14/01/2023 0:00:00	2023	1	enero	ener-2023	7	sábado

También se ha creado en Power Pivot una relación entre las tablas **T_Resultado** y **Calendario** a partir del campo **Fecha/Date**.

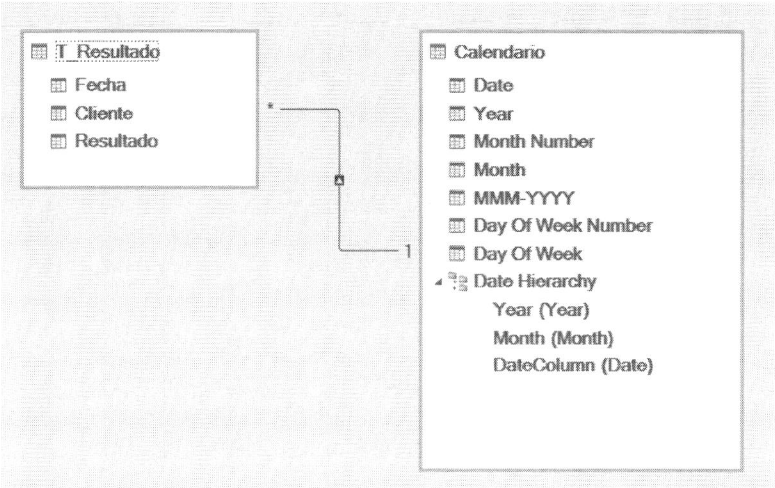

2. Configuración de Copilot

En primer lugar, vamos a configurar Copilot para Microsoft 365 para comprobar que integra nuestra contexto.

<u>Referencia del archivo</u>

Para que Copilot pueda leer los datos, empezaremos por referenciar el archivo.

✎ Guarde el archivo **Dax_Copilot.xlsx** en One Drive.

Instrucción:

Lea este archivo de Excel Dax_Copilot.xlsx

Ejemplo de respuesta de Copilot:

Estoy encantado de ayudarle con el archivo de Excel "Dax_Copilot.xlsx". Según la información de que dispongo, el archivo "Dax_Copilot.xlsx" contiene datos sobre puntuaciones de satisfacción de los clientes.

<u>Mejorar la comprensión del archivo por parte de Copilot</u>

Instrucción:

El archivo está compuesto de dos tablas:

- La tabla T_resultado, que contiene las columnas Fecha | Cliente | Resultado
- Una tabla de fechas llamada Calendario en Power Pivot

Ejemplo de respuesta de Copilot:

Comprendo que desea examinar el archivo Dax_Copilot.xlsx que contiene dos tablas importantes. La tabla T_resultado incluye las columnas Fecha, Cliente y Resultado, que proporcionan información sobre los resultados atribuidos. La segunda tabla es una tabla de fechas llamada Calendario en Power Pivot, que se utiliza probablemente para generar y analizar datos temporales relacionados con los resultados.

Si necesita asistencia para analizar estos datos, crear visualizaciones u otra tarea específica relacionada con este archivo de Excel, estoy aquí para ayudarle. No dude en darme más información sobre lo que necesite hacer con estos datos.

Comprobar el tipo de notación utilizada para las fórmulas

Excel tiene dos tipos de notaciones para las fórmulas: con comas («,») o con puntos y comas («;»). Se utilizan para separar los argumentos. La notación con comas se usa generalmente en las versiones inglesas y de países que utilizan la coma como delimitador. La notación con punto y coma se utiliza principalmente en las versiones españolas y de los países que utilizan el punto y coma como separador. Estas anotaciones dependen de los parámetros regionales y de los idiomas de los usuarios.

Instrucción:

Vamos a escribir algunas expresiones en lenguaje DAX; se utilizará el punto y coma («;») para delimitar las expresiones.

Ejemplo de respuesta de Copilot:

Perfecto, vamos a trabajar con expresiones DAX utilizando el punto y coma como delimitador. Si piensa en expresiones específicas o si necesita ayuda para crear nuevas expresiones, estoy a su disposición para asistirle. No dude en darme información detallada u objetivos de las expresiones DAX.

Copilot para Microsoft 365 también está configurado también para generar fórmulas en lenguaje DAX según nuestros datos y elecciones.

3. Formulación de consultas DAX

Vamos a utilizar Copilot para generar código DAX a fin de efectuar una serie de análisis con los datos de satisfacción del cliente.

Encontrar el número de puntuaciones inferiores a 5

Para medir el impacto del nuevo enfoque de Elena en atención al cliente, podemos empezar calculando el número de notas inferiores a 5 por intervalos de tiempo y ver cómo evolucionan las puntuaciones bajas.

Instrucción sugerida:

Como analista de datos, quiero utilizar el lenguaje DAX en Excel para contar el número de puntuaciones de satisfacción del cliente inferiores a 5. Esta medida se llamará Puntuación<5. ¿Cómo puedo escribir esta consulta?

Ejemplo de respuesta de Copilot:

Para contar el número de puntuaciones de satisfacción del cliente inferiores a 5 en Excel utilizando el lenguaje DAX, puede crear una medida llamada Puntuación<5 con la siguiente expresión DAX:

```
Resultado<5 = CALCULATE(COUNTROWS(T_Resultado);
T_ Resultado[Resultado] < 5)
```

Esta medida utiliza la función CALCULATE para modificar el contexto de cálculo y contar el número de filas de la tabla T_resultado donde la columna Resultado es inferior a 5. Asegúrese de que la tabla T_resultado haya sido configurada correctamente en su modelo de datos Power Pivot para que esta medida funcione como está previsto. Si necesita ayuda adicional u otras consultas DAX, no dude en hacérmelo saber.

Copilot parece haber comprendido nuestra necesidad y proporciona una expresión DAX válida.

Configuración de la expresión DAX propuesta

- En la pestaña **Power Pivot** de la cinta, en el grupo **Cálculos**, haga clic en **Medidas - Nueva medida**.

  El cuadro de diálogo **Medida** aparece en la pantalla.
- Copie el nombre de la medida dada por Copilot en el campo **Nombre de la medida**.
- Copie el código DAX en la zona **Fórmula**.

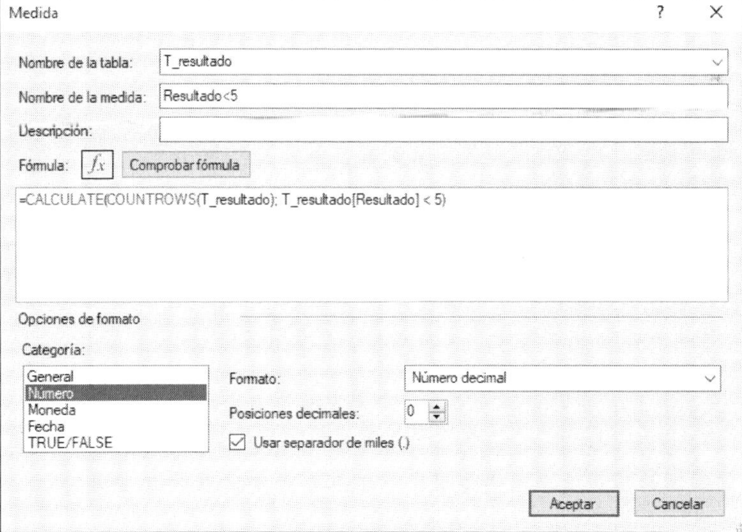

- En **Opciones de formato**, seleccione **Número**, **Número decimal** y configure la posición decimal en 0.
- Para comprobar la sintaxis de la expresión sugerida por Copilot, haga clic en el botón **Comprobar fórmula**.
- Haga clic en el botón **Aceptar**.

Encontrar la proporción de puntuaciones inferiores a 5

También sería útil determinar la proporción de puntuaciones de satisfacción del cliente inferiores a 5 por intervalo de tiempo.

Instrucción sugerida:

Me gustaría obtener una medida de lenguaje DAX en Excel para calcular la proporción de puntuaciones inferiores a 5; esta medida se llamará %_Puntuación<5. ¿Cómo puedo escribir esta consulta?

Respuesta de Copilot:

Para calcular la proporción de puntuaciones inferiores a 5 utilizando el lenguaje DAX en Excel, puede crear una medida llamada %_Puntuación<5 con la siguiente expresión DAX:

```
%_Puntuación<5 = DIVIDE(
CALCULATE(COUNTROWS(T_resultado); T_resultado[Resultado] < 5);
COUNTROWS(T_resultado);
0
)
```

Esta medida utiliza la función DIVIDE para dividir el número de puntuaciones inferiores a 5 (calculado con CALCULATE y COUNTROWS) entre el número total de puntuaciones en la tabla T_puntuación. El tercer argumento de DIVIDE es 0, lo que significa que, si el denominador es 0, la función volverá a 0 en lugar de dar error.

Asegúrese de que la tabla T_resultado está configurada correctamente en el modelo de datos Power Pivot para que esta medida funcione como está previsto. Si necesita asistencia suplementaria o realizar otras consultas DAX, estoy aquí para ayudarle.

Configuración de la expresión DAX propuesta

- En la pestaña **Power Pivot** de la cinta, grupo **Cálculos**, haga clic en **Medidas - Nueva medida**.

  El cuadro de diálogo **Medida** aparece en la pantalla.
- Copie el nombre de la medida dada por Copilot en el campo **Nombre de la medida**.

- Copie el código DAX en el campo **Fórmula**.

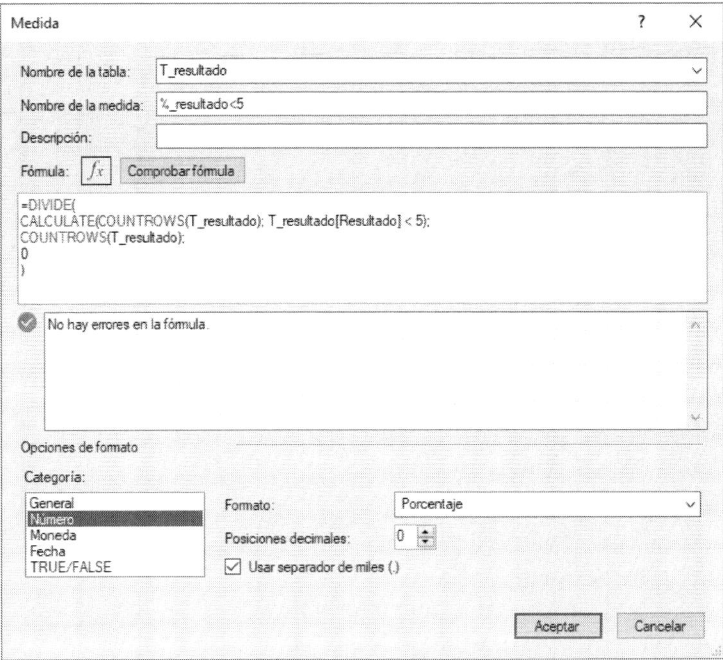

- En el campo **Opciones de formato**, seleccione el **Número**, **Porcentaje** y configure los decimales en 0.
- Para comprobar la sintaxis de la expresión sugerida por Copilot, haga clic en el botón **Comprobar fórmula**.
- Haga clic en **Aceptar**.

Aplicación de expresiones DAX

Para finalizar el análisis, vamos a introducir las dos expresiones propuestas por Copilot en una tabla dinámica.

- En la pestaña **Insertar** de la cinta de opciones, haga clic en **Tabla dinámica**, **Desde Modelo de datos**.

El cuadro de diálogo **Tabla dinámica desde un Modelo de datos** aparece en la pantalla.

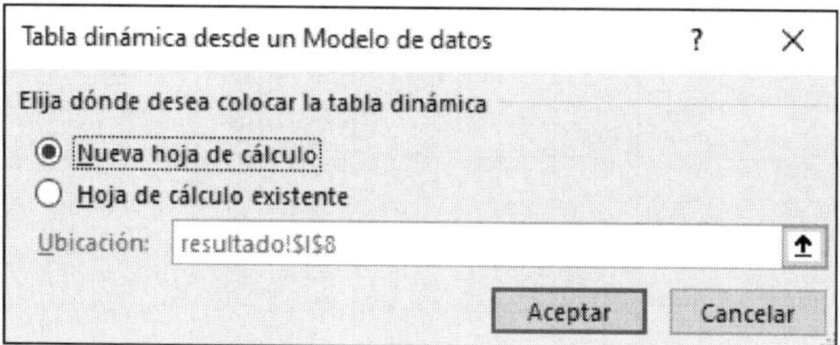

- Seleccione **Nueva hoja de cálculo**.
- Haga clic en **Aceptar**.
- En el panel **Campos de tabla dinámica**, haga clic en la tabla **T_resultado** y coloque las medidas **Resultado<5** y **%_Resultado<5** en la zona **Valores**.
- Haga clic en la tabla **Calendario** y **Date Herarchy** y coloque el campo **Year** en la zona **Filas**.

El resultado es el siguiente:

Etiquetas de filas	Resultado<5	%_Resultado<5
⊞2023	90	17 %
⊞2024	35	7 %
Total general	**125**	**12 %**

Según los datos, la satisfacción ha mejorado considerablemente entre el 2023 y el 2024, con una disminución del 10 % de las puntuaciones inferiores a 5. Esto podría indicar que las acciones llevadas a cabo por la empresa Elena han dado sus frutos.

Capítulo 5
Añadir mapas con Excel

A. Objetivo

Este quinto capítulo le permite familiarizarse con la implementación de mapas y la gestión de datos geoespaciales con Excel.

Antes de la integración de la herramienta de business intelligence en Excel, la implementación de mapas era una solicitud bastante habitual de mis clientes o usuarios, y la verdad es que tenía que usar muchas herramientas y trucos (insertar imágenes, formato condicional, código VBA) para obtener un resultado moderadamente convincente.

Las primeras herramientas para trabajar con datos geoespaciales se integraron en la versión 2013 de Excel con más o menos éxito.

Un problema recurrente era que la aplicación no podía ubicar conjuntamente ciertas ciudades o regiones en el mapa, especialmente aquellas con uno o más homónimos en todo el mundo.

Muy recientemente, Microsoft ha mejorado estas herramientas gracias a la funcionalidad de datos geográficos, que permite limitar el problema mencionado anteriormente. Por desgracia, en el momento de imprimir este libro, esta herramienta solo está disponible en la versión Office 365 de Excel.

Existen dos herramientas disponibles de forma predeterminada en la versión 2019, 2021 o Microsoft 365 de Excel: **mapas coropléticos** y **mapas 3D**.

Para funcionar correctamente, estas dos herramientas requieren conexión a Internet.

B. Los mapas coropléticos

Un mapa coroplético es un mapa donde las regiones se colorean de acuerdo con una medida para comparar regiones entre sí.

Este tipo de mapa fue desarrollado en 1828 por el barón Charles Dupin, quien inicialmente los llamó «mapas teñidos».

Los mapas coropléticos están disponibles desde la versión 2016 de Excel; utilizan los mapas de Bing y requieren, por tanto, conexión a Internet.

1. Añadir un mapa de coropletas

La colocación de este tipo de mapa es casi idéntica a la realización de un gráfico estándar.

a. Presentación de los datos

Para realizar este tipo de mapa, vamos a utilizar datos que representan la distribución de una cifra de negocios por país:

País	Cifra de negocios
France	20.000
Italy	12.000
Germany	5.000
Spain	1.000
Switzerland	5.000
Finland	1.000
Norway	1.500
Netherlands	4.000
England	6.000
Greece	3.000
Belgium	10.000

Encontrará estos datos en la pestaña ***mapa*** *del archivo* ***mapa_coropletico.xlsx****. La solución de este caso práctico se halla en la pestaña* ***mapa_resuelto*** *del archivo* ***mapa_coropletico_resuelto****.xlsx.*

b. Insertar el mapa

Primer método

- Seleccione una celda incluida en la tabla.
- Pestaña **Insertar** - grupo **Gráficos**, haga clic en el botón **Mapas** - **Mapa coroplético**.

Segundo método

- Seleccione una celda incluida en la tabla.
- Pestaña **Insertar** de la cinta de opciones - grupo **Gráficos**, haga clic en el botón **Gráficos recomendados**.

Aparece en pantalla el cuadro de diálogo **Insertar gráfico**.

- Seleccione el **Mapa coroplético**.

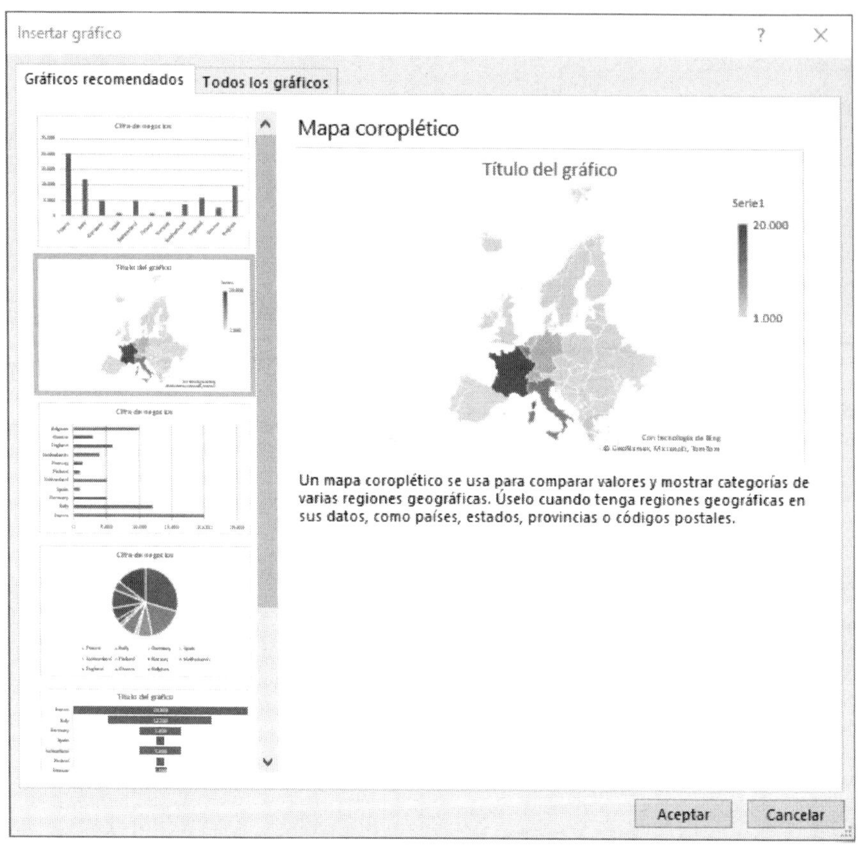

Haga clic en el botón **Aceptar**.

El resultado es el siguiente:

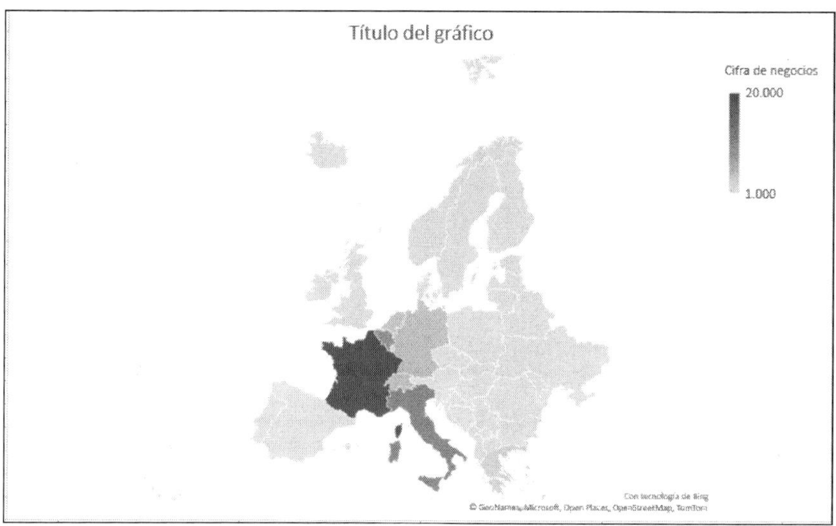

Coloque el cursor en un país.

Obtendrá información sobre ese punto en particular:

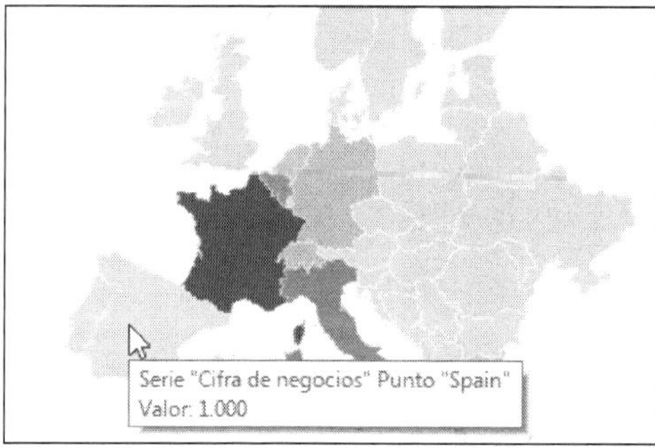

c. Personalizar el mapa

Es posible efectuar modificaciones al mapa que se obtiene por defecto.

Modificar el estilo

Seleccione el mapa.

Aparece la pestaña **Diseño de gráfico** en la cinta de opciones.

En el grupo **Estilos de diseño**, están disponibles varias versiones del mapa:

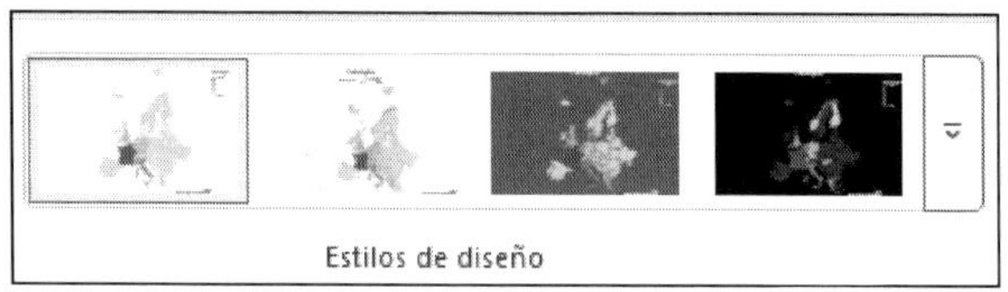

Haga clic en el estilo que desee.

Modificar la paleta de colores del mapa

Pestaña **Diseño de gráfico**, en el grupo **Estilos de diseño**, haga clic en el botón **Cambiar colores**.

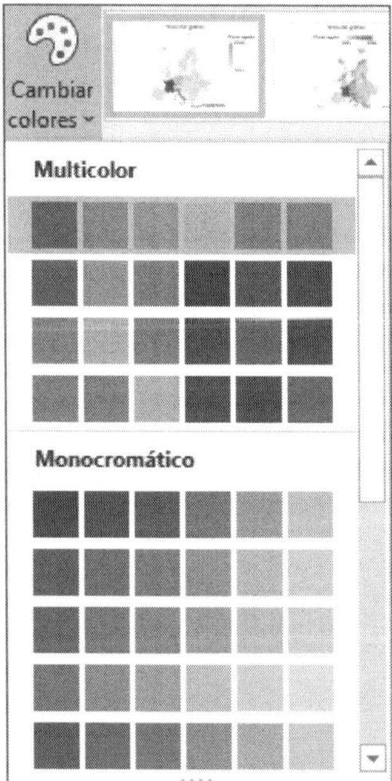

Haga clic en la paleta de colores que prefiera.

Modificar el color de una serie

Puede resultar útil modificar el color de una serie en particular para resaltarla.

- Haga doble clic en un país en concreto para «aislarlo» del resto del mapa.
- Haga un clic derecho y escoja **Formato de punto de datos**.

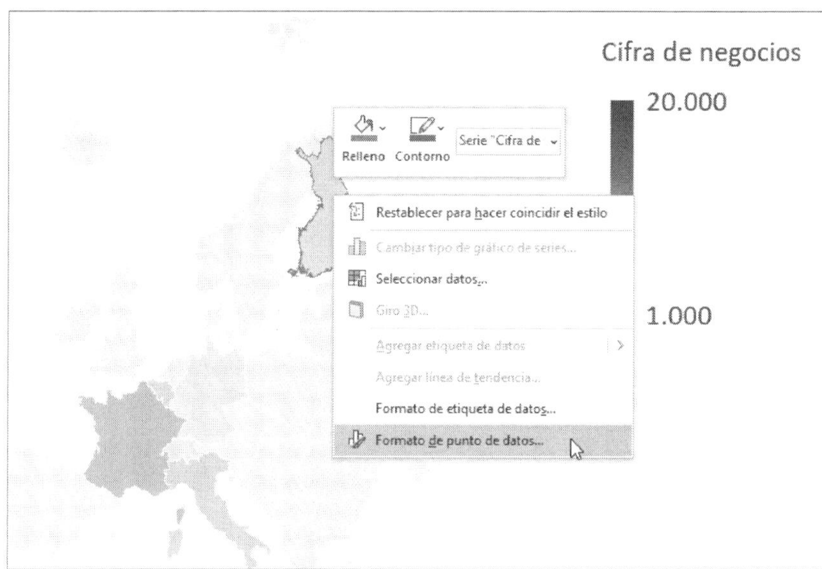

Aparece a la derecha de la pantalla el panel **Formato de punto de datos**.

- En **Opciones de serie**, seleccione **Relleno y línea** .

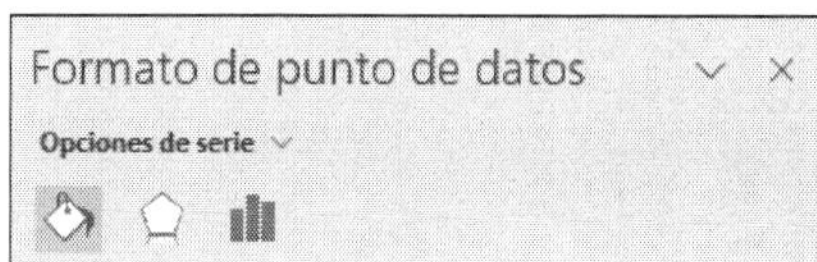

- En la sección **Relleno**, puede modificar el color y la transparencia de la serie; también es posible trazar un borde.

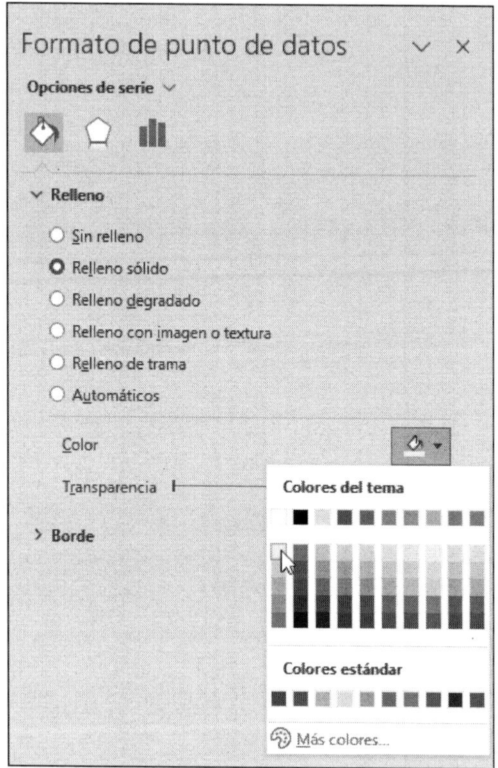

Modificar el tipo de mapa

✎ Haga clic en el mapa, luego un clic derecho y escoja **Dar formato a serie de datos**.

Aparece en pantalla el panel **Formato de serie de datos**.

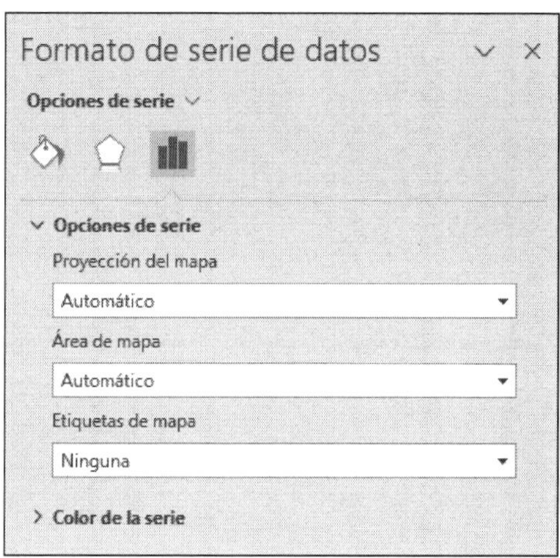

En **Opciones de serie**, en la lista desplegable **Proyección del mapa**, hay disponibles diversos proyectos cartográficos:

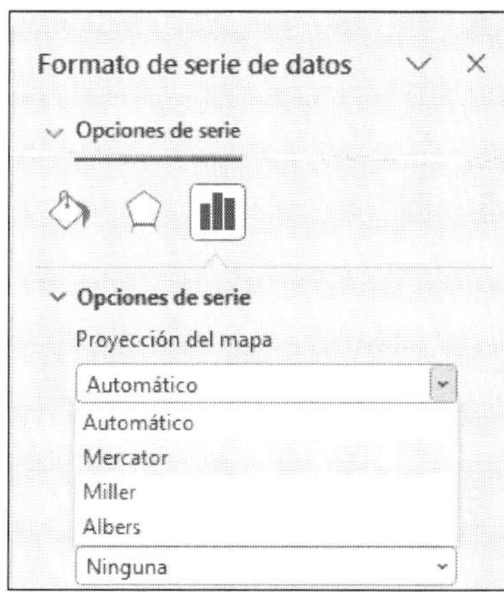

En la lista desplegable **Área de mapa**, es posible representar únicamente las regiones que disponen de datos o bien todo el mundo:

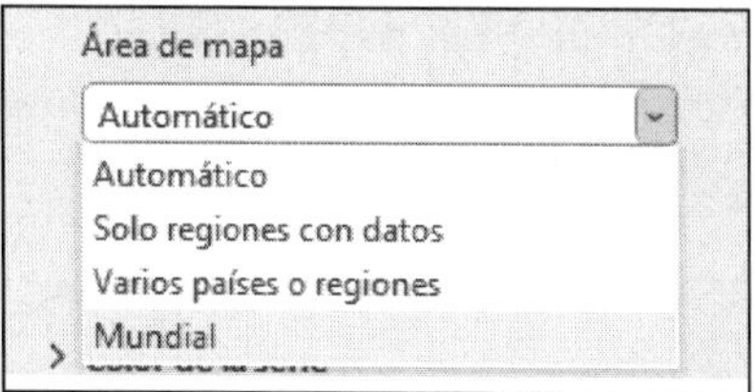

Finalmente, en la sección **Color de la serie**, es posible modificar la paleta de colores utilizada en el mapa:

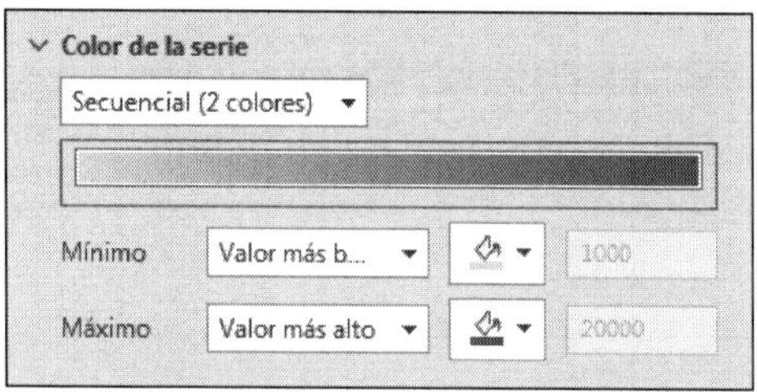

2. Mapa coroplético detallado por categoría

Este tipo de mapa no utiliza variables continuas, como en el caso de los mapas que acabamos de ver, sino una distribución realizada por categoría.

Aplicación

Imaginemos los datos siguientes:

País	Potencial
France	medio
Italy	medio
Germany	medio
Spain	alto
Switzerland	medio
Finland	alto
Norway	alto
Netherlands	bajo
England	bajo
Greece	bajo
Belgium	bajo

*Encontrará estos datos en la pestaña **categoría** del archivo **mapa_coropletico.xlsx**. La resolución de este caso práctico se halla en la pestaña **categoría_resuelto** del archivo **mapa_coropletico_resuelto.xlsx**.*

- Seleccione una celda incluida en la tabla.
- Pestaña **Insertar** - grupo **Gráficos**, haga clic en el botón **Mapas** - **Mapa coroplético**.

El resultado es el siguiente:

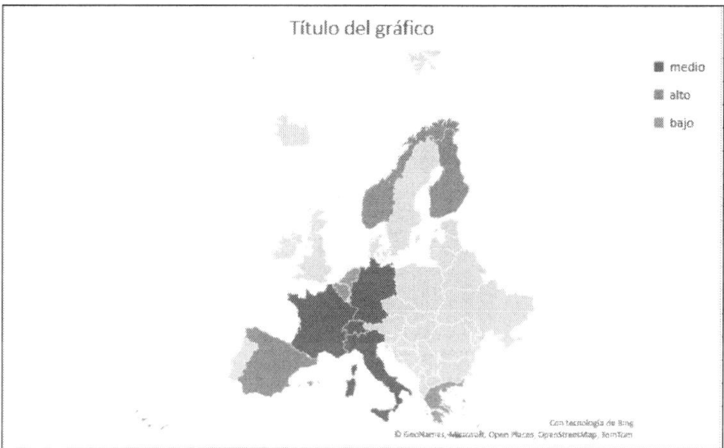

- Para resaltar una categoría en particular, selecciónela en la leyenda y haga las modificaciones:

C. La herramienta Información geográfica

Esta herramienta, que apareció a finales de 2018, se encuentra, en el momento de escribir este libro, solo disponible en la versión Microsoft 365 de Excel para Windows, para Mac, y en la versión online accesible con una suscripción a Microsoft 365, Excel para la web. Sirve para simplificar el trabajo con datos geoespaciales.

Principalmente permite:

- eliminar problemas de localización debido a errores ortográficos o de escritura;
- evitar ambigüedades geográficas, porque hay muchas ciudades con uno o más homónimos. Por ejemplo: ¡Barcelona existe tanto en España como en Venezuela!
- facilitar el enriquecimiento de los datos geográficos proporcionando otros elementos, como la capital, el número de habitantes, etc., con un solo clic.

1. Aplicación

Disponemos de la siguiente lista de países:

País
Alemania
Bélgica
Brasil
Canadá
España
Estados Unidos
Finlandia
Francia
Grecia
Holanda
Inglaterra
Italia
Noruega
Rusia
Suiza

Encontrará estos datos en la pestaña **Geografía** *del archivo* **Convertir_geografia.xlsx**.

El objetivo de esta aplicación es el de enriquecer estos datos usando la herramienta **Información geográfica**.

- Seleccione el rango de datos.
- En la pestaña **Datos** - grupo **Tipos de datos**, seleccione **Información geográfica**.

El resultado es el siguiente:

Excel ha transformado los datos textuales en datos geográficos reconocidos por la aplicación.

a. Información sobre los datos geográficos

Haga clic en el símbolo que representa un mapa, en la parte izquierda de cada una de las celdas:

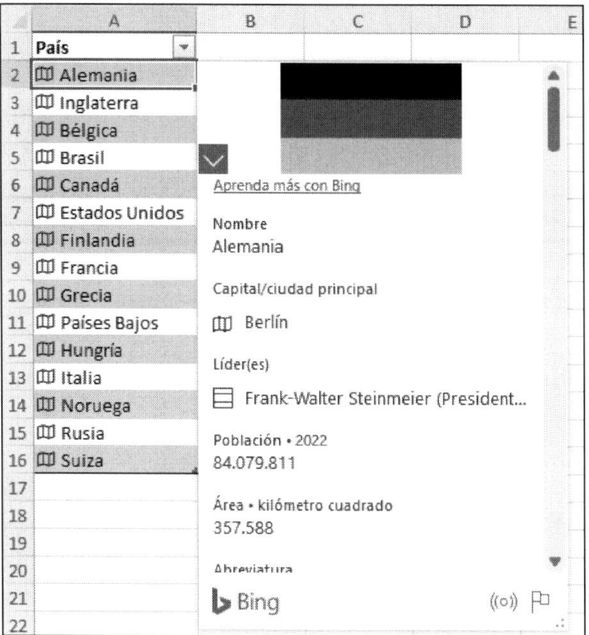

Aparece en pantalla abundante información sobre el país seleccionado; entre otros datos:

- la capital del país,
- los principales políticos,
- la población,
- la superficie del país,
- datos económicos: PIB, moneda, etc.,
- datos demográficos: tasa de natalidad, esperanza de vida, etc.,
- datos ecológicos: emisiones de dióxido de carbono, consumo de energía fósil, de electricidad, etc.

Estos datos provienen simultáneamente de Wikipedia y del sitio https://data.worldbank.org

b. Enriquecer los datos geográficos

✎ Seleccione una celda incluida en la tabla.

Aparece el icono **Agregar columna** en la parte superior derecha de la tabla.

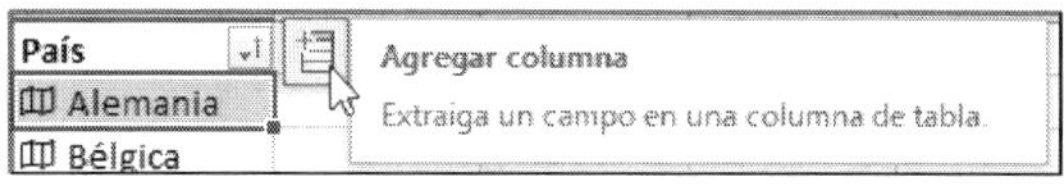

✎ Haga clic en el icono **Agregar columna**.

Están disponibles numerosas opciones:

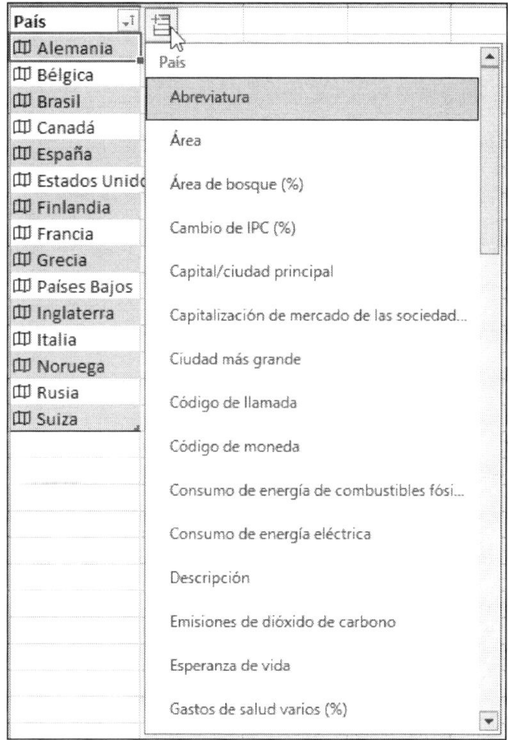

✎ Agregue las columnas **Capital/ciudad principal** y **Población**.

El resultado es el siguiente:

País	Capital/ci	Población
Alemania	Berlin	84.079.811
Inglaterra	London	57.106.398
Bélgica	City of Br	11.669.446
Brasil	Brasília	215.313.498
Canadá	Ottawa	38.929.902
Estados Unidos	Washingt	333.287.557
Finlandia	Helsinki	5.556.880
Francia	Paris	67.749.632
Grecia	Athens	10.566.531
Países Bajos	Amsterda	17.942.942
Hungría	Budapest	9.683.505
Italia	Rome	58.856.847
Noruega	Oslo	5.457.127
Rusia	Moscow	143.555.736
Suiza	Bern	8.769.741

2. Realizar un mapa detallado por región

Vamos a utilizar datos que representan la distribución de la cifra de negocios por regiones francesas y alemanas:

región	País	Cifra de negocio
Corse	Francia	20.000
Grand Est	Francia	46.171
Berlin	Alemania	7.475
Bavière	Alemania	48.219
Bade-Wurtemberg	Alemania	38.346
Rhénanie-du-Nord-Westphalie	Alemania	14.294
Rhénanie-Palatinat	Alemania	26.384
Bretagne	Francia	42.177
Centre-Val de Loire	Francia	5.658
Île-de-Francia	Francia	22.001
Normandie	Francia	46.645

- Seleccione el rango de datos que contiene la lista de las regiones y de los países, es decir, el rango A2:B12.
- En el menú **Datos** de la cinta de opciones, en el grupo **Tipos de datos**, seleccione **Información geográfica**.

El resultado es el siguiente:

	A	B	C
1	región	País	Cifra de negocio
2	Córcega	Francia	20.000
3	Gran Este	Francia	46.171
4	Berlín	Alemania	7.475
5	Baviera	Alemania	48.219
6	Baden-Wurtemberg	Alemania	38.346
7	Renania del Norte-Westfalia	Alemania	14.294
8	Renania-Palatinado	Alemania	26.384
9	Bretaña	Francia	42.177
10	Centro-Valle del Loira	Francia	5.658
11	Isla de Francia	Francia	22.001
12	Normandía	Francia	46.645

3. Insertar el mapa

- Seleccione las celdas incluidas en la tabla.
- Pestaña **Insertar** - grupo **Gráficos**, haga clic en el botón **Mapas** - **Mapa coroplético**.

El resultado es el siguiente:

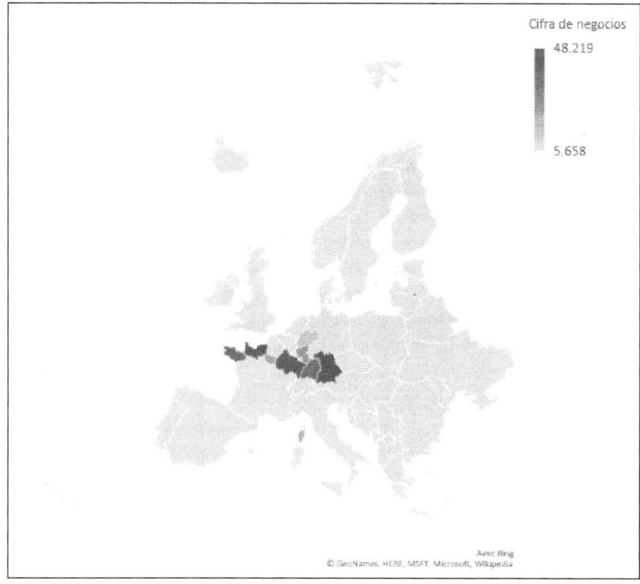

4. Insertar una segmentación

Es posible añadir una segmentación a los países.

- Seleccione la tabla de datos; en la cinta de opciones, haga clic en la pestaña **Insertar** y, en el grupo **Filtros**, haga clic en el botón **Segmentación de datos**.

Aparece en pantalla el cuadro de diálogo **Insertar segmentación de datos**.

- Seleccione **País o región**.

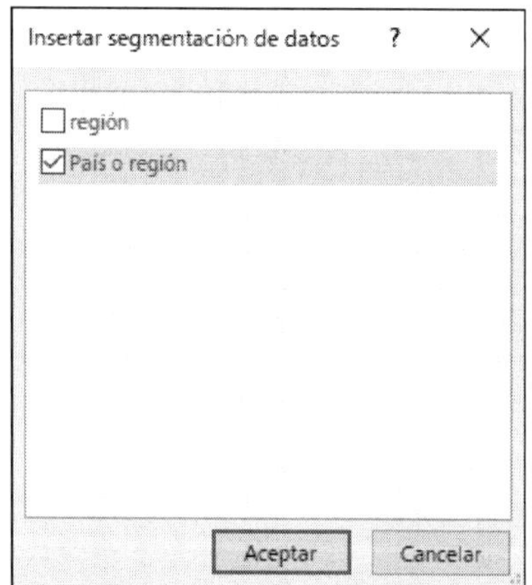

- Haga clic en el botón **Aceptar**.

El resultado es el siguiente:

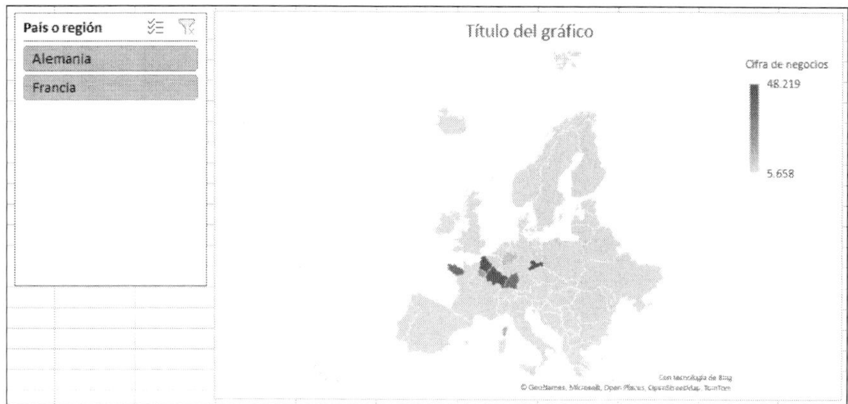

Haga clic en la segmentación **Francia**.

Solo se muestran los datos que corresponden a Francia:

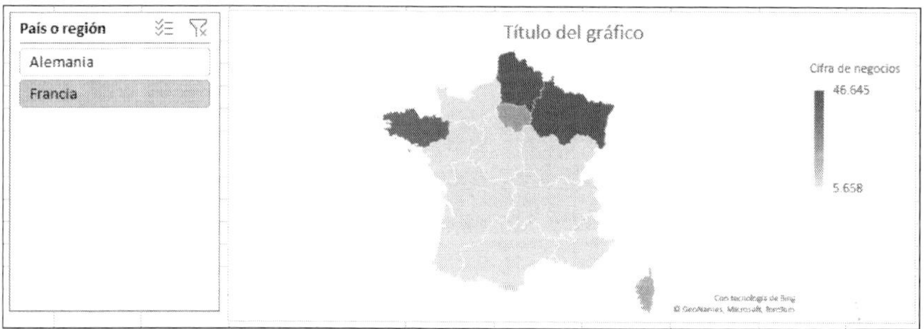

D. La herramienta Mapa 3D

La herramienta Mapas 3D permite ubicar datos geoespaciales en un globo 3D para llevar a cabo diversas visualizaciones o presentaciones, como la evolución de los datos a través de una animación temporal.

Esta herramienta está configurada para poder trabajar con un modelo de datos.

Mapas 3D inicialmente se denominó Power Map. Apareció como un complemento ya en la versión 2013 de Excel. La herramienta se integró posteriormente de forma predeterminada en las versiones de 2016 y 2019, así como en la versión de Office 365.

1. Presentación de los datos

Encontrará estos datos en el archivo ***3D_Mapas.xlsx****. La resolución de este caso práctico está en el archivo* ***3D_Mapas_resuelto.xlsx****.*

Los datos se componen de cuatro tablas; cada tabla se halla en una pestaña con el mismo nombre:

- CALENDARIO: esta tabla será útil para seguir la evolución de las ventas en el tiempo. Resultará particularmente necesaria para configurar una animación temporal con mapas 3D.

El campo de fecha es la clave principal para esta tabla.

	A	B	C
1	fecha	mes	año
2	01/01/2024	enero	2024
3	02/01/2024	enero	2024
4	03/01/2024	enero	2024
5	04/01/2024	enero	2024
6	05/01/2024	enero	2024
7	06/01/2024	enero	2024

- TIENDAS: la tabla TIENDAS recoge la ubicación de las tiendas de la empresa (Población y País). Se trata de una tabla de descripción; su clave primaria es Ref_tienda.

	A	B	C	D	E
1	Ref_tienda	nombre tienda	CP	Población	País
2	1	AH	1000	Amsterdam	Netherlands
3	2	AF	74000	Annecy	France
4	3	AG	10xxx	Athens	Greece
5	4	BS	4001	Basel	Switzerland
6	5	BE	08019	Barcelona	Spain
7	6	BA		Berlin	Germany
8	7	BE1	48007	Bilbao	Spain
9	8	BH	1011	Budapest	Hungary
10	9	CA	02138	Cambridge	United Kingdom
11	10	CA1	50441	Cologne	Germany
12	11	DI	16	Dublin	Ireland
13	12	FI	50100	Florence	Italy
14	13	FA	60308	Frankfurt	Germany
15	14	FS	1700	Freiburg im Breisgau	Switzerland
16	15	HA	74864	Hamburg	Germany
17	16	LP	11000	Lisbon	Portugal
18	17	LA	W1	London	United Kingdom
19	18	ME	28001	Madrid	Spain
20	19	MF	13000	Marseille	France
21	20	MI	20100	Milan	Italy
22	21	MR	101000	Moscow	Russia
23	22	MA	80000	Munich	Germany
24	23	NF	92000	Nanterre	France
25	24	PF	75000	Paris	France
26	25	PR	74864	Prague	Czech Republic
27	26	RF	76000	Rouen	France
28	27	SR	33701	Saint Petersburg	Russia
29	28	TI	10100	Turin	Italy

La herramienta **Información geográfica** será utilizada en los campos **Población** y **País**.

- PRODUCTOS: la tabla PRODUCTOS contiene información sobre los diferentes productos de la empresa (categoría de producto, gama, precio de venta). Se trata de una tabla de descripción cuya clave primaria es **núm_producto**.

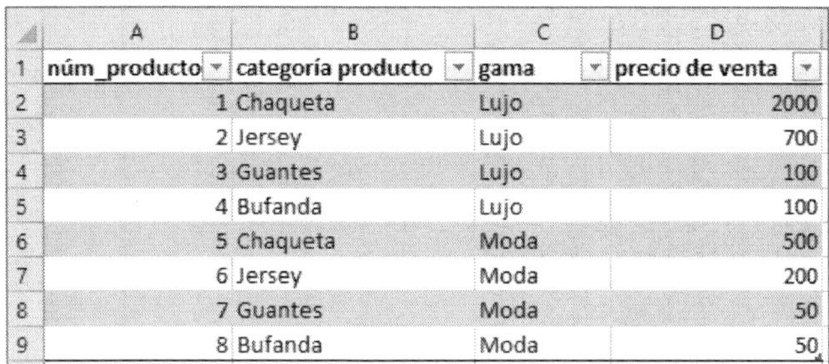

	A	B	C	D
1	núm_producto	categoría producto	gama	precio de venta
2	1	Chaqueta	Lujo	2000
3	2	Jersey	Lujo	700
4	3	Guantes	Lujo	100
5	4	Bufanda	Lujo	100
6	5	Chaqueta	Moda	500
7	6	Jersey	Moda	200
8	7	Guantes	Moda	50
9	8	Bufanda	Moda	50

- VENTAS: esta tabla registra las ventas realizadas por la empresa durante los ejercicios de 2024 y 2025. Se trata de una tabla de hecho.

Tiene relaciones con:

- La tabla CALENDARIO mediante la clave extranjera Fecha.
- La tabla TIENDAS mediante la clave extranjera Ref_tienda.
- La tabla PRODUCTOS mediante la clave extranjera núm_producto.

	A	B	C	D	E	F	G
1	N.° venta	Fecha	Mes	N.° factur	núm_product	Ref_tienda	Importe
2	1	01/01/2024	enero	12016	6	21	200
3	2	01/01/2024	enero	22016	8	13	50
4	3	01/01/2024	enero	32016	6	15	200
5	4	01/01/2024	enero	42016	5	27	500
6	5	01/01/2024	enero	52016	7	31	50
7	6	01/01/2024	enero	62016	2	12	700
8	7	01/01/2024	enero	72016	2	22	700
9	8	01/01/2024	enero	82016	5	2	500
10	9	01/01/2024	enero	92016	4	3	100
11	10	01/01/2024	enero	102016	5	21	500

El esquema relacional es el siguiente:

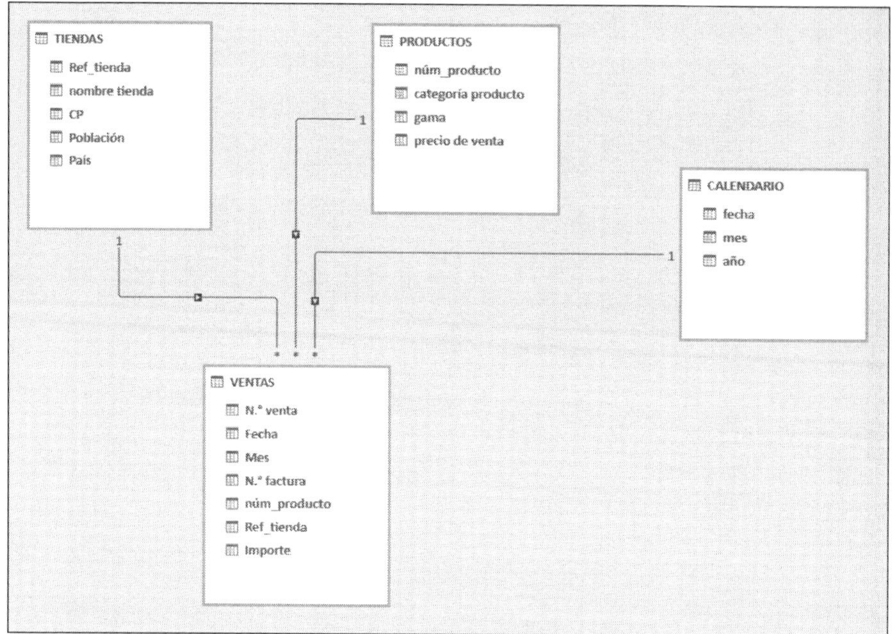

2. Preparación de los datos

Si dispone de la versión Microsoft 365 de Excel, aproveche para usar la herramienta **Información geográfica**; con ello reducirá la posibilidad de errores de ubicación que podrían producirse con determinadas poblaciones.

Si dispone de la versión de Excel 2021, 2019 o 2016, la herramienta **Información geográfica** no está disponible; no obstante, igualmente tiene la opción de realizar esta práctica.

- En la pestaña TIENDAS, seleccione las columnas **Población** y **País**.
- Haga clic en la pestaña **Datos** y, en el grupo **Tipos de datos**, haga clic en **Información geográfica**.

El resultado es el siguiente:

	A	B	C	D	E
1	Ref_tienda	nombre tienda	CP	Población	País
2	1	AH	1000	Ámsterdam	Países Bajos
3	2	AF	74000	Annecy	Francia
4	3	AG	10xxx	Atenas	Grecia
5	4	BS	4001	Basilea	Suiza
6	5	BE	08019	Barcelona	España
7	6	BA		Berlín	Alemania
8	7	BE1	48007	Bilbao	España
9	8	BH	1011	Budapest	Hungría
10	9	CA	02138	Cambridge	Reino Unido
11	10	CA1	50441	Colonia	Alemania
12	11	DI	16	Dublín	Irlanda
13	12	FI	50100	Florencia	Italia
14	13	FA	60308	Fráncfort del Meno	Alemania
15	14	FS	1700	Friburgo de Brisgovia	Suiza
16	15	HA	74864	Hamburgo	Alemania
17	16	LP	11000	Lisboa	Portugal
18	17	LA	W1	Londres	Reino Unido
19	18	ME	28001	Madrid	España
20	19	MF	13000	Marsella	Francia
21	20	MI	20100	Milán	Italia
22	21	MR	101000	Moscú	Rusia
23	22	MA	80000	Múnich	Alemania
24	23	NF	92000	Nanterre	Francia
25	24	PF	75000	París	Francia
26	25	PR	74864	Praga	República Checa
27	26	RF	76000	Ruan	Francia
28	27	SR	33701	San Petersburgo	Rusia
29	28	TI	10100	Turín	Italia
30	29	VA	03xxx	Varsovia	Polonia
31	30	VI	37100	Verona	Italia
32	31	VA	1400	Viena	Austria

3. Colocar un mapa 3D

Seleccione la pestaña **Insertar** de la cinta de opciones y, en el grupo **Paseos**, haga clic en el botón **Mapa 3D**.

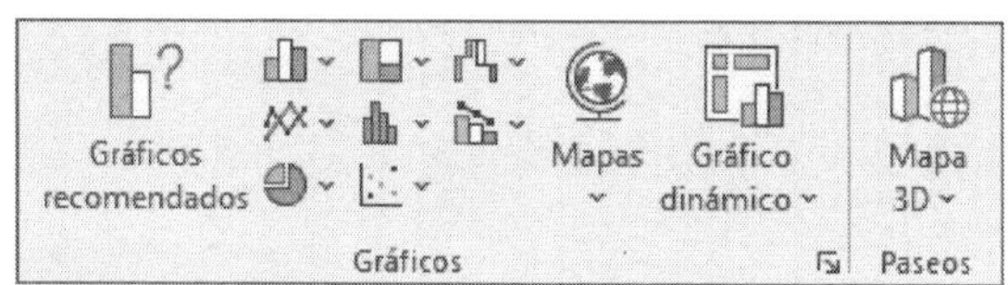

Si el botón **Mapa 3D** no aparece en la cinta de opciones, efectúe la siguiente operación:

- Seleccione el menú **Archivo** y a continuación **Opciones**.

Aparece en pantalla el cuadro de diálogo **Opciones de Excel**.

- Seleccione **Complementos**.
- En la parte inferior del cuadro de diálogo, en la lista desplegable **Administrar**, seleccione **Complementos COM** y haga clic en el botón **Ir**.

Aparece en pantalla el cuadro de diálogo **Complementos COM**.

- Marque la casilla **Microsoft Power Map for Excel**.
- Haga clic en el botón **Aceptar**.

Se abre una nueva ventana en la que se muestra un globo terráqueo:

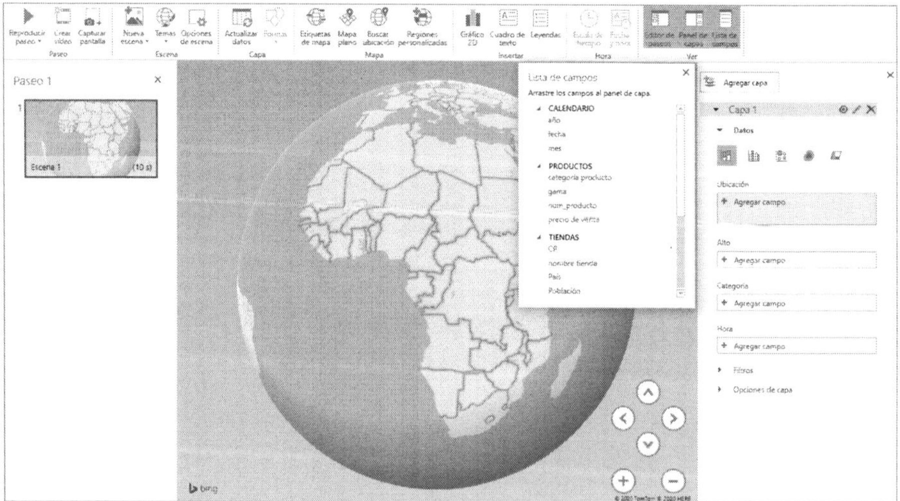

Esta pantalla se compone de varios elementos:

- La lista de los campos:

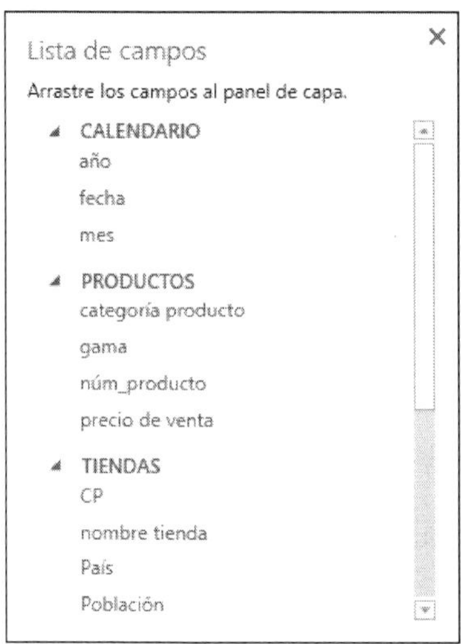

- El panel **Capa**:

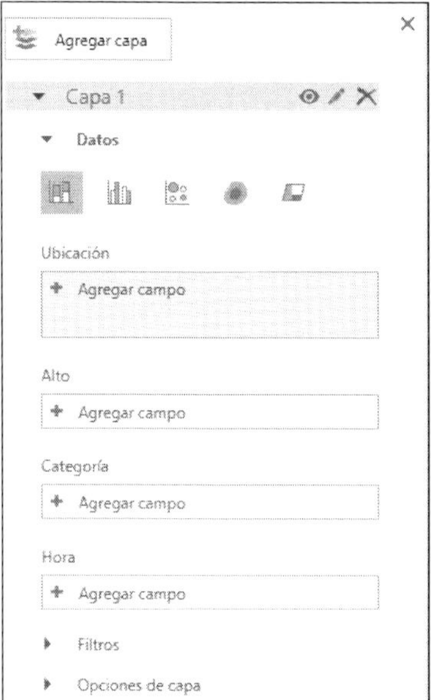

- Una cinta de opciones:

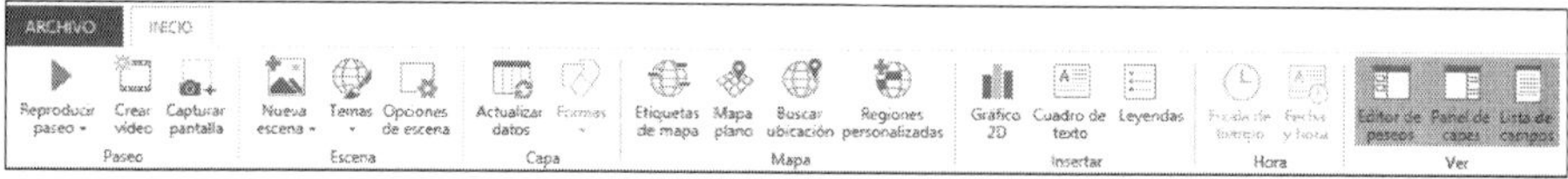

- El panel **Paseo**:

  En la parte izquierda se encuentra el panel **Paseo**, que servirá para grabar las diferentes «escenas» con objeto de realizar una presentación.

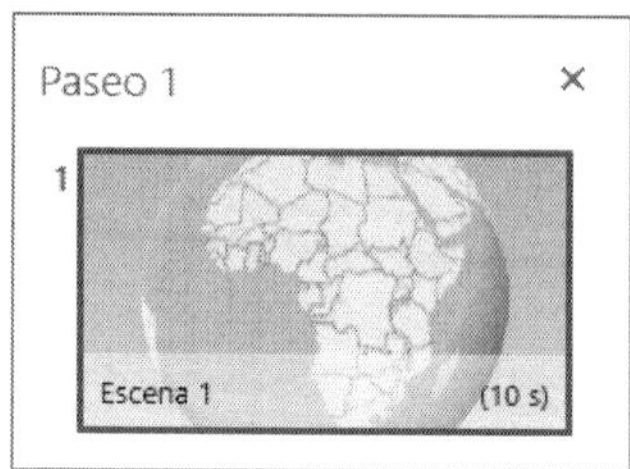

- Flechas de navegación:

  Puede moverse, acercar o alejar el mapa utilizando los botones situados en la parte inferior derecha de la ventana.

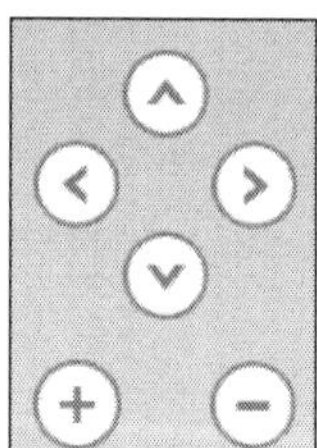

También es posible navegar por el mapa haciendo clic y arrastrando directamente en el globo terráqueo.

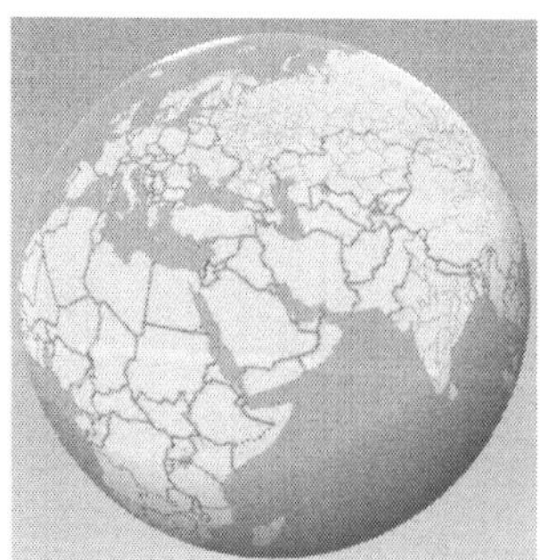

4. Utilización de la herramienta Mapa 3D

La directora comercial desearía obtener una vista previa de las cifras de negocios por países.

- En el panel **Lista de campos**, en la tabla **TIENDAS**, seleccione el campo **País** y arrástrelo al área **Ubicación** del panel **Capa**.

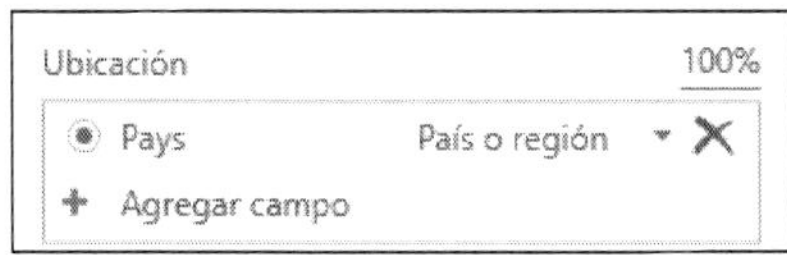

Aparece un cuadrado azul aproximadamente en el centro de cada país:

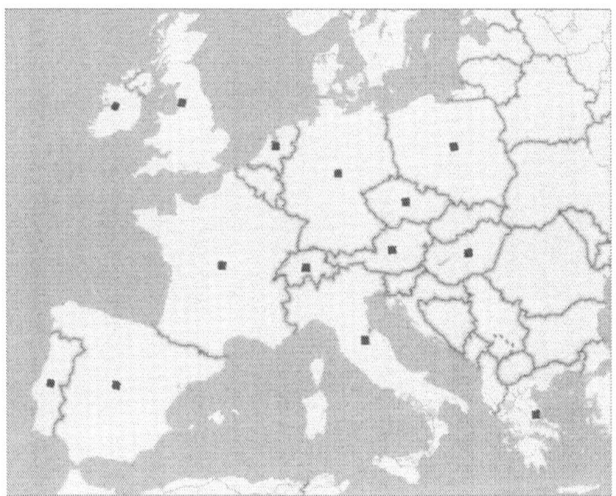

- En el panel **Lista de campos**, en la tabla **VENTAS**, seleccione el campo **Importe** y arrástrelo hasta el área **Alto** del panel **Capa**.

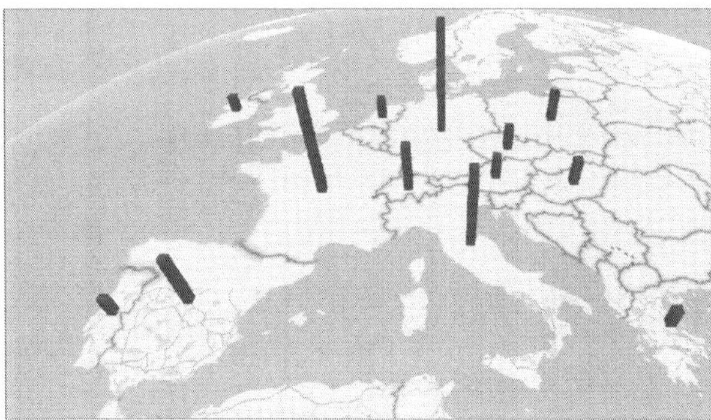

Cuanto más elevada es la cifra de negocios de un país, más alta es su barra.

a. Personalizar el mapa 3D

Pueden realizarse diversas presentaciones a partir del panel **Capa**:

- Columnas apiladas
- Columnas agrupadas
- Visualización en burbujas
- Visualización en mapa de calor
- Visualización de región

✎ En el panel **Capa**, haga clic en el botón **Cambiar la visualización de la región**.

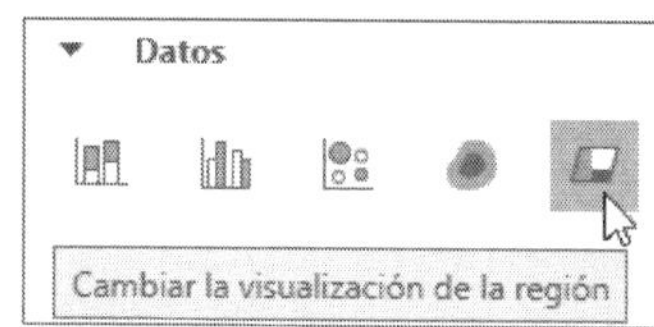

El resultado es el siguiente:

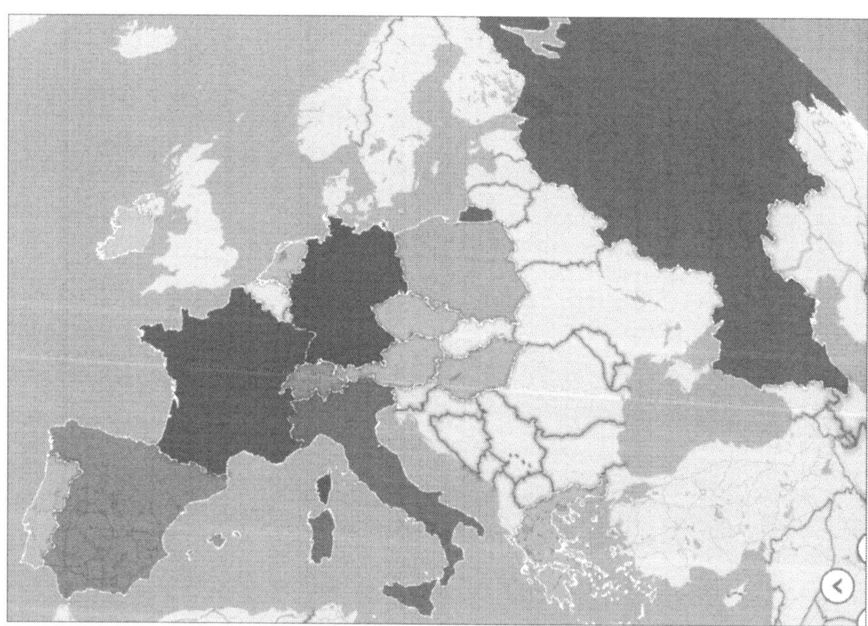

b. Pasar de un mapa 3D a uno plano

Dependiendo del tipo de datos y del mapa creado, un mapa plano puede resultar más inteligible que uno en 3D.

- En la cinta de opciones, en el grupo **Mapa**, haga clic en el botón **Mapa plano**.

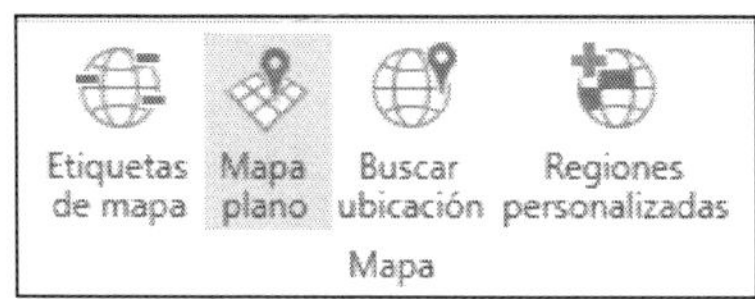

El resultado es el siguiente:

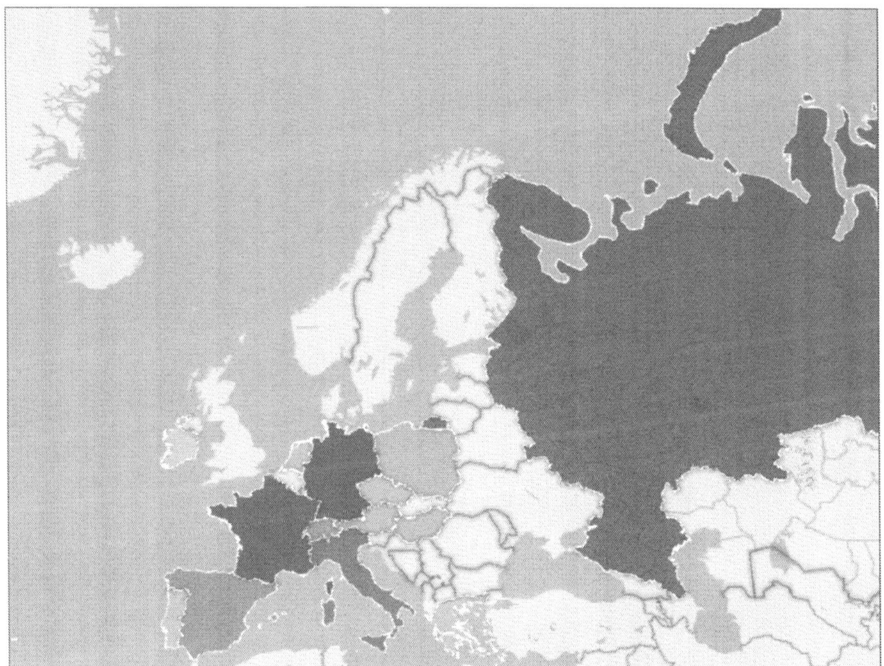

- Haga clic de nuevo en el botón **Mapa plano** para volver el modo **Mapa 3D**.

c. Cambiar el tema

Si es preciso, puede cambiarse el tema del mapa.

- Haga clic en el botón **Temas** que se encuentra en la cinta de opciones, dentro del grupo **Escena**.

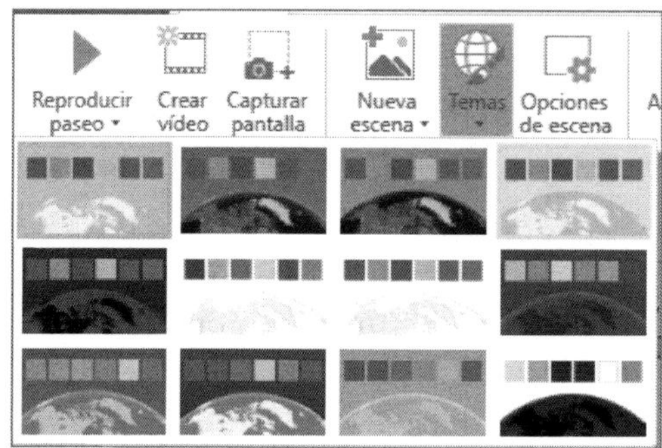

✎ Escoja el tema que prefiera.

d. Añadir un gráfico 2D

También es posible añadir un gráfico 2D al mapa con objeto de tener una idea clara de la clasificación de las ventas por país.

✎ En la cinta de opciones, en el grupo **Insertar**, haga clic en el botón **Gráfico 2D**.

El resultado es el siguiente:

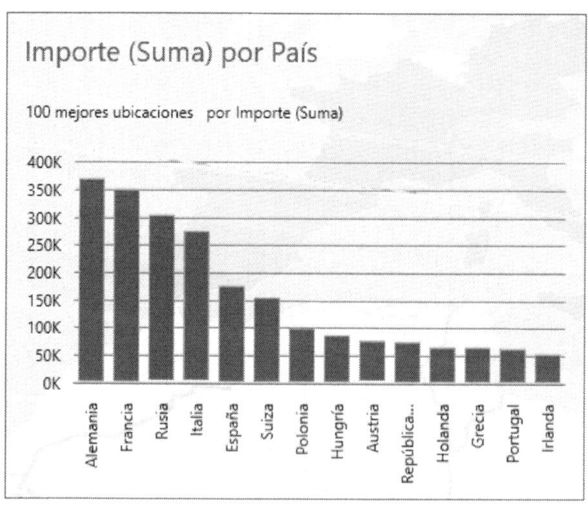

✎ Para utilizar un tipo de gráfico diferente, haga clic en el botón **Cambie el tipo de gráfico**, situado en la esquina superior derecha del área de gráfico.

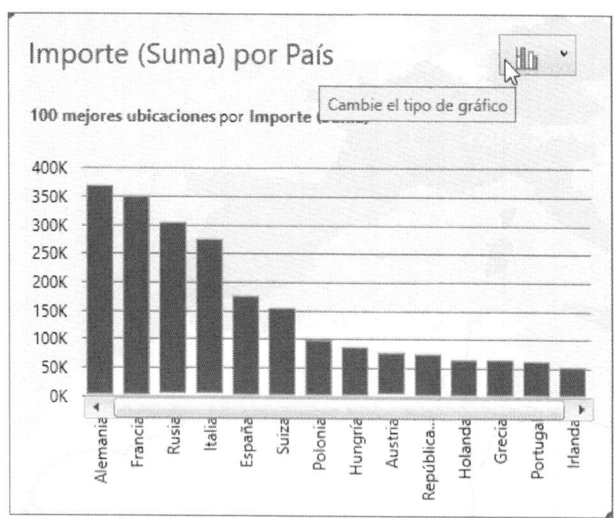

e. Dar nombre a la capa

Dado que esta presentación nos satisface, vamos a llamar esta capa **CN por país**.

✎ En el panel **Capa**, haga clic en el botón **Cambie el nombre de esta capa**.

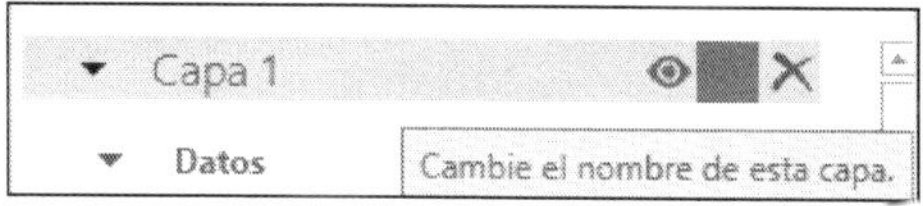

✎ Llame la capa **CN por país**.

5. Añadir una nueva capa

Supongamos que ahora la responsable comercial desea obtener una visualización de la cifra de negocios por tienda y por gama de producto.

Es posible realizar varias visualizaciones (o capas) que se superpongan (o no).

✎ Para agregar una nueva capa, haga clic en el botón **Agregar capa** situado en la parte superior del panel **Capa**.

Aparece una nueva capa, denominada **Capa 2**:

- Le aconsejo que oculte provisionalmente la capa que ha creado con anterioridad haciendo clic en el icono **Muestre u oculte la capa en esta escena**.

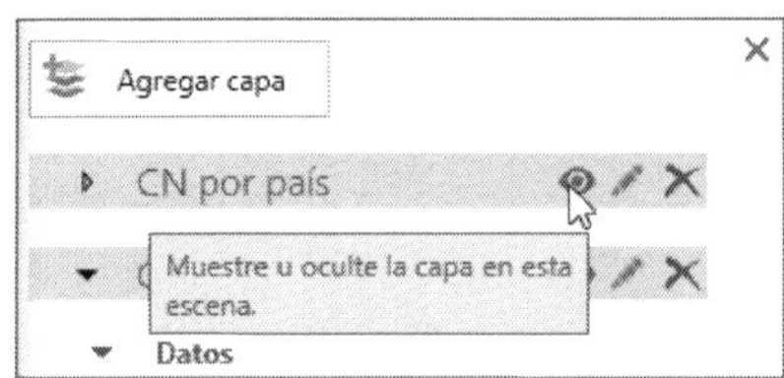

- Arrastre los campos **Población** y **País** de la tabla **TIENDAS** al área **Ubicación** del panel **Capa**.
- Arrastre el campo **Importe** de la tabla **VENTAS** al área **Alto** del panel **Capa**.
- Arrastre el campo **gama** de la tabla **PRODUCTOS** al área **Categoría** del panel **Capa**.
- En cuanto al tipo de visualización, seleccione **Columna agrupada**.

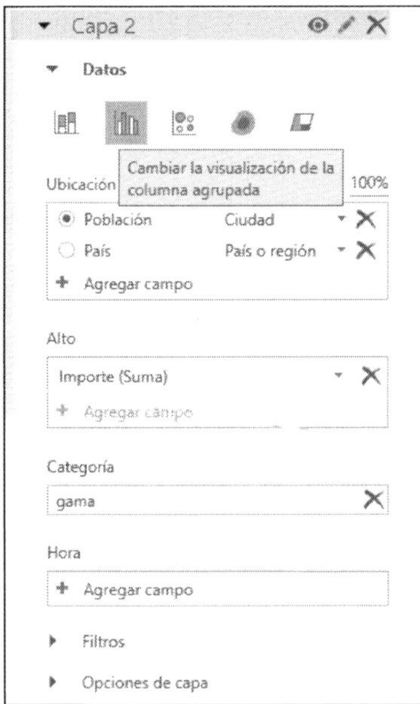

El resultado es el siguiente:

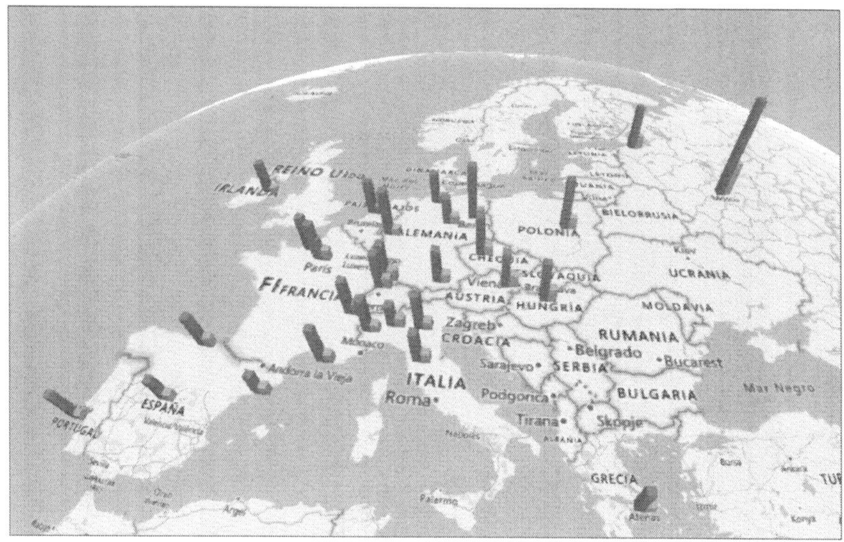

a. Añadir un filtro

Vamos a añadir un filtro basado en la categoría de producto.

- En el panel **Capa**, en la **Capa 2**, haga clic en la sección **Filtros - Agregar filtro**.
- Seleccione el campo **categoría producto** de la tabla PRODUCTOS.

✎ En la sección **Filtros**, marque uno o varios productos:

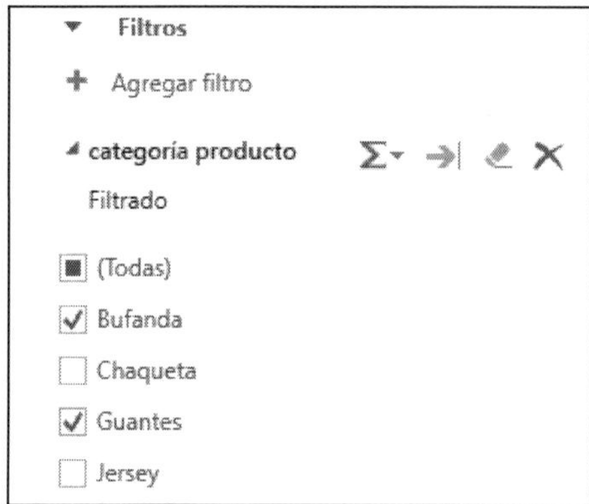

b. Añadir una línea de tiempo

Una línea de tiempo en un mapa 3D muestra la evolución en el tiempo de los datos. Puede añadirse al mapa.

✎ En el panel **Capa**, en el área **Hora**, haga clic en **Agregar campo**.

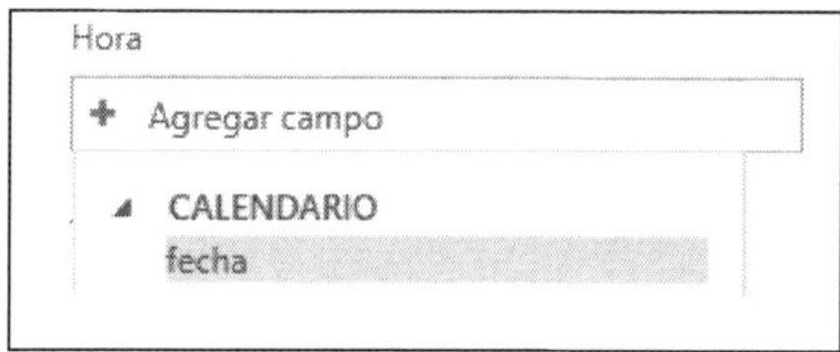

✎ Seleccione el campo **fecha** de la tabla CALENDARIO.

Se ha añadido una línea de tiempo en la parte inferior del mapa.

También aparece una fecha en la esquina superior izquierda del mapa.

✎ Haga clic en el botón **Reproducir** de la línea de tiempo.

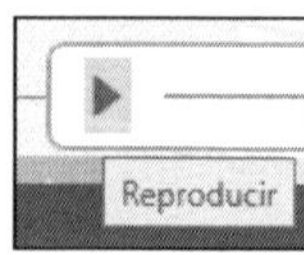

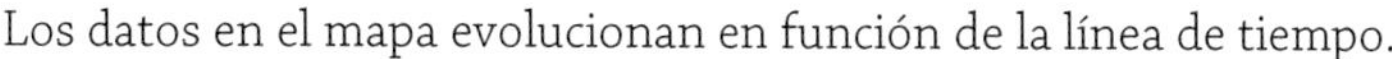

Los datos en el mapa evolucionan en función de la línea de tiempo.

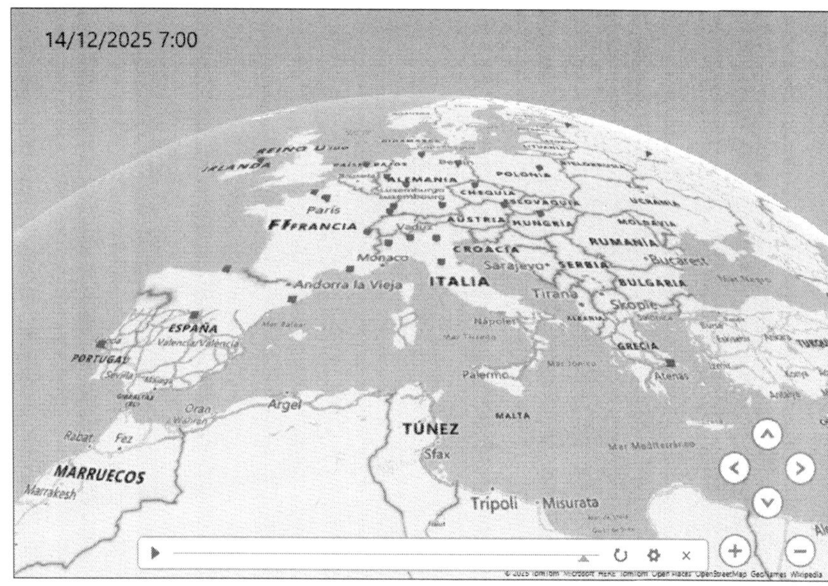

c. Modificar las opciones de capa

En el panel **Capa**, la sección **Opciones de capa** sirve para editar el aspecto de los gráficos que se obtienen por defecto:

- Alto
- Grosor de las barras
- Opacidad
- Color

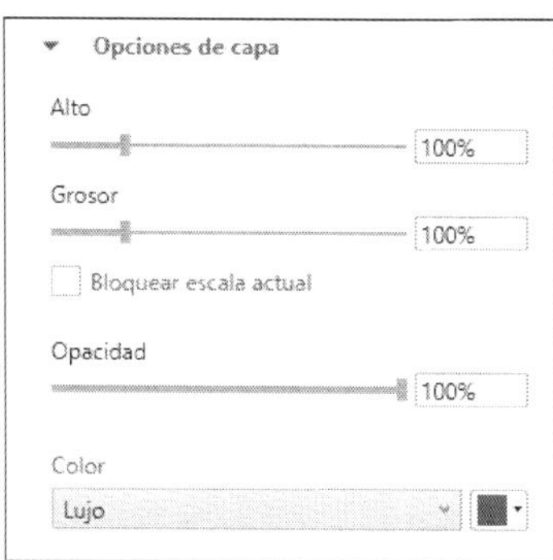

d. Finalizar el mapa

✎ Dado que esta presentación nos satisface, daremos a la capa 2 el nombre **CN por gama**.

<u>Mostrar la capa CN por país</u>

✎ Haga clic en el botón **Muestre u oculte la capa en esta escena** de la capa **CN por país**.

Ahora, las dos capas que acabamos de crear se muestran en el mapa:

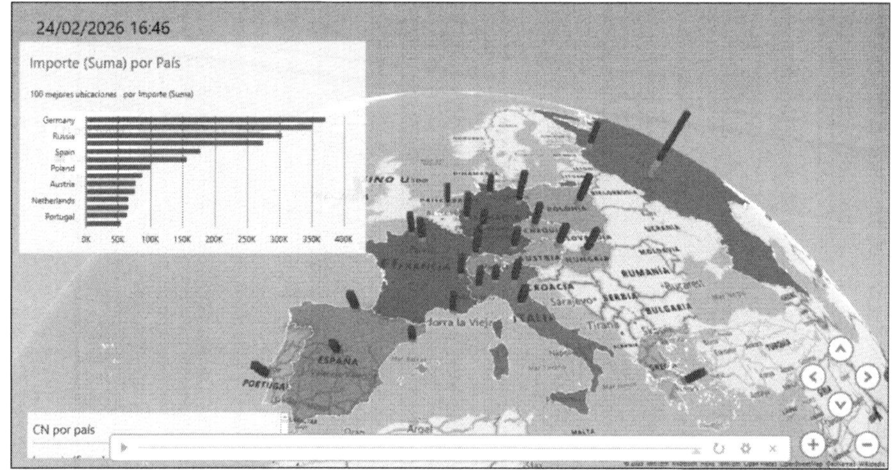

6. Los paseos

En un mapa 3D de Excel, un paseo es una sucesión de diferentes vistas de los datos en el mapa. De este modo, según las necesidades de la presentación, será posible visualizar, por ejemplo, todos los datos y luego resaltar una o varias zonas en particular.

a. Crear un paseo

La responsable comercial de la compañía Elena desea hacer una presentación general de la evolución de la cifra de negocios y luego destacar diferentes áreas geográficas: Francia, España y, finalmente, Europa del Este y Rusia.

Escena n.° 1: presentación general

El panel **Paseo** se encuentra en la parte izquierda de la interfaz de Mapa 3D.

De momento, muestra la escena que acabamos de crear.

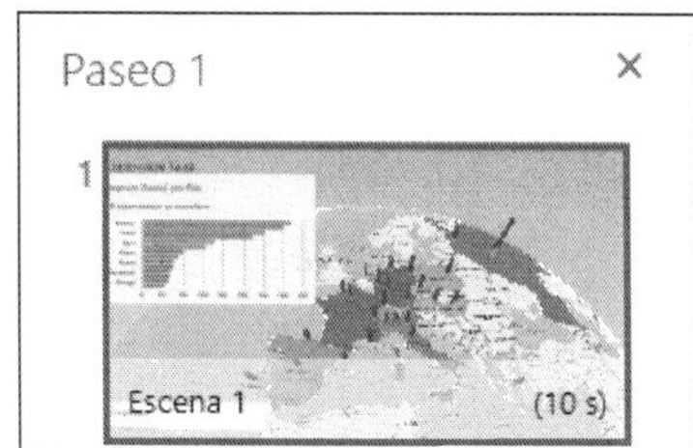

b. Modificar la escena

En el panel **Paseo**, haga clic en el botón **Cambie las opciones de la escena**.

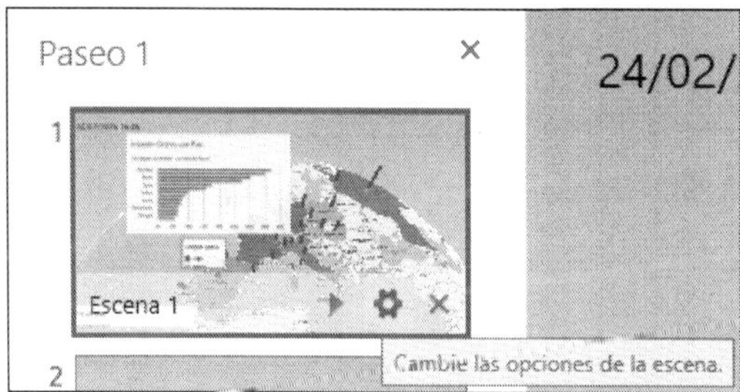

Aparece en pantalla el cuadro de diálogo **Opciones de escena**.

En el cuadro **Nombre de escena**, llame a la escena **Presentación general**.

En la lista desplegable **Efecto**, seleccione **Sobrevolar**.

✎ En el campo **Duración de transición**, introduzca **1,50**.

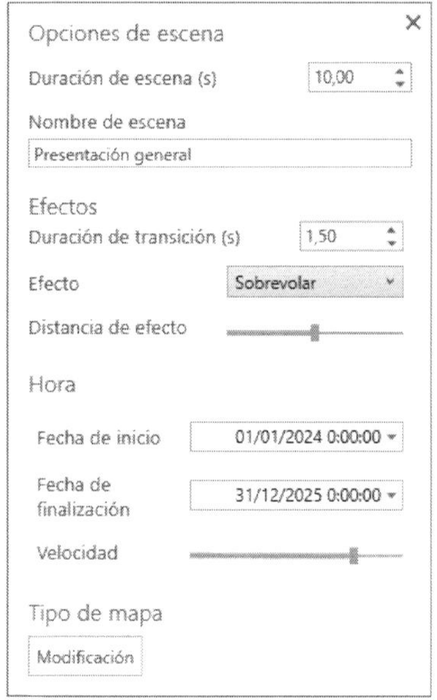

Escena n.° 2: Francia

✎ En la cinta de opciones, dentro del grupo **Escena**, haga clic en el botón **Nueva escena** y luego en **Copiar Presentación general**.

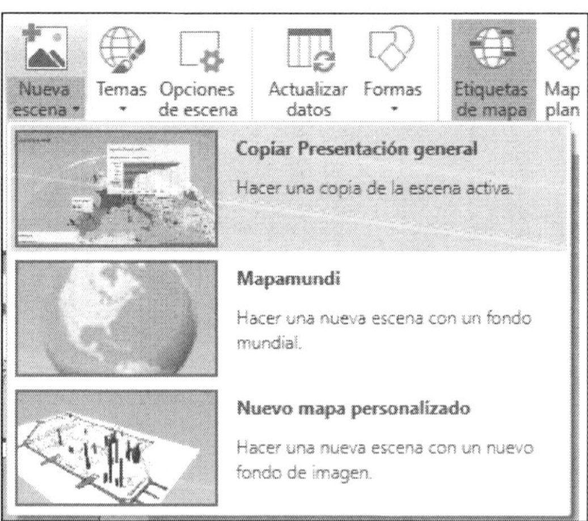

Se muestra una nueva escena en el panel **Paseo**.

✎ Elimine el gráfico en 2D.

✎ Elimine la línea de tiempo; en el panel **Capa**, en el área **Hora**, suprima el campo **fecha**.

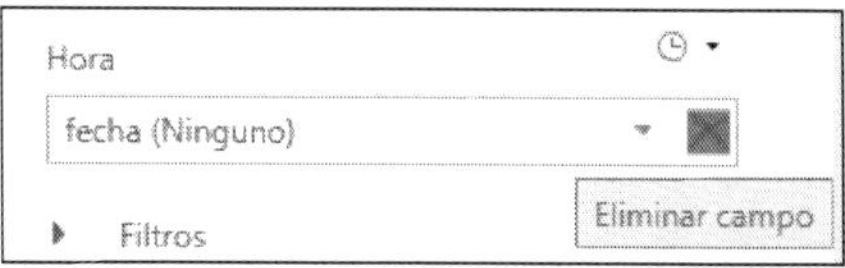

✎ Haga zoom sobre Francia.

✎ En el panel **Paseo**, haga clic en el botón **Cambie las opciones de la escena**.

✎ En el cuadro **Nombre de escena**, dé a la escena el nombre **Francia**.

El resultado es el siguiente:

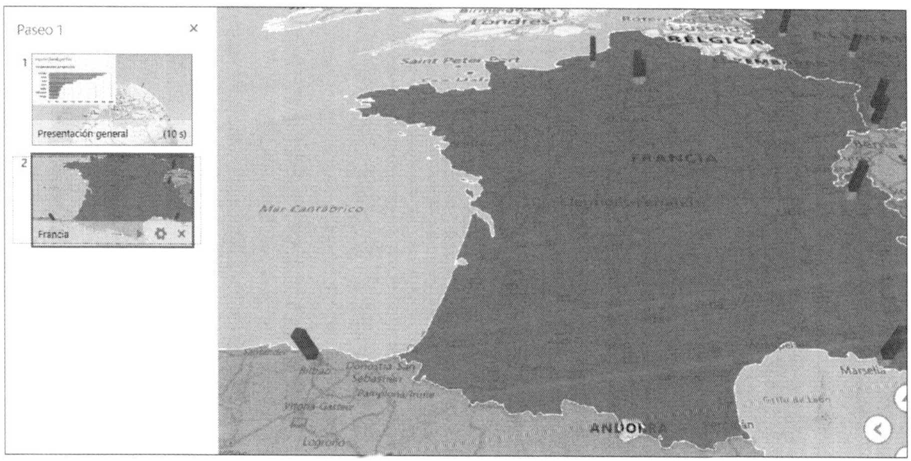

Escena n.° 3: España

- De nuevo, haga clic en el menú desplegable del botón **Nueva escena** de la cinta de opciones y luego en **Copiar Francia**.

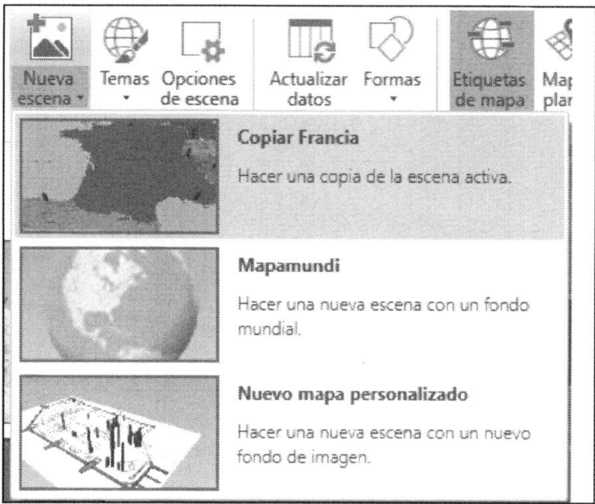

- En el mapa, ubíquese en España.
- En el panel **Paseo**, haga clic en el botón **Cambie las opciones de la escena**.
- En el cuadro de escritura **Nombre de escena**, dé a la escena el nombre **España**.
- Desplace el mapa para que se muestre España.

Escena n.° 3: Italia, Europa del Este y Rusia

- Haga clic en el menú desplegable del botón **Nueva escena** y luego en **Copiar España**.
- En el mapa, aleje el zoom, ubíquese entre el este de Europa y Rusia.

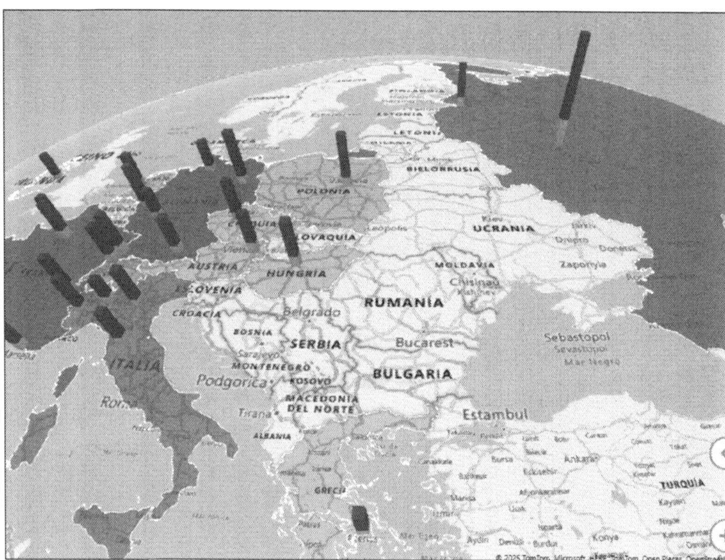

- En el panel **Paseo**, haga clic en el botón **Cambie las opciones de la escena**.
- En el cuadro de escritura **Nombre de escena**, dé a la escena el nombre **Este**.

El resultado es el siguiente:

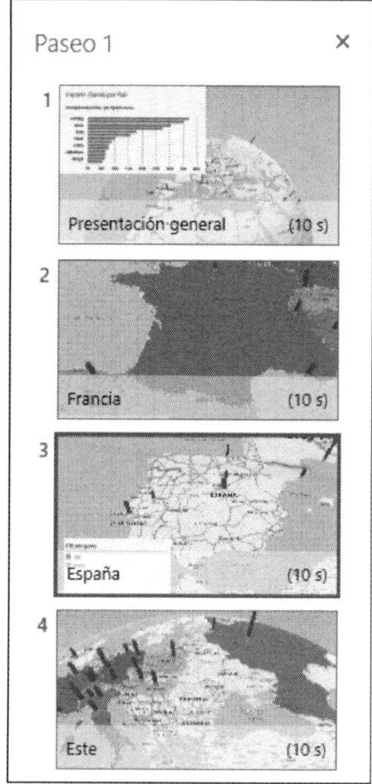

7. Reproducir y guardar un paseo

Dispone de varias opciones para reproducir, guardar o compartir un paseo.

a. Reproducir un paseo

- Para reproducir un paseo, haga clic en el botón **Reproducir paseo** situado en el grupo **Paseo** de la cinta de opciones.

Se muestra en pantalla completa una grabación que incluye todas las escenas que acabamos de crear.

b. Crear un vídeo

En la cinta de opciones, grupo **Paseo**, haga clic en el botón **Crear vídeo**.

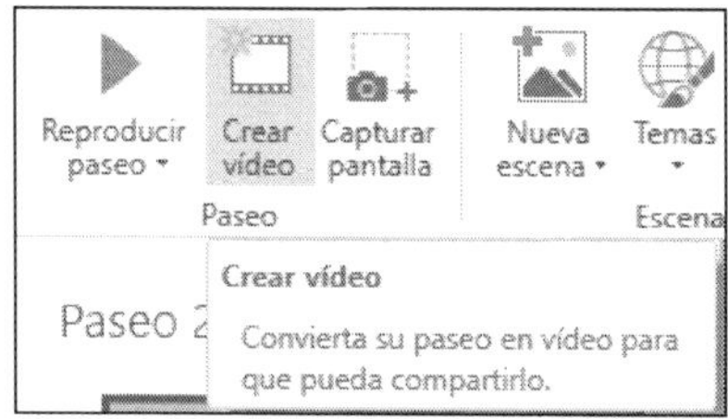

Aparece en pantalla el cuadro de diálogo **Crear vídeo**.

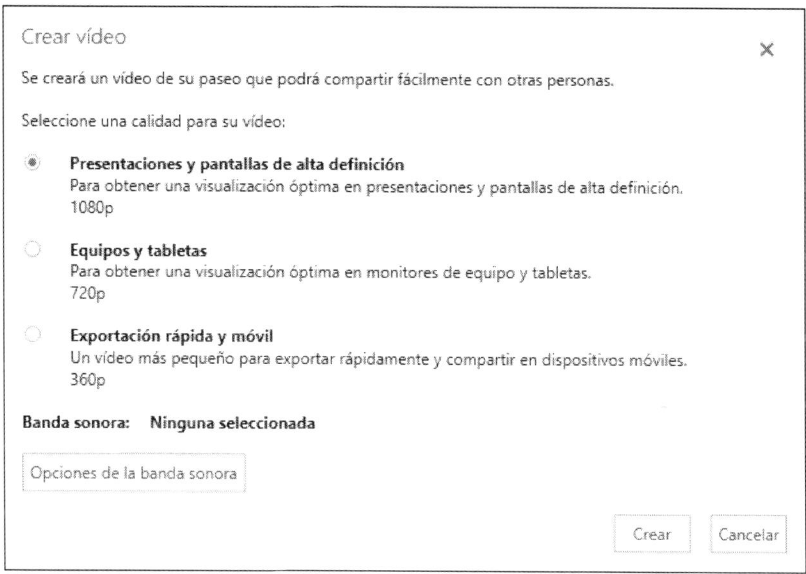

Hay diversos formatos de vídeo disponibles; también es posible añadir una banda sonora al vídeo.

✎ Escoja un formato de vídeo y haga clic en **Crear**.

c. Capturar pantalla

Para capturar una pantalla de la vista mostrada, haga clic en el botón **Capturar pantalla** del grupo **Paseo**.

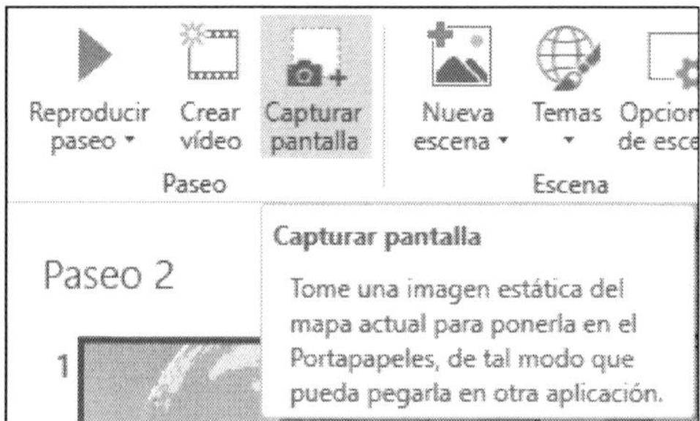

Estas herramientas resultan particularmente útiles para insertar un mapa 3D en una presentación en Word o PowerPoint.

B

C

D

F

H

I

K

M

P

R

T

Para poder acceder durante un año
a la versión online de este libro,
envíenos su justificante de compra a

librodigital@ediciones-eni.com

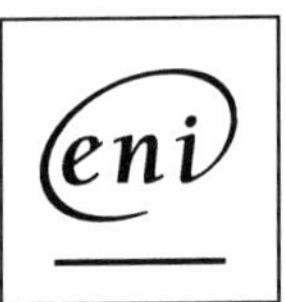